妄想講義

明るい未来の描き方と作り方

「次世代の教科書」編集部　編

KIMPUSHA

はじめに

様々な情報が飛び交い、進むべき道の正解がどこにあるかわからない現代で、私たちの未来を明るくしてくれるものはなんでしょうか。

私たちはそのキーワードが「妄想」だと考えました。「妄想」は、現実味に乏しく扱いづらいというイメージがあるかもしれません。しかし一方でそれは、社会通念に囚われない自由で斬新な発想の源泉とも言えます。「妄想」の持つ良い面に目を向け、真の意味での自分らしさや、本当に向かうべき未来像について自由に考えることが、私たちに明るい兆しを与えてくれるに違いない。そんな思いから、本書は作られました。

本書は「妄想」をテーマに24人の著者が集い、それぞれの視点から「妄想」を語り尽くした一冊です。作家、ＹｏｕＴｕｂｅｒ、大工、ファッションデザイナー、経営コンサルタント、開発ユニットなど、様々な価値観を持った多種多様な人たちの「妄想」が、読者の未来を力強く照らしてくれます。

全5章で構成されており、それぞれの章で異なるテーマの「妄想」が語られています。日常の何気ない悩みを出発点にしたエッセイ的なものから、骨太の批評、はたまた歴史を紐解くジャーナリスティックなものまで。読書好きも、読書に不慣れな人にも「刺さる」ポイントをたくさん作っています。おすすめの読み方は、パラパラページをめくって気になったタイトルから読み始めること。一編はだいたい1万字程度なので、濃密な読み応えがありつつ、ちょっとした時間で一気に読み通せる量です。

この本は、普段は本棚の片隅に置いているだけでもよいと考えています。ふとしたときに手にとって、ページを開いてみてください。たとえば、漠然とした未来の不安にかられて寝付けないとき。自分を変えるきっかけを見つけたいと思ったとき。一編だけでも読めば、明日を生きる勇気がもらえるでしょう。なにしろ、24人ぶんの知恵と熱意が込められているのですから。本書が、あなたとあなたの未来を明るく照らすことを願ってやみません。

「次世代の教科書」編集部一同

目次

第4章　妄想×社会と刷新

第5章　妄想×未来と実装

序章

「妄想」ってなんだろう

永井玲衣（哲学者）×編集部

妄想は自由で楽しいイメージがある反面、一人歩きして良からぬ方向に飛躍する危険性もはらんでいる。妄想をテーマとして扱う上で、編集部自身が「妄想」という言葉の輪郭を深掘りする必要があると考えた。そこで、さまざまな場所で哲学対話をひらく永井さんをお招きし「妄想」ってなんだろう？　と一緒に考えてもらった。永井さんは哲学を「身近な日常的な営み」だと言う。「なんでだろう」「モヤモヤするな」「当たり前でしょ」と思い込んでいたけれど、「本当にそうかな」と思えるようなことについて、立ち止まって考えてみる営みを哲学と呼んでいると語る。妄想について考える私たちの対話から生まれた問いたちが、あなたの中でさらなる問いを生み、各著者の文章をより深めていけるものとなれば幸いだ。

永井玲衣（ながい・れい）

哲学者。人びとと考えあう場である哲学対話を行っている。エッセイの連載のほか、政治や社会についておずおずとでも語り出してみる場「おずおずダイアログ」、せんそうについて表現を通し対話する、写真家・八木咲とのユニット「せんそうってプロジェクト」、Gotch主催のムーブメントD2021などでも活動。著書に『水中の哲学者たち』（晶文社）『世界の適切な保存』（講談社）。第17回「わたくし、つまりNobody賞」受賞。詩と植物園と念入りな散歩が好き。

妄想って何だろう？

「妄想」という言葉の前に立った時に私たちの中に浮かぶ素朴な問い。妄想の世界に飛び込んでいく前の準備体操として、まずは一緒に妄想への解像度を高めていこう。あなたは妄想という言葉から何を想像するだろうか？

「夢」「理想」「空想」とはどう違うの？

妄想の対義語ってなんだろう？

「妄」ってなんでこんな字なんだろう？

妄想は苦しい？
楽しい？

賢い人も
妄想するの？

仕事で「それは妄想」と
言われると不安に
なるのはなぜ？

子どもが言うことを
妄想とは呼ばないのはなんで？

友だちと一緒にする
「妄想」がワクワクする
のはなぜ?

想像と妄想の
境目ってどこ?

妄想によって変わるものは何だろう？

「妄想」に対しての様々な問いのなかから、特に気になる一つとして私たちが選び出したのは、「妄想によって変わるものは何だろう」という問い。次のページから、永井玲衣さんの導きとともにこの問いを深掘りしていく。

妄想によって変わるものは何か？

永井さんと哲学対話を行った4人の編集部員。
M　「次世代の教科書」編集長。大学時代は哲学を専攻していた。無類の蕎麦ずき（全国の鴨せいろを制覇したい）。
I　他業種から転職した新米編集部員。今回永井さんに哲学対話を依頼した。
K　大学院で社会学を学ぶ編集部員。「妄想」の企画を持ってきた張本人。アライグマがすき。
S　大学で哲学を専攻する編集部員。最近は仏教にハマっている。ネタツイがだいすき。

きっかけ、自己完結できない妄想——①

永井　妄想って自己完結してるようで、全然出来ていないいんじゃ無いかって思います。そこが凄さでありパワーでもある。私は結構危ういイメージを持っているんですが、一方で自己暗示みたいに使う人もいますよね。「私はできる、私はすごい」みたいに。それで人前で何かペラペラ喋る自分を妄想して、上手く現実に変えていく。そういうパワーはある気がします。とはいえやっぱり嫌なイメージも多くて、（良い面は）ちょっと無理に出したかな？　笑

「現実」は妄想の対義語？——②

K　ネガティブでもポジティブでも、妄想っていうものの延長線上に現実が位置付けられ過ぎている気がします。ポジティブな意味で妄想していた事を現実にしてそれは「すごいね」って言われるとか、逆にネガティブなら自分の現実と乖離した妄想を他人に押し付けてしまって人間関係のトラブルになるとか。どっちにしても現実と結びつけて考えられている。でも、純粋な妄想って言うとちょっと違うかもしれないけど、妄想が及ぼす影響とか力って現実だけじゃ無いのでは？と思います。

S　自分は妄想世界と現実世界を二項対立的に、それぞれを閉じた世界として捉えています。何が変わるのか？　という問いに答えるとすれば、その閉じた妄想の世界、思考の世界から見ている現実世界の窓が変わ

るんだろうなって思います。

フランス語では蝶々も蛾も「パピヨン」で、私たちが「蛾」に抱いているマイナスなイメージと、「蝶」に抱いているちょっとプラスなイメージが、フランスでは「ひらひら飛んでるアレ」イメージで統合されて区別がないみたいな話とか、イヌイットは雪の語彙が豊富で我々よりも細かく雪を区別しているみたいな話は、自分の語彙が自分の世界の見え方を決めるという話で聞いたことがあるかもしれないですけど、それと同じで、自分の妄想／主観の世界が客観的な現実の世界の見え方に作用するというのは必ずあると思います。

粗品とあのちゃんとかも、恋愛脳の人は男女が2人いたらすぐに付き合ってるって思うだろうけど、金のことばっか考えてる人なら「いやあそこにはきっと番組のプロデューサーの意思が働いていて……」みたいな風に見えているかもしれない、みたいな。

K　今の話を聞いていて思ったのは、（別の問いで）「妄想は何じゃ無いんだろう？　現実じゃ無いような気がする」ってあるんですけど、僕は妄想の対義語を現実以外のものとして考えたいんだと思います。妄想と現実を対置するってありふれてるけど、Sさんが言うように現実の見え方は個人の妄想によって変わる、密接で相互に関係する。どこからが現実でどこからが妄想かは曖昧になっている。だとすれば対置するのには不十分というか、違うものがあるんじゃないかな。

S　あ〜なるほど。現時点で何かありますか？

K　現時点では分からないですね。この対話を通じて見つけたい。

S　めちゃくちゃ面白い。いいですね。

手に負えない妄想――③

M　妄想は手に負えない。自分のイメージが先行しちゃうけど、自分以外の相手にとって正しいかわからない。でも考えざるを得ないものだと思います。

現実との折り合いの中で、その無視できなさ、手に負えなさで悩む。独りよがりなイメージだけど、それがないと現実が面白く無くなる瞬間がある。巻き込む力が強いから事故が起きる時もある。強いイメージには現実から逃げたい人が集まってくるのではないかと。

永井　妄想によって変わるものは多分ありすぎる。それが手に負えなさに繋がってくるのかもしれないですね。それが進行すると被害妄想とか陰謀論に転化するかもしれない。

その時には、「自覚的かどうか」が大事になってくると思います。

　その点で、妄想の対概念は「協働性」かもしれない。一人で煮詰めると危なくなって境目が無くなる。もしみんなで妄想することが出来れば、妄想をそれと自覚しながらすれば、妄想の風通しが良くなるんじゃないかな。

　一方で、共同幻想、共同妄想と言うことも有り得る。「日本は悠久に続く神の国」という概念、妄想と言うと怒る人もいるだろうけど、もしこれをみんなで育てると、妄想と現実の区別が付かなくなってくる。自覚できるかどうか、と言うことが大事だとしたらそれを誰が決めるのかという問題もある。「それ妄想だよ」って言われても、「え事実なんですけど……」って思うだけなのではないでしょうか？

伝わるかどうか、納得感――④

S　（別の問いの）恋愛の話で思い出したんですけど、これ（恋愛関係）も実は二人が同じ関係を共有しているのではなくて、お互いがお互いに対して妄想を抱いていてそれがテレコになってハマっているだけみたいな話を聞いたことがあります。だからそこに違和感を感じると別れちゃうみたいな……これって伝わります？あ。これかも？　今みたいに、「なんかちょっとそれってどうなんだろう？」』「なんかそれあんまり共感できないかも」って納得感が無いことに関しては「妄想」って言われるかもしれない。
　例えば、「日本はとても危険な国」という主張は、世界の治安と日本の治安を比べれば妄想じみて聞こえる。一方で、女性同士の会話の中で夜一人で出歩けないこととか、その怖さを共有しながらの話であれば「妄想」ではなくなってくる気がする。

　だから、「妄想」とレッテル貼りされる事が嫌なのはなぜ？　（という別の問い）は、自分の気持ちに対して相手が寄り添ってくれない事の寂しさなのかも。「こうされた」という辛い気持ちを被害妄想という言葉で退けないでほしい。その点を共感して欲しいからイラッとしてしまうのかも。

　だから、自分は天動説は妄想じゃ無いような気がするんです。太陽と月が順々に東から登って西に沈んでという現象を観察すれば、天動説は素朴でそれなりの納得感があるから。もし妄想と対置される概念が「現実」なら天動説は妄想だろうけど、どうも妄想とは思えない。だから妄想と現実を分ける客観的な基準があるのではなくて、皆の納得感の総量でふわっと決まっているのかもしれないなとか。

I　俺はあんまり妄想って事がよく分からなくて、永井さんと友達になりたいみたいなことを俺が言ったとして、例えばそれを妄想だよって言われたら、俺はイラッとするのだろうか？　納得感としては、なれないよって言われて確かにそうかもなって思うかもしれないけど。でもなりたいって気持ちも現実的だし、自分に引き寄せたいけどよく分からないかもです。

M　私がパートナーに言われて覚えているのが、「恋人でも他人であるという前提から始めよう」という話。ドライにも聞こえるけど、自分と相手が切り離されているからこそコミュニケーションをして、相手が何を望んでいるかを確認する過程が発生する。ところが、二人が合致しちゃうと妄想が悪い意味で自分の外に溶けていく。

だから、妄想の原点は独りよがりだけど、自分以外の相手にどう伝えていこう、共有できるだろうかって模索していくと、妄想のコインの裏表がペラってひっくり返る時があるのかもしれないと思うんです。

「他なるもの」——⑤

K　今までのみんなの話を聞いて思ったのが、純粋な妄想はインディペンデントな感じがします。誰も納得してくれなくても勝手に考えることとか、協働性を働かせることなく1人で考え込んじゃうこととか、外部の価値観が入り込まずに手に負えない状態でわーっとなってしまうこととか。

「妄想」の対義語を具体的に思いついたわけでは無いけど、もしあるとすれば外部性とかインディペンデントでは無いこととか、そう言ったニュアンスが入っている言葉なのかも。

永井　思い出した話があって、高校生の頃に授業で自分の人生のビジョン図を書こう、みたいな事をやらされたんです。何歳で何々、何歳で何々みたいな。私はすごい嫌だったんですけど、隣に座ってた子はとても生き生きと書いているんですね。これが凄くて、獣医さんになりたいらしいんですけど、23歳、獣医の大学に行く。25歳、宝くじを当てる。それを開業資金にして病院を開く。30歳、結婚して子供を産む、みたいな計画なんです笑。それを見て先生が「こういうのは色々現実と兼ね合いを考えて書くんだ。これはビジョンだから」って言うんですけど、みんな意味がよく分からないんですよね。私は私で、大学に行く、大学院に行く、図書館で働く、終わり。みたいな感じ。それはそれで「もっと夢を持て」みたいなこと言われて「別に……」みたいな笑。

それぞれが極端な例で、私は妄想を一切しなかったし、その子はものすごい妄想で書いてた。忘れられないですよねあの時のあの子。宝くじで1億当てるってそれビジョンか？ って笑

って考えた時に、妄想って他者がいないなって思ったんですね。「他なる者」がいないというか。妄想が危うさに繋がるのは、妄想の中で出てくる登場人物を自由自在に出来ることによる気がしています。例えば「ここで花を渡す！ 相手は笑顔！ そして……」みたいに勝手に笑顔にしちゃってるんですよね。共同性が大事って私が言ったのも、それはシミュレーションになるからだと思うんです。例えば「ここで花渡したら絶対喜ぶと思う」って友達に言っても「いや花なんて荷物になるでしょ、その後映画を見に行くなら花渡さないほうがいいじゃん」って言ってくれる。私も「じゃあなしか」ってやめる時とかは、プロジェクトになっている感じがする。

授業中に悪党が入ってきて自分が倒す、みたいな妄想も、なぜか悪党がめっちゃ弱い事になってるんですよね笑。勝手に相手をどうにもこうにも出来る。人生もどうにもこうにも出来る。それが嬉しさでも有り、危なさでもあるのかな。

だから、妄想の対義語って「他者」とか、「他なるもの」って感じなのかなと思っています。

はい。哲学対話は突然終わります。

特にまとめませんし、振り返りとか、感想とかも聞かないんですね。いきなり時間で終わります。これは皆さんがモヤモヤしたことを、近くで続けてほしいから。この哲学対話の場を、ここだけじゃなくてもっと広げてほしいからです。今この「妄想」って言葉の前に立ってみて、なにを思い、なにがどういう風に変わっていったのか、面白かったのか、どんな変化があったのか、分かりませんけど、ここで終わりたいと思います。

第1章

妄想×日常と私

地に足をつけて飛べ

安達 茉莉子

道路の白線以外を歩いたら死ぬ。
あの人は陰で私の悪口を言っている。
今聴いてる曲がこの車両の中で爆音で流れて、皆が踊り出したらどうしよう。
この水を飲めばウイルスにはかからない。
推しカプは付き合っている。

人にはいろんな妄想の形がある。程度の差はあれ、これはあくまで妄想だとわかっているものもあれば、現実に非現実が混じっていって、区別がつかなくなるような妄想の形もある。

一体「現実」とはなんだろう。現実と妄想の違いって、正常な区別や判断ってどういうことだろう。ひとつひとつ立ち止まって考えたくなるが、それはひとまず置いておく。

野球が好きで、野球友達とよく観戦に行っていた時期がある。平日の空いている内野席に座って、応援グッズも特に使わず観戦する。私達は特定のチームを熱心に応援しているというよりは、「野球が好き」という点で一致していた。ヤジを放ったり、チームが負けても荒れたりはしない、穏やかな野球ファン。それでも比較的贔屓のチームや選手はいて、贔屓チームが負け始めると、友達と二人で「ここから逆転する未来」をあ

あだち・まりこ

作家・文筆家。大分県日田市出身。著書に『毛布 - あなたをくるんでくれるもの』（玄光社）、『私の生活改善運動 THIS IS MY LIFE 』（三輪舎）、『臆病者の自転車生活』（亜紀書房）、『世界に放りこまれた』（ignition gallery）など。『書きあぐねて山河あり』（集英社『すばる』）、『むき身クラブへようこそ 私の解放 days』（ウェブマガジンだいわ log.）など、「生」をテーマに広く連載中。

あだこうだと考えた。「ここで抑えて、次の回で誰と誰が打ってホームまで帰ってきて逆転」だったり、何も思いつかないときは「ツーアウトからのホームラン」だったり「結局最終回を無失点で抑える」だったり。

こうなると最高にアガる、そんな思いつきの勝利の方程式を「私の青写真」と呼んで、無邪気で図々しく、それぞれでたらめな妄想を披露しあっては楽しんでいた。結局そんな青写真が現実になることはまずなく、贔屓のチームは打たれたり、打てなかったり、勝ったり負けたりした。最近は球場に足をはこぶことも少なくなったが、ビールも飲まずにただただ試合の行方を自由に思い描いてキャッキャと笑い合っていたあの時間は、野球観戦の中でも、もしかしたら一番楽しい時間だったかもしれない。

これから私が語る「妄想」とは、この「青写真」的なものだと思ってほしい。無邪気で図々しく、現実になってもならなくても全然かまわない妄想。そんな妄想を普段づかいで実践している日々がどんな感じか、書いてみようと思う。

1 未来の青写真

ざっくりとした将来の計画や、未来予想図を意味する「青写真」。私はこの青写真を日常生活の中で描いていることが多い。私の妄想は、やたら具体的だと友達によく言われる。たとえば本のアイデアが浮かんだら、どんな書店に置かれて、そこでトークイベントをやってと、まだ影も形もないのに本がどんなふうに世の中に出ているかを見てきたように話す。装丁や表紙はこんな感じで、帯文は誰が書いていて、図書館に置かれて、学校の保健室にも置かれて……と、妄想が膨らんでいく。別に現実にならなくていい。自由に血が通っていくのが楽しい。自由に絵を描く妄想には、現実ですり減ってしぼんだ精神を癒す、実態のない栄養価がある。

実態はないが、効用はあるかもしれない。

たとえば、私は妙に引越し運が良い。私は人生で三〜四回、毎日その土地や風景を賛美し続けたくなる土地に住んでいた。別に一等地でも高級住宅地でもない。資金に余裕があるわけでもない。物件だって普通の賃貸だ。だけど、こんな場所よく見つけたね、と言われるようなところに流れ着くことが多い。そういうところに住むと、朝ゴミ捨てに出るだけで、目の前に広がる風景に包み込まれ、からだの底から感嘆する。一日一度は胸が高鳴る幸せが、外に出るだけでもらえるなんて、まるでログインボーナスのようだ。風景なんてすぐに飽きると思うかもしれないが、美はこちらを慣れさせてくれない。

現在もそうだ。つい先日、三年住んだ横浜から、鎌倉に引越した。まだ住んで二ヶ月にもならないが、海と山と、歴史が深く重なるこの土地で暮らせたことは、私の人生の中でも最も幸福なことなのではないかと既に思っている。横浜でもそう思っていたし、イギリスで留学していた海辺の街ブライトンでも、そしてこれまで住んできたいろんな土地でもそう思っていた。つくづく自分はおめでたい人だと思う。

余程前世で徳を積んでいたのでなければ、今世での習慣が功を奏しているのかもしれない。そしてその習慣とは、この妄想青写真を描くことなのだ。引越しを例に、どんなふうに妄想を取り入れているか書いてみる。

引越し大作戦

横浜・妙蓮寺では、そこでの生活からうまれたエッセイ集『私の生活改善運動 THIS IS MY LIFE』(三輪舎)、『臆病者の自転車生活』(亜紀書房)の二冊が刊行され、そのきっかけとなった本屋・生活綴方には、本を読んでくれた人が全国から訪ねてきてくれるという、著者冥利につきるような日々を過ごした。当時住んでいたのは家賃も五万円程という、都内の水準から考えるととても安いアパートだった。恵まれた環境にいるのに、なぜ引越しを考え始めたのかというと、自分の中で、もっと自然の中で暮らしたいという渇望があったからだった。坂の上にあるアパートは、見晴らしがとても良い。毎日美しいなと思う場所だった。だけど、私が求めている自然は、もっと深いものだった。土があるところで暮らしたい。できればもっと海の近くに住みたい。それを書籍の後書きに書くほどには、飢えていたと思う。

それで物件を探し始めた。もちろんアプリでとりあえず探したりもするが、一番最初にやったのは、青写真を描くことだ。どんな場所、どんな家、どんな広さ……どんな環境だったら自分は一番ワクワクして、満たされるだろう? ワクワクして満たされるって、そもそもどんな感じだろう? その時の私は具体的にどんな姿をしているだろう? それを思い浮かべて、ノートに描く。浮かんできたビジュアルはスケッチで絵で描く。間取りも絵にする。

間取りだけではなくて、その様子を何度も絵に描いた。壁紙の色も考えた。そのうち、新居に置くんだといって、数万円するフロアランプを買った。新居に飾るといって、ポーランドの手織りタペストリーも買った。いずれも、新居の影も形も、何なら引越し資金さえなかった時期だ。それでも、私には新居は完全に「見えて」いたのだ。

この妄想青写真大会で重要(?)なのは、現実的な諸条件はいったん考えないことだ。ここは聖なる妄想フィールド。例えば、素直な自分の心に問うと、本当は、リビング、自分の寝室、自分の部屋が欲しいとする。となると2DKだ。まあでもどう考えてもその広さは、自分の今の稼ぎでは家賃を払えそうにないとする。そうすると、やっぱり1DKで……と妄想なのに妥協したり、あ、誰かとルームシェアをするか……なんて、こざかしい考えが働き始める。別に誰かと住みたいなんて思ってないくせに。しょっぱい「現実」思考にはお引き取り願おう。

家賃も必ず書く。そういう理想な暮らしの物件は大体いくらくらいか、ポワンと浮かんだ額を書く。これくらいだったら嬉しいなという額も書く。払えるか払えないか置いておいて、とりあえず書いてみる。あとでまた何度も書くのだから。

そう、たとえ同じ内容になったとしても、この青写真を何度も描いていた。実際やってみると、私たちはそんなに自分の第一希望というか、一番ピカピカの一等星をまっすぐ望むことに慣れていない。大体「現実的な」内容にしてみたり（妄想の中でも！）、遠慮したり、二番手三番手を書いてみたり、強欲と思われないように慎み深い内容を書いてしまう。こんなのはゴミだ。無意味というわけではなくて、普段現実やしがらみにまみれきった思考のカスなのだ。聖なる妄想は、それ自体が、詰まったパイプ掃除を兼ねている。汚れたパイプは水を流しても最初は汚れが出てくるから、素直な妄想を描く時間で、じゃぶじゃぶ洗い流す。そうめん流しに流す水くらい綺麗になるまで、自分の純粋な理想をどんどん書いていく。

もうひとつ意識しているのは、期限を設定しないことだ。少なくとも私の場合は、大体いつまでにという時期はかなわないことが多い。これはそもそも、私の捉え方として、何事も自分にとって最高のタイミングで用意される、というものがある。もちろん、更新期限が来るこの月までには引っ越していたいな……なんて思うけど、更新期限の翌日に運命の家が見つかるなら、そっちの方がいいに決まっている。とにかくしょっぱい思考を捨てるのだ。せめて妄想フィールドの中だけでも。

さて、妄想を繰り返してやってきた私のベストタイミングは、何となく引越しを考え始めてから、結果的に二年後だった。え、遅くない……？　そんなに時間があればそりゃ家くらい見つかるんじゃない……？　と一気に興醒めされてしまうかもしれないが、事実は盛らずに書いてみる。二年間、物件探しはしたし、内見にも何度も行ったが本当に見つからなかった。コロナの影響で在宅勤務が増えて、都内に通えて自然の多い逗子・葉山・鎌倉エリアは、物件自体が今少ないんですよと言われ続けていた。これは！　と思った物件に申し込むも、内見の日までに別の人が申し込んで、目の前でかっさらわれてしまうことも何度もあった。また、二年間、たえず探していたかというとそうでもない。仕事が忙しくてそれどころでもない時期も結構あった。体感的には、意外と結構待ったなという気がするが、引っ越した今では、ベストなタイミングだったなと感じている。

出会ってからは早かった。ある朝突然、登録していた不動産屋さんのＬＩＮＥ通知サービスが来た。即連絡して内見に行き、散々悩んだけれど契約し、鎌倉に引っ越した。念願の仕事場ができて、その窓から見える景色は、八割が森の緑。そして空も見える。遠くには梢が風に揺れている。

引越しの約一年前、２０２３年の夏頃に書いていた妄想ノートの一例を恥ずかしげもなく書いてみよう。

・一軒家。
・庭もある。でも一階は避けたい（※上の階に住人がいないこと）。
・仕事場と寝室を分けられる。
・窓から緑がよく見える。空もよく見える。人と目が合わない。
・内装がシックで可愛い。
・雑誌の自宅取材がきてもＯＫできる。
・自宅で打ち合わせができて、きた人にも楽しんでもらえる。
・駅から遠くても構わないが、終バスを逃しても何とか帰れる距離感。
・海に気軽に行ける。
・おいしい野菜や食材へのアクセスが良い。
・窓からの眺めが良い。
・家でずっと書き物をしていても苦にならない。
・気が良い場所、家。
・お散歩に出たくなるような家・その土地のことが大好きになる。
・写真や動画を家の中で撮っても絵になる家。
・家賃〇万円以内。誰かと一緒に住む？
・場所は逗子駅・葉山周辺エリア。鎌倉エリア。
・そこで新たに人間関係が生まれる。
・そこで作家としてのステージがぐんと上がる。

どうだろうか。私はこんなものを人様に晒してしまって、恥ずかしくて消えてしまいたい。

今振り返ってみると、ここで思い描いていたことはほぼ全てかなっていた。卑近な例すぎて恐縮だが、いくつか抜粋して、それぞれの妄想が一体どのように「実装」されたか、詳細を書いてみる。

・**一軒家**：実際は一軒家ではないが、元々は一軒家であった建物をリフォームして、二戸の賃貸物件にしたものだ。「上の階に人がいるのは嫌だけど、だけど庭がやりたい」という条件もあったが、二階建てのメゾネットになっているのでかなってしまった。

部屋と部屋の間には階段スペースがあるので、二階の仕事場にいると、ほとんど一軒家にいるのと変わらないし、お隣さんが引っ越してくる前はしばらく完全に一軒家気分だった。庭は結構広く、許可を取れば地植えもOKだという。内見に行ったとき、庭を育てて庭づくりの文章を書いている自分が頭に浮かび、それが契約の決め手となった。

● 窓からの眺め：「窓からの眺め」が二回も出てくる。だいぶ執着している。物件妄想のサビは、窓から緑が見える様子を思い描くことだった。
ある日、湘南で受けている鍼灸の帰りに江ノ島にふらりと行って、あまりの暑さと坂に疲れてカフェに入った。店内を見渡し、席を探して振り返って愕然とした。窓から見える風景が、まさに私が思い描いていた、妄想上の新居の窓辺だったのだ。これは私の家だ！　と思ったが、違う。江ノ島の誰かのカフェだ。写真を撮らせてもらい、私の妄想を補強するレファレンスとなった。

● 「自宅取材が来てもOK」：またお前はそんなこと書いて（笑）と、自分でも笑いながら書いた項目だったが、引っ越して二週間で、自宅での撮影取材があった。実際は、引越しが決まる前に自宅撮影の依頼があって、当時の部屋は広くはないのでどうしようかなと考えていたのだ。私は撮影に間に合わせるべく、家具を買ったり片付けたりと大変だったが、タイミングよく決まるものだと不思議だった。

書かなかったこともかなう。ここには書いていないが、妄想ノートには猫か犬を飼うという項目もあった。意識して探したわけではなかったが、希少なペット可物件だった。しかも大型犬一頭まで可とすら契約書には書いてある。理論上はフワフワのサモエドと暮らせる現実がやってきたのだ。また、これはノートに書くのを忘れていたが、全室にエアコンがある。内見をしまくっていた時期に、部屋が何部屋あってもエアコンがないと実用性がなくてあまり意味ないなと思っていたが、「旦那、青写真に書くの忘れてますよ」と言わんばかりにかなっていた。

実装されていないこともある。「誰かと一緒に住む」だ。多分家賃を払っていけるのかという不安に怯えてこう書いたが、本当に住みたいかというと、そのことでキャッとは正直ならない。そういう打算めいたものは大して実装されない気がする。「キャッ」がかなうのだ。ちなみに、家賃は、ノートに書いていた金額より一万円オーバーだった。仕事を頑張る動機につながるので、結果的に納得している。

今は、庭や仕事場の姿を思い描いている。秋になったらハーブを植えようと、何度もノートにスケッチをしている。仕事場も、自分が理想とする仕事を想像し、そういう私はどんな部屋で仕事をしているだろう？　と妄想をたくましくしている。庭にはもうハーブ畑が「見えて」いる。現実と、血が通った妄想の区別には、意味がない。

青写真スタイルのきっかけ

こうやって書くと、ゴリゴリと現実を変えていく、行動力のある人のように思われるかもしれない。だけど昔からそうだったわけではない。「あなたは口ばっかで、とにかく行動しない」と苛立ったように周囲に言われたこともある。

元々、学生時代から東京の東中野に十年以上住んでいた。引越しをした方がいいと思うタイミングも何度もあったけれど、なかなか行動に移せなかった。動きたいと思うし変わりたいと思う。だけどそこよりも家賃が好条件な部屋はないと思っていたし、当時の家を退去する際にどれくらいの費用がかかるか不安でしょうがなかった。引越しに対するハードル自体が相当上がっていたと思う。これもまた、「引越しは大変だ」「自分には難しい」という、ネガティブな妄想に囚われていた一形態だろう。

現実がどうであろうとお構いなく、とりあえず何でも青写真を描いてみる現在のスタイルに変わったきっかけは、今から数年前になる。久しぶりに会った学生時代の友人の家に遊びに行った。良い家だね、という会話から始まって、今の家にはもう長く住んでるんだけど、引越ししたいんだよね、と何気なく話したら、「どんな部屋がいいか具体的に書け」と言われてペンを渡された。具体的にってどのくらいだろうと思っていたら、間取りまで書けという。そんなものを書いてどうなるんだろうと半信半疑でいたが、しょうがないのでやってみようとすると、意外と書けない。そのときに思った。私は何か変えたいと思っているけれど、具体的にはよくわかっていないのだなあ、と。

なんでもまず青写真を描いてみる習慣は、そこから始まった。パートナーが欲しいなと思ったら、どんな人がいいか、どんなふうに過ごしているか、そのときの自分はどんな感じか思い描いてみる。本のアイデアが浮かんだら、どんな出版社がいいか、どんな展開がいいか、自由に思い描いてみる。実際に本屋に行って、ＶＲのように、まだ影も形もない自分の本がどのように置かれているかを「見」たりする。

妄想をどんなにたくましく飛翔させたって、現実はそれを超えてくるという信頼があるから自由にやれる。こんなの無理でしょと思っても、実際はそれを超えて、思いもしなかった未来がやってくる。そう思っていること自体妄想なのかもしれないが、おめでたい頭なので放っておいてあげてほしい。

書くことで何か変わるかはわからない。だけど、まあとりあえずやってみようか。少なくとも、自分が何を欲しているのか、知るのは良いことだろうから。そんなふうに、実験のように妄想を取り入れた生活をし始めて、今に至っている。

2 「現実」は別に不動じゃない

ここまでずっと妄想の話をしてきたが、実は私は自分を極めて現実的な人間だと思っている。

頭は割とお花畑だが、体はよく動く。今の「現実」は不動のものではなく、どのようにでも変わりうる……ということをふまえて、現実的にいろいろ行動を仕込む。チャレンジ精神が旺盛というわけではなくて、とりあえずやってみようと実験するのが好きなのだ。実験には気楽さと悦びのどちらもある。

現実と妄想の区別がついているのは、大事なことだとは思う。だけど、現状にとらわれすぎて、現実が変わらないと嘆くのも、それはそれで妄想的だ。

私はライフワークとして、誰かとお話をして、話を聴きながら浮かんできたイメージや言葉をその場でポストカード大の紙に描いてお渡しするイベントを数年来続けている。カウンセリングでもなければ占いというわけでもない。ただ一緒に座って、話しているうちに浮かんだことを絵にしてお渡しする。

最近どうですか？　と聞くと、悩んでいることや、何だかモヤモヤしている状況について話してくれることもある。不思議なもので、その人が悩んでいる話を聞いているうちに、その人の可能性のようなものがブワーーーと展開して見えることがある。この人は今自分に対して自信を持ちえていない状態だけど、全然ちがう姿が見える。数年もしたら、たとえば何かの店主のような形で、自分の拠点をもって一国一城の主を始めているかもしれないな、その頃の顔つきは今とはまた異なっているな。どんな形かはともあれ、それくらい本当は芯のある人だな。そんなふうに、誰かに対しても、青写真のようにイメージが湧くことがある。それはあくまで私の感覚なので、その時々の判断で、言ったり言わなかったりする。だけど、この世で少なくともひとりは、そんな可能性があると思った人間がいることを、知っていてほしいなと思うほど、人はいろんな可能性に満ちている。

「現実的」であるということは、現実にあれこれ手を入れていくということ。では、「妄想的」とは、まだ実装されていない、起こりうる現実、すなわち可能性を見ていくことだ。何にはばかることもなく。

青写真を描くときは意識的に取り組むことが多いが、妄想それ自体は、よしやるぞと時間を決めてやるような主体的な行為ではない。妄想はときに向こうからやってきて、こちらの前で踊ってくれる。

引越しを考え始めたが特に何も動きがない時期に、アメリカを舞台にしたFBIモノの翻訳小説を読んでいた。一切脳を使わない、わくわくエンタメタイムだ。読んでいたら、FBIの捜査官である主人公が購入した川沿いの家の描写が出てきた。古い家の内装をリフォームしてモダンにしたもので、その描写を読んでいたら、羨ましくてたまらなくなった。そもそも私はアメリカに住んでいないし、小説は小説、フィクションはフィクションだ。だけど、私もそういう家に住みたいと、胸がぎゅっと締め付けられるようになった。

これは「青写真」とはまた違ったタイプの妄想だ。向こうからやってきて、脳とハートを掴んでくる、強い反応。確かに私の中で反応が起こった。うわー！　そんな暮らし、いいなあ、してみたい！　引越しモチベがだいぶ落ちていた時期に、暮らしに対して、ひとつ何かが宿ったのである。

妄想が苦手な人（?）にとって、こうした夢のような話を思い描いていると、楽しいどころか、あまりにも荒唐無稽だったり現実離れしていて、恥ずかしくなったり悲しくなったりしてやめてしまうことがあるかもしれない。

私も、こう思った。確かに、ここで描かれているような暮らしをしてみたいけれど、そんな暮らし、私には無理だろうなあと。

経験上、こうした「いいなあ」と「でも私には無理だろうな」が同時に起こった後に、自分にも似たようなことが起こることはある。何年か前、アメリカの海外ドラマを観ていたときのこと。登場人物である作家の新刊の朗読会がアメリカの地方都市で開催され、長距離列車に乗って向かうシーンがあった。朗読会は本屋で行われ、会場には作家のファンが集っていて、彼女の本を手に、熱心に聴き入っている――そんなシーンを観て、心から良いなあと思った。同時に、羨ましくて胸が少し苦しくなった。当時は最初の商業出版となるイラスト詩集の制作が佳境に入っていた時期で、出版前夜のような日々は、夜明け前の暗い時間のようだった。そんな時に観たものだから、「いいなあ」と思うと同時に、その時は自分にそんなことが起こるとはどうしても想像が及ばなかった。

それから半年以上が経ち、同じ年の晩秋に詩集が刊行され、私は山口県に向かっていた。蔦屋書店周南市立徳山駅前図書館が、刊行記念の朗読会を企画してくれたのだ。作家として初めて遠方から呼んでもらったのがこの時だった。朗読会は盛況に終わり、翌日、徳山の市内を散歩しながら友人と電話で話していた。朗読会の様子がどうだったか話していたら、友人が「なんだか、あのドラマの朗読会のシーンみたいだと思ってたよ」と言った。彼女も同じドラマを観ていたのだ。私も同じように感じていたからドキッとした。新幹線で移動し、会場でお客さんの顔を見たとき、あれ、なんだかあのシーンみたいだなと内心思っていたのだ。

いいなあ、と思ったこと。だけど自分に起こるなんて想像もしなかったこと。妄想さえできなかったことも、時を経て現実のものになったりする。そんなこともあるんだなと体感することで、自分に、現実的には想像できない未来を願うことや、思い描くことを許せていった気がする。

「こんな世界は可能かもしれない」と思うこと。心持ちが少し変わるだけで、人生の軌道もほんの少し変わっていく。今この瞬間にすぐ変化が起きるのは想像できなくても、三日後には状況が変わっているかもしれない。三ヶ月後には全然違っているかもしれない。三年後には、自分そのものがまったく別の生き方をしているかもしれない。もっと自分らしく、もっと楽に。今ある自分から現実は無限に生成されていく。

まったく興味のないことには、羨ましくなったり、反応したりしない。「いいなあ」と思うのは、自分にもそうなる可能性があるから反応するのだ。たとえ、自分には無理だと、そのときはそう思えても。

3 「ネタバレ」としての妄想

作家になろうと思ったのは二十一歳の頃だった。当時は今のように自主出版やＺＩＮＥ、リトルプレスなど知らなかった。作家になるには、出版社の文学賞で賞をとるしかないと思っていた。一度自治体が主催する短編小説賞で賞をもらったことはあるが、それだけでどうにかなるイメージは湧かなかった。あっ出版社はおろか、編集者とのつながりもまったくない。あったところで、自分が相手にされるとも思わなかった。

二十代から三十代の前半、当時住んでいた東中野で、よく行っていた駅ビルのカフェでは、作家の打ち合わせがよく行われていた。習性で、近くの席にいる人の会話をつい聞いてしまう。ある時、おそらくは漫画家の先生と担当編集者さんのテーブルの近くになった。編集者さんの方がだいぶ年下で、先生に気を遣っているのが私にもわかった。打ち合わせなのに、なんだかお互いに下を向いて黙っている。沈黙を破った漫画家さんは、目線を下げたまま、「本当に、今、描きたいことがないんです」と、静かに、でもはっきりと言った。編集者さんは、その言葉の重さをそのまま受け止めるように「私が良い提案をできずに、申し訳ありません」と頭を下げた。

編集者とは、忠義あふれる武士なのか？　そこで謝るんだ！と愕然とした。同時に、漫画家の先生は、そんなふうに言うまで、これまでずっと出し切ってきたのかもしれないとも思った。その後も編集者さんは漫画家の先生にいろんな提案をしていたが、どれも刺さらなかったようで、程なくして先生は先に席を立った。残された編集者さんを見たら、少し時間が経ったあと、スッと便箋を取り出して、万年筆で縦書きの便箋に何か書き始めた。執筆の依頼状だ！　今どき、手紙で出すものなのだなあ。出版界とは昔気質の、やっぱり武家のような世界なのかもしれない。

　その世界に、自分がいないことだけは確かだった。その編集者さんが立ち上がるまでの時間、何度も妄想した。今、立ち上がって、その人に話しかけて、仕事をさせてくださいと頼めないだろうか。話だけでも聞いてもらえませんか、と。なんやかんやうまくいって、その人と自分がタッグを組んで、なんやかんやヒットする作品を作れないだろうか。妄想は本来自由で、どんなことを思い浮かべていいはずだ。だけどこの妄想は苦しかった。何度考えてもうまく生成されなかった。妄想が飛ばない。うまく青写真が描けない。

　結局私が実際に声を掛けることはなく、編集者さんが去った後も、カフェで妄想は続いた。いつか私も、あんなふうに「描きたいものが今ありません」って、真っ直ぐに言う日が来るのかな。そんなふうに言えるくらい、作家として毎日やりきって、キャリアを積んでいける日がくるのかな。手書きで書かれたあの依頼状が、私宛だったら。こんな作品を作りたいと、あんなに労力を使って書いてくれる人がいたら、どんな感じだろう。手書きじゃなくてもいいなあ。どんなメールでもいい。自分に依頼状を書いてくれている編集者さんの後ろ姿を思い浮かべた。私はどんなふうに、その依頼に返すだろう。不思議とこの妄想はうまくいった。

　万が一そんな脳内が誰かに見られたらと思うと、痛々しくて、恥ずかしくて、私ごと燃やして欲しくなるような妄想だ（といいつつ、今こうやって書いているけれど）。

　そしてそんな未来の見えない私に、今の自分から声を掛けるとしたらこんな感じだ。

「おーい！　それはかなうから、心配するな！　数年後の未来ではそれがかなっているっていうネタバレ前提で、今を生きて！」

　そう、時差はあるが、妄想はそのうち実装されることもある。未来予想図を思い描けることは、実際現実になることが多い。数年後はそうなっていると思いこんで、そうなっていたら、今どんなふうにしていたらいいだろう？　と、インスピレーションを得たものは逆算してなんでもやってみる。未来に実装された青写真からヒントを受け取って、思いついたことはなんでもやって、あとはぼやいたり悩んだり休んだりだらけたりしながら現在を生きていければいい。

あのとき、妄想さえもうまくいかなかったことは、今思うとかなっていたら大変だったと思う。だって別に、原作シナリオライターになりたいわけではなかったし、そのための練習も一切やってなかった。ご縁は、正しくつながらなかったのだと思う。とはいえ、「あの、すみません。今隣の席でお話を聞かせていただいていたんですが……」と、編集者さんに話しかけた後の（おそらく）地獄の雰囲気と、その世界線もちょっと体験してみたかった気はするけれど（あの時の編集者さん、今もしこの文章を読んでいたら、メールください！東中野のアトレで再会しましょう。なんやかんや、一緒にやりましょう）。

おわりに

これまで、どちらかというと妄想のポジティブな部分について話してきたが、自分を無意識に押し留め、行動を阻害するような妄想もある。

被害妄想。極端にお金の心配をしてしまう「貧困妄想」。自分を過小評価してしまう「微小妄想」。カウンセリングで、そうした妄想があるのだと聞いた。恐怖にもとづき、恐怖を伴う妄想は、人の動きを止め、支配し、左右する。こうした妄想は人間なのでどんどん湧いてくる。自分は妄想に縁はないと思う人も、こうした自分の内側に潜んでいる妄想とは無縁ではないだろう。

私はおめでたい人間ではあるが、その一方で、もともとはネガティブで、悲観的な性質もある。本のレビューで「著者が卑屈すぎる」と書かれたこともある。卑屈である自覚がまったくなかったので、これもまた、自分は取るに足らないものと思い込んでしまう、微小妄想だったのかもしれない。いずれにせよ、自分ひとりでは「妄想」だと気づくのは難しい。

これも引越しに動きがなかった時期と重なっているが、大先輩のライターさんと、都内でタクシーに一緒に乗ることがあった。その人はいろんな仕事をしていて、一体いつからそんなふうになったのか聞いてみたら、事務所を構えたときと、法人化したときに、それぞれ仕事の規模もレベルもぐんと拡大したという。もちろん不安はあったけれど、仕事の規模が増えたから動いたわけではなく、まず自分の基盤を拡大したから仕事が拡大したのだと。

へええ、と思った。自分で経験している人の話には独特の力がある。何せ実話なのだ。私はそのときに、私も拡大したいけれど、怖い気持ちもあると話した。当時住んでいたアパートも気に入っているけれど、本当はもっと広い部屋に住みたい。環境を変えたいけれど、身の丈に合っていない気もする。身分不相応な気がするから、地に足をつけて、あまり願わない方が良いのかとも思っている……と何気なく話したら、その人は少し驚いたように、こう言った。

「安達さん、良い家、もっと良い環境に住みたいって思うこと、普通ですからね。思っててもいいんですよ」

えっと思った。自分の中で、より良い環境に住みたいと思っていたはずなのに、ストップをかけてしまっていたことに気づいた。そんなのは資本主義的で上昇主義的で欲望にまみれていて、要は汚いことなんじゃないかと、何より人にそう思われてしまうんじゃないかと無意識で思っていた自分に気づいた。そして、そんな自分に愕然とした。なんだ、汚いって。

もっと良い環境に行きたいなんて、そんなことを思ったら罰当たり。バンドだって、売れたら「なんか変わっちゃったね」と言って離れていくファンがいる。自分の頭の中に、そういう図式があったことに気付かされた。

タクシーの中の一瞬の会話だったが、その言葉で枷が外れたようになった。自由に願っていい。DREAMしていいのだと思った。どんどん、どれだけだって、変わっていっていい。

妄想は、固くなりがちな自分の田畑を耕す効果もある。こうでしかあり得ないとどこか決めつけてしまっている現実、固くなった土に空気をたくさんすき込んで、ふかふかにしてあげる。自由な妄想には実態はなくても、現実を生きる自分にしっかりと作用する。


現状はすぐには変わらないかもしれないが、思いつくままにあちこちいろんなところに行ってみる。いろんな人と話す。そうやって動くと、今までのパターンにはなかった出会いがある。いっそ、何もしないでほったらかしていても、田畑は勝手に育つ。種もどこかから風に飛ばされて運ばれてくる。微生物が地中に増えて、有機的な変化が起こる。現実とは、そのあらわれだと思っている。目に見えない微生物や風が仕事をしているのだ。

結果が見えないと動きたくない。失敗せず、無駄を省くことがスマートで良いとされている社会だ。結果がわかっていないのにやりたくない。やってみて、やっぱり自分は何も変わらないなんて、思い知りたくない。だけどそれでも、何事もやってみないとわからない。何かをすると、その経験を持った私Aになる。私Aは、現在の私よりも違う情報を持っていて、経験が溜まっているので、現在の私とはちがう判断ができる。ちがう行動が取れる。その繰り返しと積み重ねで、世界線は変わっていく。

地に足をつけて、現実を生きる。だけどその地の中には、無数の微生物、まだ見ぬ可能性が蠢いて、ある日あらわれるのを待っている。その豊穣の土で、自由に絵を描けばいい。

毒をもって愛と歩む

にゃんたこ

——最近は、どういった活動をされているんですか？

「インターネットの、という意味でしたら、もうほとんど活動らしい活動はしていないかもしれません。気が向いたときに動画を投稿して、あ、たまに、趣味のゲーム配信を少し……それくらいです。最近はフロムソフトウェアの、エルデンリングというゲームにハマっています。ご存じですか？　そう、それです。めっちゃ難しいやつです。もともとフロムのシリーズはかなりやりこんでいて、ファンなんです。初見殺しの要素も多くて、倒すのが難しいボスもたくさんいるんですけど……何度も挑んで、攻撃パターンをよんで、自分が敵の動きに適応していくのがわかるんです。地道に何度も同じことを繰り返して、ようやく達成できる、みたいな。自分の人生のクエストも、ゲームみたいに淡々とクリアできたらいいのに、とか思ったりしますけどね。あっ、話が逸れちゃって、すみません。つい楽しくなっちゃって。私、数年前に、エッセイ本を出版したんですよ。ありがたいことに、しばらく生活に困らないくらいの印税を頂いて、二年ほど休職してたんです。北海道、沖縄、山梨、伊豆、大阪、島根、宮崎、福岡、いろんなところに旅行に行きましたね。それから、恋愛したり……あと、もういやってなるくらいに、寝ました。はい、睡眠です。信じられないくらい、毎日寝てましたね。それで、そういう生活にめっきり満足しちゃって、最近復職しました。もうすぐ今の仕事を始めて一年になります」

——では、Youtubeでの活動は……

にゃんたこ

初めまして。にゃんたこ、という名前で活動しています。最近スーパーで買い物をしているときに、ビーフンとチャプチェって何が違うの？　という疑問に苛まれ、この世の中には、私が知らないことがあまりに多すぎる、という事実を突然再確認させられました。家に帰ってグーグルクロームを開き、ビーフン　チャプチェと打ち込むとサジェストに　違い　と出てきて、私と同じ疑問を抱いている人間が他に幾百幾千と存在するのだな、と少し安心したり、しなかったり……みたいな生活をしています。よろしくお願いします。

「やめる、とかはないです。よく自分の活動を、引退します！　って宣言する人っていますけど、あれってダサいなって思ってて。始めるのも、やめるのも、他人のリアクションを介さずに、自分ひとりでやればいいのにって。自分の場合、突然バズったんですよ。本当に突然。数十回しか再生されてなかったような動画が、一日で何万回も再生されて。何千件もコメントがついて。正直、めちゃくちゃ怖かったですね。当時はがっつり会社に所属して営業の仕事をしていたんですけど、身バレって意味でもそうですし、一番は、こんなどこにでもいる普通の社会人である自分が、バズったことで、もしかして、自分ってすごいんじゃ？　って勘違いしちゃいそうで。そこから数年は、ずっとそういう自分との戦いだったと思います。Ｙｏｕｔｕｂｅは見るのも大好きだし、自分の知らないような世界をお手軽に知ることができる最高のツールだと思いますが、自分の思考だったり趣味や生活だったりを、不特定多数の人間に良しか悪しかジャッジされる可能性がある、って考えると、普通にヤバイですよね。怖い」

――それでも、ずっとＹｏｕｔｕｂｅを続けていらっしゃる理由は何ですか？

「面白いから、だとちょっと漠然としすぎてますね。ううん、何だろう、大げさに言うと、自分の生きた証だからじゃないですかね。これから先、あと何年生きるかわからないですけど。いずれ死んじゃう私たちが、きっと忘れちゃう日常の一ページみたいなものを、感じたことを、見たことを、作ったものを、何かしらの形で残しておくことができたら、もしかしたら誰かの記憶の中に留まることができるかも、みたいな。さっき、始めるのも、やめるのも、他人のリアクションを介さずに、全部自分ひとりでやればいいのにって言いましたけど、めっちゃ矛盾しちゃってますね。いや、でも結局、人は人を求めるんですよね。それが弱さで、同時に、ひとりでいることの弱さを認められる強さでもあるのかな。なんか、キモい話してすみません」

――いえ、興味深いです。今回、私たちの依頼しました妄想が現実と理想をつなぐプロセスである、というテーマについては、どうお考えでしょうか？

「本題ですね。私、自身のＹｏｕｔｕｂｅだったり、著書だったりでよく〝愛とは想像力だ〟という話をしてるんですよ。実際そう思っていて。例えば、今私が住んでいるマンションの隣の部屋には、長く続いた雨がやんで空が白んできた時間に、最愛の娘におはようのキスを贈って会社に向かう若いパパがいるとか、そんなパパを、眠たい目をこすりながら玄関で見送るママがいるとか、凍てつく寒さの夜に、大きな橋の下で凍えるホームレスの男性に、自分が首に巻いていたバーバリーのマフラーをかけて去る老婆がいるとか、世界中で飛び交う愛してるよって言葉の数だとか、街を照らしたまま消えない灯りの意味だとか、冷蔵庫にふたつあるプリンだとか、あの人が好きだと言ったから目に付く道端のパンジーだとか、定期的に実家から送られてくる米とカップ麺だとか、全部。この世界にある全て、起きること全て、想像の中に、愛って生まれるよなあって思うんです。でも、妄想って、ちょっと違うじゃないですか。言葉の中に、ネガティブな要素がある。文字にしても、妄り(みだり)な想像、って書いて、妄想。なんか、ちょっとだめなこと、エロティックなこと、そんな響きがあるじゃないですか。ググったら、妄想って、現実から逸脱したこと・誤った判断や確信を、病的に信じてしまうこと、みたいな意味合いらしいですね。こう聞くと、やっぱり良くないもののような気もしますけど。ただ、私たちが生きていく上で絶対的に必要なもの、想像力・愛・希望と同じくらい必要不可欠なもの、それが毒とか、痛み、みたいなものだと思うんです。妄想って、そこに近いかなって」

――毒とか、痛み、ですか？

「はい。ちょっとわかりづらい例えかもしれませんが……なんだろう、絶対に叶わないだろうなってわかってることとって、絶対に叶わないから辛いけど、だからこそ尊い、っていう。そういう感情、わかりません？　これこそ、私たちが妄想する理由だと思うんですよ。私たちって、落差に生かされてるんです。ずっと同じ環境で、同じ温度で生きていると、すっかりそこに慣れちゃって、心が鈍くなってくるじゃないですか。毎日に飽き飽きする、刺激が欲しいと思う、誰しもそういう経験ってあると思うんですけど。だから、想像じゃなくて、妄想するんです。大金持ちになる自分、仕事で大成功する自分、絶対に振り向いてくれないあの人の彼女になる自分、絶世の美女になる自分、決して現実的ではない未来を思い浮かべては、現実との落差に痛みを感じる。その痛みが、私たちが今を生きていることを実感させてくれる、みたいな」

――妄想は、自傷行為みたいなものだと？

「そうですね、そう思います。リストカットみたいな物理的な自傷行為と違って、血も出ないし、自分の頭の中で完結する。インスタント自傷ですよ。しかも、一生消えないですよね。毒なので。脳が蝕まれているんです。死ぬまで。妄想して、たびたび痛んで、現実と向き合わされる。残酷ですけど、それくらいの痛みがないと、私たちって妄想から抜け出せない弱い生き物じゃないですか。変な話ですけど、痛いから、歩けるんですよ。体だってそうでしょ、転んで擦りむいた膝も数日すればかさぶたになって、数週間すればすっかり綺麗になってる。傷つくから、再生しようとするんです。ばかみたいな話ですけど、妄想して、現実との落差に傷ついて、その傷を治すために、人生を再生するんですよ」

――ずいぶんと、哲学的な話になってきましたね

「また、漠然としすぎていますかね。この企画の趣旨を聞いたとき、ほら、妄想が人生を生きる活力になる、みたいなちょっとポジティブな内容だったので、正直このインタビューで大丈夫なのかなって数日悩みました。少し話は変わりますけど、私、田中芳樹先生の『銀河英雄伝説』っていうSF小説が大好きなんですよ。学生時代、狂ったようにこの本を読んでいて。もちろん、百五十話くらいあるアニメも視聴済みです。あの、本当に面白いので、是非……。それで、大学生の時、一か月くらいフランスのパリに旅行に行ったことがあるんです。自分の身長くらいあるでっかいキャリーケースに、服と、化粧品、カメラ、ドライヤー、それから、銀河英雄伝説全巻を詰めて持っていきました。ホテルの屋上でコロナビール片手に乾いた空気を浴びながら読む銀河英雄伝説、格別でしたね。で、その銀外遊伝説に出てくる　ヤン・ウェンリーっていう史上最高の男がいるんですけど、そのヤンの言葉で「人間の歴史に、絶対的な善と絶対的な悪の戦いなど存在しない。あるのは、主観的な善と主観的な善との争いであり、正義の信念と正義の信念の相克である」っていうのがあるんです。私は、善と悪みたいな、相反する二つの物事が表裏一体であることができるいるんですが……二つの物事は常に表裏一体のものだと思っているんです。このヤンの言葉通り、どちらも主観的な要素を含むからです。ひとつの正義に対して、逆の方角に等量等質の正義が必ず存在する。これもまたヤンの言葉ですが、相反する二つの物事は、主観的、かつ、等量等質なんですよ。だから、さっき話した、毒とか痛みも、視方を変えれば、愛であり希望である、という風に思うんです」

――動画でも、よくその話をしてらっしゃいますよね

「見てくださったんですね、お恥ずかしい、でも、ありがとうございます。そうですね。まあ、すっごく聞こえのいいように話してますけど、実際自分がこういう思考に至ったのって、自分を守るためだと思います。理想と現実の間にある埋められないギャップに苦しんで、色んな人と自分を比較して傷ついて、手に入れられない未来を嘆いて、そこで感じた、心の中に募っていく痛みを、どう消化したらいいんだろ？　って。だから、この毒を、薬だと思うことにしたんです。そうすると、自分の妄想にかなり意識的になりました。今まではなんとなくぼんやり感じていた痛みに自覚的になって、自分が自分の人生に落差を作ることができる、という事実が、自分の人生を歩んでいく上でどれだけ大切なことかを理解しました。コントロールできるわけですから、自分を。それに、自分で自分を痛める人は、他人の痛みにも敏感でいられるじゃないですか。想像できるから。そこには愛がありますよね」

――妄想は、時には愛を生む、ということですよね。素敵な考えだと思います。ですが、世の中には、愛なんて必要ないと考えている人が一定数存在しますよね

「愛なんて必要ない、と考えることも、愛の先にある思想ですよね。まず、愛について考える、そこから、自分にとって必要か不必要か考える。一旦愛を経由しちゃってますよね。え、暴論ですか？　まあ、本当の意味で、愛の必要ない人間なんてこの世に存在しないと思いますけどね。だって、極論、生まれてきたことが愛ですから。自分に必要なくても、自分の中にありますからね。気付いてないだけで、みんな。同じように、痛んだ人間が、その愛に気づきますよ。必要かそうじゃないか、それを決めるのは、実は自分自身だけじゃないですよね」

――誰かに気づいてもらえることが、その人の希望になる、ということですか？

「いや、必ずしもそういうわけではないと思います。ややこしい話ですが、いつだって、救われるのは、気づいた側ですから。今は愛についての話をしてますが、その、愛に限らず、他人の心の中にある、他人を構成する何かしらの要素に気付くことができるって、そこに類似した何かが自分の中にある、ってことでもありますよね。同族嫌悪、という言葉があるように、自分と似通ったところって、目につきやすいですし。だから、他人の優しさや、その人が育んできた愛情に気づくことのできる人って、同じように、優しさや愛を内包しているってことですよね、自分の中に。それって救いじゃないですか？　自分にとって。私は自分のことを好きになれなくて、卑屈で、いつも他人と自分を比べてしまうんです。どうしたらいいですか。って、よく、お悩み相談のメッセージなんかをいただくんですけど。他人と自分を比べて落ち込むって、他人の良いところばかり見えてるってことですよね。見えてるってことは、自分の中にも、同じ種がありますよ。だから、それを育てればいいと思うんです。表裏一体、の話じゃないですけど……ネガティブな感情って、必ず、ポジティブな感情があるからこそ、沸いてくるんです。自分で落差を作って、そこに生きる意味を見出す、って話をさっきしたと思うんですけど、自分が『痛い』と思うとき、裏側を覗いてみるといいと思います。なんでも。物事には多面性があるんです。泣くのは、全部の面をひっくりかえして見てからでいいんじゃないかなって」

——ありがとうございます。最後に、これからにゃんたこさんは、どう生きていきますか？　将来を妄想してみてください

「最後に一番答えづらい質問がきましたね。なんだか、ノリノリになっちゃって、偉そうにインタビューに答えてましたが……、将来ですか、途方もないですね。今までずっと、今を生きられればいいや、と思って生きてきました。口座に五百円しか入ってないのに、どうしてもハーゲンダッツのクッキーアンドクリームが食べたくなって、なんの迷いもなくコンビニに向かう、みたいな生き方です。そういう刹那的な生き方がかっこいいと思ってたし、そんな自分が好きでした。でも、ある意味では、逃避ですよね。今に向き合ってるようで、未来から逃げてる。未来は今の地続きで、だから今だけを生きていればいいんだと、そんな風に思ってましたけど、最近は少し考えが変わってきています。今だけを生きて、今だけを生きた私の通った一本の道が未来の私に繋がるのではなくて、未来の私のために、今歩ける道を増やしたい。正直、将来のことはよくわかりません。数年前の自分は、こうしてＹｏｕｔｕｂｅｒとして　インタビューを受ける日が来るなんて、考えもつかなかったですし。具体的なことは、何も思いつきません。真っ白です。これを、妄想の答えにしてもいいですか？　真っ白。汚したり、綺麗にしたり、そういうのを繰り返して、やっていくんだと思います。痛みを抱えて、痛みを感じて、痛みを隠して、想像と妄想を行ったり来たりして、それから、死ぬときに、想像と妄想の行きついた場所で、笑っていられたら良いですね。ワンピースって漫画に出てくる、Ｄｒ．ヒルルクってわかります？　まったく！　いい人生だった！　あれやりたいです、かっこいいので笑」

数時間のインタビューを終えて、ビルを出た。照り付ける日差しがアスファルトの路面に反射して、思わず目を細めた。夏のにおいがする。

　この日のためにわざわざ購入した白いブラウスが光を吸う。首筋に、汗が滲むのを感じる。

「日常風景に自身のエピソードや考えなどのテロップをつけた、文学的世界観全開の動画やゲーム実況動画などを投稿している。文学的センスに長けた文章や飾り気のない日常の様子が魅力となり、人気を博している。現在のYoutubeチャンネル登録者数は三十五万人を超える」

進行台本に書かれた、私のプロフィール文言。文字を追いながら、どこか他人事のように感じている自分がいる。

インターネットで活動を始めて、もう八年目になる。

再生回数もコメント数も、順調にグラフは下降してはいるけれども、応援してくれている人がまだ多数存在することが、未だに不思議で仕方ない。

自己評価が低いわけではない、ただ、自分の価値を他人に委ねたくない。だから、評価されることが怖い。私は臆病なんだろうか。

うだるような暑さの中、細い路地を抜けた先に、コカ・コーラの自販機を見つけた。小銭を入れ、ボタンを押す。金額を表示するパネルがチカチカと光り、数字がルーレットのように回り始める。七が三つ揃ったところで、「ひとりだし、荷物になるから当たらなくていいよ」と、心の中で自販機に声をかける。七、七、七、六。うん、当たるわけがない。

取り出し口から缶を取り出し、プルタブを開ける。溢れ出ることは滅多にないとわかっているのに、炭酸飲料のプルタブを開ける時、どうしても身構えてしまう。プシュ。小さな泡と一緒に、音が夏に溶けていく。半分ほど、コーラを一気に飲んでから、あ〜やっぱりコンビニで金麦でも買えばよかったな、とぼんやり考える。甘い。甘すぎる。

せっかく街に出たので買い物でもして帰ろうかと、駅前のビルに寄った。三階で陶器市が開催されているらしく、人でごった返している。

エスカレーターに乗り、三階に向かう。ガラスに映る自分の姿を見て、また不思議な感覚になった。こんな自分のインタビューが、書いた文章が、書籍になる。

途端に自分をみすぼらしく感じて、乱れた前髪を整えた。

「ゆうくん、食器売ってるよ。見に行こ」

「おっ。良いね」

「お揃いのお皿いっぱい欲しいな」

エスカレーターで私の前に立つカップルの会話に耳を立てる。どうやら、同棲を始めたばかりらしい。

私の昔からの悪い癖なのだけど、街中でカップルを見かけると、「こんな健全な顔をして公共の場を歩いてらっしゃいますけれど、やることはやっていらっしゃるんでしょ……」という気持ちになる。同棲、なんていう生々しいワードが飛び出したならなおさらに。気持ちになるだけならまだ良い、具合の悪い時は、事細かに妄想してしまう。妄想。ほら、確かに毒だ。破廉恥で、エロティックで、たちが悪い。さっきまであんなに偉そうに、妄想は痛みだなんだ生きるための薬だなんだ言っておいて。陶器市を楽しんでいるおひとりさまのふりをしながら、道端のカップルの情事を妄想。やばい、やばすぎる。今、私の頭の中は、妄想に取り憑かれているのだ。

落ち着いて、ここは駅ビルの三階。私は三十三歳の独身女性です。グレーのチワワを飼っています。名前はフブキです。フブキはついこの間四歳になり、誕生日のお祝いには、上等なヒレ肉を焼いてあげました。牛肉が好きなんです。お座りとお手ができます。トイレの躾はできていますが、構ってあげられないと、たまにお風呂のマットで粗相をします。珪藻土のマットなので、いつも泣きながら手洗いをしています。寝る時はいつも一緒で、最近は、枕を使って寝ることを覚えました。目に入れても痛くないくらい可愛い愛犬です。

フブキのことを考えると、一気に現実に引き戻された。早く家に帰ろう。雑念を振り切って、食器を選ぶ。

恋人と一緒に住むようになってから、食器に目がない。一人暮らしの時は、最低限のものがあればよかった。コップも、丼も、皿も、箸も、スプーンも。洗い物を増やしたくないから、フライパンや鍋を皿代わりに使っていたのに。今日の夜はハンバーグにしようか、久しぶりにカレーだっていい。トンカツもいいけど、家に帰って揚げ物をする元気はない。やっぱりハンバーグにしよう。恋人との食事を想像して、こうして食器を選ぶ今この時間を、どうしようもなく愛おしいと感じる。三十パーセントオフのシールの貼られた、千鳥模様のあしらわれた藍色の食器を手にする。可愛い。

家に着くと、寝間着姿の恋人がクーラーの効いた部屋で出迎えてくれた。

「えっ！　今日休みやったんや」

「あれ。言わなかったっけ。明日も休み」

「最高やん」

「インタビューどうだった？」

「どうだった……どうだったんやろ。わからん。でも、正直にやった。やりきった。こういう仕事をもらえるだけでありがたいんやけどさ、自分を見つめなおす機会にもなって、なんか、もっと自分の人生頑張ろうって思えた」

「記事、完成したら読みたいな」

「ちょっと恥ずかしすぎるかも」

恋人が笑う。

恋人の歯並びが好きだ。それから、顔と首筋、耳の裏にあるほくろ。

「てか、その重そうな紙袋、置きなさいよ」

「あ」

「何これ？」

「すっかり忘れてた。見て、買ってきた！　可愛いやろ」

私は、紙袋から藍色の食器を取り出した。

「とても良い」

「でしょうが」

「今日これ使おう！」

「そのつもりでございます」

恋人が、値引きシールを綺麗に剥がそうと、悪戦苦闘している。

「ありがとね」

「ん、何が？」

「シール、綺麗に剥がそうとしてくれて」

「いつでも、お安い御用です」

「愛か？　これ」

「まあ、愛の一種かな」

将来のことはわからない。一生独身かもしれないし、しれっと結婚してるかも。でも、多分、死ぬまで生きる。想像と愛と、妄想と痛みを、繰り返して。

ひき肉を捏ねた手が、脂でべたべたする。ああ、和風ハンバーグを作るのに、大葉を買い忘れた。お米ももうあとちょっとしかない、バターも、牛乳も、卵も、マヨネーズもなくなりそう。明日はスーパーに行こう。一週間後も、二週間後も、一か月後も、一年後だって。私に必要なものを細々と継ぎ足しながら、手探りで。

1

妄走のあとで

小川和

本書を企画する「次世代の教科書」編集部からは「いまのわたしの妄想」、とりわけ妄想と「生死・倫理」にまつわる原稿を書いてほしいということで依頼を受けた。何からふくらませようかというところだが、ひとまず自分が感じていた不都合を起点に始めてみたいと思う。

「死にたい」と思っているとき、「生きなさい」と促してくれる言葉に素直に従えない。そんな感覚にひきずられていた時期があった。

自殺予防のセーフティネットはひとまずのところ整えられているのだから、たとえば心療内科に行くことだってできるし、前向きな言葉をかけてくれる本だっていくらでも見つけられる。お医者さんは専門家だから、必要以上に迷ったり心配をしなくても大丈夫。そうわかっていても、うつの時はなかなかからだが動かないこともあって、後者の「言葉」に頼りがちになる。本でも、音楽でも、映画でも、様々な媒体から「生きよう」というメッセージが届けられる。

なぜか、その「生きよう」という言葉が自分の中に浸透していかないのであった。「生きよう」と言われても、からだが動かない。

逆に、「死にたい」の磁場に引き寄せられるとき、自分のからだがどこか深いところで振動するような気がする。たとえば森山直太朗が「しねばいい」と歌うとき、からだはどこかで共感と安心を覚えている。面白いことに、「死にたい」になら反応できるのだ。でもからだが「死にたい」の通りに動いてしまっては、死んでしまう。死にたくも生きたくもあるときには、いったいどうすればよいのだろう。

ところで、辛いときにも人は妄想するはずだ。一歩手前のところにとどまって。こういう場合でも、妄想だけはできる。楽しい。なんとかならないか、思い悩む。〜がしたいな。〜だったらいいな。こうしてなぜ「死にたい」になら反応できるのかを突きつめて考えていくと、「死にたい」それ自体すら妄想で

おがわ・なぎ

1991年、千葉県生まれ。作家、批評家。慶應義塾大学文学部卒業。「ゲンロン 佐々木敦 批評再生塾」に参加し、さやわか審査員特別賞を受賞。単著に『日常的な延命「死にたい」から考える』。

あるためだという見方に着地する。

　だから、「死にたい」と妄想は循環するともいえる。「死にたい」がゆえに一歩手前で死なないための妄想をする。それでも「死にたい」自体が妄想の一部になってしまう。「死にたい」を防ぐために「死にたい」と妄想し、螺旋上にやりすごすことでいくらかの時間は過ごせるかもしれないが、根本的には「死にたい」の磁場から抜け出すことはできていない。

　ここで思考のきっかけとしてみたいのは、妄想の方向に向かってなら、からだが動くということである。心と体が合わさったからだという意味で。「死にたい」に向かってなら、どんなに辛い状況でも、からだは動く。では、からだが動く方向性の内側で、擬似的に「死にたい」という妄想を実現することを考えてみてはどうだろうか。

　たとえば移民的な行為である。拙著『日常的な延命』のなかでは、どうにもこうにも生きられなさそうな自分が移民を試みた時の体験について記した。ひとつの例としてなぜ移民的な行為を紹介したかというと、移民が「これまでの人生にある程度の踏ん切りをつけられる」特徴を持っていたからだ。ただ言葉の通りに死んでしまってはそれで終わり。でも心のどこかでは「死にたい」の裏側に「死にたくない」という感覚が薄くはりついている気もする。それならば、あえて擬似的に死ぬための回路を利用して、生きる方向にからだを動かそうとする可能性に賭けてみるのはどうだろうか。

　これまでに生きてきた自分を死なせること。そして、死ぬことを生きることへと反転させる。この擬似的な自殺の過程においては、からだは動く。生きようというつもりでからだが動かないのであれば、その辛くて苦しい自分自身を死なせるために動けば良い。他者からの「生きさせようとする」手助けにすら疲れてしまったときは、自らを死なせようとする重力に従って、ゆるく人生を生き直せば良い。移民的な行為は、言葉通りに死んでしまうのではなく、死ぬことで生きる道でもある。

　このようにして考えていくと、妄想とは、からだを動かす根拠として機能するものであるといえるだろう。妄想のひとつの特徴である。

2

　次に、妄想にまつわる状況の話を展開したい。妄想についていくら言葉を費やしていても、むしろ妄想を典型的な認識のなかにとどめてしまうことだって起こりうる。ゆえに本文では、妄想という言葉や動向それ自体から妄想の定義を拡張していくというよりも、あえて周囲の状況を語る。そういった過程において、妄想の働きがより具体的な輪郭を持って立ち現れるのではないかと考える。妄想を安直に語らない、いわば迂回しながら語ることで、妄想と生の現場が絡む動態を記述することを目指す。

まずはバーチャルな主体の話をしたいと思う。『日常的な延命』の一部では、現代を生きる人々が、デジタルな情報処理に適したあり方へと変わってきている状況について考察した。ぎゅっとまとめて紹介すると以下のようになるが、いきなりすべてを理解できなくてもよい。まずは漠然とでも想像してみてほしい。

情報のアルゴリズム化が進んでいる現状では、社会とは具体的な意味で隙間なく埋め尽くされているような空間である。そこで過剰な情報処理に慣れると、主体は非常に「なめらかな」ものになる。テレビの画素数のように、でこぼこした穴が情報の密度で埋められれば埋められるほど、なめらかになる。情報のピクセルのようになったバーチャルな主体は、そのなめらかな世界の中で瞬時に飛び回り、時間という距離を感じなくなる。多動的すぎる自らを制御することが難しいのなら、その状態を落ち着かせて、地に足のついた状態に変えていくことはできないだろうか。決まりきった情報の渦から発生するコミュニケーションではなく、現在の出来事をひとつひとつ新鮮に受け止め、吟味できるような回路を見つけていくことはできないか。

いきなりまとめられても唐突だとは思うので、まずは議論の背景にある、選択肢が与えられすぎて、多すぎて、逆にうまく動けなくなってしまうような生活を視覚的なイメージとして組み立ててみよう。少しずつバーチャルな主体の輪郭に迫っていければよいので、階段の例を用いてここからの話を展開する。なんとなく頭の中で想像してみてほしい。

階段には、人間が踏み込みやすい高さの段差が設計されている。一段の高さを蹴上(けあげ)というが、たとえばここで、仮に10メートルの距離の階段に対して10個の蹴上があるとする。階段の設計者は、おおざっぱに、ひとまず10個で足りるだろうと思って階段を作った。

これは歩幅が合う人にとっては快適な設計であり、一歩前進する際の歩幅が小さい人には不便なものとなる。すると階段を不便に感じた人たちのために、設計者は段差を増やすことを決めるだろう。ひとまずもう10個蹴上を増やして、10メートルに対して20個の蹴上が作られる。

ここでひとつの見方を示すならば、デジタル環境において様々なノウハウ、ハウツーが用意されるとは、階段に蹴上が増やされるようなことではないだろうか。たしかに世の中は便利になった。この蹴上の数でも駄目だとなれば、さらに蹴上が増やされる。

その結果として生まれるのは、スロープ(斜面)だ。10メートルの階段に対して、蹴上の数を10個、20個、40個と増やしていくと、行き着く先はミクロな段差だけが存在する斜面のようになるはずだ。もはやそこに段差があることは人には認知することができないが、それでも蹴上はひたすらに作られていく。より良い世の中に向かって。もしくは機械が人のために蹴上を増やし続けているのかもしれない。ひとまず現状の見取り図としては、人は階段ではなくスロープの上にいるように見えてこないだろうか。

確かにスロープは便利だ。誰にとっても前後に動きやすい。しかし人が生きるということをこの比喩で考えた場合に、話は変わってくる。蹴上の存在、そして蹴上の認知ということに価値が宿る。なぜかというと、主体的に生きるとはひとつに、階段のなかのどの段に自分が立っているかを認知することと関係しているからだ。今の自分がどういった文脈を生きているのかをみる。それは他者からの借り物の文脈ではなくて、実体験をもとに自ら納得することのできる足場である。完成された斜面とは、己の両足をおく蹴上を消失した状態であるともいえる。

階段のひとつの蹴上の上に置かれたボールを想像してみてほしい。ボールが今どこにあるのか、階段の全体性の中でどの位置にあるのか、前後の段はボールとの関係においてどのように現れているか。こうした様々な状況のもとに、ボールは重力で固定されている。一方で、斜面においてのボールは、どの段に置かれているのかがわからない。しかもボールはただ下に転がっていくだけではなくて、斜め上下に移動を繰り返す。そこでは重力も消失する。

世の中が便利になり、インターネット上では様々な文脈が用意される。そのひとつひとつの文脈は借り物にしては出来すぎているというか、消費しただけでまるでリアルな体験を獲得したかのように感じられるものばかりである。そうやって意味の蹴上が人の欲望に従って無限に増殖していった結果、人はいま自分が主体的にどの文脈を生きているのかという認識を失いがちになる。簡単にいえば、これがバーチャルな主体が孕む問題である。バーチャルな主体とは、この階段の例でいうところの、斜面を斜め前後に上下し続ける、重力を失ったボールに他ならない。

3

このバーチャルな主体の問題は、近年語られている生活の傾向とも重なってくる。2つのベストセラー新書から分析してみよう。

たとえばファスト消費、ファスト教養の問題だ。稲田豊史の『映画を早送りで観る人たち』は2023年の新書大賞第

2位を獲得し、そこで語られる現在のコンテンツ需要の実態が話題となった。表面的にコンテンツを消費し、何か得た気になれればそれでOKのファストな振る舞い。ドラマでいえば、作品を形成する俳優の演技や映像面でのこだわりなどはどうでもよいこととされ、物語の要約だけが求められる傾向にあるという。物語の内容だけ知っていれば世間の会話においていかれることもないし、作品を消費したことになる。そのために「早送り」視聴が好まれている。ファスト教養も、付け焼き刃の教養をいかにコスパ、タイパよく得られるかというところで生まれてきた概念である。

付け焼き刃の教養は、今では獲得しやすい。だがこれに頼っていると、自分自身が本当に何を望んでいるのか、何を学びたいのかといった根本的な欲望を見失いがちになる。ときに経済が自発的にファストな教養を押し売りしてくるような状況において、自分が自信を持てる教養のあり方がどのようなものなのか、再考すべきタイミングにきているはずだ。

2024年には三宅香帆の『なぜ働いていると本が読めなくなるのか』も発売1週間で累計発行部数が10万部を超え、話題になった。三宅によれば、なぜ読書ができなくなるのかといえば、ビジネス環境に適用しやすい「情報」を求める消費者が、本に含まれる「ノイズ」を避けるからだという。こちらもみるからにファスト消費の問題と関連している。

そもそも読書とはどのようなものなのかをいま一度考えてみよう。読書は、作者の創作した文脈に浸ることを読者に要求する。もちろん読者には本を好き勝手に読む自由が保障されているのだが、いわゆる読書好きの人間というのは、作家の用意した複雑な文脈をなるべく直接的に受け取ろうと望むのではないだろうか。一方で、本を読まない人にとって、この作家の用意した文脈を直接的に受け取る行為は億劫でめんどくさい作業に尽きる。軽い足取りで情報のファスト消費をすることに慣れきってしまっている状態では、ある作家やある作品の前で足を止めてじっくりと中身に向かい合うのは難しくなるのだ。だから、本が読めなくなる。ファスト教養の理解に照らし合わせるなら、「なぜ働いていると本が読めなくなるのか」という問題は、このように解釈することができるはずだ。

さらに本文の議論を加味しよう。現代社会に働いていると、高い確率でデジタル環境に適応した感性をインストールすることになる。濃度の高いバーチャルな主体として生きることになる。バーチャルな主体にとっては、表面的ではない文脈の受け渡しを要求する読書という行為は避けたいものになる。と同時に、バーチャルな主体への潜在的な迷いが、読書をする主体への欲望を刺激する。逃げ道としての希望を、読書に対して抱きたくもなる。これがバーチャルな主体の消費例として読書を捉えたときに見えてくる構造である。

「なぜ働いていると本が読めなくなるのか」問題に対する三宅の回答は、全身全霊で燃え尽きることを防ぐための「半身社会」の提唱であった。労働で心身をすり減らさないように、ある程度の勇気を持って「半身」になることを促し、著書は閉じられている。しかしながら、この指摘は問題の因果を見誤っている可能性がある。たとえばバーチャルな主体への視点に用いられるような、消費者の主体性への想像力がここには欠けているからだ。

そもそも「半身」社会の提唱はすでに多くの著作においてなされていると言えよう。むしろ「半身」社会を具体的にどのように叶えていくか、実装していくかという議論が人文書のなかに蓄積されていっている状況だ。それでもなぜ問題が容易には解決しないかというと、主体のあり方に関しての哲学的な議論が、現場で起きている問題の方からも要求されているためではないか。

たとえ「半身」になったところで、労働から離れたところで、バーチャルな消費を促してくるデジタル環境は人々のすぐ近くにある。むしろパブリックな場だけでなくプライベートな感性にこそ侵入してきている。そうした環境下で簡単には情報摂取的な消費のあり方は変えられないし、多くの選択肢を借り物のように使い倒しながらの生活が続くだろう。むしろ、「半身」になって暇が増えるということは、バーチャルな主体をさらに過剰なものにする可能性だってあるのだ。バーチャルな主体であればこそ、表面的なファスト消費は促され続け、じっくりと立ち止まることを求める読書に対立する。また、「半身」で読書をすれば良いという気軽な読書の選択肢や優位性にも、他の情報との比較からそもそも目が届きにくくなる。現代のデジタル環境が生み出した構造の力学をふまえると、労働からの距離感が主体的な読書姿勢を促すことに繋がるとは、単純には言いづらいのではないだろうか。

ファスト消費にどのように歯止めをかければ良いのか、働きながらでも読書をするにはどうすれば良いのか。これらはバーチャルな主体性の問題が背景として絡んでいるがゆえに、かなり厄介で解決の難しいテーマである。

バーチャルな主体の問題を乗り越える困難、それはたとえば芥見下々の『呪術廻戦』に出てくる最強キャラクターのひとり、五条悟を倒すのと同じくらい大変なのだと言い換えてみたい。次はポップカルチャーに見出される例を紐解きながら、これまで論じてきた問題への理解をさらに深めてみよう。

4

五条悟をどのように倒せば良いのか。五条は、人間に危害を及ぼす呪霊を、特殊な呪術を使って祓うことを生業にしている人物だ。呪術師が活躍するストーリーの中でも、彼は現代最強との呼び声が高い。本文で注目したいのはそんな五条の必殺技「無量空処」である。

五条の作り出した領域のなかにいる対象は、知覚や伝達といった生命活動に対し、無限回の作業を強制されることになる。対象は無限の情報を流し込まれて、いつまでも脳内の情報が完結しないために身動きが取れず、ゆるやかな死に至る。主体性の収奪。一度くらってしまえば抜け出せない、まさに必殺技だ。

この「無量空所」の仕組みは、じつはバーチャルな主体の問題と重なっている。自らが主体的に関わっていない情報を他者から大量に与えられ続けた結果として、地に足をつけられるような重さの感覚が失われてしまうことは、先の階段とボールの例えでも示した通りである。情報が多ければ、主体は軽さのもとに動きやすくなる。多くの段差が用意された階段の上にあるボールは、斜め上下に軽々しく動いていくだろう。しかし、目に見えないくらいのミクロなレベルの蹴上が用意された、スロープ化した階段においては、ボールは「過剰に動けるがゆえに動けなくなる」。本来そこにあったはずの重力を失い、軽すぎるがゆえにどう動いたら良いのかわからなくなる。そうしてなんだかわけのわからない地点に漂うようにして立ち止まるしかなくなってしまう。「無量空処」をくらって動けなくなる対象とは、バーチャルな主体性を抱えた我々自身なのではないだろうか。

こうした批評性をもってしても五条悟はやはり強いのである。現代を生きる人々は五条を前にしてなすすべがなくなってしまう。だが、（馬鹿みたいだけれども）そんな五条に対してささやかな抵抗を試みようとするのが拙文である。

ここで、バーチャルという言葉に対応させ、アクチュアルという言葉を使用したいと思う。多動的すぎる自らを制御することが難しい、あまりになめらかなバーチャルの状態。簡単にいえばこれを落ち着かせれば良いのだが、その際には決まりきった情報の渦から発生するコミュニケーションではなく、現在の出来事をひとつひとつ新鮮に受け止め、吟味できるような回路を手にいれたい。その過程を経て、主体はバーチャルなものではなく、地に足のついたアクチュアルなものへと変わっていく。本文で示してきた通り、バーチャルからアクチュアルへの移行というのは現代的な課題であるのだが、この課題はまさにバーチャル化の必殺技を駆使する五条悟を乗り越えていくという展開に並行しているのだ。

では具体的にどうすればよいのか。ここで登場するのが、妄想の力である。妄想を重ねることで、「無量空処」の間隙を突くことができるかもしれない。

「無量空処」をしのぐとすれば、たとえば以下のようなパターンが考えられるはずだ。じつは五条から大量の情報を流し込まれるとき、その中でもまだ受け手の意思が存在していることが物語からは判別できる。『呪術廻戦』をみても、技をくらった漏瑚というキャラクターは「うわー動けない」という風に、自分をメタにみる視点だけは確保できている。であるならば、大量の情報を読み込まされる中で、受け手にも情報に対してのわずかばかりの強調点が生まれているわけである。そこには無意識的にであれ、情報に接する角度、癖というものが入り込む可能性がある。五条と「無量空処」という環境が与えてくる情報のなかに、「自分が思い入れを持つもの、自らが望むものも含まれている」という認識に至るための抜け穴が存在するのだ。わずかな接点をきっかけに、癖に応じて、情報を編集し直すことができないだろうか。再びの編集が叶ったとき、「無量空処」の受け手は五条の領域に穴を空け、主体性のかけらを取り戻せるかもしれない。

　大量の情報に接する際の自らの潜在的な欲望、言い換えれば完璧には言語化できない癖のようなものがきっかけとなって、主体性を収奪する「無量空処」を乗り越えられる可能性が眠っている。それがうまくいけば、究極的には自らにとっての根源的な情報が残り、主体の重力を失わせるようなインフォメーション・オーバーロードの状態をやり過ごせるようになるわけで、ではそのきっかけを何に求めるかという視点が重要となる。五条との戦いを想像しながら次の展開を生み出していくには、「潜在的な意識のレベルでどのように強調点を生み出すか」という論点に移行していく。

　ここで、妄想なのである。妄想、それは自らの重さを、しいてはその先の主体性をヴァーチャルな状態から取り戻す行為である。

　先の例に妄想を当てはめると、妄想とは「スロープに足跡をつけること」だ。それもなんどもなんども踏みしめるようにして、無意識のうちに足跡をつけていく。スロープを過剰に移動しているバーチャルな主体は、どこかそのスロープでわずかにすり減っている箇所があることに気がつくだろう。位置にもなんとなくの「傾向がある」ようだ。それを段差として認識するのは難しいのだが、斜め上下に激しく動くなかでなんとなく地面に目を向けることができてくる。このとき、主体は徐々に重さを取り戻しているのだと考えることはできないだろうか。

　他人の情報に頼りながらあまりに激しく動けるがゆえに、逆にいまの自分がどのように動いているのかがわからなくなり、重力の足場を失ってしまった状態。軽すぎるがゆえに、仮には動けていても実際には動けていないという状態、またはその感覚。そこから離れて自分の主体的な歩みを取り戻すために、一歩の重みを確かめるために。バーチャルな主体としてしか動けないのであれば、そのバーチャルな主体の運動性の中にアクチュアルな方向性を見つけていく。くりかえされる妄想の足跡をきっかけにして、「無量空処」の領域に穴をあけようとしてみる。もちろん五条を倒すにはこれだけでは足りていないわけだが、ひとまずバーチャルな主体の問題を乗り越えるためのひとつの回答が、妄想に求められる。

先に「死にたい」の文脈から、妄想の方向にならからだが動くという話をした。妄想とは、やはり自らの主体性を象るための道しるべとして機能するものなのではないだろうか。

ここであげた「無量空処」の話はあくまで例である。重要なのは虚構の世界で勝利することではなく、現実の世界に知恵をめぐらすことの方だ。インフォーメーション・オーバーロードの状態で、どのように地に足をつける感覚を持つことができるのか。妄想がからだを動かすための標識になるのだという思考の可能性を、この回路からも上塗りする。

5

本文においては、移民の話でも、階段の話でも、「無量空処」の話でも、「からだが動かなくなったときにそれでもからだを動かしてくれるきっかけ」としての妄想の可能性を紹介してきた。妄想それ自体がどのようなものなのかにはあえて触れていない。各々にとっての妄想を大事にしてほしいので、本文では妄想の中身については深掘りをせずに、現代社会の様相を語ることを通して妄想の働きを探るという構成を選択した。

料理の話でいえば、素材を煮るなり焼くなりするのではなく、その素材が各々にとっての特殊な意味合いを孕むものであるからこそ、素材を素材として活かしながら、料理自体をつくりあげていかなければならない、そんなイメージに近い。「死にたい」を避けるための話でも、斜面で重力を感じるための話でも、インフォメーション・オーバーロードを乗り越えるための話でも、おのおのの妄想をそのまま適応してもらうことが可能となっている。

最後に語るのは、いろいろな妄想についての話を他に展開できたかもしれないのに、なぜ「からだが動かなくなったときにからだを動かしてくれるきっかけ」としての妄想の話の展開を筆者が選んだのか。その背景についてである。本文をまとめるなら「とにかくからだが動かない現状だからこそ、妄想を大切にしよう」というシンプルな結論になるのだが、その「現状」をより構造的に整理する。妄想についての議論を大きな見取り図のなかに配置し、その意義を確かめてみたい。

まず簡単にいうと、いまの状況を見通すのであれば、物の見方という点で2つの大きな世界観が重なりあっているように見えてくる。

はじめに、近代的な主体のモードによる世界観がある。個人がメッセージを発信し、他の個人がそれを受け取るとき、受け手のほうは送り手が設定した通りに物語に接することを求められる世界。いわば物語を完了させることを当たり前に求められる世界。

これを説明するためにしばしば用いられるのは映画の例である。特に20世紀の映画において、フィルムの並べ替えこそあるものの、最終的には物語がひとつの完成形に回収されることは物理的にも想像しやすいはずだ。時制が入り乱れている作品であっても、結果的に映画はおよそ2時間程度で終了するわけで、そこには過去から未来へ進んでいくリニアな時間感覚を土台とした、ひとつの線形の物語が現れている。映画の観客は、ひとつの線形の物語が表す作品の意味を探り、受け取っていく。映画館に行くことを選択し、作品を鑑賞する。受け取った物語を完了させるという意味において、この状態はRPGゲームをクリアしようとする様にも例えられるだろう。

一般的な認識のモードとしてはこちらが一般的というか、いまだ多くの人々の価値観はこの映画観客的な主体に依拠している。能動的に作品の文脈に浸ろうとするアクチュアルな動態に価値が置かれる。

だがこの主体のあり方にはツッコミも用意されている。たとえば誰かが用意されたひとつの線に深く心酔し、さらにその物語への心酔が大衆のレベルにまでいきわたったときには問題が起きるのではないかということ。いくどもの世界大戦を経験した人々は、近代的な主体として生きながらも、同時にひとつの線、ひとつの大きな意味に集中してしまうことを恐れ、注意の目を向けた。大衆の動向を斜めからみる知識人たちは、むしろ線を「散らそう」とする方向に言論を傾けた。単線的な物語への批判的な視線も（コインの裏側として）織り込んだ上での、近代的な主体が作り出す世界というものがまずひとつとしてある。

そして、本文において近代的な自分主体のモードと比較されるもうひとつの存在が、未来的な環境依存の主体であり、それに対応した世界観が存在する。未来といってもすでに今この時にも覆いかぶさっている現在形の状況であるのだが、今後さらに事態が展開されていくことをふまえて、未来的な主体と記しておく。

この未来的な主体が持つ世界観は紛れもなくインターネットの登場以後の有様を指しており、もうひとつの世界観が映画観客的なのであれば、こちらは（ネットフリックスなどサブスクリプション式の映像配信サービスから想定される）サブスク観客的な世界観とも言えよう。物語の受容はリニアな時間感覚には支配されず、主体の思うがままに自由な時間軸で選択される。

主体の思うがままにと書いたが、主体の思うがままと思わせる環境の磁場がとてつもなく強いのもまた、この世界の特徴である。大量の情報が行き交う世界のなかで、選択という主体的な行為を環境によって促されながら生きていくその有様は、オープンワールドのゲームにも例えられるだろう。自分がこの世界を作っていける、ひとつの物語に収束しないように散らかしていけるという幻想が中動態的に叶えられ、浸っていて心地の良い状態が作り出される。

先に紹介した稲田の著作を含めすでに多くの指摘があることだが、映画観客の作品を鑑賞するという行為に「ＤＯ」という動詞のニュアンスを当てはめるのなら、サブスク観客のシーン単位の繰り返し視聴には「ＢＥ」という動詞のニュアンスを当てはめるのがふさわしい。ＲＰＧのゲームをプレイするのが「ＤＯ」であれば、オープンワールドのゲームをプレイするのは「ＢＥ」の感覚に近くなる。そういったバーチャルなサブスク観客的世界のなかで、人々はいままさに生活している。

まとめると、先に記した２つの大きな世界観とは、「ＤＯ的、近代的、自分的、能動態的、映画観客的、ＲＰＧ的、アクチュアル的」な世界観と、「ＢＥ的、未来的、環境的、中動態的、サブスク観客的、オープンワールド的、バーチャル的」な世界観である。現在を生きる人々は、この２つの世界観の重ね合わせの、ハイブリッドな主体であるというのが本文での見立てである。

アクチュアルという言葉が先のひとつの世界観の中に登場したことが気になった方もいるかもしれない。端的にいえば、本文における主張というのは、近代的主体におけるアクチュアルをアクチュアル①とするならば、未来的主体におけるバーチャル性を加味した上でのアクチュアル②を展開しようとする思考である。アクチュアル②を達成しようとするための試行錯誤が、ここまでの本文においてなされてきたことなのだ。

「ＤＯ的、近代的、自分的、能動態的、映画観客的、ＲＰＧ的、アクチュアル①的」な世界観に対して、ひとつの単線的な物語に回収されないための視座が用意されたように、「ＢＥ的、未来的、環境的、中動態的、サブスク観客的、オープンワールド的、バーチャル的」な世界観に対しての注意を含んだ視座が登場しても全く遅くないタイミングである。むしろ前者に依存する人々が多い現状においては、後者のための視座は未だにほとんどもたらされていないのではないだろうか。

たとえば批評や芸術においても、こうした時代性を背景とするならば、単線的な意味にならないよう「散らかそう」とする方向性だけでは片手落ちになってしまう可能性がある。もちろん人が2つの大きな世界観の重ね合わせを生きている以上その方向での指摘も大切なのだが、アクチュアル①であることへの不安があったように、バーチャルであることへの不安というのも、バーチャルな世界を濃く生きれば生きる人ほど抱えてしまうのではないかと思うのだ。

ひとつの線から散らかすことの意義を説明したように、もともとバーチャルな方向性はアクチュアル①への処方箋として機能したため、そのバーチャルな可能性を批判することは単なるアクチュアル①への回帰と思われる可能性も大きい。その場合おそらくアクチュアル①とバーチャルを踏まえた上のアクチュアル②の違いは見られていないわけだが、主体的な文脈の獲得を促すことがベタな指摘だと表面的に片付けられてしまう。ここに問題の難しさも生じている。

それでも、「BE的、未来的、環境的、中動態的、サブスク観客的、オープンワールド的、バーチャル的」な世界観がもたらす不安を、生きづらさを、なんとか言葉にしてみること。バーチャルが良いとすすめられたところで、逆にバーチャルであるからこそ主体性が失われてしまうのではないかという生々しい感覚を議論のなかに落とし込むこと。単純な過去回帰に陥ることなく、こちらの可能性からも目を背けてはならないのが批評的な視座である。

繰り返して強調しておくが、「DO的、近代的、自分的、能動態的、映画観客的、RPG的、アクチュアル①的」な世界観において、世界の意味が単線化しないように複雑な分化を求めていくことは重要だ。世界は人が想像するよりもずっと複雑で、面白いものである。既知に閉ざされない可能性を開き続けていく。それに加えて、「BE的、未来的、環境的、中動態的、サブスク観客的、オープンワールド的、バーチャル的」な世界観すらも、散らすのが良いという単調な認識に閉じ込めることなく、動態を複雑なままに受け止めたい。複雑なままに受け止めるということは、その世界観における主体の不安定さも含めて抱え込む方向を意味する。

すべてを表面的な選択の受け渡しのなかに帰属させるのではなく、選択の可能性をふまえた上で各自が主体的な物語を色濃く生きていけるようにするには、どうしたら良いのだろうか。筆者にとって、くりかえしが可能なだけでなく、主体的な歩みにつながる跡を残す妄想の働きは、この問題を考える上でのひとつのきっかけになっている。きっかけを超えて突破口になるのかはまだわからないが、少なくとも以上のような課題を背景とし、ほかの人にとってはありえないとも思われてしまうことの可能性を確かめながら、私はいまこの妄想をしている。

今日が一番悲しい日だといいね

姫乃たま

生き物はいつ死ぬかわからないのと同じように、いつ生まれてくるのかもわかりません。

思えばきわめて当たり前のことなのに、不妊治療を始めるまで私はそのことを心の底からはわかっていませんでした。むしろ体外受精をすれば、妊娠出産は計画的に進むのではないかとすら思っていました。だから、自分が会いたいという理由で子どもを産んでもいいのか、そんなことにばかり頭を悩ませていました。

実際に不妊治療を始めてみると、全く計画通りになんかいかなくて、出産どころか妊娠までの道のりも遠く、本当に自分の人生にあるのかどうかわからない「妊娠出産」という場所を目指して暗い道を歩かされている気分です。いま思えば生まれてきた子どもについて考えるなんて早計で贅沢なことでした。

たしかに不妊治療を受ければ、卵子を成熟させる薬を処方されて、内診で採卵に最適なタイミングもわかります。さらにプロフェッショナルな胚培養士が受精までしてくれるけれど、でも結局、それで命が誕生するかどうかまでは、人間の思い通りにはならないのです。

ひめの・たま

1993年、東京都生まれ。10年間の地下アイドル活動を経て、2019年にメジャーデビュー。同年4月に地下アイドルの看板を下ろし、現在は文筆業を中心にラジオ出演や音楽活動をしている。2015年、現役地下アイドルとして地下アイドルの生態をまとめた『潜行～地下アイドルの人に言えない生活』（サイゾー社）を出版。著書に『永遠なるものたち』（晶文社）『周縁漫画界 漫画の世界で生きる14人のインタビュー集』（KADOKAWA）など。音楽活動では作詞と歌唱を手がけており、主な音楽作品に『パノラマ街道まっしぐら』『僕とジョルジュ』などがある。

2023年　梅雨

私が通っている不妊治療の病院は殺伐としています。

初めてこの病院を訪れたのは2023年の梅雨時でした。

結婚生活も二年目になり、私たちでも子どもができるのかしらと思って、何もわからないまま不妊治療について訊きに来たのが最初です。この時点で妊娠に向けて何もしておらず、不妊治療とはどういう風に進めていくのかまず知りたかったのです。

しかし、勝手に想像していたような先生との相談の時間はなく、いきなり夫婦揃って不妊検査が始まりました。私は甲状腺の数値が低かったので、あれよという間に専門の病院を紹介されて、お会計はたしか数万円でした。不妊治療はお金がかかると聞いていたけれど、気軽に行った初診でいきなり数万円もかかって、これからどうなるのだろうと精算機の前で呆然としたものです。

甲状腺の数値が低いと、うつ病とよく似た症状が現れると言います。私は十代から長年悩まされてきたうつ病の原因がついにわかったと思い、寛解への期待を胸に病院へ向かいましたが、甲状腺専門病院の基準では問題がないそうで、妊娠したい身としては安心したけれど、同時に拍子抜けしたような気持ちにもなりました。

検査から会計まで三時間ほど要した疲労感を抱えて、不妊治療の病院の殺伐とした雰囲気を思い出すと気が重くなり、まだこれからどんな治療を受けるのか説明を受けていなかったこともあって、見通しが立たないまま早くも一年近く通院からフェードアウトしてしまったのです。

2024年　春

意を決して久しぶりに来院しようとすると、診察の予約をスマートフォンのアプリで済ませるシステムに変わっていて、早速難儀しました。すごく操作方法がわかりづらいうえに、最初は結局病院に直接行かなければ使えないようになっていて、しかしそのことは明記されていないので、なかなか繋がらない電話に一生懸命かけ続けるしかありませんでした。ひとつひとつどうでもいいつまらないことなのに、ただでさえ通院に対してナーバスな気持ちになっているので、些細なことでいちいち通院を拒否されているような気持ちになってきます。

ようやく来院すると、今度は診察室や採血室への呼び出しもアプリで通知される仕様に変わっていました。広い待合室には女性がたくさん座っていて、ここにいる全員がこの使いづらいアプリを使いこなせていることが、とてもじゃないけど信じられませんでした。

通知を見逃さないようにスマートフォンを睨み続けていたのですが、初回だったせいかうまく作動してくれなくて、目の前の診察室から「通知見てます⁉」と怒っている看護師さんが飛び出してきました。心も体も一瞬で硬直して、でも「これに食らいついていかないと、不妊治療の道から振り落とされる」と思い直しました。

久しぶりの来院なので、先生の説明から始まると思っていたのですが、診察室の中は薄暗くて内診台がぽつんと置いてあり、カーテンで向こう側は見えなくなっています。診察台とは上部が仰向けに倒れて、強制的に足を開脚させられる医療用の椅子です。羞恥心を遮るためのカーテンの有無は病院によるのですが、どちらにしても自分からは見えない格好で膣に器具を挿入されて検査されるしかないので、恐怖心は拭えません。たぶん診察台に乗って嬉しい人はいないと思います。

私は二十歳くらいの時に子宮頸がん検診で初めて乗って、器具を挿入されるときに怖くて声を上げたら、年配の女性の先生からぶっきらぼうに「なに、セックスしたことないの？」と言われて、それからすごく診察台が苦手です。あられもない体勢の時に他人から高圧的な態度を取られるのは怖いし、性交渉をするのと婦人科で知らない先生に器具を挿入されるのでは不快感も違います。

薄暗い診察室の中でショーツを脱ぐと、スカートの中がすうすうして、ますます心細くなりました。不安な気持ちのまま椅子が動いて、何か器具を挿入されると、恐怖で胸がぎゅうっとなります。何を調べているのか訊く時間もないまま、右へ左へ器具を動かされて、圧迫感と不快感で眉間に皺が寄りました。

「次、採血」

カーテン越しにさっき怒っていた看護師さんから言われて診察室を追い出され、またアプリの通知が作動しなかったことで、今度は採血室にいる看護師さんにも怒られながら血を抜かれました。待合室の混み具合を見ればわかるように、看護師さんも忙しいのでしょう。でも怒っている人に注射針を刺されるのは本当に怖い。なんのための採血なのかもわかりません。ここでは誰も何も説明してくれないし、そもそも誰も説明する時間を持っていないのです。

次は何が起きるのかと怯えながら採血室の前で放心していたけれど、待てど暮らせど何も起こらないので、またアプリの不具合かと思いつつ受付の人に訊いたら「数十分後に先生の診察です」と言われました。最初に診察して説明を聞かせてほしかった……。

診察を受けてようやく私は人工授精をするために内診と採血を受けさせられていて、人工授精が可能な体かどうかを調べられていることがわかりました。先生は卵子を育てるという内服薬を私に渡しながら「来週子宮の検査をするから予約して来てください」と言います。突然のことに来週の仕事のスケジュールを思い出しながら混乱していたけれど、先生が目の前に置いた検査の図を見て全て吹き飛びました。何やら棒状の器具を腹部から子宮に二箇所も貫通させているのです。

さすがに「えっ、これお腹切るんですか？　絶対やらないといけない検査なんですか？」と訊くと「これは違います、切りません。みなさん絶対に受けていただく検査です」と言われました。

近頃、痛そうなことに極端に弱いので、図を見ただけでも心臓がドキドキします。さっき渡された卵子を育てる薬にも何か恐ろしげな副作用がばーっと書かれていましたが、もう目を背けることにしました。精神薬の副作用などは全く怖くないのに、卵子の薬というのはこれまで縁がなかったので怖く感じられます。

来週の検査は子宮卵管造影と言って、子宮にある卵管の通りを確認するための検査だそうです。以前の私は暇さえあれば自主的に親知らずを抜きに行ったり、腕や首や舌にピアスを開けたり、ボディサスペンション（皮膚にフックをかけて吊るされる行為）にも興味がありました。

しかし、夫と暮らすようになってうつ病の症状が軽くなるにつれ、なるべく痛みから遠ざかりたいと感じるようになりました。私にとって痛みは死に近い感覚だったのだと思います。腕や首のピアスはいつまで経っても安定しなくて、何かに引っ掛けると痛いけれど、可愛くて安心する存在でした。思えばいつでもあんなに死にたかったのに、いまは長生きして子どもを産み育てたいと思っているのだから身勝手なものです。おまけに長生きを望むことで、自分がこんなに怖がりになるなんて思ってもみませんでした。

人生が悲しくも辛くもない人はいません。自分がうつ病でつらい思いをしてきただけに、子どもを産んで人生と対峙させてもいいものか気づくと自問しているのですが、その度につらい時、手を差し伸べてくれた人たち、見守ってくれた人たちのことが思い出されて、うつ病でなければ触れられなかったであろう世界の優しい一面に気づかされています。そして我が子に一番手を差し出せるのは、私と夫でありたい。そう強く思います。

まあ、子どもが産まれればの話ですが……と思いながら、ぐったりしてお会計に向かうと、私ともうひとりの女性しかいないのに、またしても理由を説明されないまま何十分も待たされました。しばらくするとお会計の受付で、女性がサプリメントを買うお金がないと泣き始めたのです。受付の女性スタッフが貼り付けたような笑顔で「クレジットカード会社に電話して限度額を引き上げてもらってください」と促していて、鬼かと思いました。

私はもともと趣味で同じような成分が入っている別のサプリメントを飲んでいたので買わなかったのですが、初めてこの病院に来た時にパンフレットを渡されていたので、そのサプリメントのことは知っていました。私は見たことのなかった病名が書かれていて、このサプリメントを飲まなければ、子どもが病気になると言わんばかりの内容でした。同じ成分のサプリメントを高額で買うべきなのか葛藤したのを覚えています。

泣いている女性にもより安価なほかのサプリメントを勧めたかったけれど、パンフレットの内容を思い出すと、とても無責任なことは言えないので声はかけられませんでした。

クレジットカード会社に電話しながら啜り泣いている彼女の声を聞いていたら、私まで今日受けた一連の診察への不安や、もっと未来への見通しの立たない不安まで押し寄せてきて、涙が溢れてしまいました。受付で大人の女がふたりとも泣いていました。

来週の検査が終わったらその後どうなるのか、何も説明を受けていません。恐らく結果が悪ければ次のステップには進めないので、未来に期待を持たせて落ち込ませないようにあえて話さないのだと思います。

自分の体のことなのに、自分では何もわからないことがとても不安でした。何も説明されずにどんどん内診だの採血だの検査だのをされて、子どもを産む機械として扱われているように感じます。お金はどんどん溶けていく。メンタルが強くないと振り落とされる。でも振り落とされたところで誰も病院に呼び戻したりなぐさめてなどくれません。現に私はいま目の前の女性に声すらかけられていないのです。

泣いていたらやっとお会計に呼ばれて、どうしてこんなに時間がかかったのかはやっぱり説明がありませんでした。

病院が合ってないといろんな人から言われました。

いろんな人から話を聞いているうちに、もっとこぢんまりとした親身になってくれるクリニックがあることもわかってきました。

でも私がこの病院を選んだのには理由があります。ひとつは私の父親がこの病院の産院で産まれていること。古くから経営が続いていて、祖母も出産しているのは心強く感じられました。それから一番の理由は、友人知人が三人も不妊治療を受けて高齢出産を経て無事に子育てをしていることです。不妊治療は未知の世界だったので、病院選びの基準がわからない中で、この事実はとても大きなものでした。

それでも心は揺らいでいましたが、精神科で主治医から「情緒的にならないで自分のことは子を産む機械だと割り切ったほうが楽」と言われたことで、私の気持ちは病院を変えない方向に固まりました。偶然、主治医も不妊治療の経験者だったのです。

私は機械のように扱われていることに抵抗感を覚えていましたが、自ら機械であると割り切って粛々と事を進めたほうが、たしかに後々精神的に楽だろうと腑に落ちたのです(それでも最初は丁寧に説明して欲しかったですが)。

何回治療を受けたら妊娠するかはわからないし、何度やっても成功するかはわからないのだから、失敗するたびに先生と看護師さんごと落ち込むわけにもいきません。まだわからないけれど、自分としてもそういう時は湿っぽくされるより、システマチックな病院で殺伐としている雰囲気のほうが精神的にも楽なのかもしれないと想像しました。そう思うと、これまで過剰に怯えていた気持ちが、少しだけ安定した気もします。

前回の病院側の対応を思い出すと、子宮卵管造影の検査は憂鬱だったけれど、看護師さんも先生もみんな優しくて、まるで別の病院みたいでした。採血と内診はほとんどの患者さんが必須なので、常に混み合っていて看護師さんが殺伐としているのかもしれません。

肝心の卵管の通りも問題なく、検査中に先生から「おめでとうございます」と言われました。自分の卵管が通ってるか通ってないかなんて考えたこともなかったけれど、お祝いの言葉をかけられたら、ようやく大事なことだと実感できて心から安堵しました。

妊娠の仕組みって小学生の時に保健の授業でなんとなく習ったけれど、小さな卵子ともっと小さな精子が受精するには、いろんなタイミングと過程が必要で、本当に奇跡的なことなんだと思いました。大変遅ればせながら。わかっているようでわかっていなかったことが、たくさんあります。

安心したのも束の間、今度は卵子の成熟具合に合わせて、今度の日曜日に内診と採血を受けることになりました。その後は月曜日か火曜日に来院することになるのですが、日曜日に検査してみないと、どちらの日付になるかはわからないと言います。頭が大混乱です。

ただでさえ今日と明日の通院のためにスケジュール調整するのも大変だったのに、またたくさん時間を確保しなければいけません。原稿の締め切りも抱えているので、途方に暮れてしまいました。しかももし火曜日に通院することになったら、新連載の取材日と重なってしまいます。卵子の都合で通院するので、病院の日付はずらしてもらうわけにいきません。

これって会社員の人たちはどうしているんだろう。フリーランスは収入に直撃してきます。編集者に事情を説明するのも気が重くて(誰が不妊治療にまつわる悲しい思い出を持っているかわからないから、思い出させてしまう可能性があることが怖かった)、スケジュールを調整してもらうのも気が引けます。でもやるしかありません。

先生から検査の影響で感染症にかかるかもしれないからと抗生物質を受け取りました。可能性が低いとはいえ、こういうことにいちいち怯えてしまいます。

自分の卵子の都合で初めて平日ではなく日曜日に来院したら、広い待合室が満席になるくらい混み合っていて（日曜日は男性の付き添い不可なのに満席！）、内診まで二時間以上待つことになりました。みんな待っていて、みんな疲れていて、みんな変な座り方になっていました。もちろん私も変な座り方になりました。

内診と採血を受けてから、今夜の21時に自己注射をして、火曜日の午前中に人工授精に来るように言われました。ついに噂に聞いていた自己注射が始まるのかと思いつつ、今夜の21時に注射をしたら明後日の午前中が人工授精に最適なタイミングとか、そこまで厳密にわかるものなのかと驚きます。同時に仕方がないとは言え、新連載の取材日と重なってしまったことに落胆もしていました。病院の待合室から編集者に謝罪のメールを打っていたら、申し訳なさで気が塞ぎました。

不妊治療経験者の友人にＬＩＮＥで弱音を吐きながら採血室の前で待って、看護師さんから自己注射のやり方を教えてもらいます。友人も看護師さんも痛くないと言っていたけれど、見た目が怖いことには変わりありません。

注射する腹部の肉をつまむと、注射針よりもそっちの方が痛くて気が紛れると看護師さんが教えてくれたので、夫に強めに下腹をつまんでもらいました。「痛くて中断した人は聞いたことないです」という看護師さんの心強い言葉を思い出しながら、でも見た目の迫力がすごくて針を刺すのに数秒間躊躇しました。

腹に注射針を根本まで刺して、薬液を投与していたら、子どもの頃、親戚の糖尿病のおじちゃんが自分の腹にインスリン注射を刺して子どもたちをおどかしていたのを思い出しました。

いよいよ人工授精を控えて、生まれてくる子どもが障害を抱えていたらどうしようと考えます。

不妊治療を開始する前から度々考えていたことではあるけれど、人工授精が近づいてくるにつれて、問いが現実味を増してきました。いまの私には想像もついていない症状も含めて、あらゆる種類の障害が存在しています。私にちゃんと育てることができるのでしょうか。

不妊治療を始める前は、自分が死んだ後も生きていかれる子を育てなければいけないと考えていました。逆に言うと、それが可能でない場合にはどうしたらいいのかわかりませんでした。でも不妊治療を進めていくうちに、命が生まれてくることの奇跡（奇跡としか言いようがない）に気がついて、とにかくもし妊娠できたらどんな子でも産み育てることが私の役目だと自然と覚悟が決まってきたように感じます。現実は想像を超えてくるだろうし、覚悟は度々揺らぐだろうけど、それでも私はやっていきたい。

病院で人工授精の順番を待っていたら、突然診察室に呼び出されて中止になりました。いまの状態で人工授精をしても妊娠の可能性はほとんどないとのこと。じゃあこれまでの検査はなんだったのかと訊きたかったけれど、いきなり今月やってきたことが全て無意味になった衝撃のほうがすごくて、その場では何も言えませんでした。

来月から切り替えることになった体外受精の説明を受けながら、今月なんとかスケジュールを調整して通った検査とか内診とか採血とか、怖かった自己注射とか、なんだったのなんだったのと頭の中はぐるぐるしていました。

こんなことをこれから何年も繰り返す可能性があるわけで、たった今月だけのことで呆然としてはいけないと気を取り直します。来月もまた自分ではわからない卵子の成熟具合に合わせて病院に通わなければいけません。仕事のことも不安でした。

不妊治療経験者の友人が「不妊治療は無職じゃないとスケジュール的に無理。でも無職だと余計なことを考える時間がありすぎてつらい」と話していたのを思い出します。たしかにその言葉通り、今日は夕方に原稿の締切があったので、落ち込んでいたけれど、すぐに気持ちを切り替えました。

かれこれ十年ほどアダルト雑誌で書き続けているAVレビューのために『松本いちかと中出しSEXしたい人お気軽にDM下さい　M男、早漏、絶倫男子と出会って即ハメ即パコ連続中出し！！』を観ました。画面の中で松本いちかちゃんが「赤ちゃんできちゃう～」と喘ぎながら中出しされていて、そんな簡単にできたらいいなと、彼女を子宝の神さまみたいに目を細めて眺めました。

2024年　初夏

体外受精に向けて、通院が始まりました。採血はだいぶ慣れてきて、以前は針を刺される前に「怖いです」と申告しなければ気持ちが落ち着かなかったけれど、最近は言わなくても大丈夫になってきました。いつも事前に想像しているよりは全然痛くないです。

内診はやっぱり慣れなくて「イタタ」とか「アダダ」とか呻きながら受けています。この間は内診中に先生が何か話しかけてくるので、痛みに思わず力みながら一生懸命聞き取ったら、私じゃなくて卵子に話しかけていました。私ももう自分のことは卵子を育てるための機械として割り切っています。

週末に通院しなければいけない日は待合室が混み合っていて、いつもお会計が終わるまでに二時間以上かかります。みんな大変です。でも以前は病院に来たら落ち着かなくて何も手につかなかったのが、待ち時間に待合室のデスクで原稿を書けるくらいには私も図太くなりました。

スケジュール調整が難しいのは相変わらずで、いまは採血と内診を繰り返して卵子の様子を見ながら、採卵の日を決めようとしています。粛々とこなしていくしかありません。

今日も採血と内診と診察を受けて、採卵に向けた内服薬と注射器と同意書なんかをたくさん受け取りました。お会計は15,590円也。ちょこちょことお金が飛んでいきます。

こうしていろいろと慣れてはきたけれど、体外受精をすることになってから、今度は採卵のことで気が重くなっていました。

排卵の直前に成熟した卵子を卵巣から体外に取り出すのですが、知人が出産より痛かったと話しているのを聞いてしまったことがあって、さすがに出産より痛いってことはないんじゃないの……と思いつつも、やっぱり怖いのでした。病院でも採卵後のリカバリールームという部屋を見かけてしまって、すぐには歩けなくなるくらい痛いのだろうかと怯えています。ひとつ慣れても、また新しい恐怖が立ちはだかってきます。

それから困っているのが自己注射の副作用。最近は二日置きに自己注射をしているのですが、これが始まってから、どうにも体が熱くて眠たくて、おまけに精神的にも不安定になっているようです。

この間は明け方に子宮が痛くて目が覚めました。子宮卵管造影の検査の時に感じたのと同じ痛みで、なぜかその痛みが左脇と左胸、右脚の太ももにも広がっています。すぐに自分でもこれは肉体じゃなくて、精神的な負担から来る痛みだとわかりました。以前、身体症状症(体に異常がないのにストレスで痛みなどが現れる病気)と診断されたことがあるからです。

おまけにこの痛みを誰もわかってくれないという根拠のない孤独が湧き上がってきます。自己注射の副作用でしょう。こんなに不安定な人間が子どもを産んでもいいのか、答えの出ない問いがまた頭の中を果てしなく渦巻いて、体も心も憂鬱で重たく暗くなっていきます。不妊治療は時間もお金もかかるし、何より心がここまで休まらないのは想定外でした。憂鬱の渦に巻き込まれないよう注意を払いながら、再び目を閉じます。

採卵の日取りは明後日になる確率が90パーセントで、明々後日が10パーセントとのことでした。まだ卵子を成熟させる必要があるそうで、追加の内服薬と注射も渡されました。それから点鼻薬。これを今夜の23時と23時半の2回に分けて使うと、明後日の午前10時に卵子が採卵に最適な状態に成熟するそうです。いろんなことがあまりにも厳密にわかるので驚いてしまいます。

点鼻薬は1分も遅れないでくださいと言われて、プレッシャーがかかりました。万が一遅れたり忘れたりしたら、採卵ができなくなって、またしても今月の頑張りが全て無になる可能性があるそうです。

今日も体が熱くて眠たくて、原稿も書けなくて、23時なんて眠ってしまうのではないかと怖かったけれど、きちんとタイマーをかけて、年越しみたいにカウントダウンして使いました。しかし、こんなたった2回の点鼻薬で明後日の午前10時に卵子がちょうどよく育つなんて、本当に信じられません。

さて、採卵の日、目が覚めると、お腹のあたりがもやもやしていました。病院に到着して、採卵の待合室に通されてガウンに着替えていると、いよいよお腹が張ってきました。そういえば前回の診察で「お腹が張ってないか」と何回も訊かれたのを思い出します。採卵の前に排卵してしまったら困るから確認されていたようなのですが、つまりお腹が張っているのは卵子が育っている証拠ということでしょうか。

いままでの内服薬も自己注射も点鼻薬も全部、今日のために時間を逆算して使っていたのは知っていたけど、ここまでぴったりだと人間の体って思ったより単純過ぎやしないかと思えきます。

友達は「20万円もらっても二度とやりたくない」と話していた採卵。じゃあ30万円もらえるならできるくらいの痛みなんだろうか。でもそれってどのくらいの痛みなんだろうとか、頭の中が不安と疑問でいっぱいのまま診察台に乗りました。緊張していて忘れてしまったけれど、先生か看護師さんのどちらかが痛み止めの坐薬を入れてくれました。坐薬を使うのは子どもの頃に熱を出した時以来。妙に不快な感覚があって、これからのことが不安になる幕開けです。

驚いたのは局所麻酔で、器具で膣を広げて、膣壁に左右2回ずつ注射されました。痛みに声をあげて、思わず腰が浮いてしまいます。針を刺される時も、麻酔が注入される時も、どちらも痛いのです。看護師さんが「腰を椅子につけたほうが楽ですよ」と声をかけてくれたけど、そんなに落ち着いていられるわけがありません。じゃあどこに局所麻酔をすると思っていたのかと言われれば、どこかはわかりませんが、まさか膣壁とは思いませんでした。痛みで手の平に冷や汗が滲みます。

それから局所麻酔が効いたのか効いてないのかもわからないほどすぐに針を卵巣の中に刺されて、卵胞ごと卵子を採取していきます。局所麻酔をしていても、針を刺される時は鈍い痛みがあって涙がじんわりと滲みました。

ほとんど真っ白になっている頭で考えていたのは「私はデ

スマッチファイターである」という妄想でした。デスマッチとは蛍光灯やガラスボードや有刺鉄線などの凶器を用いるプロレスの試合形式のことです。私はこのデスマッチが大好きで、主にＦＲＥＥＤＯＭＳという団体の興行に足繁く通っていました。デスマッチに詳しくない人からは、過激で凄惨な試合が好きだと思われているのですが、会場の歓声が大きく上がるのは過激な攻撃が決まった時よりも、むしろ血まみれの選手が立ち上がってくる瞬間です。もし本当に相手を殺すだけだったら、リングに立って刃物を突き刺せばいいだけで、それは素人でもできます。しかしプロのデスマッチファイターたちは凄惨な攻撃を繰り出したり受けたりしながら、血まみれになって、蛍光灯やガラスの破片だらけになっても、必ず生きてリングを降りてくるのが仕事です。デスマッチは名前とは裏腹に生きるための試合と言っていいでしょう。血まみれになりながら何度も立ち上がる選手たちの姿に、これまでどれだけ勇気をもらってきたかわかりません。

卵巣に針が刺さるたびに、私は頭の中でリングの隅に設置されたガラスボードに飛び込み、リング一面に敷き詰められた大量の画鋲の上に突き落とされました。全身がガラスで傷だらけになり、背中に画鋲がびっしりと刺さっても、頭の中で私は何度も立ち上がります。私にとって妄想はつらい時間を乗り越えるための作用を持っています。

脳内でデスマッチを繰り広げていたら、看護師さんが「余裕があったら」と優しく前置きをして、エコーの画面を見るように促してくれました。診察台の右側に大きなディスプレイがあったのに、余裕がなくて全く気づいていませんでした。

「これが一生懸命育ててきた卵子ですよ」

病院に通い始めてから、一度もかけられたことのなかった労いの言葉に感動しました。

白黒の画面は見慣れないものでしたが、目を凝らすとたしかにまあるい卵子がいくつか見えます。なんとかスケジュールを調整して通った内診や、忘れないように日々緊張していた内服薬や注射のことが思い出されます。ひとつずつはちょっとしたことだけど、全てが怖くて嫌だったし地味にプレッシャーでした。でも初めてこの目で自分の卵子を見ることができて、全てが報われたように感じました。いままでは目に見えない状態で育ててきたけれど、これが私の子どもになるんだと初めて実感できたのです。

採卵が終わったあと、ひどい生理痛のような痛みが腹部を覆っていたけれど、じっと痛みに耐えるのもつらそうに思えたので、リカバリールームは使わずに着替えて受付に戻りました。受付のスタッフさんが「資料を揃えているのでお待ちください」と言います。

お腹が痛くて椅子の上で前屈みになりながら待っていると、

診察室に呼ばれました。先ほど採取した卵子の個数が書かれている紙に、白黒の卵子の写真が載っています。卵子はきれいな丸をしていて、これが私が育てた卵子なんだと思うと心の底から感動しました。一瞬、腹痛もどこかへ消え去ります。その場でスマホで写真を撮って、家族に送ると、母親もとても喜んでくれました。

帰宅してから、なんとなく以前婦人科でもらったパンフレットをめくっていたら、今日見た卵子と似ている写真が載っていました。さっき受け取った用紙の写真と見比べるとやっぱり全く同じ写真です。

これって病院が用意していた卵子の見本写真だったのか！資料を用意すると言われたので、てっきり私の卵子を撮影してくれたのだと思い込んでいました。

きっと私が感激しすぎていて、その場で写真なんか撮るものだから、先生も「お前のじゃないよ」と言い出せなかったのでしょう。

慌てて母親に連絡すると、母も私の勘違いを笑っていました。私も自分の勘違いに笑えてきて、これからどうなるかはわからないけれど、とにかく今日は無事に採卵できたことに晴々とした気持ちになりました。

続・2024年　初夏

受精卵は全て発育に失敗していました。

先生の説明は淡々としていて、培養の中止を伝えるというよりは、中止するまでの過程にかかった料金を説明しているようでした。卵子を四つ採りました、そのうち三つが成熟したので培養しました、ふたつは数日で発育に失敗しました、もうひとつもその後中止しました。それでおしまい。

その時、私は初めて本物の自分の卵子の写真を見ました。白黒写真に写っている受精卵はきれいな丸をしていて、でも中身が複雑に分裂してしまっていました。命だ、と思ってしまった。そう思うとつらいのに。でももういま頃、廃棄されているのでしょう。

「私はどうしたらいいんですか、妊娠は可能なんですか」

もし可能性がないのなら、はっきりと言ってほしかった。

先生は「頑張るしかありません。可能性はあります」とだけ言いました。可能性はあると言われても、依然としてゴールは見えないままです。

通院も採血も内診も内服薬も注射も点鼻薬も採卵も、全部無駄になりました。実際に卵巣が空っぽになった採卵後よりもずっと、お腹の中が空っぽになった感じがしました。お会計は七万五千円でした。何も無くなっただけなのに。

夜、夫が辛いラーメンを作ってくれました。スープが赤くて、ひき肉とキャベツと焼き豚が入っています。不妊治療を始めてから、ストレスのせいか私は急に辛い食べ物が好きになりました。

夫は顔に汗をだらだらかきながら食べています。私はしきりに鼻をかみました。

「君は顔に汗をかかない分、鼻をかむんだね」

「人前に立つ仕事してるとね、そのうち顔に汗かかなくなるんだよ」

「ふうん」

ふたりとも絶望していました。

今月はもう採卵に向けての通院もできないそうで、１ヶ月ほど不妊治療をお休みすることになりました。可能性があると言われたばかりだけど、がんばることすらさせてもらえない。気ばかり急いて歯痒いです。

翌日はお昼まで寝て、適当に卵かけ納豆ごはんを食べて、また夕方まで眠りました。自分がどうして生きているのかわかりませんでした。現実を受け入れられなくて、どこか夢の中にいるような浮遊感がありました。

「不妊治療って痛みと不安のミルフィーユで、定期的に絶望も用意されてる。出口が見えなくて目の前が真っ暗だけど、人間っていつ死ぬかわからないのと同じくらい、いつ生まれてくるかもわからないんだよね。今日が一番悲しい日だといいね、がんばれ私。」

何も手につかなくて、どこに気持ちをぶつけたらいいのかもわからなくて、ＳＮＳにぽちぽち書いていたら涙が溢れました。

明け方に目が覚めて、涙が止まらなくなりました。

同じ病院で不妊治療を経験した三人の友人知人の中に、培養の段階で失敗した人はいませんでした。

私も胚移植の後、着床がうまくいかないとか、妊娠してから流産する可能性は何度も想像していましたが、培養がうまくいかないのは(多少想像していたとは言え)あまり現実的には考えていなかったのです。

これからどうなってしまうのでしょう。また採卵するのも怖いし、また培養の段階で失敗して絶望するのはもっと怖い。あと何回これを繰り返すのかと思うと、震えるほど怖くて孤独でした。胚移植してから失敗するのは、もっともっと怖い。早くいろんなことがうまく進んでほしいけど、うまく事が進めば進むほど、今度は失敗した時の絶望がもっと大きくなっていきます。気持ちを保つために休みたいけれど、休んでいる間に卵子の質はどんどん落ちていく。体以上に気持ちの休まる暇がありません。

私の様子を心配して、七年に亘って不妊治療を経験した友人が食事に誘ってくれました。息子さんを学校に送ってから駆けつけてくれた彼女とスパイスカレーを食べながら、お互いに不妊治療の愚痴をこぼし合います。話に夢中になっている間に、お腹いっぱいになってふたりとも動けなくなりました。悲しいことがあってもごはんを食べている自分たちが、なんだか逞しく感じられます。

しばらくお茶をして、お腹が落ち着いてから、今度は学校帰りの息子さんを迎えに行く彼女を見送りました。障害のある息子さんを看取ってから死にたいと話していた彼女の横顔を思い出します。

少し前まであんなに子育てや子どもの障害について考えていたのに、いまの私にはとてもとても遠い出来事のようで、彼女の気持ちに思いを馳せようとしても、途中で想像力が力尽きてしまいました。何か言葉をかけたいのに、私ばかり励ましてもらっています。

不妊治療を始めてから、彼女だけでなく、いろんな友人が話を聞かせてくれるようになりました。数百万円かけてやっと妊娠したと思ったら流産した人、卵子凍結しようとしたら実年齢以上に卵子の老化が進んでいて諦めざるを得なかった人、夫が無精子症だった人などなどなど。現実は私にも彼女たちにもどうすることもできないけれど、内に秘めていた話をする時、私たちは以前よりも親密になって、寄り添うことだけが可能になります。

無事に出産した友人たちも、不妊治療に見切りをつけた人たちも、いずれにしてもこのつらい不妊治療の道をどのように乗り越えてきたのでしょう。

私の場合は「自分と夫の子どもをこの腕に抱く」という、ただひとつの妄想だけが私の正気を保って、この道を歩ませてくれているように思います。

こんなにも悩みやすい私が夫と出会って、自然とこの人との間に新しい家族ができたら、どんなに素敵だろうと考えるようになりました。自分が夫と出会って健やかに幸せになったように、自分の子どもにも世界にはこんなに素敵な人がいるんだよと教えてあげたい。夫に早く会わせてあげたいという気持ちが強いのです。

妄想の中で私はソファに座って、赤ちゃんを膝の上に抱えています。夫は向かいに座ってその様子を見ていて、私が赤ちゃんの手を取って夫に向かって振ると、きっと夫も相好を崩して私たちに手を振るでしょう。

現実は何も好転していなくても、たったひとつの妄想だけで、いまのところ私はまた立ち上がることができています。

介助者と家出できる未来

油田優衣

ゆだ・ゆい

1997年生まれ。福岡県京都郡出身。脊髄性筋萎縮症（SMA）II型の当事者。電動車いす＆人工呼吸器ユーザー。大学進学と同時に、京都で24時間の公的な介助サービス（重度訪問介護）を利用しながらの一人暮らしを始める。現在、日本自立生活センター職員。京都大学教育学研究科博士課程。

妄想は、目の前の現状に縛られた私たちの思考や視点を少し自由にしてくれる。そして、それはより良い未来を想像するために必要な作業であろう。今回、私はこのような執筆の機会を与えられ「自由に妄想してよい」と言われたので、その言葉に甘えて私の妄想を展開してみたいと思う。

私が妄想するのは、障害のある人、なかでも、介助が必要な障害者があたりまえにあなたの身近にいる未来だ。さらに、もっと先の未来として妄想するのは、介助が必要な障害のある子どもが幼少期から公的な介助を使い[1]、介助者とともに自分の世界を守ったり、広げたりしていける未来である。

介助を使って地域で生きる、自立生活という実践

今年で27歳になる私は、大学進学を機に一人暮らしを始めて今年で9年目になる。最初の頃は慣れなくて要領悪く行っていた家事も、今では手の抜き方も含め慣れてきた。また、一人暮らしを始めて1～2年の間は大学の長期休みのたびに長いこと帰省していた実家も、今では帰る頻度も期間も少なくなった。それだけ一人暮らしの居心地の良さを感じるようになった、ということだと思う。家族にあれこれ言われず、家族のペースに合わせなくてもよいというのは本当に気楽なものである。

こんなふうに私は現在この自由な暮らしを絶賛満喫中なのだが、しかし、私の一人暮らしは一般にイメージされる一人暮らしとはおそらく違うと思う。なぜなら、私の一人暮らしには24時間、常にそばに「他人」がいる、介助者との生活だからだ。

私には生まれつきの障害がある。脊髄性筋萎縮症（SMA）という全身の筋力が徐々に衰えていく進行性かつ先天性の難

病だ。乳児期から小児期に発症するＳＭＡの罹患率は10万人あたり1〜2人らしく、私はなかなかにレアな身体をもって生まれてきたらしい。自分で歩くことや立つことは全くできないため、3歳から電動車いすに乗って生活している。また、手や腕の力もほとんどないため、日常生活のほぼ全ての動作に介助が必要である。服を着ること、トイレに行くこと、寝返りを打つこと、ペットボトルのふたを開けること、ペットボトルを口の近くまで持ち上げること、ｉＰｈｏｎｅのサイドボタンを押すこと、お菓子の個包装の袋を破って開けること、ピアスをつけること、じゃがりこの蓋をめくること、などなど。大きい動作から細々とした動作まであらゆることに介助が必要だ。

このように日常生活のほぼ全ての動作に介助が必要な、いわゆる「重度」の障害者は、親元あるいは施設で生活しているのをイメージする人が多いだろう。しかし、そんな「重度」の障害のある人でも、親元や施設を出て、地域に出て暮らすことができる。その実践とそれを支える制度が日本にはある。その制度の主な一つが重度訪問介護という制度だ。

障害のある人が親元や施設を離れて地域で生きる実践は、1970年代から始まる日本の障害者運動まで遡る。障害のある人は戦後長らく、親元や施設など地域から隔絶された場所で「自由」を奪われた生活を強いられてきた。しかし、そのような状況に対して疑問をもった障害当事者らが、命をかけて親元や施設から飛び出し、地域に出て、他人の介助を受けながら暮らすという実践を行ってきたのだ。このような暮らし方や実践は「自立生活」と呼ばれる。ここでいう「自立」は、経済的自立や身体的自立といった一般的な意味ではなく、「自己決定」「自己選択」していくことを指している。これまで他者に暮らし方や生き方を決められていた障害者が、自分で自分の暮らし方や生き方を決めること——それが「自立」なのである。

当初、自立生活をするために必要な介助者はボランティアを集めることによって賄われていた。しかし、それは非常に大変なことで、明日の介助者を確保するために電話をかけまくって1日が終わってしまうということもしばしばあったそうだ。そこで、安定的に介助者を確保するための制度を構築する必要があるということで、障害のある先人たちは国や自治体に働きかけ、公的な介助という制度をつくるための運動をしてきたのだ。

その運動のなかで作られた制度の一つが、重度訪問介護である。これは、介助が必要な障害者が一人暮らしをする上で欠かせない制度で、家事や身体介助、見守り、外出の支援など、日常のあらゆる営みをサポートするものである。実際に私も一人暮らしをするにあたっては重度訪問介護を使っている。

私が大学進学と同時に実家から離れて一人暮らしを始められたのは、まさに、先人たちが命懸けで運動を続けてきたからであり、その恩恵に与れる環境に私がいたからなのだ。

小さな「選択」に開かれた私の生活

歴史的な話はここまでにして、では実際に私が介助を使いながらどのように生活しているか紹介したい。私は、先に述べた重度訪問介護という公的な介助サービスを24時間使って生活している。つまり、私の場合は常にそばに介助者がいるということだ。1日2交代か3交代で、毎週10人くらいの介助者が私の家に来る。

基本的に介助者は「待機」していることが多い。何か私がしてほしいことがあったときにすぐ対応できるように、死角になるところにずっと待機してくれている。この待機中の介助者の「いるけど、いない。いないけど、いる」という感じはなんとも絶妙なもので、独特の空気感があると思う。そして、何か物を取ってほしいとき、お風呂に入るとき、トイレに行くとき、寝返りをしたいとき、脚を組みかえてほしいとき、蚊を発見してすぐさま退治してほしいとき、冷蔵庫からチョコレートを持ってきてほしいとき、首が痒くて(さっきの蚊のせいか!?)掻いてほしいときなど、必要なときに介助者を呼び、必要な介助をしてもらう。

この生活をしていて私が幸せだと思うのは、今日をどう過ごすかを自分で考え、選べることだ。早起きして朝風呂するのか、昼まで寝るのか。天気が良いからお散歩に行くのか、雨だけど気になる雑貨屋さんやスイーツのお店を見に街中まで出かけるのか。食費節約と胃腸の健康のために自炊をするのか、面倒くさいから近くのファストフード店やコンビニで済ますのか。今晩はシャワーだけにするか、湯船にゆっくり浸かるか、そもそも入らないか。夜更かしして読書をするのか、ＹｏｕＴｕｂｅを見るのか。夜中、コンビニに甘いものを買いに行くのか、それとも我慢して食欲と戦う夜を過ごすのか。「楽な」ズボンをはくのか(それは、介助者にとってはかせやすいという意味でも「楽」なのである)、スキニージーンズをはくのか(それは、介助者にとっては少し大変な介助になる)。仕事帰りに同僚や友達とカラオケに行くのか、おとなしく帰宅するのか——こんなふうに、私は日々小さな「選択」に開かれた生活を送っている。多くの人にとってみれば、自分の生活のあり方を自分で決められることはあたりまえのことかもしれない。けれど、私たち障害者、特に介助が必要な障害者にとって、それはあたりまえに存在する選択肢ではない。障害のある人はどうしても介助する側の都合に左右されがちだ。実家にいれば家族の都合、施設にいれば施設職員の都合(効率の良さや管理のしやすさなど)が優先される。障害者にとって、自分で自分の生活のあり方を自由に選択することは簡単なことではない。常にそばで私の手となり足となって動いてくれる介助者がいるおかげで、私は自分の生活の主人公でいることができるのだ。

未来を妄想できなかった子ども時代

今でこそ私は介助者を入れながらの自立生活にすっかり慣れ、それは単なる(本書を読んでいるあなたが過ごしているであろうと同じ)日常となった。しかし、そんな私も昔を振り返ってみれば、今私がしているこの生活は、小さな頃の私にとっては「妄想」だった。いや、最初は「妄想」すらできなかった、という方が正確だろう。私は小さい頃、地域のアパートやマンション、もしくは一軒家で、家族に頼らずに暮らしているという障害のある人に出会ったことがなかった。家族以外の介助者を連れている障害のある人に出会ったことがなかった。これからの自分の人生を考えていくために必要な情報が一切なかったのだ。情報がないことは、「こうありたい」という未来を想像する力を奪う。だから、小さい頃の私は「将来」というものを思い描くことができなかった。学校で将来の夢を聞かれても、「介助のことはどうなるんだろう」という心配が先に来て、それを解決する手立てを思い浮かべることができず、将来のことを考えると、昔のブラウン管のテレビに流れるような砂嵐が頭のなかに流れていた。

しかし私は、中学2年生のときに、たまたま地元にある自立生活センター(以下、ＣＩＬ(Center for Independent Living)と表記)とつながり、ロールモデルとなる障害のある大人たちに出会うことができた。ＣＩＬとは、障害当事者が中心となって、障害者の権利擁護や地域生活のための支援をする団体である。[2]私はそこで、自分と同じくらい、あるいは自分より重度の、障害のある大人たちに出会った。しかも彼らは、家族ではない人に介助をしてもらいながら、一人暮らし、あるいはパートナーとの暮らしを営んでいた。その頃の私には、彼らがどんなふうに介助者を確保しているのか詳しいことはわからなかった。でも、どうやら彼らがお金持ちで、自分のお金で介助者を雇っているから、そういう生活ができている、というわけではなさそうだった。何かしらの公的な制度を使っているらしいこともわかった。ＣＩＬと出会う前まで将来のことを描けなかった私は、ＣＩＬとのつながりで始めてロールモデルに出会うことができ、それをきっかけに少しずつ「将来」というものを考えることができるようになった。

「重度の障害があっても、介助を使いながら、家族に頼ることなく生きていけるんだ。大学に通ったり、一人暮らししたり、旅行に行ったり、海外に行ったりできるんだ……」

その気付きは私にとって大きな希望になり、こうありたい未来を妄想するための材料と力を与えてくれた。

その後、私は自分のなかの妄想を現実に変えていくことができた。その妄想とは、私も親元を離れて、他人による介助を受けながら一人暮らしをすることである。中学生のときにCILと出会い、加えて高校生のときには、24時間の介助を受けながら一人暮らしをしている大学生に出会うことができた私にとって、その妄想は、もはや妄想ではなくなっていった。家族ではない人からの介助を受けながら一人暮らしをするという未来は、非現実的な選択肢ではなくなり、私の手の届く範囲の未来の選択肢の一つになっていたのだ。

しかしながら、私が思い描くこの未来は、周りの人には非現実的な選択肢（それは、妄想と呼べるかもしれない）と映ったようだった。「福岡から出て、一人暮らしをしながら京都の大学に通う！」と意思表明したとき、素直にそれを応援してくれる人は少なかった。「そんなことほんとにできるの？」「障害があって、しかも、女の子が、他人と暮らすなんて危ないわよ」――そんなメッセージを間接的にも直接的にも浴びた。

歴史を振り返ってみれば、重度の障害者が親元や施設を離れて地域で暮らすことは、昔はもっと「非現実的なこと」とされ、周りの人々から「妄想である」と一蹴されていたのだろう。そして今もなお、社会のなかには、障害者は親元や病院で暮らすのが普通だとする考えが根強く存在する。障害のある人が、他の健常な人と同じように一人暮らしをしたいと思って、その思いを伝えても、「そんな妄想はやめなさい。このまま、ここ（親元や施設）にいる方が安全なんだから」と言われることはしばしばある。私の周りにもそう言われたという人がたくさんいる。そして、地域で暮らすために必要な介助時間を求めるために役所に行けば「前例がない」と言われて、必要な介助時間が提供されないケースも多々ある。必要な介助時間を提供してもらえるか否かは、非常に大きな地域間格差があるのだ。障害のある人が親元や施設を出て地域で生きることを阻む社会的な圧力や障壁は、まだまだ根強く存在している。

介助の制度はできた。しかし、障害者が地域で生きることは権利の一つであり、そのために介助を保障するという考えはまだまだ浸透していない。私は、障害のある人が他人による介助を受けながら、地域で生きることがあたりまえの選択肢として存在する未来を希求している。生まれつき障害があっても、人生の途中で障害を負っても、親元や施設で人生を終える必要はなく、他人による介助を受けながら、自分の好きな場所で、自分の好きな暮らし方ができるんだ、ということをみんながあたりまえに知っていて、それを国や自治体があたりまえのこととして支援する未来を。

障害児をめぐる介助制度の問題点

さらにもう一つ、私は妄想してみたい未来がある。それは、障害のある人が子どもの頃から公的な介助を使って、(家族ではない)自分の介助者とともに自分の世界を守ったり、広げたりしていける未来である。

なぜこのような未来を考えてみたいかというと、私は自分の子ども時代を振り返ったときに、家族に介助を頼らざるを得ない状況や介助制度の不備ゆえに「これが辛かったな」「こうだったらよかったな」と思うことがたくさんあるからだ。

その前にまず、障害のある子どもを取り巻く介助の現状について大まかに説明しつつ、私から2つの問題点を指摘したい。

一つ目は、障害児は原則的に重度訪問介護を使えず、利用できる他の(施設入所以外の)福祉サービスには制限が多いという点である。先ほど、その画期性や利点を説明した重度訪問介護であるが、原則的に18歳未満の人は利用できないという制約がある。[3][4] 現在、18歳未満の障害のある人が在宅で使える福祉サービスとしては居宅介護や移動支援などがあるが、これらのサービスは、重度訪問介護と比べると様々な違いがある。重度訪問介護が1日に長時間使うことができ、サービスの内容にもほとんど制約がない(例えば、重度訪問介護の時間では、利用者は家にいてもよいし、外に出てもよい。また、重度訪問介護では「見守り」も重要な支援の一つとされているので、利用者が何も頼むことがない間も介助者は「待機」ができる)のに対して、これらのサービスは1日に数時間しか使うことができず、また、介助者が行える内容もサービスごとに決められている。居宅介護の時間は外に出ることは基本できないし、移動支援の時間は家にいることはできない。もちろん「見守り」もできないため、利用者が「今日は疲れてるから寝ていたい」とか「ぼーっとしていたい」とか「今は他のことをしたい」とか思っても、基本的に介助者に何かをしてもらう必要がある。福祉サービスを利用しようと思った場合、障害児は制度の枠組みで決められた時間や内容に自分の生活を合わせねばならず、自分の生活を自由に組み立てるのが難しい状況にあるのだ。

二つ目の問題は、福祉サービスが学校などで使えないこと、[5]そして(それゆえに、と言えるのかはわからないが)、学校と家とで使える介助の制度が分かれていることである。現在、障害があり介助が必要な子は、学校では教育委員会が準備した介助員から支援を受け、学校以外の家などで過ごす私生活の時間は福祉サービスによって派遣される介助者から介助を受けることになる。学内でも家でも必要な介助はほとんど変わらないのに、行政の縦割りの問題があることで、学校と家とで使える制度が別になっているのだ。自分がいる場所や行く先によって介助サービスの提供元や制度が変わってしまうというのは、ユーザー側からすると使い勝手が悪い。提供される場所と時間、内容が決められた各サービスに合わせて自分の生活を組み立てなければならない。いや、「組み立てる」という主体的な言葉を使うよりも、「自分の生活が福祉サービスという鋳型に流し込まれる」と表現した方がよいかもしれない。

この問題がよくわかる話として、小暮理佳(こぐれりか)さんという障害当事者の方の話を紹介したい。電動車いすユーザーで、日常的に介助が必要な小暮さんは、小学校からずっと地域の学校に通った。彼女の話からは、学校と家とで使える制度が別々になっていることで、日常的に介助が必要な障害当事者がどのような困り事に直面させられるかが非常によくわかる。少し長くなるが、小暮さんの語りを引用する。

私は高校時代、学校の時間は支援員制度、通学は介護タクシー[6]、帰宅後は居宅介護を利用していたんですけど、介護タクシーの時間と居宅介護の時間、2つセットで組むのがめちゃくちゃ大変でした。介護タクシーは他の利用者さんのところにも行かないといけないから、1分も遅れられない。居宅介護も、時間の延長はできなかったから、帰宅時間が予定より遅れると、それだけ使えるサービスの時間が短くなる。それに、居宅介護は、重度訪問介護と違って利用できる時間が短いから、短時間の間に着替えて、手洗って、おやつ食べて、車いすに乗って、宿題の準備してｅｔｃ……をしないといけなくて、とてもしんどかったです。高校時代は、時間に縛られる生活でした。

（小暮・登り口・油田、２０２４）

高校では書道部に所属していたのですが、文化祭前にちょっと残りたくても、介護タクシーとヘルパーさんの時間の関係で、帰りたくなくても帰らざるを得ない高校3年間でした。テスト期間中などで学校が早く終わって帰って来ても、基本、居宅介護は一度に1時間半までしか使えなかったので、着替えてごはん食べて休憩して、ということすべてを1時間半で終わらせなければいけなくて。その後、最低2時間空けなければ再度利用できなかったので、2時間空けてまた30分か1時間程度ヘルパーさんに来てもらうという感じで、制限がたくさんありました。

〔中略〕

たとえばテスト最終日に、友だち同士でショッピングセンターに行って、ごはんを食べたり遊んだりを他のみんなはしていたし、文化祭の打ち上げに行けなかったことも悔しかったです。基本、友だちと遊ぶときはお母さんの都合をつけなければならなかったから、あまり誘われなくなっていたのも感じていました。

高校1年生のときに仲良しだったグループの、わたし以外の全員がUSJで買ったお揃いのキーホルダーを持っていたことがあって、誘われなかったんだと気づいたということがありました。わたしが「行ったの?」みたいな感じで聞いたら、「理佳ちゃんを誘おうかどうかっていう話になったんだけど、誘いづらかったから誘わなかった」と言われて。ショックでした。

けれど仮に誘われたからといってすぐに行けたかといえば、わからなかったですね。なかなか自分の意思だけじゃ動けなかったことがたくさんあったので、悔しい思いをたくさんしていました。大学に入って、重度訪問介護を使うようになって、旅行も行けるし、買い物も行けるし、友だちとスタバに行くこととかも、自分の意思でスケジュールを組めるから、「なんて楽なんだ、なんて自由なんだ」って思って、すっごく感動したのを覚えています。

(一般社団法人わをん、2021)

小暮さんの話からは、学校と家とで使える制度が別になっていること、また、18歳未満の障害のある人が家で使える福祉サービスが(重度訪問介護と違って)短時間の利用しかできないことなどによって、日常的に介助が必要な障害のある子どもの生活がいかに制限されるのかということがわかる。現行の制度設計では、介助が必要な障害のある子は、放課後に学校に残ったり、帰り道に寄り道したり、急に友達に誘われて遊びに出かけたりするといったことが簡単にはできない状況にあるのだ。このことを小暮さんは「学校制度や福祉制度には、青春の視点がない」という言葉で絶妙に表現している。

以上述べてきたように、障害のある子どもを取り巻く介助の現状には、様々な問題がある。現時点の制度設計には、障害のある子どもの生活をトータルで支える=介護保障をするという視点は弱く、制度の中身も不十分だといえる。その背景にはおそらく、障害児の介助は家族が担うのがあたりまえで、福祉サービスは家族が担えない部分を部分的にフォローするものだ(すればよい)という考えがあるのだろう。私は、障害のある子どもを取り巻くこの状況は変わるべきだと思う。現状のままでは、障害のある子どもは(学校生活も含めた)日常生活を自由に送ることもできないし、家などでの私生活においても家族の介助に頼らざるを得ない面が多くなり、生活の自由度がかなり制限されるからだ。

子どもの頃から介助を使って……

さらに、家族ではない他者から介助を受けられることは、介助が必要な障害のある子どもが自分の世界を広げたり、守ったりする上でも非常に大事なことだと思う。子どもは成長するにつれ、だんだんと親の目から離れて様々な冒険をし、そこで成功も失敗も含めた様々な経験をしながら、自分の世界を広げるものだと思う。しかし、障害があって介助が必要となると、それがなかなか難しい。親は基本的に子どもに危ないことはさせないし、遠回りはさせないし、失敗させたくない。スムーズにことが進むように、いろんなことを先回りしてやってくれる（そもそも、子どもの「冒険」に付き合える余裕もない場合が多いだろう）。それは一見良いように見えて、実は子どもの経験を奪っているともいえる。少し無茶をして痛い目に遭うこと、何かやらかして落ち込むこと――これらのことは、介助が必要な障害のある子どもにとっては、自分の「手足」となって動いてくれ、先回りせず、自分の「冒険」に付き合ってくれる介助者がいて初めて可能になることなのだ。

また、自分の置かれている家庭の状況や時期によっては、家族との関係をしんどく感じる場合もあるだろう。そのとき、介助＝生存の大部分を家族に握られているという状況は、非常にしんどいものがある。子どもが家族以外の他者から介助を受けられる仕組みがあること、そして、障害のある子どものアドボケイターとなってくれるような介助者がそばにいることは、子どもが家族と距離を取り、自分の世界を守るためにも、とても重要なことであろう。

私は、障害のある子どもも、サービスの内容に制約が少なく長時間の利用が可能な、重度訪問介護のようなサービスを使うことができればよいと思う。家でも学校でもどこでも介助サービスが一貫して使えて、家族に介助を頼らなくてもよい時間が増えることは、障害のある子どもを取り巻く世界を大きく変えるはずだ。

子どもの頃から介助を使うことで、私は、こんな未来が可能になるのではないか、なってほしいと想像・妄想している。以下にそんな私の想像・妄想を列挙してみたい。

○介助者と迷子になれる未来

障害のある人にとって、外出には様々なハードルが存在する。体力的な制限によるハードルがある場合ももちろんあるが、それだけではなく、街や公共交通機関に存在する物理的なバリアや人の目、外出に必要なマンパワーの不足も、私たちの外出のハードルを上げている大きな要因である。そして、外出できたとしても、家族や周りの支援者の先回りによって、スムーズに目的地につけるように様々な計らいがなされることが多い。自分で目的地までの道のりを決めてそこに向かうという行為は、障害のある人にとってはあたりまえにできることではないのだ。

もし、子どもの頃から介助を使い、気軽に外に出られる状況が実現すれば、障害のある子どもも他の健常な子どもと同じように、家の外の世界を知り、広げていくことができるだろう。そして、そこではもしかしたら迷子になることもできるかもしれない。多くの人にとってみれば、自分が迷子になれる状況にあるかどうかなんて考えたことないだろう。でも、迷子になるというのは、実は、様々な条件が重なって可能になることだと思う。目的地までの道のりを自分で考える機会が与えられること、実際にその道を歩いてみることができること、遠回りの道や間違った道に入ったときに、一緒に迷子になってくれる介助者がいること（介助者はそこで勝手にGoogleマップで正しいルートを調べようとしないことが大事なのかもしれない）――これらの条件があって初めて、私たちは「迷子になる」という経験ができるのだ。

○介助者とちょっとした無茶や悪さができる未来

子どもは大きくなるにつれて、親の目の届く範囲を飛び出して、自分の世界を広げていく。そしてときには、ちょっと無茶や悪さをしてみたりすることもあるだろう。その結果、誰かから怒られたり、意外と怒られないんだと気付くこと――そうやって冒険を重ねることで、人は社会的な経験を積み、真面目さと不真面目さを学んでいくのだと思う。

私は、障害があって介助が必要な子どもも、介助を使いながら親の目の届く範囲から飛び出し、ちょっと無茶をしたり、ちょっとした悪さができたりする未来が実現すればいいなと思う。障害があっても、介助を使いながら、アホなことをしたり、ちょっと悪いことをしたりできる未来だ。

そして、そこではきっと、ルールや規律、常識を真面目に守る介助者ではなく、少々の不真面目さと柔軟さをもった介助者の存在が大事になってくるだろう。このことに関連して、私の好きなエピソードを紹介したい。愼允翼（シンユニ）さんという障害当事者の方の話だ。ストレッチャー型の電動車いすユーザーで、日常的に介助が必要な愼さんも、小学校からずっと地域の学校に通った。彼は、小学校2年生のときに、「子供のときのぼくにとって、最高の介助者」に出会ったという。

> 学校の花壇のところでぼくがうろうろしていたみたいで、介助員さんがタイヤでもハマったのかとだんだん心配になってきたらしくて、「どうした?」って近寄っていったら、僕が「お花が見えないの」って言ったらしくて。花壇のお花が見たかったんだけど、電動車椅子の位置だとちょ

うど悪い位置で見られなくて。その日の授業でその花を見る授業だったんだけど、そのときも見れてなかった、って言ったと。今だったらスマホで写真とったりするかもしれないけど、その人何したかっていうと、花をぶちって引っこ抜いて持ってきた（笑）。僕も、さすがに小学校2年生なりに規律化されてるから、花壇の花を抜いてはいけないってことは分かってるわけ。「抜いた！」って思って（笑）。それが見つかっちゃって、翌日担任の先生に呼び出されて、彼と僕が怒られたんだけど、先生も怒ってるときに笑ってるんだよね。一応教師として「花壇の花を抜いてはいけません」って言ってるんだけど、俺が抜いてって言ったわけじゃないし、大人が自らすすんで抜いてるし、抜いた理由も正当と言えなくもなくて、先生も困ったんだろうね。それで「これは怒ってない」っていうのが子供ながらに伝わってきて、そのとき僕は、「こういうときルールを守らなくてもいいんだ」って思って、ルールを守らなくてもいいって教えちゃう大人がいるっていうことが面白かった。っていうのが僕のひとつの理想の介助者の姿かな。

（伊藤、２０２３）

こんなふうに、一般に「良い」とされていることや社会に存在する暗黙のルールを一緒に少し破ってみたり、突いてみたりしてくれる介助者が1人でもいること。それは、障害のある子どもが失敗も成功も含めた様々な経験をしながら成長する上で、非常に重要なことなのだ。

○学校の帰りに寄り道できる未来

先も述べたように、現在の縦割りの制度設計では、障害のある子どもが放課後に学校に残ったり、どこかに寄り道したりすることは難しい状況にある。障害のない子どもたちにはあたりまえに開かれている選択肢が、介助が必要な障害のある子どもには開かれていないのだ。私自身も、通学で福祉サービスが使えず、家族に送り迎えをしてもらっていたのだが、家族にも都合があるため、迎えの時間は毎日決まっていて、それを柔軟に変えることはなかなか難しかった。それに帰宅後は、あらかじめ決められた居宅介護の時間内に入浴を済まさねばならなかった。だから私は、学校に居残りして、文化祭の準備を手伝ったり、友達とだべったり、帰り道にどこかに寄ったりすることができなかった。しかしもし、朝起きてから夕方もしくは夜まで、長時間一貫して同じ介助サービスが使えるようになれば、障害のある子どもも他の子と同じように、放課後に学校に残ったり、寄り道をしたりすることができるようになるだろう。

学校で帰りのホームルームが終わって「今から、○○に行く?」という友達との会話に入れること、そして、時間を気にせず友達とお買い物に行ったり、ファストフードやカフェに寄ったりできること（そのときは、介助者は少し離れたところに待機してもらってもよいかもしれない）、あるいは、介助者を連れて一人で気になるお店にふらっと寄れること――介助を使うことで、そんなあたりまえの、小さな「青春」を楽しめる未来を私は想像している。

○安心して学校を休んだり、サボったりできる未来

一つ前は、障害のある子どもが介助を使いながら学校生活や放課後の時間を楽しめる未来について書いたが、ここでは反対に、安心して学校を休んだり、サボったりできる未来を考えたい。

障害のある子どもが学校に行かなかった場合、学校以外の場所（ほとんどの場合は家であろう）で過ごすことになるのだが、そのときももちろん介助は必要である。しかし、現行の縦割りの制度だと、障害のある子が急遽学校を休んだ場合、福祉サービスを使うことはなかなか難しい。学校に行くのを前提としてサービスの利用計画を組んでいるため、急遽、障害のある子どもが学校を休んだ場合に、その日中に支援に入れる事業所を探すのは簡単なことではないし、支援に入れる事業所が見つかったとしても、障害のある子どもが使える福祉サービスは短時間の利用しかできない。そのため多くの場合は、家族が面倒をみなければならないことになる。家族に介護力がある場合なら問題ないのかもしれないが、全ての家庭がそうとは限らない。どうしても家族が家にいられない場合は、介助をしてくれる人がいない状況で数時間過ごさねばならないのだ。これでは安心して学校を休んだり、気軽に「ちょっと今日は休もう」といったことも難しい。

障害のある子どもでも、重度訪問介護のように、朝起きてから夕方もしくは夜まで、長時間、一貫して同じ介助サービスが使えるようになれば、安心して学校を休んだり、サボったりできるようになるだろう。体調が悪いときは、ゆっくり安心して家で過ごせるし、身体が元気なときは、近所を散歩したり、カフェに行ったり、学校とは別のコミュニティに行ったりしてもいいかもしれない。障害のある子どもが家族の都合に左右されずに、学校を安心して休んだり、学校から距離を置くという選択ができるためも、長時間の介助が利用できることはとても重要なことなのだ。

○家族と思いっきり喧嘩できる未来

家族と思いっきり喧嘩すること――それは私が子ども時代にできなかったこと、そして、本当はしたかったことである。

私は、高校生のときから1週間に3回、居宅介護を使って

入浴介助を受けていたが、それ以外の家での介助は全て家族が担っていた（担わざるを得なかった）。介助＝生存の大部分を家族に委ねざるをえない状況にあった私は、家族からなるべく快適に介助を受けたかったため、家族に反抗的な言葉を投げつけたり、反抗的な態度をとったりしたことがあまりなかった。というか、できなかった。家族に介助をしてもらわねばないため、雰囲気が気まずくなるのが嫌で、思いっきり家族と対立したり、衝突したり、彼らに異議を申し立てたりすることができなかった。

それでも、どうしても喧嘩になったり、険悪なムードになってしまうときはあって、その期間は私にとって苦痛でならなかった。お互いずっと無言で、着替えをさせてもらったり、トイレ介助をしてもらったり、一緒にお風呂に入ったり、送り迎えをしてもらったりせねばならない。「どんな顔をして、私は自分の身を預けていればいいのだろう？」「どんな顔をして同じ空間にいてもらえばいいんだろう？」と、生き地獄のように感じられた。

もしあのとき、今の生活のように介助者が長時間いてくれて介助を頼めたのなら、私はもっと家族としっかりぶつかることができたし、険悪なムードの期間でも、介助の大部分を家族に頼らなくてよいという点で、少しは息ができただろうと思う。

介助＝生存を握られていることは、その人を「良い子ちゃん」にしてしまう。障害のある子どもが小さな頃から介助者が家のなかに入ることで（入れる仕組みを作ることで）、障害のある子どもが「良い子ちゃん」をする必要が減り、家族としっかり喧嘩できる未来を私は望んでいる。

○介助者と家出できる未来

これは少々攻めた妄想かもしれないが、私は、障害のある子どもも介助者と「家出」ができる未来を望んでいる。

このような想像をするのは、私自身が実家で過ごしていたとき、介助のことで家から逃げられず、しんどい思いをしたからだ。私の実家は、私が高2のとき、すごく「荒れ」た。弟が不登校になり「荒れ」てしまって、それを受け入れられなかった母親や祖父母も「荒れ」てしまった。家にはいつもピリピリとした緊張感があり、1日に数回は誰かの怒号や悲嘆を聞かねばならなかった。でも、私はそこから逃げることができなかった。平日の放課後も休日も、介助のことがあるから、家にいつづけるしかなかった。

もしあのとき、介助者がいれば、私は家から逃げることができたかもしれないと思う。大それた「家出」でなくとも、たとえば、朝から近所の図書館に行って（避難して）時間を潰すとか、カフェに行って時間を潰すとか、街まで出て行ってブラブラするとか、安心できるコミュニティに行くとか、そういった小さな「家出」ができたかもしれないと思う。

もちろん、家出したくなるような家の状況が改善することが1番望ましいことではある。しかし、家庭内の問題は簡単に解決できることではない。だとしたら、ひとまず、子どもが自分の心身を守るためにも、しんどい家から少しでも距離を置くための選択肢が存在することが大事だ。障害があって介助が必要な子どもの場合、その選択肢が担保されるためには、障害のある子どものアドボケイターとなり、手足となって動いてくれる介助者が必要なのだ。

妄想で、未来を描き、変える

ここまで、障害のある人の介助をめぐる問題に関連させながら、私なりの妄想を展開してきた。障害のある人が介助を使いながら地域で生きることは、まだまだ知られていないし、それを阻む社会的な障壁も依然として数多く存在する。それに、私が妄想した障害のある子どもが自由に介助を使える未来も、現時点ではまだまだ簡単には実現しない、少し遠いところにあるものだろう。

もちろん、現実はそんなに簡単には変わらない。しかし、歴史を振り返れば、「それは妄想だ」と一蹴されることを現実に変えてきた人たちがいるし、今まさに変えている人たちがいる。自立生活という実践とそれを支える現行の制度はまさに、障害のある先人たちが空想を現実に変えてきたことで実現したものだ。その事実は私たちに、今を批判的に捉え、より良い未来を希望し続けるためのエネルギーを与えてくれる。

常識や慣習といった壁は私たちの前に立ちはだかり、私たちが望む生き方を狭めようとしたり、型にはめようとしたりしてくる。現実の壁は厚い。でも、それをずらして、潜り抜け、壊す契機も、私たちのそばにきっとあるはずだ。

私はより良い未来を想像することを諦めたくない。同じ生きづらさや困難、問題意識をもっている仲間たちと「今」を批判的に検討し、良い未来を想像し、今できるアクションをする――それを地道に、しぶとく、続けていきたい。そして、障害があって様々な介助が必要な身体に生まれたり、途中でそのような身体になったりしても、自由な、のびのびとした子ども時代を過ごし、大人になってもそのままあたりまえに地域で生活できる未来を引き続きつくっていきたい。

1　本章では、「介助（者）を使う」という表現をしばしば用いている。「介助（者）を使う」というと、しばしば「支援してもらっているのに、偉そうだ」とか「介助者をこき使うってことか⁉」という非難が飛んでくるが、この言葉を使うのには意味がある。歴史的に見ても、また現在においても、障害者は家族や周りの支援者から一方的に「よい支援」を決められ、それを押し付けられてきた。障害当事者の「こう支援してほしい」「このやり方はやめてほしい」という希望はなかなか聞く耳を持たれにくい状況があった／あるのだ。

このような歴史的な経緯や現状を踏まえて、自立生活運動のコミュニティのなかでは、意図的に「介助（者）を使う」という言葉が使われることが多い。この言葉には、受け身的に支援されるのではなく、障害のある人（利用者）が主体的に介助を利用するのだという意味が込められている。

2　CILは、具体的に、障害のある人が親元や施設から出て、地域で暮らすための地域移行の支援（例えば、介助時間を出してもらうための行政とのやりとりのサポート、物件探しの手伝い）や介助者派遣、ピアカウンセリングなどを行っている。障害者運動、自立生活運動の要となるところでもあり、全国に１００以上ある。

3　医療的ケアが必要で、児童相談所長が必要性を認めた場合には、特例的に15歳以上の人も特例的に利用できる。

4　他にも、重度訪問介護にはいくつかの制約がある。それは、「通勤、営業活動等の経済活動に係る外出、通年かつ長期にわたる外出及び社会通念上適当でない外出」には利用できないという制約である（平成18年9月29日、厚生労働省告示第５２３号）。つまり、通勤や仕事中、通学や学校にいる間、そして、ギャンブルやスナック、風俗店など「社会通念上適当ではない外出」には使えないとされているのだ。

5　なお、大学での介助については、平成30年度から地域生活支援促進事業の一つに組み込まれた「重度訪問介護利用者の大学修学支援事業」という制度を使って、通学や学内での介助を受けることができる。しかし、この事業の実施主体は市町村であり、市町村によっては利用が難しく、交渉が必要になる場合がある。また、この制度は、利用できる時間数が非常に少ないことや利用継続の上で学生の成績による条件があること、報酬単価が低いこと、そして、そもそも前提に「重度障害者が修学するために必要な支援体制を大学が構築できるまで」というエクスキューズがあることなど、大きな欠陥を抱えている。

6　通学に関しても、利用できるサービスが確立されていないのが現状である。自治体によっては、通学でも福祉サービスを使えるよう柔軟な対応をしてくれるところもあるが、それはレアケースで、基本的に福祉サービスは通学には利用できないことになっている。また、教育委員会が提供する介助サービス（支援員制度）も、通学の支援までカバーしてはいない。そのため、家族が送り迎えをせざるを得ないケースが多い。なお、小暮さんは、行きは家族に送ってもらい、帰りは自治体から交付されるタクシークーポン券を使いながら（といっても、それはタクシー代の一部を助成するものであり、毎日の通学でかかるタクシー代を賄えるものでは到底ない）自腹で介護タクシーを利用していたそうだ。

【引用文献】

●小暮理佳・登り口倫子・油田優衣、２０２４、『公立高校での介助って、実際どうなの？』一般社団法人わをん（２０２４年７月26日取得、https://wawon.org/news-gakkoshienin/）

●一般社団法人わをん、２０２１、「学校制度や福祉制度には、青春の視点がない」、当事者の語りプロジェクト（２０２４年７月26日取得、https://wawon.org/interview/story/1816/）

●伊藤亜紗、２０２３、「愼允翼（シンユニ）さん」、asa ito（２０２４年７月26日取得、http://asaito.com/research/2023/11/post_97.php）

第2章
妄想×暮らしとコミュニティ

自由なんて別に大事じゃなかった

石井あらた

山奥ニートをやめて半年が経った。

十年間、山奥ニートだった。

山奥では十数人の若者と共同生活をしていた。男も女もいて、年齢は上は四十代、下は十代の子がいたこともあった。

廃校となった小学校の木造校舎を使っていたけど、僕はそれに隣接した職員宿舎として使われていた離れに自室を持っていた。寝起きは自室でして、食事は母屋のダイニングまで食べに行った。

離れは母屋より山側に建っていて、木の間をくぐって湿気を含んだ風が来るぶん建物は傷んでいる。床は沈んで波のようにうねっていて、玄関扉は腐って無くなり常に出入り自由。廊下の電気は漏電が怖いので使わず、建物というよりは洞窟のようだった。

前の住人が植えたツルニチニチソウが、春になると空色の風車のような花を咲かせ、夏になると蔦が伸びて外壁を覆い、冬になって枯れたそれを引きちぎって元に戻した。人に手入れされることなく、季節が巡ると勝手に咲くのが気に入っていた。

このボロ家で、僕は好きな時間に起き、好きな時間に食べ、好きな時間に寝て、好きなときに旅に出た。

快適とは程遠い場所だが、ここは家賃ゼロだった。家賃が浮くことで、他の人が家賃分を稼いでいる時間だけ僕のほうが自由だ。最も生活費を安くあげていた時期は、月に一万八千円で暮らしていた。月一万八千円でひとり暮らしは爪に火を灯すような節約が必要だけど、月十八万円で十人が暮らすのはけっこう余裕があった。

共同生活なので、同居人が揉め事を起こすこともあったけど、

いしい・あらた

1988年生まれ。愛知県出身。2014年から和歌山県の山奥に移住。「山奥ニート」を名乗り、小学校の廃校舎にニート・ひきこもりを中心とした若者十数人を集めて共同生活を行う。2020年、その日々を本にした『「山奥ニート」やってます』を出版。世界一受けたい授業、クローズアップ現代、ザ・ノンフィクション等に取り上げられ話題となる。2024年、子育てのため山奥暮らしをやめ、現在は専業親業。

基本的には平和な毎日だった。

こんな山奥に来る人は、どこかしら人生を諦めていて、その生気の無さが不干渉に繋がり、互いのことを詮索しない風土ができていた。あだ名で呼び合っていたから、一緒に暮らしているのに本名を知らない人もいた。

日本で最も、何も縛らない居場所だったと思う。

そんな場所になったのは、僕が何よりも自由でいたかったからだ。

人間にとって一番大事なのは自由だ。

自由意志の元に成されない善は機械と同じだし、最悪の選択肢しかない状態で悪の道を選んだ人には同情の余地がある。

書籍になった『「山奥ニート」やってます。』(光文社)で四年前の僕はこんなことを書いた。

〝ここでは挨拶しない権利を守りたい〟

挨拶ですら、意思なく強制で行われては意味がないと思った。挨拶したい人はしたらいいし、したくない人はしなくていい。それくらい僕にとって自由は絶対的なものだったのだ。

しかし現代日本では、自由気ままに生きることを阻むものがある。

働かなければ飢えて死ぬ、という今日の常識はこの最たるものだ。

生活費を人質に取って、資産が無い人の労働力を搾取している。基本的人権をはっきりと侵しているじゃないか。

〝働かざる者食うべからず〟という言葉が過去の価値観として歴史の教科書に載ったとき、それを学ぶ生徒は不思議に思うだろう。奴隷を当たり前に存在するものだと認識していた昔の人に感じる隔絶と同じように。

世の中のみんなが「働きたくないから山にこもる」と堂々と言うようになれば、資本によって支配している人は慌てるに違いない。

だから僕がやっているこの「山奥ニート」は、自由を得るための一種のレジスタンスなのだ。

まぁ少々わざとらしく書いてみたけど、山に住み始めた頃はこんなことを考えていた。

山奥ニートになり、僕は自由の最先端に立った。

お金からも時間からも自由になった僕は、人知れずある実験を始めた。

それは、すべての習慣をやめてみる、というものだった。

風呂に入る習慣をやめた。都会と違って人が密集することがないし、そもそも山奥では誰にも会わずに何日か過ごすことができた。風呂に入らない期間が長くなると尻の穴がかゆくなってくるので、それに我慢できなくなったらしぶしぶ風呂に行った。

朝起きるのをやめた。眠くなったときに眠って、起きたくなるまで起きない。そうすると夜が白んできたあたりで意識が無くなって、昼前に起きるという生活になった。

明日のことを考えずに酒を飲んだ。四リットルの安ウイスキーを買い置きし、勝手気ままに、無頼を気取って飲んだ。

それに飽きると今度は、風呂に入らない習慣をやめ、朝起きない習慣をやめ、酒を飲む習慣をやめた。別に単に堕落した習慣をしたいわけじゃないのだ。僕は習慣をしたくないのだ。とにかく惰性では何もしない。すべての自分の行動を、自分の意思で選択して日々暮らす。

そうしたら、僕は幸せになるはずだった。自由が人にとって最も大事なものならば。

でも別に楽しくなかった。ふーんって感じ。

結局、人間どんな恵まれた生活でも慣れてしまうのだ。

それに、これだけ好き勝手しても、完全な自由じゃない。

たとえば、山奥で寝転がっているときに「ああ、海を見たいなぁ」と思ったとしても、瞬間移動することは現代科学ではまだできないから、すぐに海を見る自由が僕に無い。

たとえば、夜通し大して面白くもないゲームをしてしまって、朝になってそれが清々しい青い空の朝だったとき、この眠気をどこかに飛ばしてしまえたらなと思う。でもそれはできない。

どうしたって僕は三次元に存在する肉体から自由にはなれない。

人間がバーチャルの世界に生きるようになれば、瞬間移動や見た目を自由に選ぶことができるようになるし、意識をアップロードしてデータとして永遠に生きることができるかもしれない。そうなっても、自分の性格をある日急に変えることはできないだろうし、好きな人を確実に振り向かすことはできないだろう。

お金・時間・人間関係は人を縛る三大要素だけど、それらから自由になっても人間は完全に自由にはなれない。そして、人間は自由なほど幸せだ、ということもない。

これが山奥ニートとして、自由を味わい尽くした僕の結論だった。

内側にあったこの考えは、新型コロナウイルスの流行で臨界点を突破した。

＊＊＊

新型コロナの話をするのは難しい。この文章を書いている時点で最初の波から四年が経ったけど、今だって何かをはっきりと言い切ってしまうと、どこからか「それは違う！」と怒声が飛んでくる気がして身がすくむ。

しかし、この文章は僕が思ったことを正直に書くと決めたのだから、恐る恐る書き進めよう。

新型コロナは、人々に選択を迫った。

自分や他人の命を守るためにやりたいことを我慢するか、自分や他人の命を危険に晒してもやりたいことをやるか。

この2つの選択肢を前に、ほとんどの人は（少なくとも表面上は）前者を選んだ。

流行の初期、後者を選んだように少しでも見えた人は徹底的に叩かれた。

営業を自粛しない飲食店に対してクレームの電話や張り紙がされたり、また店に足を運ぶ客に対してもネット上では誹謗中傷が浴びせられた。

だから、日本のほとんどの人は、望まない選択だったかもしれないが、我慢することを選んだ。

僕は日本でも数少ない、この二択を選ばなくていい立場にあった。

なんせ山奥だ。出会う人はいつも同じで、集落の中では誰もマスクを着けていなかった。

ここまでウイルスが来たら、日本も終わりだなんて集落の人と笑っていた。

確かに流行していた時期、山奥ニートを一時的な鎖国状態にすることに決めた。

でもそれは新型コロナが怖いと思ったからではない。

ちょうどこの頃、僕の本が出版されたり山奥ニートを追ったドキュメンタリーが放送された。そうやって本やテレビだけを見て来る人は、山奥ニートの生のノリを知らないのでトラブルが発生しやすいというのが今までの経験則だ。

見学者を断る口実として、新型コロナは最適な理由付けになった。

そういうわけで疫病の流行に対して、それを恐れるべきか、周りの声を気にしないでやりたいことをやっていくのか、僕はどちらの態度を取るか決めないまま来てしまった。

月に何度か、町の大型スーパーに買い物に出かけるときはマスクを着けた。

これは完全に言い訳のためだった。「僕はマスクが必要だと思っている常識人ですよ」というアピールのため着けていたに過ぎない。マスクを忘れたときは、誰かに怒られないか内心ヒヤヒヤした。

コロナ禍までは、ニートだから気ままなものでふらっとどこかに旅に出かけていた。でもそれも一切しなくなった。

僕は世間体を気にして、あっさり自由を捨てたのだ。

山奥ニートになると決めたとき、社会の奴隷として生きるくらいなら死んだほうがマシだと思っていた。山奥に来たのは捨て身の気持ちだった。

僕が本当に世捨て人なら、こう言うべきだ。

「自由を与えよ。しからざれば、死を与えよ！」

それが、世間の空気によってコロっと、僕は自由を捨てたのだ。

太平洋戦争下の人々が、なぜ息子を特攻隊として送り出したのか。山に逃げてしまえばいいのに、なぜそうしなかったのか。その気持ちがほんの少し今の僕にはわかる気がする。

周りの空気。これは目には一切見えないのに、いやだからこそ、こうも抗いがたいものなのか。

ただ……僕が自由至上主義を捨てずに、他の誰かに、たとえば集落の高齢者に移してしまって、あまつさえその人が肺炎で亡くなってしまったら、僕はきっと後悔の念に苛まれるだろう。

結果的に、僕の日和見の対応は良いほうに働いた。

山奥を鎖国したおかげか、シェアハウス内で新型コロナがパンデミックすることはなく、ウチを入口にして集落に新型コロナが広まることはなかった。

自由のために、他を犠牲にしなくて良かった。

そしてある程度の自由を犠牲にしたが、それは全然工夫によってどうにかなるものだった。放浪熱は「いつか行こう」とGoogleマップにピンを指すことで後回しにした。この時期は、オンライン通話することの心理的ハードルが一気に下がったから、リモート飲み会をして山奥にいながらにして遠くの人と交流できた。

あれ？　別に自由が制限されていても、楽しく過ごすことってできるじゃん。

＊＊＊

僕たちの山奥シェアハウスに、子供がやってきた。

住人同士が結婚して、子供ができたのだ。

夫婦は廃校舎の一番端の六畳間に二人で暮らし、そこで子供を育て始めた。

他の住人たちは二人が付き合っていたことには驚いたが、シェアハウスにカップルがいることや、シェアハウスで子供を育てることに対しては深く考えなかった。

まぁなんとかなるだろう、と思ったのだ。

なんともならなければ、引っ越せばいい。それが共通認識だった。

十月十日が経ち、母となった住人が産婦人科から山奥へ帰ってきたとき、その腕の中には赤ちゃんがいた。突付けば崩れてしまいそうな柔らかい生き物に、どう接していいか誰もわからない。とりあえず「どうもはじめまして」と挨拶すると、赤ちゃんは不思議そうに瞬きした。

子供がシェアハウスにやってきたことによって、シェアハウスは大きな混沌に包まれるかと覚悟していたが、実際はゆるやかなものだった。新生児の子供が夫婦の寝室から出てくることはほとんど無く、僕たちは忙しそうにミルクを用意したりお風呂の準備をする夫婦を見ているだけで、いつもと同じ暮らしだった。

もちろん父親と母親の生活は一変した。

それまで、毎日三～四時間、趣味のボードゲームを住人たちで遊んでいたが、子供が生まれてからはそんな時間は無くなった。

二人とも、いつも寝不足でぼーっとしていて、顔色は日を追うごとに悪くなっていった。

見かねて、何か手伝えることはないか、一時間ならリビングで子供を見ていられるから横になってきては、と提案しても「大丈夫です。部屋にいるときも、自分が眠るより寝ている子供の顔を見てるんです」と答える。

いったい何がそこまでさせるのか。僕には無理をして虚勢を張っているように見えた。

でも、無理をしたくなるほど大事な存在に思えるのだろうか。

僕には配偶者がいた。

山奥で出会って、遠距離恋愛して、結婚の障害になるものが特になかったので結婚した。

妻は別の県で会社員をしているので、長い間、結婚はしているけど別々に暮らしていた。

通話は頻繁にしていたし、僕はニートでだいたい暇なので、予定がない月があるとその期間は妻のアパートに居候した。

まぁちょっと奇妙かもしれないがそれが僕らの夫婦の形だった。

そんな奇妙な状態だったが、新型コロナの流行によって妻の会社でもリモートワークが承認された。それなら山奥でも仕事ができるってことで、コロナ禍になってから妻が山奥に引っ越してきた。

子供は欲しいよね、という話はずっと前からしていた。

でも、子供が生まれたら、今の自由な生活は終わってしまう。

だから一歩が踏み出せなかった。

だけど、山奥ニートの十年でもう一生分の自由は味わったし、そもそも人間はどこまで行っても本当の自由にはなれないじゃないか。自由を制限されたコロナ禍でも、それなりに楽しく過ごしていたじゃないか。それならば、自由でなくなっても僕は楽しいままで居られるんじゃないか。

＊＊＊

そうして、息子が生まれてきた。

今、息子が起きている間は、ずーっと一緒にいる。

ひとりの時間は息子が寝たあとの二時間だけ。

三度三度の離乳食を与えるだけで一日があっという間に過ぎてしまう。

確かに自分ひとりで時間を自由に使うことはできなくなった。でも代わりに息子と過ごすという選択肢が増えた。

考えてみれば、自由とは多面的なものだ。

コロナ禍で人の動きが制限されたとき、社交的な人は出かけられなくなって自由が無くなったと感じたが、もともと内向的な人は新型コロナのおかげで飲み会に参加しないという自由を得た。

僕もまた子供がいることで、子供をどう育てるか考える自由を得られた。

本屋や図書館に行っても、それまで子育て本なんて目に入らなかったのに、今ではそれらを読む選択肢がある。

子育て本は数多あるが、書いてある内容は共通するものが多い。

子供が親の言うことを聞かないときの対処法としてよく載っているのが、子供に選択権を与えるという方法だ。

たとえば、子供がごはんを食べたくないと言ったとき。子供の前にさまざまなスプーンやフォークを並べて、「今日はどれを使って食べる?」と子供にカトラリーを選んでもらう。そうすると、子供は食事をすることに納得して、ご飯を食べてくれるというものだ。

実際この方法は効果があって、うちの子供は大人と同じスプーンで、小さな口には入り切らないのに無理やりに食べるのが好きだ。

大事なのは、子供が選ぶこと。自分で選択したものだから、納得できる。

このとき、子供はどのカトラリーで食べるか選ぶ自由を持っているけど、ごはんを食べずにおもちゃで遊ぶ自由は持っていない。だけど、カトラリーを選ぶだけでも納得できるのだ。

もっと自由が少ない場合はどうだろう。

うちの子はコーンフレークが大好きだ。

でもその日はコーンフレークを切らしてしまって、家になかった。

子供は涙をポロポロこぼしながら叫ぶ。コーンフレーク!コーンフレーク!

あれはもう無いんだ。昨日で食べきってしまったから、明日買い物に行くまでは食べられないんだよ、と論理的に説明しても、子供の泣き声は大きくなる一方。こちらが懸命に説明すればするほど、子供も懸命に抵抗する。代わりに食パンはどう?　ビスケットは?　と代案を出しても耳に入らない。

この前、上手くいった方法がある。

あー、今コーンフレークはないんだ。僕だってここにあったら君にあげたかったんだけど。もしあったとしたら、どうやってコーンフレーク食べる？　どのお皿に入れる？　右手と左手、どっちで食べるの？　やってみせてよ。

そう言ったら、子供は空気を掴んでもぐもぐと食べ始めた。その間に代わりのおやつの準備ができて、コーンフレークのことを忘れたかのように食べ始めた。

いつでもこれで上手くいくわけじゃないけど、この方法は確かな手応えを感じた。

子供が欲しいのはコーンフレークじゃなくて、本当はコーンフレークを欲しがっている自分が認められる事なのかも、と思えるときがある。

自分がコーンフレークを欲しがってると大人にわかってもらえれば、今じゃないとしてもいずれコーンフレークを貰えるだろう、とここまで思考しているのかもしれない。

逆に、大人が「コーンフレークは今無いからコーンフレークの話をしても無意味だ」という態度を取ると、いつまでも泣いている。

ここに、自由と不自由に折り合いをつけるヒントがあるんじゃないだろうか。

山奥ニートを十年やって、お金と時間から解放されたはずなのに、肉体は自由にならなかった。

でも妄想はいつだって自由だ。

たとえ縄で手足を縛られようとも、妄想する自由だけは誰にも奪われない。

妄想しても、現実は何も変わらない。

でも、妄想することで願望を持っている自分を肯定することができる。

それができなければ、人間は前に進めないのではないか。

人間の脳は主語を認識できないのだと聞いたことがある。

「主語」という概念は人間特有で、高度な精神情報を司る「新しい脳」が処理をしている一方で、感情などの原始的な概念は「古い脳」が処理をしていて、古い脳は新しい脳から来た情報を鵜呑みにしてしまい、主語という概念がわからなくなってしまうそうだ。だから、人の悪口を言うと、脳の中では自分が悪口を言われたときと同じ状態になるのだという。

であれば、主語が妄想上の自分だったり、物語の主人公だった場合も、古い脳は自分のことだと認識するんじゃないだろうか。

僕たちは魔法を使えないし、時間も戻せない。そのことに正面からぶつかっては心は傷だらけになってしまう。

妄想には、現実と自分の願望に折り合いをつける力がある。

子供によって肉体が縛られたから、そう思える。

何にも縛られず、すべての可能性を持っていたいというのは硬直した考えだ。

縛られたからといって自分のすべてが失われるわけではな

く、どんな状況になっても妄想することで自分を認められる。

僕は山奥にいる意味を無くし、引っ越すことにした。

ちょうど、もう一組の親子も引っ越す予定になっていた。子供を保育園に預けるために、もう少し町に近い集落で古民家を借りるのだという。

僕たちが居なくなることで、山奥のシェアハウスの様相はがらっと変わるだろう。でもコロナ禍で鎖国していたぶん、今のシェアハウスの人間関係は固定化されていて、安定している。僕が居なくても、きっと上手く続いていくと思えるタイミングだった。

山奥から引っ越すと決めてからは、心がずいぶん軽くなった。十年間のうちに、いつの間にか柄にもなく責任感を持っていたのだと、そのときになって気付いた。

自室の片付けを進めていると、部屋の角にてんとう虫が集まって冬眠しているのを見つけた。僕の部屋は日当たりがいいので、夏は灼熱だが冬は比較的温かい。たまに部屋の中でてんとう虫を見つけることがあったが、こうやって毎年ここで冬を越していたのか。

イタリアではてんとう虫がベッドルームに入ってきたら、幸運の予兆だと言われているらしい。部屋の角のてんとう虫は三十匹以上いる。これだけ集まっているならこれからきっととても良いことが起こるに違いない。


引越し業者が来て、荷物を積み込んだ後でも、まだ僕が山奥ニートをやめるという実感がなかった。

それから半年。

山奥から街なかへ移り住んだ僕は、イケアで家具をすっかり揃えて、モダンな部屋を作った。観葉植物を置いて、間接照明をつけた。山奥ニートとは真逆の部屋だ。

だけど今でも、僕は「山奥ニートを辞めた」と口にするたび、違和感を覚える。

いつでもまたふらっと山奥ニートに戻れると気がしている。実際には家具を買ったし、子供を連れての引っ越しは大変な手間だった。それらを捨ててもう一度引っ越すことはあり得ない。

でも僕は、もう山奥にいないという現実に折り合いをつけるため、僕はまだ、明日にでも山奥ニートに戻るかもしれない、という妄想が必要なんだろうな。

猟師の妄想。

——みんなが狩猟に関わる世界

中村麻矢

妄想と聞いて私がまず考えたのは、頭の中で漠然と思い描いている猟師としての目標や理想でした。だから、今から私が綴るのは、私のいままでの5年間の猟師経験を踏まえた、これから先の脳内シュミレーションのようなもの。「猟のことか、自分の生活とは関係ないしな……」と構えて見ずに、ひょんなことから北海道に移住した人のドキュメンタリーを覗くくらいラフな感じで読んでもらえたら幸いです。それでありながら、読んだあとはこの人の妄想をこれからも見てみたい、どこかで参加してみたいなって思ってもらえたら幸いです。

「猟師」というワードを聞くと、迷彩柄の服を着たおじいさんが銃で動物を仕留める場面を想像して、怖い印象を受ける人が多いかもしれません。しかし、猟師は自分で手を施すからこそ命の重みや生きることの本質を知る思慮深い人達でもあります。時代は変わり、平成から令和へ。この時代を生きるこれからの猟師達は、環境や仕組みの変化に日々直面していて、猟師の在り方は見つめ直されつつあります。少しずつ新しくなっていく令和の狩猟は、これから世間からもっと注目を集めるようになるでしょう。

そもそも27歳で猟師になった私がいるように、若い猟師も少しずつ増えてきています。そして、ジビエを食べる文化もだんだんと世間に浸透し、国内の鹿肉の流通も増え、ジビエを取り扱うお店も増えてきた印象です。いままでは牛や豚や鶏といった家畜の肉以外を食べるという選択肢は馴染みのないものでしたが、最近は猟師以外でも野生の肉を食べる選択

なかむら・まや

1992年、宮城県生まれ。大学卒業後、グルメを扱うウェブメディアで、営業・編集として7年間働く。2017年狩猟免許取得。2020年、猟師に転身。2022年春から北海道広尾町に移住し、現在は害獣駆除員に。地域の商品開発やブランディングを担うフリーのディレクターとしても活動する。

肢が増えました。猟師ではない一般の人達がジビエを食べることで、「誰かが仕留めて捌いてくれたんだな」、「命をいただいているんだな」と、改めて食の背景を考えるきっかけになっているように思います。だから最近は、猟師と関わることで、自然と食育に繋がっているのかなと考えるようになりました。〝猟師〟というワードを聞くだけだとちょっと自分達の生活からは遠い存在に感じるかもしれませんが、〝食育の基礎〟と考えると、より身近に感じてもらえるのではないでしょうか。食べることは老若男女に共通していることなので、狩猟もそれくらい身近な存在になってくれたらいいなと思っています。

「今日は鹿の捌き方を教わりに行こうよ」と料理教室に通う感覚で鹿を捌きにいく社会人。「しょうがないな、また解体？手伝うよー」と家の手伝いで鹿の血抜きをする子供。おじいさんが獲ってきた鹿の皮を鞣（なめ）すおばあちゃん。お父さんの狩猟についていく猟師になりたい高校生。老若男女が日常的に狩猟と関わることって、日本だったら縄文時代くらいでは珍しくなかったのかもしれないけど、現代ではその光景をあまり見かけなくなりました。

　海外にいくと、鶏肉の販売と書いてあるのに生きている鳥をそのまま販売していたり、肉屋の入り口には動物の頭がぶら下げられていたりと、生々しい光景が広がり、もう少し「食材」と「食材になる前の生き物」が紐づいていると感じる場面が多いです。でも、日本だといろんなコンプライアンスが厳しいことも相まって、そもそも生き物が食材になる瞬間を知れる機会が希少です。スーパーやコンビニに行ったら、綺麗に加工された肉や魚や野菜、食欲がそそられる惣菜や冷凍食品が陳列されています。店に並べられるまでの苦労が良くも悪くも綺麗さっぱりと消えていて、これらが命だったのかどうかも分かりません。魚は切り身で泳いでいると思っている子供がいるのも、この環境下だったらしょうがないのかもしれません。

　せっかく「狩猟」という文化があり、現在から過去に至るまで関係をもっている鹿や猪といった野生動物がいるんだから、それを活かすに越した事はありません。いままでの狩猟の世界は閉鎖的であまり発信されてこなくて、身近に感じる機会があまりありませんでしたが、これからの狩猟は知りたい人に対してはもっとオープンでもいいのではないでしょうか。狩猟で培った知恵や技術を欲する人がいたときに、ちゃんとそれを提供できる世間の流れがあったらいいなと思います。そんな流れをつくるにはまず、狩猟を身近に感じてもらうためのきっかけが必要です。

とはいえ、実際に狩猟について行くのは安全面や生活スタイルを考慮するとなかなか難しかったり、一度にたくさんの人に体験してもらうことができません。そこで、私は最近猟に行ってみたい人や狩猟を知りたい人に対して「鹿の精肉体験」を行い、猟の一端に触れてもらう機会を設けています。下は小学2年生から上は60歳くらいまで幅広い年齢層で行っていますが、なかでも学生達の反応が抜群です。「鹿の精肉体験」では、今から捌く鹿がどうやって獲れたのかをお伝えし、鹿のプロフィールを渡します。そのあとは、どうやったら美味しい肉になるのかとか気さくに話しながら、大体4人1グループで鹿の腿や前足やアバラなどいろんな部位を捌いていきます。はじめはみんな恐る恐る捌きはじめるのですが、だんだんとコツを掴んで、切り方に個性が出てくるくらい夢中になっていきます。そして、最後にアンケートを取ると、「捌くなんてはじめは無理かなと思ったけど、いざやってみると思ったよりもグロいとか怖いとか思いませんでした。予想以上に集中して取り組んでしまいました」とか「自分が捌いた肉がだんだんと美味しそうに思えてきて後半からこの肉を食べてみたいという愛着が生まれました」とか「骨や関節の質感、肉の匂いなど、体験でしか分からないことが知れてよかったです。一度だけではなく定期的にやってみたいと思いました」とか、いろんな意見をもらいます。なかでも、「ここまで鹿を運ぶことも大変だったんだろうなと思いました、ありがとうございました」とか「猟師さんがどんな思いで日頃鹿を撃って、どのように過ごしているのか聞くことができて少し身近に感じることができました」とか、猟師をしている人の気持ちに寄り添う意見をもらえることがなにより嬉しいです。

牧草地に現れたオスの蝦夷鹿2頭。
秋、発情期真っ盛りでツノも立派

こうやって実際に捌いてみたり、山に入ったり、鹿を運んだり、猟師の行う行動に少しでも関わりをもってもらうことで、猟師と猟師でない人の隔たりが薄れ、どんどん狩猟や猟師が身近な存在になっていっていくのではないかと思っています。そうやって、徐々に猟師といろんな人が関わりを持てるように裾野を広げて、様々な知見をかき混ぜることで、狩猟という文化や猟師という職業がもっとオープンに認識され、世間に認知してもらえたら嬉しいです。

狩猟は義務教育の必修科目に

その一歩として、「狩猟」とか「山学」とか、そんな科目が教育のカリキュラムとして追加されたら面白いと思いませんか？授業で週一回程度、山や川を定期的に訪れて、動物の世界の四季折々を体感する。きのこが生えてきたり、動物の毛の色が変わったり、鳴き声が変化したり、いろんな変化を目の当たりにするでしょう。それを人間目線で咀嚼してみたり、ときには動物目線で考えてみたり。教室では生まれなかったコミュニケーションや会話、知識も疑問も増えてくるはずです。「正解」を覚えるのではなく、「正解」はなにかを考えます。教室に比べたら山は危険がいっぱいかもしれないけど、それもまたリアルですよね。自然と共存するためにはまず自然に触れてみることがいいと思います。また、土いじりをするとセロトニンを増やすバクテリアを吸い込み、太陽に当たるとセロトニンが分泌されるといわれています。それが本当なら、不安な気持ちを抑制したり、やる気が漲ってくるはず。自然と触れ合うことで心が元気になったり、意外と他の教科も点数が伸びたり、いろんなプラスがありそうです。

私が住んでいる北海道では、地域と学校の連携を強化することを目的とした「地域探求」というクラブ活動や授業があります。私も地域探求の理念には共感しており、できる限り積極的に携わっています。学生達から「狩猟のことが知りたい」とか、「実際に鹿を捌いてみたい」などと、先生を通して学生からの要望が送られてくるので、その要求に沿って体験を提供しています。熊の脚を捌いてみたり、鹿の角を指輪やネックレスといったアクセサリーに加工してみたり。そのほかにも、鹿角を探してみたり、鹿の毛を筆にして絵を描いてみたり、美味しいレシピを考えてみたり、やってみたいと言われる体験を提供しています。体験そのものも大切ですが、その体験中の素朴な会話の中で生まれる「なんで？」という疑問がとても大切だと思っています。「えー、なんで鹿が増えているんですか？」とか「どうして駆除された鹿があまり市場に出回らないんですか？」とか。メディアでは、分かりやすい言葉で「〜だからです」と断定することが多いですが、自然にまつわることの正解なんて、そのときどきで変わっていくものも多いし、決して分かりやすく説明できるものはないはずです。だから、ただ答えを聞いて納得するんじゃなくて、体験を通して一緒に答えを模索できるのが、この「地域探求」の良さなんだと思います。「地域探求」は学生にとっても大人にとっても、身近な環境について改めて考えられるいい機会だなと感じています。

現状、私が住んでいる町の人口は予想していたよりも速いペースで減少しており、すでに6000人を切っています。高校生の数は100人以下でとても少なめ。でも、とってもいい子たちがたくさんいます。この「地域探求」を通して、高校生との関わりが増え、どこか親心のような気持ちが私の中に芽生えるようになりました。町には高校までしかないので、大学や専門学校に進学するとなると大体の子が町を離れることになります。町を離れたときに、自分が住んでいた町が魅力的な場所だったなぁという思い出が頭に浮かんでくれたらいいなと思っています。

「鹿がそこら中にたくさんいて、狩猟が盛んで、鹿と密接な町だったよ。よく鹿肉を料理にして振舞ってくれてる女猟師さんがいたんだけど、あの人がつくる鹿肉のローストおいしかったなあ」なんて、地域探求のときの体験が記憶に残ってエピソードのひとつになってくれたら。そのあとUターンして、いずれ同じ町で猟師になったりすることもあるのかな？　そこから一緒に狩猟したり、解体施設を運営したりなんてこともあるのかな？　そんなことになったらドラマチックですね。兎にも角にも、日本の教育で狩猟を取り入れることがメジャーになってくれたら面白いので、ぜひ検討してもらいたいものです。

猟師にならなくても猟師の役に立てる

そんなふうに、地域や文化にとって狩猟や猟師が身近な存在になって、鹿と関わる体験が心に残る思い出となり、いずれ猟師になりたいと思う若者がでてきてくれたら嬉しいです。現に何度もそんなことがありましたが、「猟師ってかっこいいですよね！　憧れています！　絶対に猟師になりたいと思います！」と目をキラキラさせて元気に言われると、嬉しい反面、昔の自分を見ているようで焦らずにゆっくり考えてほしいなとも思ってしまいます。猟師になるには、狩猟免許と銃刀法（銃を使用して猟をしたい場合）を取得するわけですが、この免許でできることって、増えているとされる鹿や熊、サルといった動物の命を奪うことなんです。私は動物が大好きだし、最近は「鹿は増えすぎていて、駆除しないといけないもの」という意見にも疑問を抱いているので、正直あまり撃ちたくありません。撃つと毎回悲しい気持ちで夢にまで出てきます。こんな気持ちなので、猟師に向いてないなと思うことも多いし、その迷いが出るからか撃ってもなかなか当たりません。最近では、私が撃つよりも、周りの猟師さんたちが撃った鹿を回収したり、いかに廃棄せずに活用できるか考える方が今は大事なのではと考えたりもします。それでも猟師を続けるのには、続けないと分からないことがあるし、自分で鹿を獲って食べたいし、猟師としての発言権を失いたくないからです。

猟師＝撃つ人だけが増えても、駆除数が増えるだけで撃った獲物の活用までこぎつけられません。それを活用するためには、猟師の周りにあるさまざまな職業の専門的な知識や経験ががが必要です。でも、今は猟師だけに興味関心が集まっていて、精肉や鞣し、剥製や林業など、狩猟という行為の前後にある様々な職業にまではその興味関心が広まっていません。特に剥製師は継ぎ手不足が深刻で、担い手が減っているそうです。このまま剥製をつくれる人が途絶えてしまったら、新規の剥製をつくることも、剥製の修理をすることもできなくなってしまいます。だからむしろ、日本の文化や狩猟の持続性を守るために、猟師ではなく剥製師になるという選択があってもいいのではないでしょうか。そんな風に、狩猟のまわりにある職業で猟師を応援できることも覚えておいてほしいなと思います。

駆除された鹿の脚

以前友人から「猟師になりたいから、ぜひ相談したい」と伝えられたときがありました。一緒に猟にいけたらすごく嬉しいなってワクワクしたけど、最終的には「もし、今の私が猟師になる前の私に助言するとしたら、猟師の周りの仕事にも目を向けてみる。それでも猟師をやりたいと思ったときにやればいいんじゃないかな」と言いました。その後、その友人は林業を始め、その道を究めています。その友人とはたまにしか会えないけど、会えばもっぱら山の話で盛り上がります。これは、猟師×猟師ではなかなか辿りつけなかった景色なんじゃないかなと思います。猟師になってくれてももちろん嬉しかったけど、この形で着地できてよかったなとも思っています。今後も、たとえ猟師じゃなくても、狩猟のこと、自然とのつながりのことを頭の片隅に入れながら話せる仲間がどんどん増えていってくれたら嬉しいです。

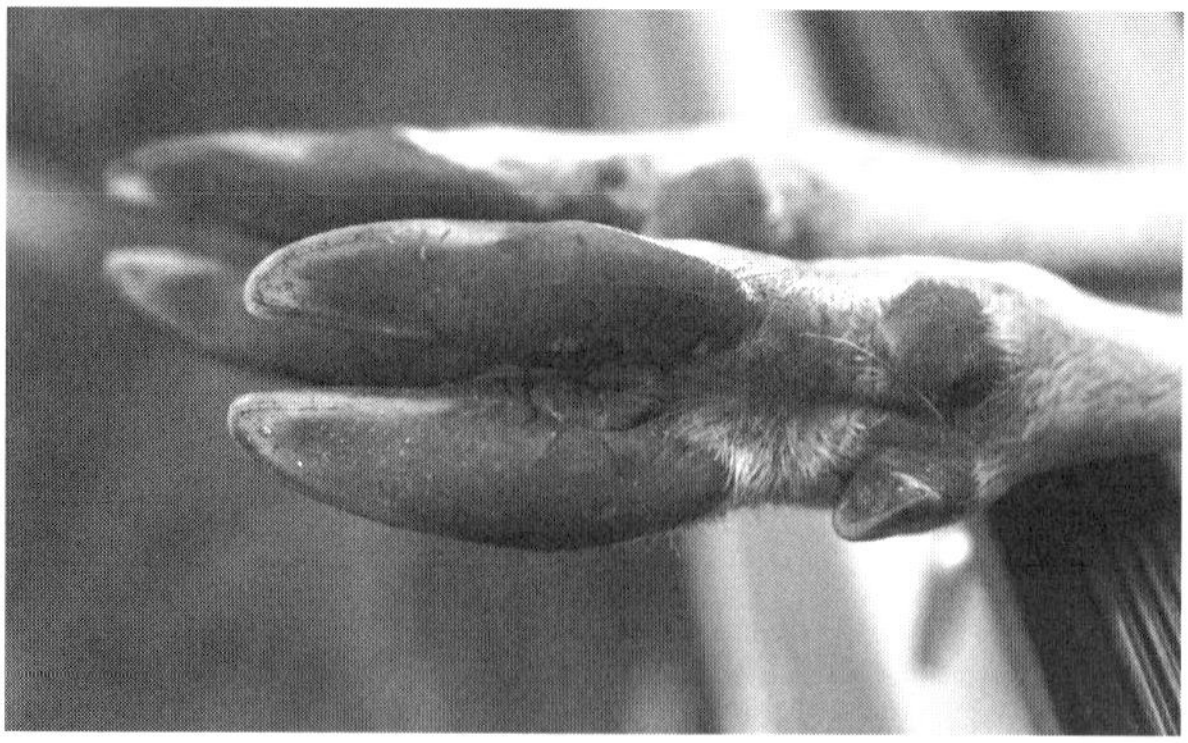

猟師になること、続けること

私は鹿肉が好きで、自分で獲って捌いて食べたくて猟師を志したタイプでしたが、猟師を志す人の理由や想いは十人十色です。よりリアルで面白い狩猟漫画を描きたいという漫画家さんや、自分で獲った鹿をレザーにして靴にしてみたいという靴職人さん。他には、大学の単位を取得するためだったか、会社で必要な資格だったか定かではないけれど、そんな理由で仕方なく受験している人もいました。正直、熱量が低い人達は大体が3年で猟師をやめてしまいます。

というのも、3年ごとにある免許更新で〝更新しない〟人が一定数いるからです（そもそも更新を忘れてしまうパターンも多いのですが）。狩猟をするためには覚えることもやらなきゃいけないことも多いので「こんなに大変なら続けなくていいや」となるのかもしれません。

例えば、銃を所持して狩猟をはじめるとなると手続きをするために役場や銃砲店に出向くことが多くなります。そのほかにも、普段はあまり出向くことがない精神科での診断が必要だったり、警察にも各手続きで訪れなければいけません。会社勤めで平日は会社に通いながら、いろんな書類を用意して契約をこなしていくのは、けっこう至難の業でした。

猟師になってからも、購入した弾の数や消費した弾の数、狩猟した動物の種類と性別、どれもひとつひとつ細かいところまで管理しなければなりません。そして、銃を使った実績がないと〝その銃は必要がない〟と見なされてしまいます。他の仕事をしながら片手間ではじめると、なかなか時間を割くのが大変で、続けるのはなかなか難しいと感じてきます。

また、狩猟の手続きを取り巻く環境は長年変化しておらず、現状は往復はがきなど、紙での対応がメインで、メールやLINEで情報が流れてくることが少ないので、アナログだなと感じることが多いです。一概にアナログが悪いとは思いませんが、若手猟師たちはきっと、このゆっくりと遠回りしているような手続きの数々に疲れてしまうかもしれません。

最近は若い猟師が増えてきていますが、先ほども言ったように3年でやめる確率が非常に高いです。私はなんやかんや2回目の免許更新を終えて、現在猟師6年目になりましたが、まだまだ経験不足で学ぶことばかりです。猟師になりたての人は、なにかとよく分からないことが多く、習慣に馴染めなかったり、やる気が徐々になくなっていくこともあるでしょう。

正直、私もそのうちのひとりでした。狩猟の正式なルールとはまた違った、どこにも掲載されていない暗黙のローカルルール。人の好き嫌いで生まれるネチネチしたそれらには酷く悩まされました。

なので、ただただ山が好きで猟がしたいだけなのに、団体に属してしまうとみんなのご機嫌を取るのも猟の一部みたいな感じになってしまって、したかったことじゃないなと思うことも増えました。そういったモヤモヤも含め、3年の更新のタイミングでいろんな想いが入り混じり、もう猟師なんて辞めちまいたいと思ったこともありました。

自然を相手にするので命の危機を感じることも多々あるし、予想もしていないハプニングも満載。すべてが一筋縄ではいきません。でも、その過程を楽しむか、耐えられるくらいの心の余裕がないと猟師って務まらないんだなと最近は感じています。悔しいことも苦しいこともあるけれど、最近になってやっと少しずつ続けて良かったと思えるタイミングが増えてきました。狩猟をやることでしか満たされない魅力があるのは事実です。猟師を志す人の動機も熱量もさまざまですが、動物たちとの共存方法を模索したり、根本的に自然が好きだったり、人それぞれ追及したい何かがあるというのは共通項なんだと思います。

猟師って生産者なのか、精肉師なのか。そもそも職業なのか、文化なのか。とにかく一言で表すにはなかなか難しいものですが、続けることで自分らしい狩猟のあり方が見えてくるので、自分自身で自由に解釈して、十人十色いろんな猟師がいていいのかなと思っています。

ロスゼロ猟師が評価される時代へ

十人十色いろんな猟師のスタイルがある分、評価軸もいろいろあっていいような気がしています。そもそも今の猟師のヒエラルキーでは「撃ってなんぼ、獲ってなんぼ」が強者という傾向が強いです。猟師を続けた年数も撃つ数が多いことも評価軸として理解はできるけど、それだけでは猟師の価値は測りきれないのではないでしょうか。個人的には、多く獲るより、獲ったものを有効活用できる人のほうが優秀だと感じます。

鹿を年間何百頭も獲るけれど、鹿の有効活用には興味がない74歳の猟師さん。鹿を年間12頭しか獲らないが、極力ロスをなくすことに注力する32歳の猟師さん。この2人が同じ猟友会という組織の中にいたら、猟友会長になったり、なにか狩猟のことで発言権が得られるのは前者の74歳の猟師さんのほうでしょう。廃棄率ゼロを目指し、必要以上に鹿を獲らないような猟師がいたとしても、現状の猟師ヒエラルキーでは後者が評価される可能性は少ないでしょう。女性であればなおのこと、狩猟のことで決定権を持つ場面がありません。鹿の廃棄率ゼロを目指す猟師のバックアップをしてくれる仕組みや基準は、現状あまり存在しないのがさみしいところです。

鹿を有効活用しようと思えば、いろんな選択肢があります。鹿の毛は釣具にもなるし、皮はレザーにも紙にもなる。肉はおいしく食べられるし、骨だって出汁がとれるし、胃袋はグリーントライプといってペットのおやつに加工できます。それをすべて実践できる物知り猟師がいたら、なかなかすごいと思いませんか？　その知識や考え方が世間にも広まったら、私たちの生活はもっと豊かになると思いませんか？　そんなロスゼロ猟師は人間国宝といっても過言ではないのでしょうか。そんな人間国宝級のロスゼロ猟師に私はなりたいです。

狩猟で生まれる〝人の循環〟は文化になる

「ロスゼロ」を体現する人間国宝級猟師を目指すためには、まずは日本に根付く狩猟の代表的な文化・価値観を知る必要があります。アイヌやマタギの文化を覗いてみると、どちらも鹿や熊といった大物の獲物が獲れたら、皆で集まって食べることでその命を昇華していたようです。現代では、家畜がいるおかげで肉はいつだって食べられますが、本来の肉はハレの日を象徴する貴重な存在です。獲物が獲れることで、周りにいる人や仲間が集まって、お祝いしながら、捌いて料理して、同じ釜の飯を食う。そこで生まれた人の循環がアイヌやマタギといった独自の文化をつくっているように思います。

アイヌもマタギも、自然と共存して山の生態系を守りながら暮らしてきた狩猟民族という共通点があるけれど、どちらも現在の令和で生活するにはあまり馴染みがありません。『ゴールデンカムイ』が最近大ヒットしましたが、やっぱり狩猟民族の話は〝映画や漫画の中の話〟であって、自分が生きる現実とは一線が引かれていると感じることが多いでしょう。だから、このままだとアイヌもマタギも衰退して、狩猟民族自体が現代社会においてフィクションのようになってしまうかもしれない。いや、もうすでに民族としての狩猟文化はとっくの昔に失われているのかもしれません。現代に残っているのは、ほぼ〝駆除〟と呼ばれる仕事としての猟。だから今、お金を得るための駆除ではなくて、狩猟を生活の一部として取り入れることは、狩猟という「人の循環を生む」の文化を絶やさないための大切な文化継承だと思うんです。

今、狩猟を通して新しい人の循環を生み出す人たちがいるとしたら、それは「令和社会に狩猟民族をつくっている」とさえ言えるでしょう。文化は作ろうと思って作るものではなく、自然とやり続けたことの集合体だと考えています。だから今、私がやっている狩猟を通した体験も、仲間が増えたり、やり続けることで、「令和にはこんな狩猟のカタチもあるのか」と知れ渡り、自然に人々のあいだに根付いていくのかもしれません。

> 「北海道十勝では、鹿が獲れた日は国籍も職業もさまざまなメンバーで解体、料理、食事をする。地元の高校生達は課外授業で狩猟を学ぶため、ほぼ全員がエゾシカの解体と精肉スキルを持ち、アルバイトも鹿肉加工が主流。ロスゼロを掲げたミニマムな狩猟を推進し、エゾシカの骨や皮を活用した食器やインテリアを創作する。狩猟を通して新しい人の循環が創出され独自の発展を遂げ、人間国宝を生み出す町として注目を集めている」

というようなニュースがふつうに流れてくる未来も近いのかもしれません。今、狩猟の世界のただなかにいる当事者達は何も意識してないと思うけど、令和だからこそできる狩猟文化があって、今もそれはきっと日本のあちこちに生まれはじめていると思います。いずれ何か名前がついて、歴史上で「令和の狩猟文化」として語られる日がくることを願っています。

鹿が駆逐された世界

いままで、日本に鹿がたくさんいることを前提に話してきましたが、実際に鹿がいなくなってしまったらどうなってしまうのでしょう。最近、鹿や猟のことを取り扱うメディアを見ていると、「鹿が増えていて」「鹿が畑や山を荒らして」「鹿による損失は何千万」とかそんな言われ方で鹿の情報が終わってしまいます。なにもかも、都合の悪いことを鹿のせいにしているかのような印象を覚えます。たしかに農作物が荒らされたり、人が襲われるケースもあるので、ある一定の角度から見れば害はあるとは思います。けど、「害獣」という言い方はあまりに人間都合な言い方のような気がしていて好きではありません。そもそも、鹿が増えていることを前提にしているけれど、増えてしまった理由は人間にもあると思うんです。そこに疑問を持ち続けながら日々の情報に触れ、様々な可能性を考慮することがとても大切なのではないでしょうか。今は「鹿が増えているからたくさん駆除しましょう」という流れですが、それを真に受けて思考停止して駆除しまくった結果、今度は逆に鹿が減りすぎて、もう駆除は禁止でおねがいしますと急に言われ出すかもしれません。そして、減ったら減ったなりに生態系に異変が出てきて、意外と鹿がいた方が山が綺麗だったなんてこともあるかもしれません。今は増えているのかもしれないけど、猟師が増えて駆除数も増えれば自ずと鹿も減ります。もしかしたら、鹿がもう少しいた方が生態系的にはうまく循環したりするかもしれませんよ。そういったことも脳裏にいれながら猟をする猟師でありたいです。

そういえばこの前、とあるテレビ番組から狩猟に関してのコメンテーターを依頼されました。「最近、OSOなど人を襲う熊が増えていますが、どのように思いますか？」と会話を振るので、回答をしてくださいという内容でした。多分相手が求めていた答えは「熊は大変危険です。襲われないように対策をしてください。私たち猟師も駆除に努めたいと思います」と言って欲しかったんだと思います。でも、私は「実際、山で何度も熊を見かけていますが、襲ってきた熊はいません。人間をみれば逃げて行く熊ばかりなので、熊も人間が怖いんだと思います。そして、熊を見かける機会が増えるということは、熊が生息する山を切り開いてしまった人間にも責任があるとも思っています。できれば、熊も人も安全に暮らせる距離感を再構築して共存できたらいいですね」と打ち合わせの電話で答えました。そうすると、テレビ番組のプロデューサーは「その答えは情熱大陸とかのドキュメンタリーとしてはいいけど……」とやんわり断られました。メディアとして分かりやすい言葉を並べたい気持ちは分かるけど、「あぁそうか。熊は怖い動物っていうイメージを番組ではつけたいのか。熊はわりと逃げていくし人を襲うことは少ないというリアルな体験談はいらないのか」と、なんだか悲しくなりました。マスコミは分かりやすい言葉で率直に伝えてくれますが、それでは伝わらない部分が大いにあるということも、覚えておいてほしいと思います。

狩猟を通してみた世界

ここまでいろいろと書いてきましたが、私は狩猟を通して本当にいろんなことが面白く感じられるようになって、見える景色が変わりました。猟師になるまでは、人間中心の社会でしか生きてなくて、人間中心の考え方しか知りませんでした。環境のことや生態系のこと、なんとなくは考えるけど、今思うと考えているフリでした。以前の私は、動物園で動物を見るのが当たり前で、職場はビルの中で、お金を払って食材を買うのが日常でした。でも現在は、動物がそこらへんの野山を駆け回っていて、職場は山で、食材は鹿や山菜やきのこなど自然の恵みを食べるっていう選択肢もあることを知りました。

現代は、スイッチを押せば電気がつくし、水道の蛇口をひねれば水がでるし、肉を食べようと思えばすぐに手に入ります。そんなのは当たり前すぎて、それについていちいち考える機会がありません。狩猟をはじめたのは、そんな〝いままでの当たり前〟を見直すにはとてもいい機会でした。鹿やイノシシが害獣であるのが当たり前で、牛が経済動物なのも当たり前。豚も鳥も人だって、もう一度当たり前を取っ払って〝動物〟として考えてみたいです。当たり前とはなんなのか。一人ひとりでできることって僅かだけど、みんなで力を合わせたらできることがたくさんあります。その〝みんな〟は、人間だけでなくて動物や植物なども含めて。

みんなで考えて、みんなが幸せな世界を一緒に作り上げていきたいです。

それが私の妄想です。

猟に向かう朝

シェアハウスという環境が教えてくれること

――「結婚して家族をつくる」だけじゃない新しい人生のモデル

堀内翔平

「婚活」という言葉ができて早15年あまり。30歳前後で結婚していない人にとっては、すっかり当たり前に意識される言葉になりました。実際、婚活サービスの市場も年々拡大し続けているようです。

かくいう私自身、今年で33歳になります。世間的には結婚適齢期です。子育てがしたいという願望もあります。子育てをするためには結婚をしているべきだ、という社会規範に従うならば、結婚するために何らかのアクションを起こす必要がありそうだ、と日々考えるところです。

しかし、私は現在、京都の4DKの一軒屋で大学の後輩たちと一緒に暮らしています。ひとり暮らしというものをついぞしたことがなく、シェアハウス（血縁や恋愛関係にない他人と一緒に暮らす住まい）の実践歴はもう9年になります。

私がシェアハウスをしている理由は、簡単に言えば家賃が安いから、他人と一緒に暮らしても特に気にならない（むしろ寂しくない）から、です。

ただしそれ以上に、現代日本社会において「結婚して家族をつくる」ということがどんどん信用できなくなってきているからです。「家族」を超えたよりよい暮らしや人間関係の可能性を考えるために――「妄想」するために――シェアハウスという場所に身を置き続けているのです。

この文章では、不動産屋としてルームシェア／シェアハウスの仲介や管理をしつつ、社会学の立場からシェアハウスに

ほりうち・しょうへい

1991年生まれ。京都大学人間・環境学研究科修士課程修了。京都精華大学非常勤講師。血縁・恋愛・結婚に基づかない共同生活である「シェア居住」を対象に「親密な人間関係」について研究している社会学者。自身もシェアハウスに9年居住している。京都市左京区の不動産会社「ShuJu不動産」の代表・宅建士としてシェアハウス等の仲介・管理業を営んでいる。研究と実践の両方のアプローチからシェア居住の普及推進活動をおこなっている。

ついて研究し、自分でもシェアハウスに住んでいる私が、現代日本社会において刻一刻と変化している人間関係や家族の状況をふまえて、きたるべき「シェアハウスに住むことが当たり前の選択肢になった社会」の妄想を展開していきます。

どうかお付き合いいただけたら幸いです。

「そこにある」関係から「自分で作る」関係へ

シェアハウスについて妄想する前に、まず現代社会において「結婚して家族をつくる」という営みがどういう状況にあるのかを把握しておきましょう。

結婚のために大事な条件はいくつもあります。その中でも著しい時代的な変化が見られる重要な条件が「良い相手にめぐり合えるかどうか」ということです。

この条件について、長年にわたって把握してきた大規模な調査があります。「出生動向基本調査」というものです。この調査は、結婚した人の「出会いのきっかけ」について調査してきました。

調査によれば、いつの時代も「職場や仕事で」と「友人・兄弟姉妹を通じて」の割合が高く、それらを合わせたものが5割以上を占めてきました。しかし、最新の調査データではそれらの割合が下がっています。

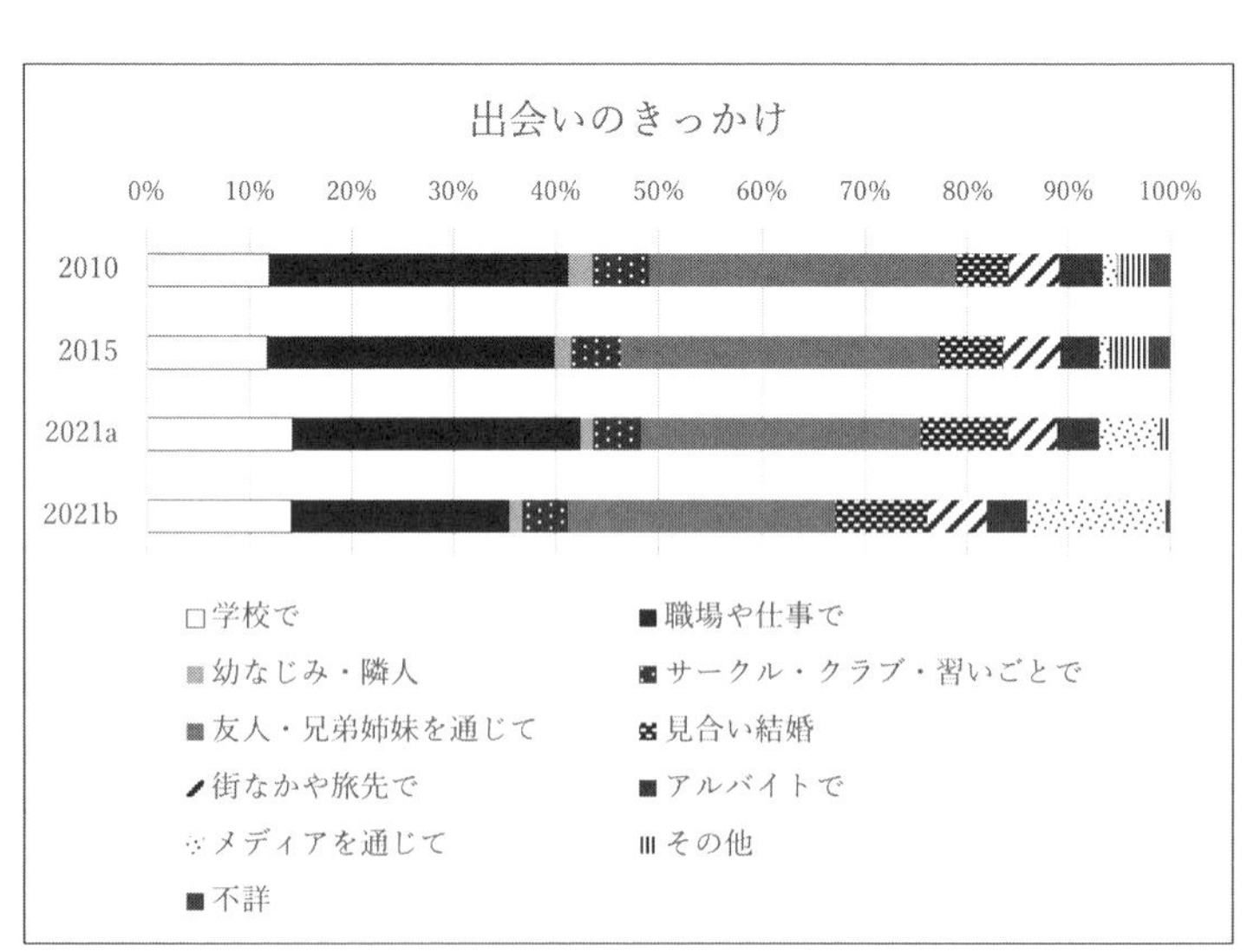

国立社会保障・人口問題研究所「出生動向基本調査」より
2021a：結婚が2015年7月〜2018年6月
2021b：結婚が2018年7月〜 2021年6月

その代わり、「出会いのきっかけ」の1割以上が「ネットで」（SNSやマッチングアプリなど）になったことが分かっています（2015年までは「メディアを通じて」）。コロナ下において人が集まることが制限されたこともあり、ネットを通じた出会いがかなり一般化したようです。

ネットでの出会いから結婚に至ることが一般化しつつあるということは、個人にとっての出会いや結婚のための選択肢が増えたということです。個人の視点から見ると、出会いや結婚のための選択肢が増えれば、その分だけ結婚できる確率は高まりそうに思えます。

しかし、現実には日本では「非婚シングル」が増加し続けています。生涯未婚率（50歳の時点で一度も結婚したことのない人の割合）は現在、男性では約28％、女性でも約18％にのぼります。

3組に1組離婚すると言われる離婚率も考慮に入れれば、「結婚して家族をつくる」という従来の生き方はもはや「誰でもできる」ものではなくなってきているのです。

なぜ、現代では出会いや結婚のための選択肢が増えているのに「結婚して家族をつくる」という生き方がうまくいかないのでしょうか？

その根本的な原因は、社会における人間関係の作り方が変化したことにあります。現代においては、地域や親戚の関係は薄れました。職場や学校においてさえも自分からコミットしなければ「深い人間関係」は生まれません。「新しい人間関係のあり方」と言えるSNSやマッチングアプリについても、自分から発信やアプローチをしていかないことには、自動的に関係が生まれることはありません。

一言で言えば、人間関係は「そこにある」関係から「自分で作る」関係へと変化しました。

現代の人間関係はしばしば「自由な選択」の連続であり、惰性で続いているように見える関係でさえも、自由に関係を「切る」ことがかつてよりも簡単になりました。

たしかに、人間関係を作るための選択肢は増加しています。それは、関係の「入口」を増やしていることでしょう。しかし、有限の時間で人間が処理できる情報には限界があります。

LINEやSNSが発達し、繋がりのある人たちを「友だちリスト」や「フォロワー」として管理できるようになった現代において「友だち100人」を作ることは理論上可能ですが、そんなにもたくさんの関係を維持するためには莫大なコストがかかることになります。現実的にはせいぜい、相手の発信を追いかける「生存確認」ができるぐらいでしょう。

その中で「深い人間関係」を築ける相手は数人、多くても10人程度でしょう。関係の「入口」が増えた分、その中から深く付き合う相手は、意識的にであれ無意識的にであれ「選別する」ことになりがちです。

以上をまとめますと、人間関係の選択肢が増えると、関係の「入口」は増えますが、その分関係の「選別」をすることになりますし、逆に「選別」ができないと関係の「維持」が困難になるということです。

これは比喩的に言うならば、人間関係は「自由市場」に近づいていているということです。「買い物」をするかのように人間関係を作っていることを想像してみてください。私たちは少ないコストで良い買い物がしたい(いわゆる「コスパ」志向ですね)。だからこそ、関係を維持するためのコストをあまり支払わずにより良い関係になれそうな人と「深い関係」を築くという選択をすることになります。

逆に自分にとって相性が合わなそうな人や、関係維持にコストがかかりそうな「面倒くさい」人にはわざわざこちらから連絡を送ることはありません。SNS上やLINE上での「友だち」にはなるかもしれませんが、そこから関係は深まっていかないでしょう。

もちろん今の時代でもやはり「偶然の出会い」はありますので、そのような「コスパ計算」を超えた出会いがあり、そこから深い関係が築かれる……という事態はまだまだ起きているることでしょう。それにたとえば、Aさんが、Bさんにとっては「深い関係」になりたくない相手であっても、Cさんにとっては「深い関係」になりたい相手だ、ということはよくあることです。だから現代でも「深い関係の友だちが1人もいない」という人は珍しいでしょう。

厳しい結婚市場から離れて新たな生き方を探る

しかし、この「人間関係の自由市場化」がとても厳しいカタチで現れてしまうのが結婚市場です。ただの友だち関係であれば、相手のイヤな点にも多少は目をつぶれますが、結婚する相手を選ぶとなるとなかなか妥協ができなくなるものです。

みんなが「買い物」をするかのようにスペックの高い人を選ぶとなると、どうしても市場競争に敗れる「売れ残り」の「選ばれない」人が出てきます。うまくタイミングが合ってパートナーを選べたとしても「もっといい人がいるかもしれない」と思ってしまい、なかなか結婚には踏み切れなくなっているのです。かつて「クリスマスケーキ」と言われていた平均初婚年齢は、今や30歳前後となりました。

仮に結婚できたとしても、その後の関係の維持のハードルがかつてより高まっているようです。かつての家族では男性は仕事、女性は家事・育児、子どもは勉強、という「役割」を果たしてさえいればそれでよかったところがあります。しかし「親しき中にも礼儀あり」とでも言いましょうか、家族内でもキチンとしたコミュニケーションが求められるようになってきています。

セクシャルハラスメントやDV、児童虐待など、親密な人間関係における暴力が社会問題として年々大きく取り上げられるようになってきているのはその象徴でしょう。被害を受けている人が「声をあげ」やすくなったことは基本的には良いことなのですが、その分全体的に要求されるコミュニケーションのハードル、具体的には他者への「気遣い」の要求水準が高まっています。

実際、90年代後半頃からは離婚率が上昇し、3組に1組が離婚すると言われる状況が続いています。自分が求めるコミュニケーションの水準に満たないときに「離婚に踏み切る」という選択をすることが増えているのだと考えられます。

ここまでの話をまとめましょう。現代では、出会いや結婚のための選択肢が増加し、人間関係が自由市場的な「買い物」になりつつあります。だからこそ、関係を「選別」するという意識や「もっといい人がいるかもしれない」という意識が高まり、結婚・家族関係に「満足」するためのハードルはどんどん上がっているのです。

こうなってくると「結婚して家族をつくる」という選択肢自体がもはや古いのでは？　これからの未来には「家族」よりも時代に適した、もっとすばらしい関係があるのでは？という「妄想力」が必要になってくるように思われます。

ただ、社会学の人間である私としては、「○○力」という言葉はあまり好きではありません。2000年頃に流行した「人間力」や「コミュニケーション能力」をはじめとした「○○力」という言葉には、新しい時代をサバイブできるかどうかを、「個人の能力」の問題として自己責任化してしまう響きがあるからです。

私たちは、何もないところから自分の力だけで生き方を選択できるわけではありません。「勉強していい学校に行き、親元を離れ、いい会社に就職し、結婚し、マイホームを持ち、子どもを育てる」といったライフコースが、かつては人生の「モデル」として機能していたからこそ、過度に不安になることなく自分の人生を送ることができたのです。

しかし、そのような生き方の「レール」に乗ることはもはや困難になりつつあるのが現代です。「太い」レールがなくなってしまったのにもかかわらず、別の生き方を見いだせないからこそ、不安に駆り立てられて「婚活」に走り、元のレールへと戻ろうとするのでしょう。

能力のある個人だけが新しい時代の生き方に適応できて、能力のない個人は「結婚して家族をつくる」の「レール」にすがるしかない、そんな自己責任論的な社会は生きづらいでしょう。

そこで、個人の能力を頼みにするのではなく、多くの人が従うことができるような、新たな人生のモデルを模索する必要があるように思います。つまり、「妄想力」は個人に求められるのではなく、社会の側に求められているのだと、私は思います。

だからこそ私は、新たな生き方を見つけるための社会的な選択肢として、シェアハウスを勧めるのです。

ただし、シェアハウスを通じた出会いによって結婚する人も実は割といます。そうやって「元のレール」に戻ることもそれはそれで一つの答えとは言えるでしょう。それは否定しません。

問題なのは、どうすれば「新しい人生のモデルを見つけた」と言えるのかです。シェアハウスは新しい人生のモデルなのでしょうか。

シェアハウスという「環境」

私の考えでは、ネットで検索して出てくるような(たとえば「フリーランス」や「田舎暮らし」のような)「新しい生き方」を見つけるだけでは人生は何も変わりません。単に情報収集をしただけでは、自分にとっての新しい生き方の「モデル」にはならないからです。

たしかに、それらの「生き方」については検索すればいろんな実例が出てきますし、実際にそうやって生きている人のSNSアカウントなどを見つけることもできます。しかし、ネットで検索すればあらゆる情報が出てくるがゆえに、自分が経験していないことについてさえ「なんでも分かっている」ものだと私たちは思い込みがちです。

実際のところ、この世には経験してみないと深くは分からないことで溢れています。その代表例は「仕事」と「生活」と「人間関係」です。これらが大きく変化することを、一般に「環境が変わる」と言います。

ネットで検索して単に情報を得ることとの違いはここにあります。私たちは今いる環境を変えなければ、基本的には「新しい人生のモデルを見つける」ことができません。なぜなら、周囲の人間関係も、今の仕事も生活も、既存の「レール」から外れないような「環境」である場合がほとんどだからです。

一部、「変な生き方」をしている人が周囲にいるかもしれません。たとえば、私が生活している京都大学近辺では、自由な雰囲気もあってか、何で稼いで生きているのか分からない「妖精」のような独身者と出会うことがあります。しかし、そのような人がいてもあくまで「例外」として処理されることでしょう。人間、実際に新しい環境に身を置いてみなければ、「新しい人生のモデル」が実感として腑に落ちないものです。

とはいえ、環境を変えるためには多大なコストがかかります。留学するにせよ、遠くに引っ越すにせよ、海外生活をするにせよ、転職をするにせよ、それぞれ「環境を変える」行為ではありますがなかなか簡単にできることではありません。

　そこでシェアハウスです。「環境を変える」ための手段としてシェアハウスを私がオススメする理由は二つあります。

　一つは、シェアハウスに住むことは案外難しくないからです。都市部であればちょっと検索すれば出てきますし、それほど初期費用をかけずに引っ越すことができます。家賃も高くありませんので、むしろコスト削減になる場合もあるでしょう。

　また、私としては業者などが運営しているシェアハウスだけでなく、友人同士でのルームシェアもオススメします。既存の友人同士で一緒に家を借りる契約をするのも構いませんし、掲示板やSNSなどで住人を募集しているところに飛び込むこともできます。

　シェアハウスを勧める二つ目の理由は、シェアハウスのイメージと実際の体験とのギャップが大きいからです。シェアハウスは当初、海外生活を経験したバックパッカーや外国人が住まうゲストハウスから広まっていきました。その後は良くも悪くも恋愛ドラマや「テラスハウス」などによってイメージが広まり、「オシャレ」さが前面に押し出されたシェアハウスが都市部にたくさんできました。

　シェアハウスに住みたい人のニーズとしては「家賃を抑える」ことも強いのですが、ここまで述べてきたイメージから、外国人や「陽キャ」や若い人ばかりが住んでいたり、オシャレで洗練された生活をしていたりといった想像がされているのではないでしょうか。

　実際のところシェアハウスはそんな「非日常」ばかりではありません。しかし、メディアに取り上げられるのはどうしても祝祭的な「明るく楽しい」イメージばかりでしょうから、シェアハウス生活の大部分を占める低温な「日常」のことは取り上げられません。

　こればかりはメディアを通じてではなく、それなりに長い期間、実際に体験してみないことには分からない部分があります。シェアハウス生活の経験によって初めて広がってくる視界があるのです。

　シェアハウスほどイメージと実際の経験との間のギャップが激しいものも珍しいでしょう。まだまだ日本には普及していないシェアハウスですが、ますます困難をきわめる結婚市場に入っていくことに不安を感じる方こそ、ぜひ「シェアハウスという環境」をとにかく経験してみることをオススメします。

「半分子ども、半分大人」なシェアハウス生活

　それではシェアハウスに住んでからの生活は、実際にはどんな生活なのでしょうか。様々なシェアハウスがあり、十人

十色のシェアハウス経験がありますので、なかなか一概には言えません。それに先ほど述べましたように、シェアハウスの経験は「非日常」的なイメージに覆われています。どちらかと言えばなんでもない「日常」の部分をうまく言語化することはなかなか困難です。

それでも私自身が9年にわたってシェアハウスに住んできた経験をふまえて、また、間近で見てきた住人たちの変化も含めて、「日常」も含むシェアハウスの経験がどんな視界を開いてくれるのかをなんとか言葉にしてみたいと思います。

結論から一言で言えば、シェアハウス生活は半分子どもで、半分大人な生活なのだと思います。

どういうことかと言いますと、シェアハウスに住む人の多くは、まず自然と素直に心を開くようになっていきます。それが「子ども」の部分です。

でも大人同士の共同生活ですから、本当の子どものように「甘える」ばっかりというわけにはいきません。家事や掃除の当番のような「親しき中にも礼儀あり」をキチンとやらなければ住人の一員としての責任が果たせませせん。それが「大人」の部分です。

まず、「子ども」的な、素直に心を開けるというポイントについて具体的に説明しましょう。ある程度以上交流が活発なシェアハウスであれば、住み始めは、その「非日常」感にワクワクすることも多いです。なんと言っても24時間一緒にいることになりますので、ついつい夜通し喋ってしまって、まるで「修学旅行」のような体験をすることもあります。

深く喋りこんでいると、自分のプライベートなこともついつい話してしまうものです。相手のバックグラウンドやこれからの展望なども聞くことになり、お互いの人生を交わし合うような、そんな深い交流が自然に生まれることがあります。

そんな風に魂の交流(?)を交わし、関係が深まったシェアハウスのメンバーは「仲間」として、あるいは「家族のような関係」として感じられることがあります。そうなってくると、自然とお互いに影響し合う関係となり、単に一緒に住んでいるというだけでなく、価値観や趣味などの面でもなにかしら共有し合うようになることがしばしばあります。

シェアハウスに住むような人は保守的なライフコースに囚われない、自由な考え方を持った人も多いですから、そういう人たちと影響し合いながら「新しい人生のモデル」を見つけるということが実際に起きるわけです。

しかし、シェアハウスではいつもいつもお互いが自由で素直でいられるわけではありません。ここからは、シェアハウスの「大人」的な礼儀の関係について説明しましょう。

いったんシェアハウスに住み始めて3ヶ月、半年と経つと、非日常だったシェア生活もすっかり慣れて日常になっていきます。そのままシェアハウスが好きになり、その後もシェアハウスを続ける人もいるでしょうが、楽しい「非日常」が終わると飽きがきて引っ越すという人もそれなりに多いものです。

そもそもシェアハウスに住むような人は住居や仕事をホッピングして生きている流れ者のような人も多いですから、それも無理はないことです。最初から一時的にしか住まないつもりでシェアハウスに入居する人も多いことでしょう。

飽きるだけならまだよいのですが、共同生活ですからトラブルもつきものです。騒音であったり、共用スペース（冷蔵庫など）の使い方であったり、はたまた人間関係であったり。たくさんの人間が住んでいれば住んでいるほど、トラブルも起きやすいものです。

とはいえ、トラブルを「話し合い」によって乗り越えることもまた一つ大事な経験になります。住人たちだけの対等な関係に基づいて共同生活を運営していくこと自体、役割の固定された「家族」とは異なる共同生活のモデルを学ぶことに繋がるわけです。

子どもとして心を開いて「甘える」こと。大人として相手を尊重しながら「話し合う」こと。これらの両方の論理が、シェアハウスの生活には混在しています。

もしすべて「子ども」のように振舞ってしまったら、素直に心は開いているかもしれませんが、だらしないズボラな生活になってしまうでしょう。シェアハウスの住人は親や恋人やカウンセラーなどではない（役割が明確には定まっていない）一人の人間ですので、あまり強く依存すると関係が破綻してしまいます。

逆にすべて「大人」のように振舞ってしまったら、それぞれのプライバシーを守り、必要なときは家のことについての「話し合い」はできるかもしれませんが、お互いに心を開けないよそよそしい関係になってしまうでしょう。これではわざわざシェアハウスに住む意味がありません。

よって、「子ども」の部分と「大人」の部分が半分半分であるからこそ、シェアハウスの生活は意義深いものになります。先に述べた「環境を変える」という観点で言うならば、腹を割った「人間関係」ができることによって、また、互いを尊重した「共同生活」を営んでいくことによって、「シェアハウスという環境」に身を置くことになります。

シェアハウスの「そこにいる」関係から始めよう

それでは、シェアハウス生活における「日常」的なものとはいかなるものなのでしょうか。先ほど、共同生活において掃除や家事などにまつわるトラブルが生じると「話し合い」が必要になるということを述べました。そうなると、シェアハウス生活が「非日常」から「日常」へと移行していくにつれて、一見「大人」的な生活の側面が強くなっていくように思えます。

しかし、シェアハウス生活をしていると、なんでもない日常においてふと「子ども」になったかのような、プライベートな会話が始まることがあります。それは、一緒に人と住んでいることによって人が日常的に「そこにいる」からです。

現代の人間関係は、「そこにある」関係から「自分で作る」関係に移行したのだということを最初の方で述べました。そうなると、人間関係の参入離脱が自由になりがちですので、関係は流動的になります。

それほど多い例ではありませんが、シェアハウスにおいても入居してすぐの段階で他人のいる環境や人との相性などが合わず、早々に退去してしまう人もいます（この場合は「シェアハウスという環境」に身を置くことに失敗したということになるでしょう。もしこの退去が、特定のシェアハウスにおける問題だったのであれば、懲りずに他のシェアハウスにもチャレンジして、居心地の良い場所を探してみてほしいものです）。初期費用や引越しにそれなりの費用がかかってしまうのにもかかわらず、です。

そう考えるとシェアハウスもまた、現代の流動的な人間関係の一事例のように思われるかもしれません。しかし、そうでもありません。「一緒に住んでいる」という点で、シェアハウスは自発的に作られたサークルのような集まりとは一線を画します。

私自身、何度も経験のあることですが、一緒に住んでいることで、ふと家の中でリラックスして「子ども」的な感覚で「そこにいる」人に話しかけるということが起きるのです。

この感じは、「何気なく無意識にスマホを触る代わりに、目の前の人に話しかける」とでも言えば分かりやすいかもしれません。わざわざＬＩＮＥを起動して誰かにかしこまったメッセージを送るのとは違います。「起動」するためのコストなしで会話が始まるのです。

スマホの場合は、私たちが「無意識にスマホを触っている」ところにネット広告が流され、私たちの注意を惹いてお金儲けをするチャンスが常に狙われています。ネット広告は私たちの欲望やコンプレックスを煽り、「新たな選択肢」を広げさせようとしてきます。

しかし、出会いや結婚の選択肢の増加こそが「レール」のない現代を生んでいるのでした。であるならば、私たちはいたずらに選択肢を増やすのではなく、目の前のことに意識を向けるべきです。スマホに奪われていく「何気ない」時間を、シェアハウスという環境は「そこにいる」住人との会話へと接続してくれるのです。

無意識にスマホを触ることがメンタルヘルスに悪影響を与

えているというのはよく言われることですが、それに対してシェアハウスで人と一緒に暮らすことは、かつての社会にあった「そこにある」関係を取り戻し、私たちに心理的な「居場所」を与えてくれるのでしょう。実際、住人との何気ない会話が、私の心を和らげてくれたことは何度もありました。

もちろんシェアハウスは、家族ほど強く固定された関係ではありません。その「居場所」は刻一刻と変化していく流動的なものでしょう。とはいえ、サークルのような集まりほど流動的な関係でもありません。シェアハウスの共同生活は、私たちを対面空間の「そこにいる」関係に固定してくれます。言うならば、中ぐらいの流動性と中ぐらいの固定性を兼ね備えた場所がシェアハウスなのです。

シェアハウスは、「そこにある」関係が「自分で作る」関係へと変化した現代においては、閉じすぎず開きすぎない、不自由すぎずバラバラすぎない、ちょうどいい答えなのかもしれません。

「試行錯誤の場」「中間地点」としてのシェアハウス、そして……

ここまで述べてきたように、シェアハウスは子どものように甘えてみたり、大人として話し合ったり、「そこにいる」関係にふと安らぎをおぼえたりと、人と人との間の距離感が近づいたり遠ざかったりする場なのでした。

言い換えれば、シェアハウスは「試行錯誤」のための場なのでしょう。

ライフコースにおいて考えてみても、シェアハウスにはたとえば学生生活や就職してすぐのお金がないとき、結婚するまでの独身生活における「ステップ」として一時的に居住するという選択が一般的です。

あるいは離婚した人などが厳しい審査を経ることなくシェアハウスに住む、という例はいくつも聞いたことがあります。すなわちある種の「避難所」としてシェアハウスという選択肢が存在しているのです。

つまり、シェアハウスはライフコースの中間地点・中断地点として機能していると言えるでしょう。シェアハウスはその共同生活自体、試行錯誤の場として機能しますが、人生の長期的スパンで見ても試行錯誤のためのアイテムとして使えるわけです。

まとめましょう。「結婚して家族をつくる」という生き方が困難になり、新しい人生のモデルが見つけにくい現代において、シェアハウスは新しい人生のモデルを見つけるための「足場」になるということを述べてきました。

では、「結婚して家族をつくる」という生き方の代わりに、シェアハウスに住むこと自体ある種の「ゴール」になることはないのでしょうか？　つまり、自分の最後の居場所として家族ではなくシェアハウスを選択することはないのでしょうか？　結婚する人がどんどん減っているのですから、これは理論上ありうるはずです。

実際、高齢者の居住形態にまで目を向けると、高齢者のコミュニティつきの「福祉マンション」や、各世帯がはっきり分かれつつもコモンスペースが存在する「コレクティブハウス」が日本でも少しずつ実践されてきています。コレクティブハウスには、子育て世帯の方も住むことができますので、結婚して子どもを作ってもシェア生活をするということが可能です。

また、結婚適齢期を過ぎた／離婚をして独身になった中年期の人々がシェアハウスに住む事例はぽつぽつ見かけます。こういう人が「一生シェアハウスで暮らしていく」ことを考えることもありうるでしょう。

今のところはそれぞれ特殊な事例でしかありません。それでも今、私が抱いている妄想としては、「結婚して家族をつくる」ことと同じぐらいに、「シェアハウスに住んでいる／住んでいた」ということが特別なことではなくなっていくことを考えたいのです。つまり、社会にとってシェアハウスが当たり前になることを私は妄想しています。

みなさんがこの妄想にお付き合いいただけるなら、お願いがあります。

まず、遊びに行けるシェアハウスに遊びに行ってみてください。シェアハウスは外部の人に開いているものもたくさんありますから。

具体的には私が今も運営している「サクラ荘」や、私の不動産屋で仲介した「かすみ荘」、全国的に活動を展開する「リバ邸」や「アオイエ」のような場所は、連絡さえすればウェルカムな場所です。

そして、今シェアハウスに住んでいる人は、ぜひこれからも続けてください。今住んでいる場所が解散しても、懲りずにまた作ってみてください。

というのも、京都大学における私の先輩にあたるｐｈａさんや平田朋義さんは、いずれも京都大学の寮に住んでいた経験があって、後にシェアハウス（ｐｈａさんは「ギークハウス」、平田さんは「妖怪ハウス」や「中野小屋」）を始めた人たちです。

結果的に彼らは、経験した人にしか分からない共同生活の楽しさを、まだ経験していない人に届けたことになります。

シェアハウスに住んだ経験のある人が、その経験を活かしてどんどん新しくシェアハウスを作っていくこと。これが、私の妄想を実現するために必要なのです。

エアコンのない生活に戻るには？

シヨウタ

生活レベル何レベ？

突然だが、あなたの生活レベルはいくつだろうか？　いきなりそう言われても困ると思うので基準を設けよう。ホームレスがレベル1、タワマンの20階以上に住んでる人がレベル100と仮定する。

ご挨拶が遅れました。私、シヨウタと申します。神戸芸術工科大学で建築を専攻し、なんとなく会社に属するイメージがなかったので就活を1ミリもせずに卒業。大学時代からお世話になっている神戸市西区にある家賃2万5千（地域最安値級）の6畳半のワンルームに引き続き住みながら、空き家を買い改修する、いわゆる「廃屋再生」を請け負う合同会社廃屋の西村さんのところで、なんちゃってフリーランスとして日常の9割をバイトしているニートみたいなものだ。あとはごくたまにデザインの仕事や独学で勉強した動画編集の仕事をしたりしている。

こんなだから、万年金がない。おかげで貧乏性がとまらない。賞味期限が切れても余裕で食べるし、たまごは火を通せば1ヶ月過ぎてもいけるし、納豆は無期限で食べられると思っている。まあ期限内に消費しろという話ではあるが、不本意に期限が過ぎたとしても最大限消費しようとする。ところが、今の日本は食品廃棄があまりにも多い。以前コンビニで深夜0時過ぎ、買おうと思っていたショーウィンドウにたくさん置かれたホットスナックのチキンが次々とゴミ箱へスローアウェイされ、大盛りスパゲッティを買おうとレジに持っていくと、「賞味期限が切れております。申し訳ございません」と没収された。こんな時、私は悔しさと悲しさに打ちひしがれる。飯たちは捨てられるためにつくられたのか……。汗水垂らしてつくった食材たちはお金をかけて捨てられるのか……。そんな不毛

シヨウタ

1998年7月26日生まれ。岡山県出身。神戸芸術工科大学で建築を専攻。兵庫県神崎郡神河町の空き家を手に入れる。夜行性。貧乏性。常識はとりあえず疑う。デザインや動画編集や空き家改修をしているが、まだ何者でもない。空き家と循環する環境に強い関心を持ち、弱冠25歳にして空き家を手に入れ、現在改装中。改装の過程を記録するシリーズ第1弾「廃屋ランウェイ」ZINEを制作。

な行為があっていいのか？　せめて捨てる1時間前には半額にしてくれよ！　なんなら賞味期限が切れたらタダでくれ！！　賞味期限切れで鍛えられた俺の腹なら節約しながら意気揚々と毎日過ごせるだろうにな！！！　そうなったらもはや食費にお金をかけなくても生きていけそうだよな！！！！

本題に戻そう。あなたの生活レベルは何レベか？　こんな思考を巡らせる卑しさＭＡＸの私の生活レベルはレベル5くらい。みんなはどうだろう、いい生活しているか？　私はレベルだがいい生活だ、レベル5でも十分幸せだ。

超便利な生活における副作用

世はまさに超便利主義社会だ！　生活レベルがものをいう！　お金さえ使えば生活が楽になる、そんな素晴らしい社会だ！　人間は怠惰な生き物なので、楽に生きられたら本望ではないだろうか。私も怠惰な人間だ。だが金がないので不便と共存している。とくに最近はとても仲が良い。でもそんな社会になったからこそ生まれた副作用がある。それは人や物への関心の希薄さだ。物が壊れたら最悪また買えばいいよね。他人は他人だから放っておこう。人様に迷惑をかけるわけにはいかない。みんなそんなマインドではないだろうか。便利な生活はモノへの愛着を希薄にし、他人と関わる機会を奪っていった。

そんな他人との関係が希薄な世の中で、私は奇跡的に空き家を手に入れた。

きっかけは、西村さんの一言だった。

「家いりますか？」

「…………え？　……はい！」

こうして私は夢のマイホームをゲットした。場所は兵庫県神崎郡神河町。山間の自然が豊かで蛍が見れるほど川が綺麗ないい町だ。

もう少し詳しく話すと、西村さんのところでお手伝いをしていたある日、「家を配ろう！」と西村さんが違和感しかない発言を言い出したのだ。というのも西村さんの活動がメディアに出るようになると、私の家も貰ってくれませんかと引き取り依頼が多く寄せられ、その中には0円でもいいので手放したいという声も多かった。そんな背景があり、西村さんが抱えきれない家を一戸もらったというわけだ。一個という単位ではなく、一戸、一戸建ての立派な家だ。そんなこんなで、私は家持ちになった。

買っては捨てる大量消費社会への違和感

昔の人は大抵のものは自分で直していた。服がほつれたら自分で裁縫するし、自転車がパンクしたら自分で直すみたいな、そんなのは朝飯前だっただろう。私がもらった家にも裁縫道具がたくさん置いてあり、元の住人が自分で直しながら大事に服を着ていたことがうかがえる。しかし、現代はどうだろうか。私は根っからの現代人なので、服がほつれても母に会う時に直してもらおうと考え、自転車がパンクしたら自転車屋さんに持っていく。ちょっと壊れたらすぐ捨てる。みんなもそんな感じではないだろうか。

今の日本は「捨てる文化」が根強いと感じる。高度経済成長期から、モノの価値がガラッと変わった。大体のものは100均に行けばワンコインプラス税で買うことができる。その分クオリティが低いのでよく壊れる。でもまた捨てて買えば特に支障はない。この過程で一つ増えたものがある。それは「ゴミ」である。私たちが物を買うたび、新品1とゴミ1を生成している。たくさん物を買う現代だからゴミも爆発的に増えている。

そして何より私が不快に思うのが分解できない（自然に還らない）ゴミである。代表的なものでいうと、おそらくみなさん触ったり、身につけたり、踏んだり、投げたり、遊んだり、したことがあるであろうプラスチックである。マイクロプラスチック問題はみなさんご存知であると思うが、プラスチックは紫外線に弱く何年も日に当たるとボロボロの粉々になる。しかし、それは無くなりはしない。マイクロサイズで存在し続け、自然に身をまかせ、あらゆる所に潜伏する。そしてそれを口にすることで生物にも悪影響を及ぼす可能性があるという。そんなプラスチックの唯一の救いはリサイクルできることだ。リサイクルすれば、また新しいプラスチックに生まれ変わることができる。しかし、実際にリサイクルしている人は多いだろうか。普通に燃えるゴミに捨てる人も全然いるし、リサイクルできるほど綺麗な状態にできない製品も多いため100％リサイクルできている人なんて存在しないだろう。私がもらった家では、家中の手すりに、しかるべき時に使われる予定だったであろうレジ袋が丁寧に一枚ずつ括られており、20年ほどの空き家期間に劣化していった。私が家を整理している時には、触るだけでポロポロと朽ち果ててしまう状態だった。それはまるで炊飯器の炊きたてのご飯をよそったあと、お釜が冷めた時についている白い膜のようだ（伝われ）。この自然の理を超越した存在に私は恐れ慄いている。

他にも再利用されない粗大ゴミや不燃ごみはどこへいくのか。それは最終処分場というところで埋め立てられる。科学の力を駆使して生み出した便利なものは、用事が終わったら決して消えることがないのに地球の中へ埋め、無かったことにする。それには莫大な土地と税金が必要らしい。そして20年後には日本に埋める場所がなくなってしまうらしい。だからわたしは、便利の代償にゴミを増やすしかなく、ゴミが増えることを厭わなかった社会がとても気持ち悪く感じる。今でこそ社会はＳＤＧｓと謳っているが、企業努力の宣伝指標としてしか機能していないように感じる。本質的にこの問題に取り組んでいる企業がどれほどいるのか私にはわからない。とりあえずコンビニは廃棄食品をゴミ箱ではなく私の胃袋に入れる努力をしてほしい。

わたしが所属している合同会社廃屋では、改修する際に家の解体で出る廃材は積極的に活用しているが、もちろん全て使えるわけではない。再利用できないものはごみとして捨てにいかなければならない。私はよくごみ捨てにいくのだが処分費がとても高い。特にリサイクルできないもの（石膏ボードや仕分けできない混合ごみなど）はすこぶる値段が跳ね上がる。いつも処分代を立て替えると私の口座は空っぽになっている。そんな時も思う。どうしてリサイクルできないものを積極的につくり、お金をかけて捨てて、お金をかけて埋めに行って私たちの足の踏み場を狭くするのかと。

他人無干渉文化

便利な生活は物の使い方だけでなく人との関わり方も大きく変えた。便利な道具は人に頼ることを不要にさせ、周りの人の協力なしに自立した生活が容易にできるようになった。昔はご近所付き合いが頻繁に行われ、得意なことは手伝い、出来ないことは周りに頼んだ。そんな助け合いのような文化はおそらく今、どこの地域でも疎遠になっているのではないだろうか。

学校という強制的につくられるコミュニティで、やっと私たちは友達をつくることができた。他人に無干渉な社会に出てしまうと、いよいよ友達も恋人も作るのが困難になってしまう。また、人口減少に伴って地域の行事も少なくなった。私の地域では秋にお神輿を担いで地域を回ったが、私が小学校を卒業するくらいに子供が少なくなりその行事はなくなった。地域のこども会も同じ時期になくなった。私は団地に住んでいるが近所の上級生の人たちとは小学生の頃までは家に遊びにいったりした仲だったが、それ以降は特に交流もなく今何しているかも私は知らない。お隣さんでさえそんな関係性だ。ましてや今の一人暮らしのアパートの近所なんて知り合いは1人もおりません。だから近所付き合いなんてテレビの音量が大きくて隣のベランダから一度だけ「うるせえ！」

と声をかけられたくらいだ。それくらい現代は他人との関係が希薄である。でもそれはとても楽なことでもある。自分のペースで生活できるし、他人に干渉しないほうが気疲れもしない。私はそんな生活が普通に好きだし自分にも合っていると思う。実際、私にとってすでにあるコミュニティに入り込むことはとても難しいことなので、基本的にそんなところに自分から飛び込むような真似はしないし、積極的に人付き合いもできない。だから常に私の友人は少数精鋭だ。だがそれはそれでいい。

しかし、最近少子高齢化の影響で高齢者の孤独死が問題になっている。近所の付き合いがなければ隣の人が亡くなったことに気づかないのは当たり前だろう。それはとても寂しいことではないかと思う。歳を重ねるほどに地域との交流が少なくなっていく。私たちもこのままだと人との関わり方がどんどん下手くそになり孤独への道を辿っていくのかもしれない。

現代の「建築」に対する違和感

私が建築しない理由

もう一つ問題提起をしよう。私は建築学生だったが、課題で自分の設計を考える時に、設計条件などがほとんどないことに苦しんだ。私はゼロから何かを生み出すことはそんなに得意ではない。どちらかというと提示された条件にしたがって、よりよくするにはどうするかを考える方が得意だ。言うなれば私はアーティストではなくデザイナーという感じだろうか。そんな私が大学の設計課題に取り組む時は、自由な設計条件に設計の手がかりを掴めずに、あまり良い結果を収めることができなかった。

現代の建築にもなんとなく似た違和感があった。それは、同じ素材、同じ工法で大体の建物はつくれてしまうことだ。科学の進歩で安価で施工のしやすい材料がたくさん発明された。これ自体は喜ばしいことだと思うのだが、一方で風土を忘れていくきっかけにもなった。科学の産物を使えば、その土地土地の気候なんて考えなくても、密閉された箱をつくって魔法の空調アイテム「エアコン」を使えば快適そのもの、全く問題ない。ニュータウンを見てみんなはどう思うだろう。綺麗な住宅の並びに美しいと感じるか、モデル化した同じ家の集合体に違和感を感じるかは人それぞれだと思うが、私は後者だ。どんどん上へ上へと積まれていくマンションの部屋もほとんど同じ間取りで、誰かのためではなく人類のためにつくられた建築物なんだよなと思うとため息が出る。私の友人は高層マンションを見ると「人間の巣やなあ」と呟いていた。ほんとにそうだ。つくるものはより簡略化され、コストは最大までカットして、そんな家づくりが主流のこの時代に生まれた私は建築業界に就職したいという気持ちが無くなった。一握りの第一線で活躍している建築家はユニークで人々を魅了する建築をつくっているが、そんな建築でも気候をフル無視した意匠的な建築を見ると「ああ建築家のエゴだなあ」と感じてしまう。建築家がいない時代の方がまちは美しかったと思う。

さらに、現在日本の空き家は900万戸あり、約7戸に1戸が空き家である。驚くべきことに空き家率は上がっているというのに、住宅の総数は増え続けている！！！　つまり住まない家がどんどん増えてるのに新しい家をどんどん建てているということだ！！！　古い家は捨てられてしまい、新しい家へ、栄えた街へ、人はまさに「超便利」へ流動していくのだろう。そういう経緯もあって、なんでもできちゃう新築なんてしんどくてできないし、そこら辺の建築家に任せてたら新築はいっぱい建つので私はお役御免だと考えるようになった。だから私は空き家を減らす活動をしていきたいと思った。

アンチエアコン

私はエアコンが嫌いだ。なぜか、それはすぐ腹が痛くなるからだ。

1番腹を冷やしたのは大学時代だった。一限の間つきっぱなしでアホみたいに冷えた講義室は、20分かけて神戸の坂を自転車で登って汗をたくさん吸った服を着た私には快適の限度を超えてしまう。そんな時、長袖の服や腹巻きを忘れてしまった日はもうトイレを離さない。いや、離れられない。夏に長袖を持ち歩かないといけないことも意味がわからない。とても荷物なんだが。

そんなお腹弱々な人間なら一度は考えたことがあるだろう、エアコンが無くても快適に過ごせる家ってつくれないのだろうか？

一度ではなく毎日のように思っていた。ここ数年猛暑でしかなくなった夏で、科学の魔法アイテムのエアコンだけでなんとかしてきた人類から、エアコンを奪い取ったら蒸発とかしてしまうだろうか。

これがいま私がみんなに伝えたい妄想の発端だ。そして、この妄想について考えると、大学の時に卒業論文で研究したアースバッグハウスのことを思い出す。

プリミティブでヴァナキュラーな家を目指して

元々私が建築学生の時に強い興味を持ったのが、原始的な建築と土着的な建築だ。それらはプリミティブ建築やヴァナキュラー建築と呼ばれ、最古から人の知恵だけで最善を考え建築されたものたちだ。プリミティブ建築の例には、竪穴式住居や高床式住居などがある。ヴァナキュラー建築はその土地にあった素材で建築しているもので、例えば東南アジアの竹の建築であったり中東の土の建築であったりといったものだ。そして、卒業論文ではそんな建築から着想を経て生まれたアースバッグハウスという最近注目されている工法で作られた家に着目した。

アースバッグというのはアース（ｅａｒｔｈ・土）とバッグ（袋）という意味で、土嚢袋を積み上げてつくる家のことだ。イラン人の建築家が地元の土の建築を世界中に建築できないかと考え生み出した工法で、その家はドーム型のかわいい造形が特徴的で、日本にもいくつか存在する。土を積み上げてつくるのでローテクニックで誰でも手伝うことが可能な建築方法であり、その辺の土が材料になるため建材の消費も抑えられる。

私が卒業論文で何を研究したかというと、「アースバッグハウスの室内環境」についてだ。アースバッグハウスは前述した通り土嚢を積み上げてできた建築だ。要するに土の壁の壁厚が４００ｍｍくらいある。これは普通の家の壁の倍以上だ。土壁は本来、調湿効果や蓄熱効果があり、夏場湿気を吸収したり、熱を吸収してゆっくり放熱するような特徴を持っている。そんな４００ｍｍもの厚みがあるアースバッグハウスにおいて、エアコンなしでどれほど室外と室内の温度に違いがあるのかを研究した。結果は日中に5度ほど室内の方が温度が低く、実際に真夏のアースバッグハウスに入った時に涼しく感じた。

そんな経験をもとに自分の改修する家にも落とし込めないかと考えた。日本の昔の家はほとんどが土壁だった。これはやはり日本の風土に合わせた「ヴァナキュラー」な素材といえる。日本は明確に四季が存在していて、冬場はとても乾燥し、夏場は湿度がとても高くなるという特徴がある。そんな気候であるため土壁の調湿効果が役に立っていた。そんな土壁は壊れたら修繕が必要であったり、下地に竹小舞（細い竹を格子状に編み込んだ素材のこと）を編まないといけなかったりと手間のかかる素材である。そのため現代では効率の問題や、手間を嫌ってあまり土壁は使われなくなった。

写真：アースバッグハウス（著者撮影）

やはりここでも簡単につくることが出来る現代科学の産物によって、簡単かつ手入れもいらない素材に取って代わられている。

呼吸する家、しない家

昔の家と現代の家の大きな違いはなんだろうか、それは〝呼吸する〟か〝呼吸しない〟かである。昔の家は縁側と居室の間がふすま一枚で仕切られていたり、壁は全て土壁や木材の板張りを使っていたりと、明らかに外気から影響を受ける構造になっている。主に夏場に外気を最大限取り込み屋内を涼しくしたり、土壁や木材で屋内の湿気を吸収して湿度を下げたりと、外と中の空気を循環させることで快適さを保っていた。冬場は火で暖をとり、土壁がその熱を蓄熱することで暖かさを保っていた（実際は、冬場はすきま風などが多くてとても寒かったと思う）。このような家は〝呼吸する家〟といえる。空気を循環させて屋内には常に新しい空気が存在している。夏場も冬場も快適というまでの室内環境ではないが、電気を使わずに涼や暖をとるには呼吸させることがとても重要だった。

一方で現代の家は呼吸しない。呼吸しなければしないほどいい家である。これはなぜかというと、室内を密閉し外気に干渉されない状態をつくることでエアコンの効きが格段に良くなるのだ。だから、窓がたくさんついている学校の教室などは外気がたくさん入ってくるので、なかなか設定温度に到達せずに授業が終わったりする。そのため現代の家はすきまなく断熱材を埋め込み、出来るだけ外気が入ってこないように二重窓にしたりする。そしてそのようにつくられた家を現代では〝エコハウス〟とよんでいる。私は現代の〝エコハウス〟の定義に疑問を感じる。これは少ないエネルギーで快適な空間に出来るためであり、エアコンを使う前提で考えられている。そして家が役割を終えて解体される時、エコハウスに使われた素材のほとんどがゴミとして処理される。呼吸する家はほとんどが再利用できるのに。住むときは省エネでエコかもしれないが、その素材自体はエコじゃなくてもいいのか。私はそこが引っかかってしまう。ちなみに私が今住んでいるアパートもＲＣ造（コンクリート造）で呼吸させない系のつくりなので夏場は大変なことになる。呼吸しない部屋にエアコン弱者が住むと湿気が溜まり壁にカビが生えてしまうのだ。こんな呼吸をしない家は私にとっては息苦しく感じている。

私は現代のエコハウスに対峙する環境に配慮した家をつくりたい。どこか原始的でもちゃんと快適に過ごせる、エアコンなんていらないそんな夢のような家をつくりたい。そして私は幸運にも家をもらった。つまりそんな家づくりを実践する機会が手に入ったのだ。これから私の野望計画を極秘裏に共有したいと思っている。他言無用でお願いしたい。

ネオ・ヴァナキュラーな改修のすゝめ

めざせ！『ネオ・ヴァナキュラーハウス』

もう一度説明すると「ヴァナキュラー（vernacular）」とは土着的な、土地固有の、という意味がある。湿気が多い日本では、湿気をたくさん吸ってくれる土壁を古来から使っていたり、地震の少ないヨーロッパはレンガ積みの住居が多かったり、雨が少ない中東などは土で住居をつくっていたり、その土地の特産品や産業がそのまま建材に転用され使われることもある。世界各地でそこで生活するために適切な素材やつくり方があって、その住居の集まりが町並みになって景色になって群として美しさを産んでいると私は思う。そんな土着的な家をつくるべく「改修」という行為からアプローチしていく。しかし、それだけではない。先人の知恵と現代科学を駆使して、今や切っても切り離せない存在のエアコンに引導を渡す計画や、つくる過程にもこだわって、建築素材だけでなく人間の営みにも干渉しようとしている。つまり、これは自然素材だけでなく自然科学や地域住民も巻き込んで総じて土着的な家を創造する「ネオ・ヴァナキュラーハウス」なのだ！　キーワードは「有機的改修」。素材も科学も人間も全てが循環の中にいる。自然の理から大幅にはみ出さずに豊かな家をつくろう。

この改修計画は当たり前の建築カルチャーを大きく揺るがし、現代のライフスタイルまでも変えてしまうようなビッグプロジェクトになるだろう！　これからその計画の全貌をお伝えする。

有機的改修計画その1　極厚土壁断熱

土壁は前述したように蓄熱と調湿効果がある。そんな土壁をアースバッグハウスのように厚い壁にすることで夏場や冬場の断熱に期待できる。しかしそんな土の壁をどうやってつくるのか。わたしは、壁を上下二段に分けて、下段を版築という技術を用いてつくり、上段を土壁でつくろうと考えている。版築は土と砂と石灰とにがり（海水から塩を採って残った液体）を混ぜて、型に流してひたすら木の棒で叩いて固める方法で、突き固めた層がそのまま仕上げになるため地層のようで見た目も美しい。版築は法隆寺の築地塀や中国の万里の長城にも用いられており、コンクリートがなかった時代から使われている工法だ。それを下段に押し固め厚い壁の土台をつくる。なぜ研究していたアースバッグハウス工法を使わないのかと思うかもしれない。その理由はアースバッグハウス工法の素材に関係している。アースバッグハウスはプラスチックの土嚢袋を使うし、袋の中にセメントを入れて固めるので有機的改修計画には適任ではないと判断した。

そして上段には厚々の土壁を左官する。現在の土壁は薄いので竹小舞にくっついて成立しているが厚々の土壁にはおそらく引っ付かないので改良が必要である。まあそれはおいおい考えていくとする。

自然の循環から外れた素材を使わず、技術を用いて賢く有機的に土壁を作っていく。そうすることで日本という風土にあった「ヴァナキュラー」で持続的な建築方法になる。これが計画その1のポイントだ。

有機的改修計画その2　エアコンに代わる素材は「水」

エアコンのない家はどうやって家を涼しくしたり暖かくしたりするのか。もちろん土壁をどれだけ厚くしても真夏や真冬の気温の中では〝外よりはまし〟なだけだ。だから熱を遮ってくれているところに温度を調整する「何か」が必要だ。私が考えるその「何か」の解は「水」だ。水で温度を調整するとはどういうことなのか。それには、「輻射熱」を使い身体にダイレクトに熱を伝える方法を起用する。

どういうことか。まずはエアコンとの熱の伝え方の違いについて説明しよう。エアコンは「対流熱」で空間の温度を操作する。対流熱とは空気の温度をエアコンが温めたり冷たくしたりして、その空気を部屋に送り込むことで、空気の温度で空間の温度を調整する。そのためエアコンからは常に風が送られ、対流熱の性質上、他の物体の表面にしか熱を伝えないため、対流するのをやめると空気の温度が元の温度に戻るにつれて、物体の温度や私たちの体温も元の温度にすぐ戻ってしまう。それに比べ「輻射熱」は、物体の温度を操作し、その物体が違う物体へ電磁波によって熱を伝達する方法だ。焚き火の前に立つととても暖かいと感じるだろう。それは空気ではなく火の熱が身体に直接熱を届けているからだ。輻射熱は身体の中へ熱を伝えるので、対流熱より熱が逃げにくいという性質がある。そんな輻射熱を水で操作しようと考えている。

簡単にいうと床下に夏場には冷水を流して、冬場には熱湯を流すという方法だ。もう少し説明を加えると、一階には土間をつくる。その中に水が流れる管を通し、温度を調節した水を流すことで床下冷暖房を可能とする。夏場は井戸水または水道水、冬場は薪ストーブで温めた水を流すことで床からじわじわと快適な空間にできると仮定している。

ここでのポイントは、ありふれた「水」という天然素材が、実は優秀な冷暖房装置なのではないかという発想だ。ここにも、水資源が豊富という日本的ヴァナキュラーさがある。

有機的改修計画その3　解体から素材を採取する

昔ながらの日本家屋を解体するとき主に出てくる素材は、木材、土壁の土や竹小舞、畳などだ。それらは全て再利用する予定だ。土や竹はまた土壁へ、木材もまた木材や建材として使えないものは薪ストーブの薪にする、畳は中の稲藁を取り出して、竹小舞を固定する藁縄にしたり断熱材として土壁がつけられないところへ使おうと思っている。また、建築とは関係ないが稲藁で鍋敷きがつくれるというのでそれもやってみようと思う。自然素材は捨てる時も燃やせば灰になり肥料として使えるし、再利用する際も形を変えて色々な場面で使うことができる。昔の人はこういった自然素材を余すことなく使っていた。それを見習って私も積極的に自然素材を用いて改修したい。他の建材も新しく買うのではなく積極的に廃材などを集めて活用したいので、解体している現場があれば飛んでいくのでぜひ教えていただきたい（近場で）。

計画その3は、大量消費社会へ抱いていた違和感へのアプローチが大きい。まだ使える物を無思考に捨ててしまうのではなく、新たな素材としてリサイクルする。現代建築の中では無理でも、「有機的改修計画」の中ではそれが可能だ。

有機的改修計画その4　大衆的施工

この改修で呼吸させるのは家だけではない。人も入れ代わり立ち代わり循環する。この改修は大工、電気屋、水道屋だけでは完成しない。なぜならとんでもない量の土を叩き、とんでもない土を壁に塗らなければならないからだ。しかしこれは専門技術が必要な訳でも、資格がないとできない作業などでもない。つまりこれを読んでいるあなたにもできることなのだ！　そんな工法を私は積極的に選び、たくさんの人を巻き込んでこの家が完成していく姿を見たい。なぜそんな肉体労働を不特定多数に課そうとするのか。みんなは新しくできた家やリノベーションした家の前の姿を覚えているだろうか？　改修をすることでこの場所に何があったかを体感し、改修後も以前の姿や記憶を引き継ぐことでその場所により愛着を持てると考えている。だからこの家の改

有機的改修計画のスケッチ（著者作成）

修では積極的に〝関わりしろ〟を設けてたくさんの人を巻き込みたいと考えている。

現段階での「有機的改修計画」の全貌はこんな感じだ。どうだろう、こんな家ができたらワクワクしないだろうか。私は早くこの家の完成形を見てみたい。建築だけでなく、ライフスタイルについても豊かに過ごせているだろうかと、あなた自身も考えてみてほしい。

プリミティブ思考のすゝめ

超便利社会に生きる私たちへの提案

ここまで、「もし日本からエアコンをなくしたら？」という妄想をきっかけにした、わたしなりの改修計画についてお話ししてきた。ここではこの計画に欠かせない考え方をみんなに共有しておきたい。それは「プリミティブ思考」を身につけることだ。

最初に断っておくが、原始人のように本能のままに生きろという打診ではない。それは、「私たちは便利すぎるものたちによって生活をコントロールされてはいないだろうか」という問題提起から始まる。プリミティヴ思考とは、便利から程よく離れて不便を解消するために自分の頭でよく考えて生活をデザインすることだ。その過程であえて文明を遡ることで、ひとりの人間として等身大の豊かさを感じることができると私は思う。これもまだ妄想の域を超えないが、次に述べるようなことを一緒に実践してみることで、現代の生きづらさからなにか変化が起きるかもしれない。

便利は思考を殺す麻薬だ

縄文人は狩りをして生活していたが、それでは生活は安定せず長い年月をかけて稲作をするようになり、弥生時代が始まった。狩りでは満足した生活を送れないから、考えて稲を育てる技術を身につけた。きっと宇宙人が縄文人に米を売ったら、それを買うために何も考えず必死に狩りをしていずれ絶滅しただろう（超主観的パラレルワールド）。つまり、便利なものは人間の思考を停止させる「麻薬」のようなものだ。だから便利で安価な商品のその先の「地球のゴミ」が見えなかったり、劣悪な環境で安い賃金で働いてる外国人の存在を知らなかったり、めちゃくちゃ日持ちする食材に添加されている有害物質に気づかなかったりする。逆にいうと、考える隙を与えないほどに便利な世の中になったということだ。でもせっかく人間として生まれたのなら、しっかり自分が良いと思ったことを選択して自分の道を歩んでいきたい。なぜこんなに安いのか、本当にここにお金をかけるべきなのか。そんな感じに。でも便利なものは麻薬のような存在なので、そう簡単には関係は切れない。急に原始人のようなサバイバル生活をしても、私たちには生きていく自信はないだろう。だから、ちょっとずつ段階を経て生活レベルを落として、自分が最も豊かだと感じる生活を見つけるといい。もちろん生活レベル100が幸せと感じる人もいるだろう。身の丈にあった生活を探すことに注力してみてほしい。

手間を愛そう

超便利なこの世界では今、「手間」というストレス物質が徹底的に撲滅されている。私たちは今、究極に手間が省かれた世界に身を置いている。物を直す手間、移動する手間、料理する手間、ことごとく生まれてくる「めんどくさい」が即座に解消される時代だが、だからこそ「手間」をどこであえて作るかが創意工夫の見せどころだ。私たちが手間をかけるところが私たちの「心」が込められているところだ。それは各々違っていい。料理にこだわる人もいれば、車にこだわる人もいる。だからなにか好きなものにはこだわって、時間をかけて、手間をかけて取り組んでみてほしい。好きなものはちょっと良いものを買って、丁寧にメンテナンスして、長く愛用する。また、手間を選ぶと安く済むこともたくさんあるので貧乏性にはおすすめだ。手間を愛せるようになれば、きっとこのシステムチックで単調な世界に時空の歪みみたいなものが生じて、見たことのない景色が現れるだろう。

他人に微干渉しよう

私は結構他人に無関心で、こっちからコミュニケーションをとることに積極性も全くないし群衆は苦手だけど、ヒト自体は好きみたいだ。目の前で明らかに券売機の使い方がわからずに困っているおばあちゃんがいて、それを助けた時、私の胸はちょっと高揚した。一対一のコミュニケーションは案外嫌いじゃないのかもしれない。だからいざという時に人と関われるように「人様に迷惑かけたらいけないマインド」を変えていこう。

まず、全くの他人ではなく顔見知り程度の他人を増やそう。人の親切はあとで返ってくるから人には無理しない程度に親切にしよう。積極的に関わらなくていい。すれ違う時に挨拶するくらいでいい。どうしても困ってそうだったら助ける、くらいでちょうどいい。多分私もそれくらいならできる。古来から我々人類は幾度と無い困難を助け合いで生き延びてきたのだろう。だから私たちは間違いなく遺伝子レベルで助け合いソウルを持っている。だからあなたの親切は伝染し、また誰かを親切にするだろう。だから自分も困ったら誰かに頼ろう。助け合いソウルがあるので、人は頼られたら悪い気はしないものだ。

きっと中には親切じゃない人も理不尽に怒ってくる人もいるだろう。でもその人にはその人の譲れないものがあるのだ。この社会にうんざりしてるかもしれないし、その影響で人間不信なのかもしれない。もしかしたら以前こちらがなにか粗相をしてしまってご機嫌斜めなのかもしれない。原因が分かれば仲良くなれるかもしれない。仲良くなりたくなければほっといた方がいい。同じ人類でも同じ人間は1人もいないのだ。だから考え方も十人十色で人と合わないのは当たり前だし合わせる必要もないのだ、オンリーワンであることに誇りをもって相手にもリスペクトを忘れなければ争いなんて生まれない。だから、他人と関わることを怖がらないで少しづつ関わってみると、そのまちにより愛着が芽生えてくるかもしれない。私はもらった家では居心地よいご近所付き合いができるように挨拶だけは積極的に頑張ろうと思う。

生活レベル5の自己啓発

プリミティブ思考の冒頭で「本能のままに生きろ」という打診ではないといったが、実はそれが一番大事なことだ。私は「選択」できることが幸せの定義だと考えている。私たち日本人は気遣いのプロではないだろうか。オリンピックの種目に「気遣い」があれば全大会で日本が金メダルを持ち帰ることになるだろう。私は気遣いを悟られないように気遣うタイプの人間だが、各々いろんなところに気を遣って生きていると思う。しかし、重大な選択まで他人に譲ってはならない。自分の意思で決めたこと以外は精神的に責任がとれない。だからその選択が後悔に変わった時、それはぶつけるあてのないどうしようもなさでいっぱいになる。それは不幸なことだと私は思う。私は今までの進路について全て自分で決めた。だから私の人生はとても幸せなのだ。高校ではサッカーの強豪校に進学させてもらい、下宿をして親にはたくさんの仕送りをしてもらった。大学も私立を選び、流石に学費が払えないので奨学金を満額借りて親の助けも借りながら学費を払っていた。満額借りたおかげで借金は600万ほどある。定年前まで払うらしい。そんな借金がありながら、大学卒業後も定職に就かずフラフラしていた。親に就活しないと断言した時、母が無言で頭を抱えたのは記憶に新しい。親を困らせたことはたくさんあるが、私の選択を否定したことは一度もない。だから私はとても恵まれている。こんな適当そうな私の選択を尊重してくれた親には感謝しかない。ちゃんとお金を稼げるようになったら親孝行します。それまではお小遣いも遠慮なくもらいます。

はたからみたら親不孝で貧乏で可哀想な人だと思われるかもしれないが（親不孝の自覚はある）、私は至って幸せで毎日とても充実している。生活レベル5の私だが、不幸だと思ったことはない。中古で買った車が5ヶ月で大破したりと不幸イベントは多々あるが、人生は喜劇なので不幸イベントは全て誰かに笑ってもらえば幸せに変わる(謎理論)。

そういうわけで私は自分の選択に責任をもって生きている。自分のための選択をすれば失敗しても成功しても自分の身になるのは間違いない。誰かに選択を強制されたり世間体を気にしたり過度に影響を受けているとそれはあなたの人生ではなくなってしまう。本能で心踊る方へ舵を切ってほしい。そういうわけで、極めてシンプルだが自分で選択できる環境に身を置くことが俺流の幸せだ。

プリミティブ思考で私はついに金もないのに家持ちになってしまった。そして「エアコンが必要のない家」という高難易度プロジェクトを決行しようとしている。こんな計画性のかけらもない私だが、もちろん一ミリも後悔していない(不安しかないが)。たとえこの家が全然快適な家にならなくてもきっと私は涙をこぼしながら笑うだろう。

廃屋から生まれる明るい未来

負動産王に俺はなる

最後に、私自身の未来に対する妄想の話をしたい。

大学在学中に気づいたことがある。それは「クライアントワークは価格競争に巻き込まれる」ということだ。より早くより安く。そうすればたくさんお金がもらえるから。これは建築もそれ以外でも該当する。これが資本主義社会なのかと思うと生きていくのがしんどく感じる。そして私は一つの解にたどり着いた。建築に対して家主として関われば、この社会の潮の流れにも干渉されずに、思う存分理想を突き詰められるということだ。不動産の中でも価値のないものはお金のかかるだけのお荷物資産なので「負動産」と呼ばれているらしい。私はそんな無価値とされている不動産を集めて、「負動産王」になりたい！！！　廃屋はなんだってできる聖域だ。そこで何をしても誰も私を咎めることはできない。土地を所有するとはそういうことだ。こんな廃屋が日本にはたくさん転がっている。これは何かのご褒美だろうか、これを使わない手はないのではないだろうか。この時代に生まれて一番良かったのは空き家が腐るほどあることじゃないだろうか。私の未来は明るい。

現在進行形の、有機的改修計画

２０２４年7月現在、兵庫県神崎郡神河町の家で有機的改修を現在進行形で行っているが、まだ残置物の整理とかがメインだ。解体も少ししかできてない。しかし、この家は変化の過程を大事にするため、すでに2つのイベントを行った。「廃屋ランウェイ」と「穴掘り」だ。

廃屋ランウェイでは、家の中にあった大量の残置物と改修前の家をアーカイブするため、そこにあった着物などをリメイクして衣装を作り、家の中をランウェイに見立て、土壁を壊しながら歩くファッションショーを開催した。どうだ、情報過多だろう。要するにこれはこの家の改修前の記憶を残してくれる有機的改修の重要イベントなのだ。

このイベントの様子は現在ファッション雑誌としてZINEにし、手配りで販売している。売れたお金は今後の活動資金にしている。とてもかっこいいのでぜひみてほしいものだ。

穴掘りイベントは、家にある素材を使う企画第一弾で、穴掘りのことならなんでもお任せの強力な助っ人堀田穴五郎さんを呼んで開催した(穴を掘りたくて悩んでいる人はぜひコンタクトをとってほしい)。石が多く苦戦したが、二日で1メートル半ほど土を掘り、その土はいずれつくる版築と土壁に使う予定だ。掘った穴はコンポストにしようか、雨水タンクを入れたりしようか絶賛考え中だ。

このように、まだ改修の「か」の字にも行ってない段階だが、積極的にいろんな人の関わりしろを設けている。しかし、まだ地域の人が参加したことはないので、より参加ハードルの低い企画が必要かもしれない。そんな感じで私はトライ&エラーで私の妄想を実現していく。忙しくなりそうだ。

色々言いたいことを言ってぐちゃぐちゃな文章になったかもしれないが、私が1番言いたいことは自分の人生は自分のために生きるしかないということだ。私は私の理想と思想の中に居る。みなさんも己の欲求に貪欲に生きてほしい。

あと、ぜひ改修の手伝いにもきてほしい。この妄想を、一緒に一つの真実にしましょう。

写真上:廃屋ランウェイ
写真下:穴掘りイベント

第3章

妄想×言葉と表現

「私でなくもない」
——おそらくは演技の話

渡辺健一郎

根源的思索／妄想のはじまり

はじめまして、渡辺健一郎と申します。肩書に「俳優・批評家」と並べていて、舞台に立ったり、本を書いたり、大学で講義をしたりしています。

「批評家」は、作品や現代社会について、自分の言葉で意見をのべる人だと思われていることでしょう。他方で「俳優」は、他人の書いた台詞を喋り、自分の言葉を持たない存在です。この両極に身を置いていると、「自分の言葉」とは何なのかといつも分からなくなり、そんなことばかり考えています。

さて私は学生のころフランス哲学を学んでいて、大学院の修士課程に進学しました。しかし、**妄想が嵩じて**博士へ進むことは諦めました。

哲学の研究室では、文献研究が基本です。とにかくまずしっかり本を読む。並行して、二次文献や最新の研究書も読む。一冊の哲学書をちゃんと研究しようとすると、その十倍、百倍、あるいはそれ以上の文章を読まなければなりません。人文**科学**なのですから、ちゃんと証拠（エビデンス）のある正しい知識のもとに解釈を進めるのがまっとうなやり方です。

ところが私は、哲学書を読んでいるとき、つい妄想が膨らみ、本を読む手が止まってしまいます。

例えば先日、ジャン＝ジャック・ルソーの『エミール』（原著、1762年）という教育哲学書を読んでいました。日本の教育論にも極めて大きな影響を与えている著作です。簡単に紹介すると、大事にすべきは人間の自然本性であり、そのために教育者ができることは何なのかということについて、架空のエミール少年を主人公に、物語仕立てで書かれた本です。

わたなべ・けんいちろう

俳優・批評家。1987年生、横浜市出身。早稲田大学大学院文学研究科表象・メディア論コース修了。演劇教育の現場への違和感と、哲学的な思索とを往還した評論、「演劇教育の時代」で第65回群像新人評論賞受賞。著書に『自由が上演される』（講談社、2022）。追手門学院大学非常勤講師（2023年度～）。2024年6月に第一子が誕生したため、現在の主な関心は「子育てと演技」。

子どもをよりよく教育しようとして、大人はあーだこーだと色々手を出しすぎる。無理に勉強を教えたり、社会的なマナーを身につけさせたり、そんなことは人間の自然本性から遠いとルソーは考えます。大人は子どもを知識やルールで過剰に拘束したりせず、子どもが自然に育つに任せて、時々手を添えてやるくらいの「消極教育」をするのが良いのだ、ということです。

ここまでが『エミール』の一般的な解説。ここから私の妄想は始まります。

今年の六月、私にも初めて子どもが生まれました。いまもベッドで寝ている赤ちゃんの様子を横目で気にしながら原稿を書いています。ミルクとオムツさえ面倒見れば、概ね心地よさそうにしています。が、ときおり理由の分からないグズりが発生します。さて、どうあやしたものか。

もはや子育ての常識となっていますが、赤ちゃんは手足を自分で動かそうとするだけではなく、勝手に動いてしまって、その動きに自分でびっくりして寝られない、といったことがあります。そのため「おくるみ」などで手足の動きを制限すると、意外にすやぁと寝たりする。

さて子どもの自然を大事にすべきとしたルソーは何と言っているか。彼は、子どもは手足を自由に動かすことで身体の動かし方を学び、健康になっていくのだから、身体拘束をしてはならないと、『エミール』の序盤で何度か書いています。おくるみ批判とみて、ひとまず間違いはないでしょう。

> 生まれたばかりの子どもは、手足をのばしたり、動かしたりする必要がある。長いあいだ、糸玉のようにちぢこまっていた麻痺状態から手足を解放する必要がある。［中略］子どもの手足を動けないようにしばりつけておくことは、血液や体液の循環を悪くし、子どもが強くなり大きくなるのをさまたげ、体質をそこなうだけのことだ。［中略］こういう残酷な拘束が気質や体質に影響せずにすむだろうか。[1]

ルソーの時代の「拘束」はなかなか強烈なものでした。「スワドリング」などと検索してもらえれば分かると思います。完全に赤ちゃんを身動きできなくしてしまい、しかも泣きわめいても長時間そんな状態を維持していたようですから、ルソーの拘束への反発には理解もできます。とくに疑問をいだくことなく、読み飛ばすこともできる箇所でしょう。

彼はおくるみに限らず、人間社会のあらゆる「拘束」を批判的に見ていました。なるほど彼の提言の一つ一つは納得できることも大変多い。規律、規範、規則。ほとんど何のためにあるのか分からないようなものから、私たちが無自覚に受け入れてしまっているものまで、現代にも無数の拘束があることは間違いありません。

しかし大人が抱っこして赤ちゃんが落ち着くのはなぜか。人肌の温かみなどもありますが、「くるまれている」という感覚が重要です。赤ちゃんにとっては「**くるまれている方が自然に感じる**」ときもあるのではないでしょうか。いま私の子どもはベッドで寝ていますが、気づくとよく両手を枕の下に入れています。「おさまり感」みたいなものを、自然と求めているような感じがします。

さらに俳優という存在も。決められた台詞を、決められた段取りで喋り、決められた物語にそって繰り返し人物を演じます。しかしそのような「拘束」は決して苦痛なだけではなく、いっそ心地よくも感じたりするわけです。[2]

これは演劇だけではなく、何にでも応用できるはずです。究極的に言えば、ルソーがつかっているフランス語だって、単語や文法、慣用句をはじめ、ある種の表現の「型」によって成り立っているわけで、そういう拘束があってはじめて私たちはものを考えることができているのではないでしょうか。

……といった具合に、ルソーを読んでいると、目の前の子育てとリンクして、俳優の問題とリンクして、世界全体とリンクしていってしまうのです。良い本であればあるほど、気づいたらそれを読む手は止まり、全然先へ進めない。途中で全然関係ない本が読みたくなってしまうのです。研究者としては致命的でした。

ですが妄想を全面的に棄却するのも違うと思うのです。**哲学の始まりは妄想だった**からです。著作の残っている最古の哲学者、古代ギリシャのプラトンの名前はご存じでしょう。プラトンは師匠であるソクラテスの言葉を対話形式のお話にして本にしました。初期のプラトンは、ソクラテスの言ったことを頑張って思い出し、それをなるべくそのまま文字起こししようとしていたようですが、しかし中期以降は必ずしもそうではない。ソクラテスが言った**だろう**ことを、あるていど**勝手に**創作して書いているのです。最も有名な『国家』なども中期の作品です。ある種の妄想が、２０００年以上も読み継がれているのですから、とてつもないことだと言えましょう。

もちろんプラトンは、風の吹くまま気の向くまま、適当に妄想を書き連ねていたのではありません。ソクラテスについての強靭な妄想が可能だったのも、彼への愛があってこそ。より良き妄想のためには、描く対象をどれだけちゃんと知っているか（どれだけちゃんとルソーを読むか）もまた重要なのです。月並みですけれど。[3]

突発する声／妄想の高鳴り

ここまで漫然と「妄想」という語を使ってきましたが、妄想とは一体なんなのでしょうか。ひとまず正確な定義がしたいわけではありませんが、例えば「想像」とはどう違うのか。

妄想：delusion。端的に言えば、現実には存在しないものを、現実だと思いこんでしまうことです。日本語でも英語でも、基本的には悪い意味でしか用いられません。想像が人間の能力を指すいっぽう、妄想は**状態**、もっと言えば**症状**を表しています。想像は行使するもので、妄想は**陥ってしまうもの**なのです。私も、哲学書を読んでいるときに、本当は先を読み進めたいのにいつの間にか色んな思考にとびうつっていってしまう……という症状に陥っていたのだと言えるかもしれません。

さてこうした抗い難い妄想に関して、脳科学方面から面白い研究を一つ紹介しましょう。チャールズ・ファニーハフ『おしゃべりな脳の研究』です。[4]

個人差はあるのですが、言語を操る人間は、多かれ少なかれ脳内で何かしらの声を聴いています。これを心理学用語で「内言（ないげん）」といいます。スポーツ競技の前に集中したいとき、本を読んでいるとき、思い出したくない過去がふと頭をよぎってしまったとき……いろんな場面で、頭の中には声が響き渡ります。

私は小説などを読んでいてもあまり声は聞こえない方なんですが、身近な30人ほどに聞いてみたら、つねに登場人物や語り手の声が聞こえてくる人もいるみたいで、小説の読み方にもこんな違いがあるのか！　と驚きました。また、友人の和田ながらという演出家などは、目に入ったもの、いま体験していること、読んでいる本などのすべてについて、「脳内でつねにコメントが発されている」と言っていました。同じものを見ていても、全然違う世界を生きていそうです。彼女の脳内を聞いてみたい。

『おしゃべりな脳の研究』では面白い実験が多数紹介されています。例えば二つの論文があって、一方が早口の人の書いたもの、もう一方はゆっくり喋る人のものと事前情報が与えられると（実際に喋っているのを聞いたことがなくとも、そしてそれが嘘の情報でも）、ひとは前者の方をはやく読みきってしまうそうです（！）。

ただ、いっそう興味深く思われたのは「聴声（ちょうせい）」についてです。聴声は内言の一種ですが、**自分の声だと認識できない**内言のことをいいます。つまり、「他人が頭に直接喋りかけてくる」などと思ってしまうような声のことです。おそらく一般的には「幻聴」という言葉があてられるでしょう。しかしファニーハフは聴声という表現を推奨します。それは別に病気でもなんでもなく、**ただ聴こえるだけ**なのかもしれないからです。

少し長くなりますが解説しましょう。大脳の一部に、音声言語をつかさどるブローカ野とウェルニッケ野という場所があるのをご存じでしょうか。大まかに言えばブローカ野は言葉の発信を、ウェルニッケ野は受信をするときにはたらきます。

面白いことに、小説を黙読するときには、言葉を「受信」しているのだからウェルニッケ野だけが反応しそうですが、実際にはブローカ野も活発になっているらしい。私たちが読書の際にどれだけ脳内で声を出しているか、ということの証左になっています。逆に、「登場人物たちが勝手に喋り出すのを待つ」タイプの小説家は、小説を書いているときにウェルニッケ野が活発になるそうです！

では、読書もなにもしていない、ふとしたときの内言の場合にはどうなっているのか？　このときには、どうやらウェルニッケ野はおとなしい。というのも、ブローカ野からウェルニッケ野にむけて、「これから喋る言葉は、自分自身の言葉だから気にしなくて良いぞ」という事前通知が、瞬間的になされるからだそうです。

やや余談ですが、栗原一貴と塚田浩二の二人が開発し、２０１２年にイグノーベル賞を受賞した「スピーチジャマー」をご存じでしょうか。自分の発した声が０・２秒遅れで聞こえてくる、という装置です。その名の通り、この装置を使うと、自分の声がジャマしてまったくうまく喋れなくなります。言葉にするのが難しいですが、めちゃくちゃ変な感覚に陥ってしまうのです。先の話に結びつけるなら、いちどブローカ野から「聞かなくても良い」と指示された言葉が、改めて聞こえてきてしまうので、指揮系統が乱れ、現場が混乱してしまうのかもしれません。ちなみに私はスピーチジャマーそのものを使ったことはありませんが、前出の和田ながらからやり方を教えてもらって、一緒に実験しました。スマホを二台用意して、ＬＩＮＥ通話などの遅延を利用する「擬似ジャマー」。皆さんも試してみてください（でもやりすぎると脳がおかしくなるかも……）。

本題に戻ります。ブローカ野からウェルニッケ野への通知は、二つの領域をつないでいる弓状束という神経を通じて行われます。しかし、この弓状束が何らかの理由でうまく機能してないとき、**聴声**が発現します。つまり、聞かなくて良いはずの自分の声が、遮断されずに聞こえてきてしまう。するとその声は、もはや誰か**別の人の声として認識されてしまう**、ということらしいのです。

他人の声が聞えるのは脳に何か異常があるからなのか、やはり治すべき病気なんじゃないか、と断ずるのは待ってください。聴声は時代や場所が違えば、決して特殊な事柄ではない、そういう説があるのです。例えば古代ギリシャの文献を読んでいると、聴声と思しき事柄が散見されます。かのソクラテスもまさに、「聴こえる」側の人間だったというのは有名な話です。パイドロスとの真面目な議論の最中、ソクラテスは急にこんなことを言います。

ソクラテス　ぼくがまさに川をわたって向うへ行こうとしていたときにね、よき友よ、ダイモーンの合図、いつもよくぼくをおとずれるあの合図が、あらわれたのだ。それはいつでも、なにかしようとするときにぼくをひきとめるのだが。――そして、そこからある声が聞えて、ぼくがなんと、神聖なものに対して何か罪を犯しているから、自らその罪を浄めるまでは、ここをたちさることはならぬと、こうぼくに命じたように思えた。[5]

ダイモーンというのは、霊魂とか精霊とか、超自然的な存在のことです。ソクラテスはその声が聞えたと告白しています。対話相手の口から、いきなりこうした怪しげな話が飛び出しても、パイドロスは特に気にすることもなく対話を続けます。つまり「何かが聞こえてしまう」のは、当時は結構普通だったので、スルーしているのです。もちろん、誰もが聞えたというわけではなく、ソクラテスもそれが若干変なことであるのは認めていますが。[6]

それではなぜ、古代ギリシャには聴声経験のある人が比較的多かったのでしょうか。人類は書き言葉を獲得してから聴声を次第に失っていったのではないか、という仮説をファニーハフは紹介しています。[7]

当時はまだ黙読の習慣もなく、誰かに朗読してもらったりするのがふつうでした。紙も貴重ですし、本の流通は当然かなり少なかった。ソクラテスも自分では書物を書いておらず、とにかく対面で話すことで思索を深めようとする人でした。先ほど引用した『パイドロス』では、ソクラテスが書き言葉に批判的な見解を示しているのを見ることもできます。

いずれにしても、書き言葉や読書は今ほど一般的ではなかったのです。そうしたメディア環境の違いが大脳の発達に影響しているというのはありそうな話です。なお、だからといって今の方が昔よりも大脳がより良く発達しているのだ、ということではありません。古代ギリシャ人の知性は本当に優れていて、残された本を読んでみると、人間はその頃からほとんど進歩していない、むしろ退化しているのでは……？　と思わされるほどなのですから。

ここまでの話から転じて、お伝えしたいことは二つ。

①聴声（幻聴）というのは、それ自体が問題なのではない。

②哲学的な思索の根源には、「聞こえてしまう声」が存して

いる。

どうしても現代では、聴声を異常なものとして認識しがちです。しかし「ただ聞こえているだけ」なら何の問題もないのです。むしろ、まわりが異常とみとめるから異常になる。どうやらアメリカでは、聴声を当たり前のものとして扱おうとする運動（Hearing Voices Movement）もあるようです。

また、ソクラテスはただダイモーンの声が聞えるだけでなく、聴声をきっかけにして思索を深めたひとであることも注意しておきたいことです。

古代ギリシャのデルフォイという聖域にアポロン神殿の一つがあり（今も柱の一部など、原型が残っています。すさまじい技術力！）、そこでは市民であれば誰もが「デルフォイの神託」を受けることができました。ピュティアと呼ばれる巫女（ピュティア）を通じて、神のお告げを聞くわけです。

ソクラテスはそのデルフォイで、「お前がいちばんかしこい」という神託を受けました。謙虚な彼は「そんなはずないので、世間の賢人たちと会って話をしてこよう」と、多くの人と対話をしながら思索を深めていきました。哲学の起源となっているソクラテスを突き動かしたのは、まさに他人の聴声だったのです。

「聞こえる」のはそれだけなら悪いことではないし、思索や創作や行動の端緒にもなる可能性がある。こうしたことについて、もう少し探りを入れてみる必要があります。

表現の極意としての憑依／妄想の顕現

聴声の経験が、宗教体験の源流にも位置していることは疑いありません。宗教の開祖などは、たいてい神の声が直接聞こえてしまって、それをもとに教義を構築、伝達しています。

こうした「神の声」的なものを、単なる幻聴だと一蹴することはできません。それは当人にとっては間違いなく「聞こえてしまった」ことであり、まわりが「そんなのおかしい」と言っても否定しようがありません。さらに重要なことに、そうした**根拠のない言葉の方が、伝播力が強かったりする**のです。

芸能人のグルメリポートで、ダシがどうとか食感がどうとか、いろいろ説明されると、「へー」と感心するかもしれません。しかし、ただ「これはうまい！」とだけ言うタイプの食リポの方が、食べてみたいという気持ちにならないでしょうか。「うまい！」の言い方にももちろん依存します。明らかに演技しているな、という感じが出ていると醒めてしまいますが、心の底から言ってるんだろうなと思えたら、こちらも身体的なレベルで共感（よだれが出てくるなど）してしまうのです。

ちょっと例が俗っぽくなりすぎましたが、ひとは意外と根拠のない言葉の方になびいてしまう、ということは心にとめておいても良いでしょう。いやいや根拠（エビデンス）は重要だろうと思うかもしれません。しかしその根拠を示されたときに、どれだけの人が「その根拠は本当に正しいのか」と疑い、自分で調べてみるでしょうか。多くの人は、**根拠っぽい**ものを示されると「どうやら根拠があるらしい」というところで満足して、無根拠に信じ込んでしまうというのが本当のところです。それが、もともと自分がもっていた意見と近い場合はなおさら。

「神の声が聞こえた、だって聞こえたから」という、無根拠の極地ともいうべき言葉の方が、言っている自分も強く信じることができますし、それゆえに演技をせずに本気で他人にも伝えることができて、求心力を持つ。そしてそういった無根拠な言葉こそが、逆説的に究極的な根拠となっていくのです。新約聖書の第一文、「はじめに言葉（ロゴス）ありき」はまさにこのことを表しています。神の言葉こそが世界の根拠なのだ、ということが無根拠に記されているのです。

この無／根拠の問題は、表現一般にあてはまります。善かれ悪しかれ。

よく芸術創作などに際して、「インスピレーションが湧く」といった言い方をしますが、inspirationの語源には「神の息吹をふきこまれる」といった意味があります。インスピレーションは、自分が意図的に産み出そうとしても上手くいきません。風呂に入ってリラックスしているとき、目的もなく外をふらついているとき、自分がこれまで読んでこなかったジャンルの本をめくっているときなど、**ふとした瞬間にふきこまれる**ものなのです。そして考え抜いて構想したものよりも、そうした「おとずれてしまった」ものの方が作品の中で光を放ったりする。もちろん、ずっと何も考えずにいるだけだと神の息吹をキャッチし損なったりもするので、難しいところですが。

さて、俳優にも「おとずれてしまう」感覚はあります。

俳優は、もし観客を作品の世界に没入させたいなら、[8]「演じてる感」が出てしまってはいけません。「あの俳優うまいなー」と思わせるのもダメです。「俳優」はあくまで作品外の存在なので、それを意識させてしまったら、没入感は薄れてしまいます。

演じてる感を出さずに演ずるためにはどうすれば良いのか。この問いをつきつめていくと、「演じるという意志を持たずに演じる」というトンチみたいな領域に踏み込むことになります。世界最古の演技論を著した室町時代の世阿弥も、近代演技論の基礎をなしたスタニスラフスキーも、現代演劇の巨匠ピーター・ブルックも、先進的な演劇人たちはみなこの難題に真剣に取り組んだのでした。

トンチを解くための手がかりの一つが、**憑依**にあります。すなわち「役が降りてくる」こと。これは、俳優自身にコントロールできる類のことではなく、まさに「おとずれる」系の現象です。こうした憑依は世界各地で見られます。日本だとまずイタコなどがイメージされるかもしれませんが、日本のお祭りには大抵何らかの憑依要素があります。物体に神様や霊を憑依させたりもしますが、一部の神楽など、人間に憑依させる場合も少なくありません。

古代ギリシャ代表、ソクラテス（プラトン）にも再登場してもらいましょう。

> 政治家はそうしたすぐれた推測を利用して国家を正しく治めているのであり、かれらは知の点では、託宣を述べる人々や神懸かりの預言者と何ら異ならないのだ。じじつ、この人々にしても、神懸かりになって真実のことをたくさん語りはするが、しかし自分が語っていることがらを、何ひとつとして知っていないのだから。[9]

我を忘れた憑依（神懸かり）について、これもまた当たり前のように語られています。この引用のあとで、「数多くの偉大なことを語りながら、自分が語っているその内容の何ひとつも自分で知らないとき」、その政治家は「神のごとき人」として賞賛されるべきだ、と続きます。

現代の感覚とは大分違うように思われるかもしれません。「自分でもよく分かってなくて、しかも自分で言ったことすら忘れてしまうなんて、そんな無責任な発言許されるか」という反応もあるはずです。

しかしどうでしょうか。ある個人の発言は、いろんな利害関係にとらわれているかもしれないし、聴衆を騙そうと盛ったり嘘をついたり、色んな「演出」がほどこされているかもしれません。演説でも論文でも、言葉に説得力をもたせるためには、いろんな哲学者の言葉を引用したり、データを引っ張ってきたりして、「これは単に私の意見なのではなくて、妥当なこと、正しいことなのだ」と論を展開するでしょう。

ときどき論文で、一人称を「われわれ」や「わたしたち」と複数形にするものがありますが、そういう理由によります。慣れないと違和感があるかもしれませんが、「これはかならずしも私の個人的な見解なのではなくて、われわれ人類の知を結集して真理に向っていくための論文なんですよ」ということを含意しているのです。ちなみにこの一人称複数の使い方は、古くはヘーゲルが『精神現象学』で話題にしていたことでした。

かように「私（の意志）」を脱臭することが、表現の極意の一つなのです。「演じてる感」をなくすべきだというのも同じ理屈です。その意味で憑依は、非-私、ないし脱-私的な表現の究極形態だと言えるでしょう。演劇でもほかの芸術でも、政治の場でも哲学の議論でも、このような脱‐私＝憑依の領域にいかに近付けるか。これが肝心かなめの関心事なのです。

「私ではないが、私でなくもない」／妄想の条件

ただし重要なことに、憑依というのは、完全に狂気に陥ってしまうことではありません。世界中のいかなる憑依の例をみても、その風土、風習ごとに、憑依には何らかの決まったルールが見られます。憑依の準備段階としていくつかのステップがあったり、憑依した後も決まった動きや台詞があったり、憑依から我に返るための合図があったり。いずれにしても憑依は、現実の世界と完全に無関係に、無秩序に生じるのではないのです。

「僕は憑依者たちを研究するより憑かれたい」[10]という名言をのこした人類学者ミシェル・レリスによる、エチオピアのゴンダルという町での調査（1931‐32年）が大変面白いです。ゴンダルでは、ザールと呼ばれる精霊たちが多くのひとに信じられていました。ザールはときに悪霊のようにとり憑き、重い「病」として人々を苦しめたりもします。

レリスがとくに注目したマルカーム・アッヤフというおばあさんは、状況の折々にそくして、色んなザールを憑依させました。憑いているザールごとに、所作や言葉づかい、性格も大きく異なります。憑依は儀礼のときだけでなく日常生活でも生じました。内輪にもめごとが起きた際にも、適任と思われるザールが登場して、問題解決に一役買っていたそうです。ところが笑ってしまうのは、その女性は自分がやりたくないことを断る口実としても、ザールの名前を出したりしたそうです。なんで昨日こなかったの？　「急にアッバー・クワスクウェスにとり憑かれたから」[11]……云々。

だからといってマルカーム・アッヤフが、他人を騙すために役をとっかえひっかえ演じ分けるペテン師なのだ、ということではありません。彼女自身、自らの振る舞いに疑いを抱いておらず、本気でした。

レリスも、ザールが単なる虚構の物語の登場人物なのだとは見ていません。ゴンダルの人々はときに「あの憑依は嘘っぽい」とか、互いにいろんな評論をしていたそうですが、精霊の存在を大枠では信じていた。言うなれば、「ザールとともにあるわたしたち」という世界を生きているのであり、それは当人たちからすれば現実そのものだったのです。

宗教儀礼なども含めた演劇的パフォーマンスを、理論的、包括的に研究していたリチャード・シェクナーは、現実と虚構との狭間に位置する憑依者や俳優といった人たちのことを、「**私ではないが、私でなくもない**」存在であると言いました。[12]「私

であるし私でなくもある」、ではないところがポイントです。一見似ていますが、違います。「私」がまずあって、その上に「私でないもの」が重なっているのではないのです。

繊細な箇所なので説明が難しいのですが、身近な例から試みてみます。例えば接客の仕事をしているとき。少なくない人が、何らかの別人格（キャラクター）を演じていることでしょう。多くの理不尽な客にさらされるのに、逐一無防備な「私」で対応していたのでは、身がもたない。仕事をうまくやっていくのにも、自衛のためにも、演技は多少とも必要に思われます。

ではそのキャラクターは、「私」でしょうか、「私でないもの」でしょうか？

明確に「私」を保ちながら演じるひともいるかもしれません。表情ではにこやかに、同時にハラワタは煮えくり返っている、といったような。これは「私であるし私でなくもある」という二重の状態だと言えますが、それができるひとは相当器用です。ふつう、腹の内は多少とも漏れ出てしまうものなので、この二重化戦略はあまり得策ではないでしょう。[13]

そうではなく多くの場合は、「スイッチの切り替え」で対応しているのではないでしょうか。理不尽に怒られたとしても、何も考えず平謝り。バックヤードに戻ってから陰口を言う、といったような。こういったスイッチのON／OFFは、慣れてくればくるほど無意識に行われるようになります。この「平謝りする人物」は、確かに「私」の身体を通じてではあるにせよ、勝手に表に出てきてしまいます。これが「私でないが、私でなくもない」存在です。

平謝り**してしまう**こと、もう少し言えば、**状況に即した平謝り状態の湧出**。……すごく嫌な例になってしまいましたが、これを憑依の現代版と言っても良さそうです。

ここまで憑依を拡大解釈するなら、かなり多くの事柄を憑依と呼ぶことが可能になります。みなさん、日常的な様々な言動について、自分がなぜそうしているのか、一つ一つ理由を説明できるでしょうか。「そうなってしまうから」としか言えないようなことはないでしょうか。そのとき、「そうなってしまう」の原因が、間違いなく「私」にあると断言できるでしょうか。

例えば赤ちゃんをあやすとき。私はこれまで、他人の「赤ちゃん言葉」にあまりしっくりきていませんでした。でちゅ・でしゅなどの語尾、高い音調（ハイトーン）、誇張されたイントネーション、「ミルク飲めたね！　偉いね！」といった声かけ。まだ言葉も理解できない相手に対して、そんな演技をしていったい何になるのか。なぜそんな子ども扱いするのか。聞いているこっちが恥ずかしくなってしまう。

……と思っていたのですが、完全に誤りでした。赤ちゃん言葉を使いこなす「**赤ちゃんあやし存在**」は、いとも簡単に私に憑依しました。でちゅ・でしゅは使いませんが、他は全部やっています。意識してそうしているのではなく、そうなってしまうのです。

赤ちゃんとのふれあいに際しては、「何を言うか」はさほど重要ではありません。根本的な問題は、「赤ちゃんとともにある環境」をいかに良いものにするか、ということです。

噂に聞いていたとおり、子育ては大変です。99％は本当に幸せな時間ですが、まれに苦しい時間帯もあります。個人的に一番きついのは、「お腹が空いてミルクが飲みたいのに、飲みたいと泣きすぎて上手く飲めず、さらに泣く」みたいな状況。このとき当然、「お前のせいだぞ！」と言ってきかせても仕方ありません。落ち着かせて飲ませるしかない。しかし落ち着かせようとしてもお腹が空いたと泣く……（一番良いのは、お腹が空きすぎて泣き叫んでしまう前に、気配を察して事前にミルクを準備しておくことだと、生後50日目くらいでようやく気付きましたが）。

子育てが人間同士のコミュニケーションであるとはいえ、しかし当然、これまでつちかってきた方法ではうまくいかないことが多い。これまで現実を生き抜いてきた「私」を過信し、それを保ったまま事に当たろうとすると、その「私」の心身は摩耗していってしまうでしょう。

そのため、「私」を一時的に減退させ、「赤ちゃんあやし状態」を自らにもたらすのが肝要です。すると自然と声は高くなり、赤ちゃんの一挙手一投足を褒めに褒めまくります。この状態を維持できれば、楽しく幸せにすごすことができますし、結果として赤ちゃんも良い環境で生活することができます。

したがって赤ちゃん言葉は、赤ちゃんに対するパフォーマンスなの**ではなく**、まず自分が**「赤ちゃんあやし状態」へと没入していくための重要な契機**となっているのです。いや、その状態が赤ちゃん言葉を誘発しているのかもしれない。どちらとも言えるのかも。いずれにしても相関しています。

さて「赤ちゃんあやし状態」にある私は、声色もテンションも性格も、普段の私とはまるで異なります。繰り返しますが、演じているのではなく**そうなってしまっている**。これに役名がついていたら、それを憑依：possessionと呼ぶのを妨げるものは何もないはずです。「私」はもはやその状態に占領：possessionされているのですから。

ところが。「原稿を書かなきゃ」とか、「はやく寝たい」といったような「私の想い」が前面に出てきてしまう場面ももちろんあります。すると「赤ちゃんあやし状態」はどこかへいってしまいます。赤ちゃんはいっそう泣き、原稿は書けず、心身が疲弊し……と悪循環に陥ってしまいます。大人である「私」の現実感覚を優先しようとすると、どうしても上手くいかなくなるのです。

憑依を不／可能にする条件がいくつかあることがお分かりいただけたでしょう。〆切や身体的疲労など、「私」に無視できない負荷がかかると、憑依は遠のきます。反対に、特定の条件が憑依を可能にしているというのもまた事実です。

エチオピア・ゴンダルの憑依にも、「グリ」と呼ばれる事前準備（特別な呼吸法や運動）があります。また、デルフォイの神殿は、山の中腹にあり、自然豊かで心地良い。神殿自体も荘重で、何かを感じさせる雰囲気のあるところです。巫女が神のお告げを聞くのにも、こうした立地や雰囲気は重要でしょう。

あるいは演劇ではよく、憑依のために仮面が使われます。洋の東西問わず、演劇ないし演劇的儀礼に際しては、つけないことの方が実は珍しいというくらいに仮面が登場するのです。

> 仮面を使う演劇学校の多くで行われている方法だが、俳優訓練の手はじめのショック療法として、なんの変哲もない白い仮面をかぶらせるものがある。こうして顔を奪われた瞬間に、俳優はまさに電撃的ショックを受ける。これまでどこへ行くにもいっしょだったもの、いつもまわりになにかを伝えていたはずのものが失われたことに突然気がつき、このうえない解放感を味わうのだ。[14]

仮面はここで、常日頃からセットしている「私」を背後に退かせるための道具として使われています。例をあげればキリがありませんが、即興演劇を通じて人間の創造性を最大限解放しようとしたイギリスの演出家／指導者のキース・ジョンストンも、仮面による「私」からの解放を重要視しました。いわく、俳優は仮面を使ったワークをすると、つけている最中の記憶を覚えていないほどのトランス状態に陥ったりすることもあるのだと。[15]

このように、「私」を退かせ憑依を可能にする、そういった技術や装置が、様々に存在します。バッターが打席に入る前のルーティンや、縁起物のあれこれ、宗教儀礼につきものの音楽の効果なども同じ系列に属していると言って良いでしょう。

憑依の技術というと、何か変な感じがするかもしれません。しかし演劇人は歴史的にもそういうことばかりを考え、実践してきたのです。

§

さて本稿では、妄想から聴声、憑依へと渡り歩いてきてしまいました。これらの現象は厳密に一致するものではありませんが、しかし共通するところも多いことが分かります。

重要なのは、それらが決してコントロールできる類の事柄ではないということです。妄想はたしかに「私」を通じて生じてくるものかもしれませんが、しかし「私」なるものを超え出て作用するからこそ力を持つのでした。「私」にとらわれている限り、根源的な思索も斬新なクリエイティビティもおとずれはしない。同時に、脱‐私の条件は、「私」が整えなければならなかったりするわけですが。

おわりに一つ、喚起しておきましょう。妄想が嵩じて人々を常識外れな思考へと導いたソクラテスは、最後には処刑の宣告をうけるのでした。「個人的な考え」や「私利私欲」にとらわれて、真理や正義をおろそかにするべきではない――せんじつめればほとんどそういうことばかり言っていたソクラテスですが、社会から疎まれて排除されてしまいました。

おそらく彼は、処刑を回避し「私」を守るために、民衆の情に訴えたり、意見を曲げて謝罪したりすることもできたでしょう。しかしソクラテスにとって重要だったのは、自身が生き延びること以上に、聞いてしまった声の正しさを守りとおすことだったのです。

究極的には妄想は、かように自らの身をほろぼすかもしれません。それでもなお、おとずれてしまった妄想状態に身を委ねること。そんなことが本当に必要なのかも含めて、妄想の余地はまだまだありそうです。

---

1 ルソー『エミール(上)』(今野一雄訳、岩波文庫、1962年)34‐35頁。

2 文脈は違えど、ルソーが演劇にも批判的だったのは有名な話である。ルソーの教育論と演劇論は接続できるのか？　できるとすればどの様にしてか？　といったことも、妄想のしどころである。

3 こうした妄想的な広がりを、研究の手法に則って解決していくタイプの哲学者もいることも付言しておく。例えばジャック・デリダは、ルソーのテクストを徹底的に読解することで、ルソーの「自然」観に根本的な矛盾を見出した。ルソーの思想にルソー自身の言葉をぶつけることで、新たなルソー観を提出したのであった。

4 以下の議論は、チャールズ・ファニーハフ『おしゃべりな脳の研究』(柳沢圭子訳、みすず書房、2022年)に即している。

5 プラトン『パイドロス』(藤沢令夫訳、岩波文庫、1967年)47頁。

6 プラトン『ソクラテスの弁明』(納富信留訳、光文社古典新訳文庫、2012年)67‐68頁。

7 ジュリアン・ジェインズ『神々の沈黙』(柴田裕之訳、紀伊国屋書店、2005年)を引きながら、ファニーハフが『おしゃべりな脳の研究』(前掲書)でこの様に論じている。ただし、ジェインズの論証自体には穴もあるため、あくまで議論の一つの手がかりとして紹介されている。

8 作品世界への没入が手放しで賞賛できることかどうかは検討課題であり、少なくともプラトンがもっとも拒絶したことの一つではある。

9 プラトン『メノン――徳について』(渡辺邦夫訳、光文社古典新訳文庫、2012年)152頁。

10 ミシェル・レリス『幻のアフリカ』(岡谷公二、高橋達明、田中淳一訳、河出書房新社、1995年)331頁。

11 ミシェル・レリス『日常生活の中の聖なるもの』(岡谷公二訳、思潮社、1972年)205頁。

12 リチャード・シェクナー『パフォーマンス研究――演劇と文化人類学の出会うところ』(高橋雄一郎訳、人文書院、1998年)65頁。

13 先述の演出家・和田ながらのように、つねに脳内の声が鳴り響いているひとはこの二重性を比較的容易く保てるのかもしれない、と妄想してしまった。まったく確証がもてないうえに、本筋から離れてしまいそうなので、註に忍ばせておく。

14 ピーター・ブルック『殻を破る――演劇的探究の40年』(高橋康也、高村忠明、岩崎徹訳、晶文社、1993年)350頁。

15 キース・ジョンストン『インプロ――自由自在な行動表現』(三輪えり花訳、而立書房、2012年)、とりわけ第5章「仮面とトランス」。

無意識と夢
——川上弘美試論

住本麻子

「日常の裂け目系」という謎

『日本の同時代小説』（岩波新書、二〇一八年）の中で斎藤美奈子は、一九九〇年代を「女性作家」[1]が台頭した時代だと位置づけている。具体的には、笙野頼子、多和田葉子、松浦理恵子、高村薫、宮部みゆき、桐野夏生、川上弘美、小川洋子、角田光代など、そこには実に多くの「女性作家」の名前が挙がっている。ではこの時期に、力のある女性作家が続々と登場したのはなぜか。その理由について、斎藤はふたつの理由を挙げている。ひとつは、各種文学賞に女性作家が選考委員として加わったり、女性の編集者や記者が増えたりしたことで作品を受容する雰囲気や作品評価が変わったから。そしてもうひとつの理由を、斎藤は次のように述べている。

もうひとつは、もちろん書き手に属する要因です。八〇年代のさまざまな実験を経て、九〇年代初頭、文学界の周辺では「もう書くことは残っていない」とさえ囁かれていました。しかし、有形無形の壁にはばまれ、差別と偏見の中にいる女性には、書くべき材料がいくらでもあった。書かれていないことだらけだった、といってもいいでしょう。

九〇年代作家の多くは、一九五〇〜一九六〇年の生まれ。意識しようとしまいと、七〇年代のウーマンリブや、八〇年代のフェミニズムの風を十代、二十代で受けた世代です。女性の主人公のパラダイムはやはり、

すみもと・あさこ

1989年、福岡県生まれ。ライター。主な論考に「「とり乱し」の先、「出会い」がつくる条件——田中美津『いのちの女たちへ』論」（『群像』2022年7月号）、「雨宮まみと「女子」をめぐって」（『中央公論』2022年8月号初出、雨宮まみ『40歳がくる！』（大和書房）再録）など。2023年度『文學界』新人小説月評を担当。荒木優太との共著に『文豪悶悶日記』（自由国民社）。

ここで大きく変わったのです。

ここで興味深いのは、「女性作家」たちは必ずしもリアリズムの作家ではなく、現実と幻想、妄想が入り混じったような作品を描いていたということだ。一部の作家たちは妄想を膨らませたような非現実的な作品を書いたり、日常の中に潜む不確かな感覚を非現実的な事象を交えて作品に落としこんでいたりした。斎藤の言葉を借りれば、笙野頼子、多和田葉子、松浦理英子は「妄想炸裂系」、川上弘美、小川洋子、角田光代は「日常の裂け目系」である。しかしこれは、考えてみれば少し不思議な現象である。「差別と偏見の中にいる女性」たちが、社会派的なリアリズム作品のなかで女性の権利や問題解決を訴えるというのであれば、まだわかりよい。たとえば、桐野夏生の『OUT』(講談社、一九九七年)はパート労働者として働く四人の主婦と、それぞれが抱える家庭の問題が描かれている。また、宮部みゆきの『火車』はクレジットカードの多重債務者となる女性を描いている。高村薫は『レディ・ジョーカー』の中で被差別部落や障害者の問題を描いている。再び斎藤の言葉を借りるならば、宮部みゆき、桐野夏生、高村薫は「現実直視系」である。しかし、「妄想炸裂系」と「日常の裂け目系」はそのようなリアリズムの手法は取っていない。

もちろん、この背景には、八〇年代のポストモダン文学の流れがあったということが指摘できる。八〇年代には村上龍や村上春樹が登場し、脱リアリズム的な作品の流れがあった。その影響を直接受けていないとしても、その流れのなかで「女性作家」のポストモダン的、脱リアリズム的な作風が受け入れられていったのは、自然なことである。ではその脱リアリズム的な作品は、その「女性作家」らにおいて具体的にどのように描かれ、ウーマンリブやフェミニズム的な思想とどう関係していったのか。

それがよりわかりやすくはっきりと出ているのは、「妄想炸裂系」のほうである。たとえば、笙野頼子の『母の発達』(河出書房新社、一九九六年)は、母との関係に失調を来した娘「わたし」の語りによる小説で、母が縮んで見えるという「母の縮小」をはじめ、「母の発達」「母の大回転音頭」の計三篇からなる短篇小説集である。また松浦理英子の『親指Pの修行時代』(河出書房新社、一九九三年)はある日「私」の足の親指がペニスになってしまうという小説で、新たなセクシュアリティを模索した作品として評価が高い。多和田葉子の『聖女伝説』(太田出版、一九九六年)もまた、少女小説的な「わたし」の語りによって連想ゲームのように性を自由に描こうとしている。これらの作品に共通しているのは、非現実的で幻想的な事象を描きながら、そのなかにフェミニズム、あるいはジェンダー、セクシュアリティに関わる問題提起が色濃く受け取れることだ。実際、三者はフェミニズム系の作家として長らく活動し、認識されてきた。[2]

わからないのは、「日常の裂け目系」の作家たちである。彼女たちが描いたのは日常に見える日々のちょっとした危うさのようなものだ。川上弘美の『蛇を踏む』（文藝春秋、一九九六年）の表題作は、踏んだ蛇が主人公「わたし」の母を名乗り、部屋に住みついてしまう話で、斎藤美奈子は、「「現実と異界の間」にある世界という点では、笙野頼子や多和田葉子とも共通」するという指摘をしている。小川洋子は『妊娠カレンダー』（文藝春秋、一九九一年）表題作で妊娠した姉夫妻とそれを見守る妹「わたし」の不穏な日々を描いている。角田光代はのちに直木賞を受賞する作家だが、コバルト文庫出身で、少女小説のジャンルから出てきた作家である。『まどろむ夜のＵＦＯ』（ベネッセコーポレーション、一九九六年）の表題作はＵＦＯを信じる高校生の弟に次第に感化されていく「私」の話である。彼女らの小説――少なくとも当時の小説には、「妄想炸裂系」の作家と同じように、明確なテーマやわかりやすい問題提起が感じられない。まったくないわけではない。小川洋子の「妊娠カレンダー」などは女性の妊娠を主題に扱っている。しかし「日常の裂け目系」の作家たちは、ただなんとなく不穏な感じや違和感を、ひたすら丁寧に描くことに重きを置いているように思われる。

このことをどう解釈したらよいだろうか。「差別と偏見の中にい」たために「書くべき材料がいくらでもあった」とされる「女性作家」の一部が、社会派リアリズム的な書きかたによって差別や格差の構造を描くのでもなく、想像力を駆使してフェミニズム的な問題提起をするのでもなく描こうとしたものとは何なのか。このことについて考えるためには、作品を具体的に見ていく必要があるだろう。そこで、ここでは試しに川上弘美という作家について注目してみよう。川上は「妄想炸裂系」には分類されないものの、妄想の要素を取り入れながら作品を描いた作家である。だからこそ、フェミニズムなどの思想を直接表すのではない種類の妄想について、分析していきたいのだ。

川上弘美とその作品

川上弘美は一九五八年生まれ、東京都出身の作家である。一九九四年「神様」で第一回パスカル短篇文学新人賞を受賞し、デビュー。一九九六年「蛇を踏む」で第一一五回芥川龍之介賞を受賞。『溺レる』（文藝春秋、一九九九年）で第一一回伊藤整文学賞、第三九回女流文学賞を受賞。主に短篇を得意とする作家として知られるようになるが、『センセイの鞄』（平凡社、二〇〇一年）が第三七回谷崎潤一郎賞を受賞し、長篇小説の作家としても人気を博すようになる。[3]『真鶴』（文藝春秋、二〇〇六年）で芸術選奨文部科学大臣賞、『水声』（文藝春秋、二〇一四年）で第六六回読売文学賞、『大きな鳥にさらわれないよう』（講談社、二〇一六年）で第四四回泉鏡花文学賞、『恋ははかない、あるいは、プールの底のステーキ』（講談社、二〇二三年）で第七六回野間文芸賞を受賞している。

川上の作風は後年、少しずつ変化していく。初期の作品は一人称による短篇小説が多かったが、長篇の割合が増え、場合によっては三人称も導入している。また初期には独特の幻想的な作品が多かったが、二〇一一年には東日本大震災および福島第一原発の事故を受けて、デビュー作「神様」を改変した「神様2011」を発表するなど、現実的で社会的な出来事も作品に取り入れていっている。

なぜこのように変化していったのかも気になるところだが、そのためにもやはりまずは九〇年代の初期の短篇作品を見ていきたい。斎藤美奈子が指摘するように、川上の初期の短篇作品の雰囲気は、笙野頼子や多和田葉子らの作品とも近い。小川洋子や角田光代のように、万が一ありえるような現実寄りの作品ではなく、絶対にありえない事象が、しかし日常の続きのように語られるのである。

たとえば、デビュー作の「神様」はくまと散歩に出る作品だが、語り手の「わたし」はくまがしゃべることや直立二足歩行で歩くことを、多少稀なことではあるにしてもありえないことではない、という程度に受け入れている。また芥川賞を受賞した「蛇を踏む」は踏んだ蛇が人間に姿を変え、自分の母親を名乗る作品である。これも現実にはありえないが、「蛇を踏む」の「私」は、「神様」の「わたし」同様、異様な状況を受け入れている。

このことを踏まえて、川上弘美はしばしば「夢」や「無意識」を描く作家だと言うことができる。これらの用語は、精神分析と関係の深い用語だ。実際、川上の作品は精神分析的な読まれかたをしてきた。たとえば、種村季弘の『溺レる』の文庫解説は、「幼児性欲的な多形倒錯の世界」というような表現がなされている。しかし、川上の作品を読むうえで、小説内の奇妙な出来事を、症例のように解釈するのが妥当なのだろうか。実際、佐野洋子は『神様』の文庫解説で、フロイト流の精神分析で川上の作品を分析することに異を唱えている。かと思えば、千石英世が『異性文学論』（ミネルヴァ書房、二〇〇四年）で、川上の作品になされてきた精神分析的解釈の是非を整理しつつ、エロスやジェンダーといった性の問題について切りこんでいる。川上の作品において、性の問題へと目を向けること自体は的を射ているし、説得力のある論だ。川上は、「物語が、始まる」や「可哀相」、「河童玉」などをはじめ、性愛についてくり返し描いている。また、「神様」の「わたし」は、どこか中性的で、解釈に開かれている。川上にとって性は重要なテーマのひとつであろう。精神分析を踏まえて論を展開することが、一概に悪いわけではない。[4]

ただひとつ言えるのは、精神分析的な解釈をするにしろ、それを避けて読解するにしろ、小説の意味を象徴論的に読み解くことには、やはり警戒する必要があるということだ。なぜなら、川上の作品の特徴は、多和田葉子や笙野頼子などの「妄想炸裂系」の作家の作品と非常に近いところに位置していながら、その小説のねらいのようなものが見えにくいことにあるからである。芥川賞を受賞した「蛇を踏む」の選評で、石原慎太郎は「蛇がいったい何のメタファなのかさっぱりわからない」と述べ否定的な評価を下しているが、この発言は「蛇を踏む」という作品の肝をとらえている。蛇を何のメタファでもない。何かのメタファとして考えれば、この作品の本質的な部分から逸れていってしまうのだ。

余談のようになってしまうが、「神様」を書いた当時、川上は「幼稚園に入ってからも二語文の出なかった息子のことで悩んでいた」という。

> 周囲とまじわれないわたしと息子は、まるで異世界からきた存在のようだった。
> 「神様」は、ある日突然思いつき、一時間ほどで書き上げた話なのだが、おそらく当時の息子と自分が、世界からずれた場所にいる、という感覚を、小説の中に解放したものだったのだ。とはいえ、ずれた場所にいるのは、必ずしも不幸なことではない、ということも、ひっそりと主張したかったはずで、ただ、そのようなことを自分が無意識に思っていたということに気がついたのは、後年だったのだが。
> （傍線引用者。「震災10年、生きることの申し訳なさ」『朝日新聞』二〇二一年三月一三日朝刊）

「神様」が、息子の育児のことで悩んでいて書いた小説だったと、どうやって予想できるだろうか。そのような痕跡は作品には少しも残っていない。もちろん、そもそも小説は作者の意図や主張を読み取るためのものではないから、まったく問題ない。また小説に関する作者の発言を鵜呑みにして作品を読み解く必要もない。何度も言うように、川上の小説を象徴論的に読んでもつまらない。「教訓のない寓話」。

「蛇を踏む」の中に「教訓のない寓話」という言葉が出てくるが、川上弘美の小説は、まさにそういうものとして読まれているものではないか。

無意識と夢

川上弘美の作品を読んでいくうえで、重要なのはやはり「無意識」や「夢」といった語に集約されるとみたほうがいい。そして、佐野洋子の安易に精神分析的に読み解くべきではないという指摘は正しい。オイディプスの物語を元にして抑圧の原因を分析したり、「幼児性欲的な多形倒錯」だと解釈するのは、無意識をつくりだした抑圧の原因を分析したり、登場人物の言動を症例として扱うことになり、意味に回収してしまうことになる。そうではなくて、無意識や夢をそれそのものとして理解し、受け止めること。川上の小説は、畢竟それに尽きるのではないか。

では無意識や夢とは、精神分析的にはどういうものなのか。精神分析では、無意識とは抑圧されたものであり、夢はその抑圧されたものが別のものに置き換えられたものと考えられている。つまり、まず抑圧があるのである。しかし、川上の作品において抑圧されたものが何なのかをここで追究したいのではない。先述したように、たとえば「神様」を書くきっかけとなったような、作者の育児における悩みが作品から炙りだせるわけもないからだ。また登場人物がどのような無意識を抑圧しているかを考えるのも、作品から受け取る印象からずれてしまう。川上の作品は、登場人物が何を無意識下に抑圧しているのかではなく、その抑圧の瞬間に何が起きているかに重きを置いて描いているからだ。

たとえば「蛇を踏む」には、「知らないふり」という言葉が出てくる。「私」(ヒワ子)の母親を名乗る人間の姿をした蛇は、私が蛇の言っていることに「意味がわかりません」と言うと、「ヒワ子ちゃんはいつもそうやって知らないふりをするのね」と言う。そう言われた「私」は自分でも思い当たることがあるような、ないような微妙な反応をする。自分でも知らないふりをしている何かがあるような気がするが、思い出せない、といった具合に。

また「物語が、始まる」でも似たような表現がある。

> 本城さんらしいだとか、私らしいだとか、本当はそんなものはなくて、ただ本庄さんと私という二人の人間がいて、お互いのまわりをうろうろしているだけなのかもしれないことには薄々気づいているのであるが、気づいていることに気づく前に、私たちは土曜日の愛撫の中に沈み込み、息絶え絶えになることを目指してしまうのではあった。
> (傍線引用者)

本城さんと「私」は恋人なのだが、二人の関係性に対して、やはり「私」は気づかないふりをしている。このような表現は川上の小説からはいくらでも探すことができる。自分が何に気づいているのか薄々知っているのに、知らないふりをしている。

そしてまるで夢のような奇妙な出来事――くまと散歩したり、踏んだ蛇が母親を名乗ったり、雛型と呼ばれる人形が、しゃべったりセックスしたり――が、日常の延長のように描かれているのが川上の小説である。夢とは、抑圧したものが見させているものである。しかし、ここでも何が抑圧されているのかはさほど問題ではない。抑圧の結果として、非現実的な出来事が展開されるということそのものが重要なのだ。

いかにも夢らしいことに、登場人物たちは少し戸惑いながらも不思議な出来事を屈託なく受け入れてしまっている。そのありようが描かれているということ自体が重要である。夢のありようから抑圧の原因を割り出すことは、実際の精神分析治療では意味のあることかもしれないが、小説を読むうえではあまり意味がない。そうではなくて、川上の小説がいつも描いているのは、自分の感情や考えを抑圧したときにできる歪みのような幻想であり、知っているのに知らないふりをしたり、思い出せなかったりするそのさまである。

なぜ川上弘美の小説にとって、何を抑圧しているかではなく、抑圧しているさまを描くことが重要なのか。

川上は一九七〇年代の高校生――自身の世代である――について「無気力、無関心、無責任」を表す「三無主義」と言われていたと語っている[5]。川上の世代は政治運動が去った後の世代であった。もちろんそんななかでもポリティカルな問題意識を持った作家はいるが、「三無主義」という言葉を何度も口にするということは、政治的な意識を持てない自身のコンプレックスがあったのかもしれない。「神様」が書かれたきっかけからもわかるように、潜在的な問題意識があったのではないかと考えられる。再三になるが、その問題意識が具体的に何であったかは問題ではない。そういった問題意識なり何なりを抑圧した結果としての無意識と夢からなる作品が共感を呼んだ。政治の季節に政治の問題提起をするのはたやすい。しかしそれが否定され、抑圧された時にはどうだろうか。「三無主義」の世代にあって、問題意識や怒りは抑圧されていたかもしれない。しかしそうだとしても無意識は這い出してしまうし、夢としてまったく別のものに置き換わりながら表現される。

しかしついに川上は現実の政治的、社会的出来事に真正面から向き合った作品を書く。それが二〇一一年に発表した「神様２０１１」である。「神様２０１１」はデビュー作「神様」を東日本大震災、福島第一原発事故を受けて改変したものだ。くまとの散歩が、放射線量を気にしながらなされる。また『水声』（文藝春秋、二〇一四年）は地下鉄サリン事件が登場する。

コロナ禍に連載された『恋ははかない、あるいは、プールの底のステーキ』(講談社、二〇二三年)にはまさにコロナ禍での人間同士の距離感や、時間の感じかたについてリアルタイムで書かれた。

形式上の変化もある。長篇、あるいは連作短篇の割合が圧倒的に増えた。また、初期にはほとんどの小説が一人称の形式を取っていたが、『七夜物語』(朝日新聞出版、二〇一二年)や『森へ行きましょう』(日本経済新聞出版、二〇一七年)では三人称の形式が取られている。また『真鶴』あたりからリアリズムとしての要素が増え、『恋ははかない、あるいは、プールの底のステーキ』では、主人公の職業が小説家であることなどから、私小説的な要素のある作品だという評価もある。

つまり、川上の小説は、ついに問題意識や怒りを抑圧せずに直視し、表現しはじめたのである。これはよいことのように思える。またそもそも一人の作家の変化をよい悪いで語るものでもないだろう。作家の作風が変化するのは自然なことだ。

しかし、たとえば「神様2011」は「神様」の発表当時の新鮮さにくらべれば、どうしても表現として安直であるように思われる。作品の上で現実に向き合い、政治的、社会的な問題を扱うというのは、確かにそれまでの川上に欠けていたことであった。自分が抑圧しているものを問題にするというのは、それまでの川上がしえなかったことである。しかし、政治的、社会的問題を扱ううえで、以前の短篇作品にあったような無意識や夢といった要素は本当に必要がないのだろうか。そこで展開されていた幻想や妄想といった非現実的な要素は。川上の初期短篇には、抑圧されていたものが何なのかという手がかりはほとんどなく、読者は提出された幻想的で妄想的、非現実的な、夢のような小説の内容がいったい何のことを指し示しているかは、わからなかったはずである。しかしだからこそ読者は、自らの経験を探り、自分が抑圧してきた感情や経験がどのようなものだったか考える機会を得ていたのではなかったか。

川上弘美のエッセイに、「きー」(『あるようなないような』中央公論新社、一九九九年)というタイトルのものがある。仕事場に巡回してきた警察官に、ほとんどセクハラのようなことを言われるが、その瞬間はセクハラを言われたということに気づかない。何かを言われたような気がする、という感覚だけがあって、ああでもないこうでもないと思いを巡らすうちに、やっとセクハラだと気づくというエッセイだ。これは、セクハラに対して怒るというエッセイではない。セクハラに対して、怒れなかったというエッセイなのだ。セクハラを受けてから、それをセクハラだと認識するまでに時差が発生する。しかしその差こそがポリティカルなのだ。社会の抑圧を受け、自身をも抑圧してしまう。その構造を夢や妄想といったかたちで見せることにこそ、川上弘美のポリティクスであったはずだ。

東日本大震災から十年経った日に川上は朝日新聞に「震災10年、生きることの申し訳なさ」というタイトルで、寄稿している。

震災のことを思うたび、申し訳ない、と思う。けれど、いったい何に対して？

もちろん、すべてに対してだ。震災と原発事故で傷を負った方々に何もできない自分に対して。同時に、自分が何の役にも立たないと嘆く自己憐憫ともいえる気分に対して。どこまでいっても、自分は当事者の方々の傷を真に理解できないことに対して。そして何より、傍観者として今ここで生きていることに対して。

（中略）

申し訳ない、という心もちは、たいへんに居心地が悪い。なぜならその心もちは、明らかに「申し訳ない」と自分が感じている相手やものごとよりも、自分の方がめぐまれているために起こってくることだからだ。めぐまれている、といったって、偶然だけが、今いるこの境遇をつくってきたのだ。自分が努力を積み重ねた結果で、めぐまれたのではない。おおかたのことは、たまたま、なのだ。たまたま、そこにいたから。たまたま、そこにいなかったから。

（中略）

なかなかに、困難ではある。考えれば考えるほど、途方に暮れてしまう。

いや、考える、などと書いたけれど、申し訳なさを直視することは、実はたいへんに難しいし、つらいことなのだ。だから、正直に打ち明けるなら、一日のうちでわたしが「申し訳ない」ことに関してしっかりと考え直視するのは、ほんのわずかな時間でしかない。拭き掃除をしている合間の、数分。近所の猫に、にゃあと話しかけて逃げられたその直後の数十秒。小説を書きあぐねている数分。読んでいる本の一つの言葉の前で立ち止まっている十数分。寝入りばなの、あの伸び縮みするわずかだけれど永遠のような短い数分。

（中略）

たとえば、「傷を負った人たち」などという概念で何かを考えはじめたとたんに、その人たちはぼんやりとしたもやもやになってしまう。いや、あくまでわたしの場合は、ということなのだが。その、ぼんやりとしたもやもやに手を伸ばそうとしても、ふれることはできない。「損なわれた場所」などと考え始めた時も、一緒だ。それはきっと、あちらの遠くにある場所で、いつか行ったこともあるはずなのに、輪郭を失ってしまうのだ。（「震災10年、生きることの申し訳なさ」）

これを読むと、おそらく川上は、まだある種の抑圧した無意識を抱えているのではないか思われる。

1　この括りには問題がある。女性の作家たちを一括りにすることで、かえってそれぞれの作家の特徴や差異を見えなくし、ますます正当な評価を得られにくくなるからだ（そもそも女性とは誰かという問題もある）。そのために「女性作家」には長らく、ひとつの「ジャンル」――純文学やエンタメ、SF、ミステリーなどと同じような、あるいはそれよりも小さなジャンルとしての場所しか与えられていなかった。しかし一九九〇年代はその潮目が変わった、歴史的な年代であるといえよう。斎藤の「女性作家」という記述はその歴史性を示しており、ここでもその記述を尊重する。

2　笙野頼子については近年、トランスジェンダーに対して差別的な発言をしているとして、問題になっている。このことについては、いずれ別稿で精査していきたい。

3　川上は二〇二二年にオンラインで行われた公開インタビューで、「いまだに短篇しか書けないのかも」と思っていると告白している。そして長篇と思われている自身の作品は連作短篇の形式を取っていることを明かしている。『いとしい』（幻冬舎、一九九七年）でその形式を取ってから、いくつか同じ方法で長篇を書き、「初めて長篇が書けたなと思ったのは『光ってみえるもの、あれは』という読売新聞に連載した小説です」と発言している。『センセイの鞄』は『いとしい』と『光ってみえるもの、あれは』（中央公論新社、二〇〇七年）の間に書かれたものである。つまり、本人の認識をもとにすれば、『センセイの鞄』もまた長篇小説というよりは連作短篇集となる。詳しくは、「川上弘美インタビュー　循環する小説たち」『文學界』二〇二二年六月号参照のこと。

4　江藤淳の『成熟と喪失』（河出書房新社、一九六七年）を引いて、川上の作品を「娘」による成熟の拒否ととらえる大塚英志の『サブカルチャー論』もあり、こちらも興味深くはある。

5　『あるようなないような』（中央公論新社、一九九九年）をはじめ、インタビューなどでも「三無主義」についてはたびたび口にしている。また『あるようなないような』では、「級友の読んでいる『第二の性』や『眼と精神』をこっそり読んでみても全然ぴんと来な」かったとも告白している。

死にたがりの「妄想」
――鬼と共に生きて

角野桃花

1　大人になれないとされる「オタク」としての自分

いつまでもアニメや漫画にのめり込んでいる人間は、はたして本当に未熟なのだろうか。

私は、アニメや漫画に代表されるサブカルチャーを愛好するいわゆる「オタク」であり、さらにこれらの作品を取り上げて批評を書く人間だ。このように説明すると、「このキャラクターこそラスボスなのではないか？」「この描写は実は最終話の伏線だったのでは？」などの作品考察を書いていると思われることが多いのだが、それは少し違っている。私は、社会学であったり哲学であったり何かしらの理論とサブカルチャー作品を照らし合わせて、新しいものの見方や生き方を解釈し、それを文章にして世に出している。

このように、サブカルチャーを題材にして批評というなんだか難しそうな文章を書くに至っているわけなので、私は当たり前のようにアニメや漫画に日々没頭している。心が惹かれた作品は何十回でも見返すし、好きなキャラクターのセリフを完全に覚えてしまうことだってある。心が揺さぶられたシーンは繰り返し読み込み、その度に滝のように泣いてしまう。私は、いい作品に巡り会えたときが一番生きている実感が持てる。

ただ、そのようにして生きる私の心にずっと引っかかっていることがある。それは、「オタク」的趣味は「成熟」していない人間が持つものであり、いつかは卒業するべきものとして世間から扱われることだ。

そもそも、人が「成熟」するとはなにか。実は、このテーマは文学においてかなり重要なテーマであり続けている。「成熟」と

すみの・とうか

1996年生まれ。東京大学教養学部卒業。2021すばるクリティーク賞最終候補（「サブカルチャーの〈娘〉とその〈母〉と〈父〉――『キルラキル』を通じて」）。第65回群像新人評論賞最終候補（「「ママ」をもう一度人間にするために――『約束のネバーランド』と『かか』において」）。大学卒業後は会社員をやる傍らで、アニメや漫画などのサブカルチャー作品をテーマに批評を執筆中。

いう概念の提唱者である江藤淳の代表的な著作『成熟と喪失』において「成熟」は次のように定義されている。「成熟」とは、自分のすべてを受け入れて守ってくれる母性の領域から個人が社会に踏み出して社会と守るべき他者に責任を持つことである、と。つまり、現実の社会に出ていって他者と出会い、社会への責任を取れるようになることが「成熟」なのだ。そして、どうやったら「成熟」できるか、そもそも「成熟」は可能なのか、文学はずっとこの課題に取り組んできている。

この「成熟」というテーマは文学のみならず、サブカルチャーとも深く関係している。「成熟」できていないのが「オタク」だという批判をされることが多いのだ。

たとえば、「オタク系文化」をもとに一九七〇年代以降の文化的世界を分析した東浩紀の『動物化するポストモダン』では、八〇年代末に起きた猟奇的な連続幼女誘拐事件をきっかけに、「オタク」は「非社会的で倒錯的な性格類型を」持つという認識が世間、とりわけ非「オタク」の人間に広まり、「オタク」と非「オタク」の間に深刻な分裂が生まれたと述べられていた。[1] わかりやすく言うと、「オタク」は自分の殻にいつまでも閉じこもっていて他者とのコミュニケーションができない人間であると、非「オタク」側の人間からバッシングされていたということだ。東はこのような「オタク」への認識について「このような理解はいまでも一般的」と述べていた。[2]

とはいえ、東の『動物化するポストモダン』が刊行されたのは二〇〇一年のことだ。それから二〇年以上も経った二〇二四年の現在、「オタク」が世間に受け入れられやすい時代になってきているという指摘もあるだろう。たしかに、フランクに自らを「オタク」だと呼称する人間が多く見られるようになった。また、「推し活」という「アイドルや俳優、インフルエンサー、アニメのキャラクターなどを様々な形で応援する活動」[3]という意味を持つ言葉が二〇二一年の新語・流行語大賞にノミネートされてもいる。

これらのことが指し示すように、「オタク」が痛烈に批判された時代と比べると、アニメや漫画などのサブカルチャーを愛好することは確実に一般的になってきている。「オタク」と非「オタク」間の分裂が無くなってきつつあるのは間違いないし、「オタク」は「非社会的で倒錯的な性格類型」[4]である、という世間の認識も薄れてきているのは確かだろう。

しかし、「オタク」は「成熟」できていない、つまり精神的に幼いという批判が未だに行われるのもまた事実である。たとえば、二〇二一年に刊行された『ジャパニメーションの成熟と喪失』において、著者の杉田俊介は「オタク的な精神の特徴は、成熟の不能にあると言われる。」[5]と述べ、「オタク」は現実から逃れて「仕事や趣味に没入し、社会問題に関心を持たない」[6]ような享楽的な冷笑主義を持つとしていた。これはつまり、現実と向き合わず、自分たちさえ楽しければなんでもいいという考えを持つということだ。

ただ、杉田の論考では、「オタク」は「未成熟な『おじさん』としてのオタク男性たち」[7]に限定されていた。だが、だからといって「オタク」の持つ未熟さは男性の「オタク」にのみ当てはまるわけではない。斎藤環は『キャラクター精神分析』において、キャラクター性をまとった虚構の存在（キャラクター）を愛好する「オタク」に見られる「強い『虚構志向』」[8]を指摘している。斎藤の議論がサブカルチャー作品において普遍的に見られるキャラクターに着目していることから、「虚構志向」は男性の「オタク」に限った話ではないことが推察できる。

そして、このキャラクターによって「オタク」の精神的な未熟さが説明できる。このことを理解するのに重要なのが、自らを語ることによって変化し、成長していく人間とはまったく異なった存在がキャラクターである、という斎藤の指摘だ。言い換えるならば、キャラクターは同一性、つまりいついかなるときも変わらないことを言葉でくりかえし確認される存在であり、それによって「成長や成熟を含むすべての『変化』を切り捨てる[9]ということ」である。そのキャラクターを虚構世界でひたすら愛でる「オタク」もまた然りだ。

さて、現在においてもなお「オタク」が持つと見なされる未熟さをまとめると次のように述べられるだろう。「オタク」はいつまでも変化しないキャラクターという虚構を愛し、そのキャラクターが存在する作品世界に没入して社会から目を背けているため精神的に幼いと言える、ということだ。

そしてこのような「オタク」への認識は、私の個人的な経験からも実感を持って言えることでもある。たとえば、私がとあるサブカルチャー作品に対して熱量を持って語っていると、「よかったね〜」とあたかも幼い子供に接するかのように目を細められながら声をかけられることがある。たとえその人が私と同年代であっても、だ。あるいは、虚構の作品に没頭して、あれやこれやと解釈を展開する私の生き方について「『妄想』していて楽しそう」と言われることもある。東が述べていたような、致命的に社会性がない「オタク」という認識は消えてきつつあるとしても、やはり「オタク」は未熟で浮世離れしていると思われるのはけして珍しくない。

それならば、「オタク」的趣味は「オタク」全員がいつか卒業するべきものなのだろうか。アニメや漫画を題材に批評を書く私は、少なくとも例外があると反駁したい。これはただの強がりではない。なぜならば、いまこの文章を書いている私こそが例外であり、私は虚構と向き合うことで初めて社会と折り合いをつけられる人間だからだ。私は作品という虚構を通じて「普通」であることが前提とされるこの社会において、「普通」であることができない自分が、そして「普通」ではないことで社会から疎外されている自分がどうにか生きていける可能性としての物語を開拓しようとしている。私がアニメや漫画などの作品に没入し、己の「妄想」する力を駆使して解釈を生み出し批評を書くことは、「おまえは存在してはならない」というメッセージを私に突きつけてくる現実の社会に出ていくために必要な営為なのだ。

では、私はいかにして社会で生きていくための物語を切り出そうとしているのか。「普通」ではない人間が虚構の世界で働かせる想像力――いわば「妄想」する力――によって社会に出ていくのを可能にするような虚構作品とは何なのか。私のこれまでに書いた批評で取り上げた作品にはしばしば鬼が登場する。その鬼をキーワードにしつつ「普通」ではない自分にとってどういう存在かを語っていきたい。

2 死のイメージと「普通」ではないこと

「普通」ではない運命に生まれつくこと、それは問答無用でいまの社会から疎外されることと同義だ。その説明のために、最初に少しだけ私がどのように自分自身について「普通」ではないと感じるかについて話をさせてほしい。

私の家は、精神疾患を持つ母を抱えていた。そして、母いわくモラハラの父から逃れて母の実家で暮らしていた。父からは罵倒のファックスが頻繁に届き、母はしばしば私に人間の尊厳を損なうような行為をしていた。

ここではっきり言っておきたいことが一つある。私は、この幼少期の経験によって自分自身がいかに「普通」ではなく、社会に見捨てられた可哀想な人間になってしまったと声高に叫びたいわけではけしてない。残念ながら、こんなのはけして珍しくはない話だ。そもそも私はいまさら過去に受けた傷について「ほら見て、私はこんなに痛いのよ」とわめくようなことはしたくない。自分の経験したことを言葉でなるべく正確に語るのは本当に疲れる。繰り返し語れば語るほど、自分に起きたことが陳腐に見えるのもよく知っている。すでに用意されている悲しい物語に自分の記憶が収斂していく感覚はあまりうれしいものではない。

では、私の「普通」ではない苦悩はどこから来るのか。この社会で生きていると、これまでの経験を踏まえながら自分自身に一貫性を持たせて語るように迫られることが多い。「これまでのキャリアや経験に基づいて自己アピールをしてください」なんて何回言われただろうか。社会は自己アピールといって個性を私に求めながらも、想定している「普通」の範疇を逸脱したことを言ってしまったとたんに私を淘汰してくる気がしてならない。

だから、私は自分自身について語れと要請されるたび、本当は誰かと共有したくてたまらないのに、社会が聞きたいと求めていない記憶を今までの自分の人生から削り落とし、社会が求めていると推測するイメージになるべく沿うように商品として自分を再構成して語る。

ただ、なぜだか私はそのような経験をすると自分の死体のイメージがよぎる。駅のホーム、自分の数歩先で特急列車が轟音を立てながら走り去っていくとき、ふらふらと線路に飛び込む自分の姿が見える。台所で野菜を包丁で刻んでいるとき、するどく動いた銀色の光が腹に刺さるのが見える。

その理由は、私が社会に適応できなくてニヒリズムに取り憑かれているからという単純なものではない。幸いにも、私は社会に商品として自分自身をうまく売り込むことができた。ちんまり腰掛けている席に座り続けるため、出勤日になると私はそれっぽい格好に身繕いをして家を出て、社会に与えられた役割を全うする。それに、別に早死したいわけではないのでしっかり健康診断を受けるし、防災対策も一般的なレベル以上に行っている。

では、なぜ私にとって死がこれほど甘い香りに感じられるのか。それは、社会から求められる形に当てはまるように記憶を自分から引き剥がす行為をどんどん積み重ねるうちに、かえって社会の求める「普通」から遠く離れてしまったために未来が考えられなくなったからではないかと思う。岩川ありさは『物語とトラウマ』において、李琴峰の『独り舞』でレズビアンの登場人物が感じる死の重力について「普通」ではないことと絡めて次のように述べていた。

> ヘテロセクシュアルを規範として組みたてられた社会のなかで、「普通の人間」とは、異性愛者のことを指す。しかし、それは単なる個人のライフスタイルの問題ではなく、婚姻や福祉などの社会制度から法や政治経済体制まで、幅広く、この世界の枠組みとかかわっている。「彼女」たちをとりまく世界は、異性愛者である「普通の人間」を基準としている世界である。「普通の人間」を基準とした世界において、「彼女」たちが生きのびるための物語はあまりにも少なく、つねにその生を否定されているような疎外感が「死への想像」へと駆り立てる。[10]

つまり、「普通」が支配する社会においては、「普通」ではない人間が生きていくモデルとなるような物語が存在せず、そのような人間は自分が生き続けた先にある未来のイメージがつかめないのだ。そして『独り舞』に登場していた、一方が他方を包含するように見えながらもどんなに線をたどっても絶対に交わらないという意味を持つ数学用語の「内離（ネーリー）」という言葉について触れながら、異性愛が支配する世界でマイノリティとして生きるのは「その社会の内側にいながらも、いつも疎外を感じている」[11]状態だと岩川は述べていた。

岩川のこの分析を読みながら私は『独り舞』の登場人物が感じていた疎外感に深く共感した。私もきっと、「内離（ネーリー）」の状態なのだ。そして、自分が社会に生きながらもどのように「普通」から乖離して「内離（ネーリー）」の状態になっているのか考えた。

そこで私が手に取った本が、木村敏の『異常の構造』だ。この著書で木村は、統合失調症の症例に基づきながら正常と異常(あるいは狂気)について分析している。木村は「多数者正常の原則」[12]、つまり多数者の常態が正常であり、普通であると見なされるようになっていると述べている。その上で、異常や狂気とは多数者の間で共通理解とされる常識が欠如している常態であると分析する。そしてその常識とは、個物の個別性(すべての存在は絶対にひとつきりしかないこと)、個別の同一性(個別の存在である自分は、過去の自分と同一であること)、世界の単一性(自分がいまいる世界とは、自分以外の他誰もがいる世界であること)の三つの原理によって支えられると述べる。

木村の正常と異常の分かれ目を分析する理論のなかで、「普通」ではない私が欠如しているものといえば、個別の同一性だ。社会から暗黙のうちに求められる要求に応えられるよう、忌まわしい記憶を自分から削ぎ落とすことで作り出された私は、はたして子どものときの私と同一であると言えるのだろうか。そして、商品としてきれいな過去を持つように自己を整えながらも、トラウマ的記憶を抱きしめて手離せない私は世界にとって「異常」な存在なのではないか。自分に起きた凄まじい経験を切り離し、私はずっとこんな素敵な人間なのですと「普通」の顔をしながら、「普通」を前提とした社会の仕組みにふと触れたとき、トラウマ的記憶を持っている自分を意識する。その度、この社会に求められるイメージを演じる自分と傷ついた過去の自分という自己の致命的な乖離を抱えながらいつまで生きられるだろうかという不安が私の足首をつかんで深い闇に引きずり込もうとしてくる。

そのような日々を社会の中で送る私は、まさに社会にいながら疎外されている状態であり、ずっと「普通」の仮面を被った嘘の自己を通じてでしか社会と接することができない。それゆえに私はこの社会で自分が生き延びられるイメージがつかず、醜悪な肉の塊と化した自分自身を、つまり自らの死を想像せずにいられない。

だが、私は抗っていたい。思わずまぶたを閉じて死を想像してしまったとしても、必ず目を開けてみせる。私はこの世界のバグとして存在してやるし、どうにかして私の形に合うように世界を削ってやるし、共感できるような他者と巡り会いたいのだ。

そして、そのような私に差し出された手段が批評だった。この世界に私が生きていける物語がないなら、私は手当たり次第に虚構作品に触れ、自分の心を掴んで離さない作品から、どうにか自分の生きていける物語を解釈してやろうと思った。自分の過去に受けた傷もひっくるめて自分自身だと主張し、その上で社会に存在したかった。

そのために私は簡単に解釈しえない作品を求めている。とある作品が解釈しやすいということは、それだけ社会の常識に沿っているということだから。「普通」ではない私は単純化されるのを拒否したい。

そして、そのような対象として私が注目したのが現代のサブカルチャーにおける鬼だったのだ。

3 現代のサブカルチャーにおける鬼の持つ可能性

私が現時点で公開している批評で取り上げたサブカルチャー作品のうち、鬼が登場するものは吾峠呼世晴作の『鬼滅の刃』と、白井カイウの原作と出水ぽすかの作画で制作された『約束のネバーランド』の二作品だ。両作品ともに主人公サイドに対する敵として人を喰う鬼を描いている。そして、この鬼は人間とはまったく異なった存在であり、悪の源であるとみなされることが多い。

たとえば、『鬼滅の刃』に登場する鬼はどうだろうか。『鬼滅の刃』は、主人公の竈門炭治郎が鬼にされた妹を人間に戻すため、仲間の鬼殺隊と共に鬼を倒す物語だ。この鬼については、人を喰っても何とも思わない冷酷無比な言動が注目されがちだ。そして一見すると、善と悪の二項対立を描いているように思えるこの作品において、鬼は社会に渦巻く諸悪の根源を象徴していると分析されることがしばしばある。杉田俊介は、「『鬼滅の刃』を読む(2)~悲しく虚しい鬼たちは悪なのか」の記事内で、作品内で鬼たちが「善良な鬼/鬼/悪鬼」と三種類に分けられると述べた上で、「悪鬼」について以下のように定義していた。

> 他人の命や幸福を踏みつけにしても、どこまでも無感覚でいられる存在たち。肥大化した被害者意識を抱え込んでいる存在たち。それは「善悪の相対化」や「人間の原罪」などによっては正当化されない根源的な「悪」なのです。[13]

そして、『鬼滅の刃』の作中でも杉田の定義に沿うような描写が見られる。第43話で、鬼殺隊の中枢である「柱」の冨岡義勇は「人を喰った鬼に情けをかけるな　子供の姿をしていても関係ない　何十年何百年生きている醜い化け物だ」と言っていた。

では、同じく鬼の登場する『約束のネバーランド』はどうだろうか。『約束のネバーランド』は、グレイス=フィールドという名の自然豊かな孤児院(作中では「ハウス」と呼ばれる)を舞台に、「ママ」と呼ばれ慕われるひとりの女性によって血縁関係のない子どもたちが育てられていたが、実はそこは鬼が喰う食用児を育てるための農園だったという話だ。その事実に気づいたエマ、ノーマン、レイの三人の子どもたちは「ハウス」からの脱出を試み、外に広がる鬼の世界において自分たちが生き延びられるよう、世界を変えるために奮闘する。

『約束のネバーランド』においても鬼を問答無用に断罪する姿勢は描かれている。三人の子どもたちのうちのひとりであるノーマンは第120話で「鬼は滅ぼす　絶滅させる」と宣言していたように、鬼を完全悪と見なして食用児たちを団結させて根絶やしにしようとしている。

たしかに現代において鬼は、勧善懲悪の文脈において懲らしめられる存在として描写されることが多い。馬場あき子は『鬼の研究』のなかで、中世までの説話に多く登場した鬼と比較し、近世以降の鬼について「鬼は放逐される運命を負うことによってのみ農耕行事の祭りに生き、折伏され、誅殺されることによってのみ舞台芸術の世界に存在が許された」[14]と述べている。この叙述に合い、一番身近な鬼は、節分の豆まきで退治される鬼だろうか。鬼は時にユーモラスな表象をされながら、人間とは異なる異形の存在として現代まで生き残っている。

しかし、鬼は完全悪である、という理解にとどめておいてよいのだろうか。現代において鬼が人間とはまったく違う化け物として描かれるのはありふれているが、『鬼滅の刃』と『約束のネバーランド』に登場する鬼は、どうせファンタジー作品に登場する敵役だし……と簡単に片付けてはいけないのではないか。杉田の述べていた「根源的な『悪』」という言葉は、わざわざ鬼として描かれねばならなかった何かを言い表すにはあまりにも簡単すぎやしないだろうか。なぜなら、鬼という存在が何度も繰り返し描写されてきた長い歴史を見返してみると、そこには自分にのしかかる力を具体的な言葉で言い表すことができない弱者として生きるほかない人間のふがいなさが込められてきたことがわかるからだ。

馬場は先述の『鬼の研究』内で、数々の鬼が登場する説話を分析し、規範や体制が支配する極限的な状況において人間から生まれたのが鬼であると述べている。たとえば、『伊勢物語』第六話の「それをかく鬼とはいふなりけり」という結びの叙述に着目し、圧倒的な力を鬼と形容することしかできない人間の失意と悲憤がそこに込められていると分析している。[15]『伊勢物語』の第六話は、「あるをとこ」が高貴な身分の女と一緒に逃げようとするが、雷雨の夜に女は鬼に喰われてしまっていた、という内容の話である。

この話について、馬場は「あるをとこ」が在原業平であるならば、女は二条后高子であり、鬼とは高子の兄二人のことを指すと指摘する。政治的に失脚した家系に生まれて「用なき者」として生きる業平にとって、「政治のために生まれ、存在する」高子を手に入れる行為はまさに権力への抵抗そのものだったのだ。

しかし、権力者である兄二人は高子をあっけなく連れ戻してしまった。「それをかく鬼とはいふなりけり」という未練を多分に含んだ結びは、兄二人の名を言葉に出すことで、高子を連れ去っていった強引な力を現実の権力として認めたくなかったがゆえの言葉である、と馬場は分析する。そして、「鬼とはやはり人なのであり」、種々の理由から鬼と呼ぶしかなかった背景があるのだと締める。

これらの分析を踏まえた上で、馬場は鬼について「理由のつけられぬ、あるいは理由をいうことがはばかられるような場合に口にされた〈理会の符牒〉[16]」であると述べている。

そして、『鬼滅の刃』と『約束のネバーランド』に登場する鬼も、馬場の述べた鬼の定義にしたがって描かれていると言えるのだ。鬼はたしかに理不尽で無差別的な暴力をふるう強者として存在する。それは、『鬼滅の刃』の第181話で無惨の言った「私に殺されることは大災に遭ったのと同じだと思え」という言葉や、『約束のネバーランド』で鬼が人間を家畜として育て、子どもたちの運命が完全に握られている構図から明白なことだ。そこには同情の余地はないように見える。

だが、両作品ともに彼らと人間の間に明確な線引きはされておらず、人間と紙一重の存在として共感を誘うような描き方をされている。

このことがわかる具体的なシーンを見ていこう。先ほども引用した『鬼滅の刃』の第43話では、冨岡義勇が「人を喰った鬼に情けをかけるな」と炭治郎に言い放っていた。しかし、それに対して炭治郎は「鬼は人間だったんだから　俺と同じ人間だったんだから　足をどけてください　醜い化け物なんかじゃない　鬼は虚しい生き物だ　悲しい生き物だ」と反論する。さらに、『鬼滅の刃』は、人間には自分も鬼になる可能性が十分にある恐怖までも描いている。たとえば、第93話で鬼の妓夫太郎を見て炭治郎が「その境遇はいつだって　ひとつ違えばいつか自分自身がそうなっていたかもしれない状況」と述懐していた。

あるいは、『約束のネバーランド』では鬼を徹底的に滅ぼしたいノーマンとは対照的に、エマは鬼を滅ぼすことに葛藤していた。エマは「ハウス」から脱出した先の世界で、人を喰わずに生きていける希少種の「邪血の鬼」二人と分け隔てなく接し、友好関係を築いていた。エマは何度も鬼を殺したくないと言い、鬼を全滅させようとするノーマンを止め、ついには鬼と人間が共生できる世界を作ってしまった。

このようにたとえ鬼から理不尽な暴力を受けようとも、かつては自分と同じ存在だったのだと言えることや、自分もいつ鬼になるかわからない恐怖、鬼を完全悪として滅ぼしたくない抵抗感の描写こそ、『鬼滅の刃』や『約束のネバーランド』の鬼はただの妖怪ではないことの証左である。現代で人間に宿る形容しがたい何かを捉えようとしている『鬼滅の刃』と『約束のネバーランド』の鬼は、脈々とつながっている鬼の文脈からけして外れていない。

言葉では言い難い力に押しつぶされそうな人間のどうしようもない叫びが込められた鬼は現代のサブカルチャーにおいて存在している。そして、私は鬼をただ分析して語る対象として見ていない。説話上の鬼を分析した馬場は、『伊勢物語』の「それをかく鬼とはいふなりけり」という結びについて、自らの経験を語りながら「私と鬼との交渉をきわめて親しいものにし、ついには自分もまた鬼であるかもしれないと思うようになっ」[17]たと述べていた。対象の時代は違えど、馬場と同じように鬼を分析している私もまた、鬼を自らに引き付けながら批評を書いている。

私を死の想像へと駆り立てる「内離（ネーリー）」の状態は、おそらく死ぬまで言葉で説明しつくすことはできないだろう。生きていく物語が用意されていないということは、語るための言葉が用意されていないということでもあるからだ。だから、私は現代のサブカルチャーに生きる鬼の様子と自分の語ることができないトラウマを照らし合わせ、自分自身が本当に悲しんでいることをあぶり出し、なんとかその手触りを確かめようとしている。さらに、その鬼に人間がどう対峙していくかという過程から、言葉では言い難い「内離（ネーリー）」の状況において自分がどのように生きていくことができるかを切り出そうとしている。そして、それらを盛り込んだ批評を社会に出し、たまに否定されながらも通りかかった他者が共感してくれるのをひそかに待っている。その共感の回路を通じ他者のなかに、ひいては社会の中に「内離（ネーリー）」の状態で生きる自分を位置づけようとしている。これを、大人になるための虚構——あるいは「妄想」する力——の可能性と言わずして何と言うのだろうか。

4　「オタク」として生き、他者との回路を開く

さて、今回の論考では、他者と関われず未熟で浮世離れしているという認識を世間的にされる「オタク」であり、社会的に疎外されている私が、現代のサブカルチャーに生きる解釈しえない鬼を批評することでいかにして社会的に関わろうとしているかについて述べた。

では、批評をしなければ「オタク」は未熟なのか？　という疑問も出てきそうである。しかし、私が行っているのはあくまでも作品の奥深くに沈んでいる解釈を掘り出すことにすぎない。言葉では簡単に言い表すことのできない悲哀が込められた鬼は、作品を読んだ「普通」ではない人間の数だけその姿を変えて現れ、作者と読者の交わり、あるいは読者同士の交わりが生まれるはずだ。たとえ微弱な電流だとしても、そこには確かに他者や社会と交わる回路があると私は考えている。

そのようなことを可能にする作品を生み出す作り手に最大限の敬意を表明しつつ、死にたがりで生きたがりの私はまた今日も「妄想」の力をもって机に向かい、作品と向き合うことにする。

1 東浩紀『動物化するポストモダン　オタクから見た日本社会』、講談社、二〇〇一年、一〇頁。
2 同前。
3 推し活、NIKKEI COMPASS、https://www.nikkei.com/compass/theme/114639（2024-07-31）。
4 東浩紀『動物化するポストモダン　オタクから見た日本社会』、講談社、二〇〇一年、一〇頁。
5 杉田俊介『ジャパニメーションの成熟と喪失——宮崎駿とその子どもたち』、大月書店、二〇二一年、一九六頁。
6 杉田俊介『ジャパニメーションの成熟と喪失——宮崎駿とその子どもたち』、大月書店、二〇二一年、一九七頁。
7 同前。
8 斎藤環『キャラクター精神分析——マンガ・文学・日本人』、ちくま文庫、二〇一四年、二二六頁。
9 同前、二六三頁。
10 岩川ありさ『物語とトラウマ』、青土社、二〇二二年、九〇～九一頁。
11 岩川ありさ『物語とトラウマ』、青土社、二〇二二年、一〇〇頁。
12 木村敏『異常の構造』、講談社学術文庫、二〇二二年、二九頁。
13 杉田俊介「『鬼滅の刃』を読む（2）～悲しく虚しい鬼たちは悪なのか」、イミダス、二〇二〇年、https://imidas.jp/jijikaitai/l-40-280-20-11-g823（2024-07-31）。
14 馬場あき子『鬼の研究』、ちくま文庫、一九八八年、一五頁。
15 同前、六一～六九頁。
16 同前、六一頁。
17 同前、二九三頁。

今日を生き抜くための「妄想力」

駒澤零

今回「妄想」というテーマを頂いたときにわたしが思い出したのは、フランスのことわざ〝Un ange passe〟[1]＝「天使が通る」になぞらえてわたしが〝天使〟と呼んでいる、日常生活の中でふと感じるキャラクターの所在や、どぎまぎするような誰かの足跡のことでした。

この文章では、わたし自身の経験をベースに、生活の中の「妄想」について考えていこうと思います。

あっいま、誰かがいたような気がする。
この絵、どこかで見たような気がする。

絵描きとして活動している筆者は、日常に潜むこうした何気ない既視感や、ついつい無視してしまうような感覚に着目して、作品を制作しています。過ぎ去った一瞬の感覚や情景を作品に繋ぎとめて、また取り出せるように保存する作業は一見すると特殊な技術が必要なように思えますが、これは何も絵が描けなければできないことではありません。

小学校の宿題で絵日記があったと思いますが、自分には絵のセンスがないなあと思っても、あったことを書きとめることは出来たでしょうし、文章にまとめるのが苦手な人も、家族や兄弟、友達に思ったことや今日あった出来事を話したことはあると思います。みんな気づいていないだけで、各々その人に合った形で、その人なりの感覚を得て生きている。

こまさわ・れん

アーティスト。東京都出身。触れられそうなほど切実で内省的な感情と、天使や夢といったアウラを線に込めて制作を行う。漫画家としての主な著作に『ディグインザディガー』『マンガで学べる rekordbox』。音楽ライター・批評家として OTOTOY や Mikiki、『奇想同人音声評論誌　空耳 2』『ボーカロイド文化の現在地 Extra』などに寄稿。2022 年よりインターネットレーベル <KAOMOZI> を発足し、主宰を務めるほか全てのリリース楽曲でアートワークをディレクション / 制作している。その他 nemuigirl としての音楽活動、DJ、VJ、展示参加、キュレーションなど、その活動は多岐に渡る。

そもそも、「妄想」とは何だろう？

広辞苑第七版[2]で妄想という言葉の定義をひくと、以下のように書かれています。

> ①［仏］（モウゾウとも）みだりなおもい。正しくない想念。徒然草「所願皆―なり」②［心］根拠のない主観的な想像や信念。統合失調症などの病的原因によって起こり、事実の経験や論理によっても容易に訂正されることがない。「誇大―」「被害―」「関係―」

①で触れられているように、もともと「妄想」という単語はサンスクリット語［vikalpa（ヴィカルパ）］の訳語で、正しくない推量的な判断、間違った判断を表します。日本語ではこれが転じて、②で書かれているように、統合失調症に代表されるような「ありえない考えを本気で信じこみ、おかしいと指摘されても、決してその考えを曲げない」という行動を指して使われています。

精神医学における統合失調症の症状における妄想はいくつかありますが、他人が自分を害しようとしていると思いこむ「被害妄想」や周囲の出来事を自分に関係づける「関係妄想」、さらに、何かに追われていると考える「追跡妄想」、誰かに見張られていると考える「注察妄想」、自分が特別な血筋だと思い込む「血統妄想」、家族が本当の家族ではないと思い込む「家族否認妄想」、自分を偉大な存在だと信じ込む「誇大妄想」、異性に愛されていると思い込む「恋愛妄想」などと、かなり幅広い種類が存在します[3]。

しかし、「関係妄想」や「誇大妄想」と言われてしまう感情は軽度ならば試験や目標に向けて努力するために良く働くこともあるでしょうし、「恋愛妄想」は誰しも恋愛初心者の頃はすぐに勘違いしてしまいかねません。また、宗教的な思想や文化的な背景という根拠があれば、おそらく統合失調症の一症状である「幻声」「幻覚」[4]によって作られた「神のお告げ」がひろく受け入れられるシチュエーションもあります。

同様に「妄想」として扱われるものとしては、陰謀論、マインドコントロール、カルト宗教などが挙げられます。統合失調症の妄想が病気の症状であるのに対し、これらの妄想は心理学的手法を用いて他者から誘導され、形成されるものですので、妄想というより「思い込み」「信仰」といったニュアンスの方が正確かもしれません。

なぜ今、「妄想する力」が必要なのか

禅の言葉に「莫妄想（まくもうぞう）」という言葉があります[5]。これは「妄想

するな」という意で、仏教用語で「正しくない推量的な判断、間違った判断」とされているvikalpaを禁じる意、つまりはプラスマイナスに関わらず、「未来の解らないことをあれこれ考えることをやめろ」という教えになります。

　これは先のことを深く考える時間があったら今を一生懸命に頑張ろう、という意味の単語でわたしも凄く好きなのですが、現代日本社会においてはすこし危うい発想だと思っています。

　昭和から平成初期にかけてテレビ放送が覇権を得ていた頃は、国民的アイドル、国民的ヒットソングといった、本当に全人口の誰もが知るようなコンテンツが今とは比べ物にならないほどたくさん存在していました。エンターテインメントは人々の日常とはまったく別世界で、事務所やコネクションなど、莫大な資金源と環境、パイプがなければ世の中に知られる存在になることはきわめて困難でした。そのため、アンダーグラウンドな文化や子供が触れることがふさわしくないとされるコンテンツは資金力によってある程度選別され、ゾーニングされていました。もちろん、セクシー女優からタレントになった筆頭格の黒木香や、１９６０年代~80年代に放送されていたヌードダンサーが出演したり乳房露出がまかり通っていたりもした「お色気番組」[6]ジャンルなど、一部の例外は存在しますが、「お色気番組」が世間からの圧倒的非難で終了したように、ある程度は視聴者からの自浄作用が発生することでコンテンツの公共性が担保されていたように思えます。

　一方で、テレビ的なお約束やパワハラ、過酷な労働環境など諸問題もあったと思いますが、国民的コンテンツがなくなり、誰もが別の方向を向いてエンターテインメントを享受している現代においては、我々は日々ある程度は好きなコンテンツを選択して受け取ることができます。かつてはテレビで見るのが当たり前だった有名芸能人、タレントも軒並みＹｏｕＴｕｂｅをはじめるのが当たり前で、そこでは素人の作った動画も芸能界でずっと活動してきたタレントが出演する動画も同列のものとして我々は見ることができるのです。ひとつの絶対的な覇権というものが崩壊し、各々の世界で各々に向けられたサジェストの中で人気のコンテンツをある程度同列に受容する。こうした構造は、消費者側に高いリテラシーを要求します。

　もうすこし具体的に考えてみましょう。

　昨今は育児において赤ちゃんや幼児に動画サイトを与えることも珍しくありません。「シナぷしゅ」のように、赤ちゃんに見せることを想定して長尺で毎日動画投稿されているチャンネルもあります。それを受けてか、ＹｏｕＴｕｂｅには「子供向け動画」という、一部動画に一定の制限をかける機能が存在します。

ですが、最近は少し規制が厳しくなったとはいえ、同じＹｏｕＴｕｂｅにはポルノすれすれの過激なサムネイルや内容の動画がたくさん投稿されており、制限を外せば誰でもそれを視聴できます。そこまで露骨なものではないとしても、反社会的な内容や夜の世界を描いたコンテンツはいままでテレビでは放送されてこなかったこともあって人気があります。『明日、私は誰かのカノジョ』『東京深夜少女』などが連載される「サイコミ」のような、アンダーグラウンドな内容に特化した漫画が多く掲載されるマンガアプリも人気があります。時を同じくして、地下アイドルカルチャーにおける「推し」文化が一般化したことで、高速で遷移するコメント欄の中で大量の金銭を投じてコメントを読んでもらう「Ｓｕｐｅｒ Ｃｈａｔ」をはじめとした投げ銭カルチャーも当たり前になりました。これも、ＹｏｕＴｕｂｅで頻繁に観測することができます。

しかし、推し文化の中で型にはまった応援をすることやコミュニティ内で競争を煽られ、それに応えていくというある種自傷的な趣味はあまり健全ではないし、長期的に続くモノではないと思います。実際、『ガチ恋粘着獣』『推しを愛する私たち〜推し×ファン〜アンソロジーコミック』など、ファン目線での醜い感情を扱った二次的な漫画も出現し、人気を集めていることから、実は少しずつ消費者の側も疲弊してきて、「推し活」ブームが終息に向かっているのではないかと感じています。

２０２２年の「推し活にかけるお金と節約に関する意識調査」[7]や２０２４年実施の「推し活に関する調査 ２０２４年」[8]を見ると、高年齢層を中心に、近年は生活を優先しながら推し活を楽しんでいる人が多い。ですが、10代〜20代では他の世代に比べて投じる金額が大きいのも特徴です。女児向け漫画雑誌「ちゃお」のＷｅｂ漫画サイトには「推し活」カテゴリの連載漫画が3本あったり、かつて歌舞伎町にいるホス狂の象徴であった「地雷系」ジャンルのファッションは流行しすぎて小学生の服装にまで降りてきています。つい先日も15歳に６００万円を貢がせたホストが逮捕[9]されたニュースが世間を騒がせました。視聴者が好きなコンテンツを選択して楽しむ間口が広がり、それまで入ってこなかった面白いコンテンツが増える一方で、若年者にとってはアンダーグラウンドな世界への敷居が低くなってしまうことに繋がっているのではないか、とわたしは危惧しています。

一方で、年配の方への影響もあります。わたしの知人でも、親がインフルエンサー経由で偏った思想を持ちはじめて会話ができなくなった、陰謀論にハマってしまった、という話を聞いたことがあります。この激動の時代においては誰しも強烈なカリスマを求めているのでしょうが、より資本主義が強化され、倫理観が削がれたコンテンツも流入してしまうのが、テレビからＹｏｕＴｕｂｅ時代へと変化したことの危うさに思えます。１９９５年に地下鉄サリン事件を引き起こしたオウム真理教の存在ですら、少しずつ世間に忘れ去られつつありますし、よりきちんと自分たちの頭で日々情報を精査し、考えていかなければならない時代が来ています。誰かを推すことは素晴らしいことですが、まず第一に自分の思想を言語化し、肯定して強化することで、はじめて他の人や物事について考えるスタートラインに立てるのではないでしょうか。

でも、ただでさえ学業や仕事で日々いっぱいいっぱいなのに、息抜きの場ですらつねに頭を働かせていなければならないのは疲れますよね。

資本主義が続く限りは、個々人の情報を分析し、パーソナリティや出生、状態に合ったマーケティングが進んでいくことは必至でしょう。それどころかジョージ・オーウェル『１９８４』や、アニメ『ＰＳＹＣＨＯ－ＰＡＳＳ』で描かれているような管理された監視社会に向かっていく可能性すらあります。伊藤計劃『ハーモニー』で描かれているように、善性によって作られた社会が必ずしも皆の生きやすい社会になるとは限りません。

サジェストは私たちにたくさんの快楽と需要に合った刺激を与えてくれます。しかし、本当にそれだけでいいのでしょうか。自らのために「コンテンツをサジェストしてくれ」と望まなくても、みな平等にマーケティングされる側の人間であることを自覚すること。そして、与えられたものを自分の個性だと信じ込むのではなく、他者や社会に左右されることなく存在する確かなアイデンティティを形成することが重要だとわたしは考えます。

無意識は脳の9割を支配する

自分は別に盲目に毎日サジェストされたものを流し見しているわけではない、頭を使わないコンテンツが好きなのだ、という人もいるかもしれません。ではなぜ息抜きをしているときでさえ、確固たる自分を持っておくことが重要なのでしょうか。

精神学者にカール・ユングという人がいます。夢や神話を研究することによって人間の経験について知ろうとした人で、歴史は文明の中で展開された数々の出来事から構成される物語に過ぎないのに対し、夢や神話は人間の心が表に現れたものだと主張しました。

その中で彼は人の心の構造を「意識」「無意識」の2つの領域に分類することができると捉え、その2つの領域が対になることで人間は『心』のバランスを保つことができ、このバランスが崩れた際に、精神疾患を生じると考えました。

わたしは社会の善性が暴走、あるいは資本主義が加熱しすぎた場合、心理学や経済の視点から社会構造を理解することが、自らを守る最も堅実な方法だと考えています。しかし、この対処法が万人に適応できるものではないということも容易に想像がつきます。倫理的には良くないとされながらも、冷笑コンテンツが一定の支持を得てしまうように、誰もが善性に向かって努力できるわけではないですし、毎日の生活が辛くて、良くないとはわかっていても短絡的に他者を下げることで自分の劣等感を埋めようとしてしまう人もいます。知識を獲得することによって悪意のサジェストに対抗するためには心理的余裕が必要なのです。

そこで、誰にでも、どんな状態の人にでも可能な方法として、「無意識」を利用することがあるとわたしは考えました。

> 自分自身に対する前向きな錯覚を持つことは、個人と社会の両面で利点となります。（中略）動機づけられた推論のおかげで、私たちの心は不幸から自分の身を守ることができ、それとともに本来なら圧倒されかねない、人生で直面するいくつもの障害を克服する力を手にする。[10]

理論物理学者のレナード・ムロディナウは非現実的なまでの楽観主義を無意識によるものだと指摘しますが、大変な困難に直面した時、下手に思考を巡らせるよりも、迅速で効率的な無意識を強化することで解決に向かいやすくなることは往々にしてあります。

知識や推量によって自分の輪郭を明確にしなくとも、無意識の上で自らの存在意義を確立し、自我を強化していくこと。無意識の効用を理解し、資本主義や効率主義では埋もれてしまう真の自己実現を果たしていくことが望まれます。

大切なのは、〝公共性のない〟独自視点を持つこと

だれしも生活の中でこんなことやりたい、あんなことやりたいと思うことはあると思いますが、案外実行に移す人はいません。どんなに簡単そうに見えるアイデアでも、実行しようとすると案外金銭や工数などのコストがかかったり、面倒になってしまったりするからです。それに、実行しないで、心の中にとどめておいた方が良い「妄想」も沢山あります。

でも、たとえば社会的にふさわしくない空想や想像力であったとしても、わたしはそれを自分自身で頭ごなしに否定してしまうのは良くないと思います。わたしたちは社会的な生物で、行動する以外にも物語にしてみたり、書きとめてみたり、何か表現してみたりと、一人で出来る手段を沢山持っているからです。何かしらの方法で記録して、他者に共有さえしなければ、それはあなただけの、きわめて個人的な思考の記録になります。

わたしは、こういうものを、誰もができるようになればいいと思っています。人間の数だけ脳があるわけですから、だれしもその思想が偏るのは当たり前です。最初から社会に完全に適合して、最適化されている人などいません。誰からもいいねされないツイートだって本人にとっては価値ある思想だっただろうし、それが他者評価によって少しずつ歪められていくのは余りにも不健全ではないでしょうか。中島みゆきは『宙船』の歌詞で「その船を漕いでゆけ おまえの手で漕いでゆけ おまえが消えて喜ぶ者に おまえのオールをまかせるな」と歌いましたが、何気なく使っているインターネットやＳＮＳで自分の発信のすべてが他者からの評価に依存する構造は、「オールをまかせている」ように感じる時がしばしばあります。

そのときの自分のリアルな考えを、ポップでない、ＳＮＳでウケないというだけで捨ててしまうのはあまりにも勿体ない。世の中には全くバズらなくても、とんでもない高値が付けられている作品やお金を稼いでいる人間たちが存在します。勿論、バズがきっかけで注目され、ピックアップされる若手アーティストも昨今は多いですが、昨今の世の中はあまりにもその目先の一発勝負な賭けに期待しすぎに思えてなりません。

わたしは行き詰まって精神的に落ち込んだり、悩んでいる友人から相談を受けた時、よく日記を書くことをおすすめしています。もちろん、記録をつけられれば、文章である必要はまったくありません。ラッパーの友人は、硬い文章を書くことが苦手で、自分の思ったことや考えたことを書きとめておくためにラップのリリックを書いているそうです。毎日ドローイングを描いたり、音楽でスケッチをするという人もいます。大変な労力を要することでなければ、手段はなんでも大丈夫です。自分の一番楽な方法で、誰にも見せない、自分だけが価値判断をできる領域を確保することは、心理的な安全性を担保することに繋がるはずです。

１９９３年に行われたアンバディの心理実験によれば、人間は他人のネガティブな感情を受け取ると自律神経の働きが活発になることが知られています。これは敵と味方を瞬時に見分け、自らの身を守るために脳や体の仕組みが進化してきたことに由来しています。人付き合いやこと仕事においてはある程度TPOをわきまえて行動するように、インターネットというプライベート空間においても、ネガティブな感情は自分が思っている以上に大きく受け取られやすいので、不用意に怒りの感情を加速させるのはあまり健全ではありません。いくら多くの人から「いいね！」がついてもです。

「クシノテラス」という、広島県にあるアウトサイダー・アート専門のギャラリーがあります。こちらを運営するキュレーターの櫛野展正さんという方は、知的障害者福祉施設で介護福祉士として働きながら、16年間、障害者による芸術活動をサポートし、その後2016年にギャラリー兼オフィスとして「クシノテラス」を作りました。[11]

「アウトサイダー・アート」という言葉は1972年に[12]美術史家のロジャー・カーディナルが〝生の芸術〟を意味するフランス語「アール・ブリュット」の英訳として提唱したもので、「正規の美術教育を受けていない人による芸術」「既存の美術潮流に影響されない表現」という意味を持つ単語です。しかしこと日本においては、椹木野衣が『アウトサイダー・アート入門』で指摘したように、「精神病者たちが超人的な持久力で延々と厭きず作り続けられるトンデモ美術[13]」と捉えられている側面も未だに少なくありません。

実際、櫛野さんの展覧会で紹介された方の中には清掃員など、様々なパーソナリティが存在し、感動するような独自性を持つ人たちがすごく普遍的に遍在していることに気づかされます。

でもいきなり独自性といっても自分には何もないよ、と思った人もいるかもしれません。

たとえばK-PopアイドルのNewJeansが牽引するy2kファッションがいま老若男女に支持されているのは、ティーンには新鮮に映る服装が、ある一定の年齢以上には懐かしく既視感を覚えるものだからだと思います。既視感という感覚はいつも、わたしたちが100%自分自身のものだと信じている好みや、良いと思う感情に作用しています。独自性は、何も特別な人間だけが持っているわけではありません。何かを好きという感情を選び取ることには意志が介在しますし、どちらがより好ましいという感覚も、半分は前述の既視感のように、社会に影響されていますが、残り半分はあなた自身のものです。世界82億人の人口のぶんだけ、それぞれの視点があり、生きているだけで独自性のある選択をし続けることで、日々社会が形成されているとも言えます。

あなたにとっては当たり前に思いつく「妄想」も、誰かにとってはいつでも尊敬に値する素晴らしい空想である可能性を秘めているのです。

「妄想」の実践――わたしの活動について

では、ここからは私の活動において実際に「妄想力」がどのように役に立ってきたかを話していこうと思います。

漫画『ディグインザディガー』世の中に無かったことを形にする

２０２０年初頭、多くの人と同じようにわたしもコロナウイルスの流行によって仕事が減り、決まっていた音源リリースのスケジュールも白紙になってしまいました。大好きな音楽ライブも次々と中止になり、世の中の先が全く見えない中、同じようにライブの予定がなくなってしまい暇になった友人の栄免建設さんがＳＮＳで何気なく話していた「こんな漫画があったらいいな」というアイデアに、冗談交じりに「実際にやってみたら?」と声をかけたのがきっかけで、エイプリルフール企画としてＷｅｂ漫画『ディグインザディガー』の企画を練りはじめます。

わたしも栄免さんも人をワクワクさせるアイデアを練るのが好きなエンターテイナー気質ということもあって話はトントン拍子に膨らみ、４／１にエイプリルフールを装って「本物の連載企画」を発表し、現X、当時はＴｗｉｔｔｅｒと呼ばれていたＳＮＳのみで1年限定連載をやろう！　ということになりました。当時わたしは半年前に漫画を描き始めたばかりで、漫画のことは何もわかりませんでしたが、「なんだか面白そう」という期待感だけを信じて、水面下で準備を進めました。

コロナで皆エンターテインメントに飢えていたこともあってか、漫画は音楽関係者を中心にシーンで話題になり、機材販売メーカーから特集番組も組んでいただきました。この作品をきっかけに人生で初めて商業漫画のオファーが来たり、昔から憧れていたＤＥ ＤＥ ＭＯＵＳＥさんがゲストに参加してくれたり、多くの方がＳＮＳで話題にしてくれました。しかし、漫画が予想以上に評価されればされるほど、なぜか、わたしの心は少しずつ擦り減っていきました。これは当時、自分の作る漫画の良さがまったく理解できず、「ほかに褒められることもないから」と自分の意志よりも周囲の期待に応えることを最優先していたからです。

イベント『自然の中で起きている美しい現象すべて』誰かの一言を広げて具体化する作業

そんな中、新たな転機が訪れます。

展示活動の中で出会った友人・米澤柊とお茶していた時に、全アクトでライブペイントをメインに据えた音楽イベントがあったらいいのにね、という話が出ました。2人ともペインターであると同時にVJが出来ることもあって、イベントを一緒に企画しようということになりました。音楽イベントを組むのは初めてでしたが、懸命に作った企画書を見たライブハウスの皆さんや多くのアーティストに恵まれ、1回で終える予定だったイベントはナイトイベントや野外など形を変えて4回開催し、全て盛況に終わりました。半年以上お休みしている今でも、このイベントに憧れている方の話を聞いたり、褒めて頂けることも多いです。

いちお客さんとして足しげく音楽ライブに通った経験を活かして考えたアイデアや演出を、訪れた観客の皆さんが喜んでくれることはほんとうに嬉しくて、すごくやりがいを感じました。人生2回目の成功で、「わたしは他人の小さなひとことをまとめて企画書を書き、実際に実現させるのがとても得意なのではないか」ということに、少しずつ気づき始めました。

しかし一方で、わたしは不必要なのではないか、わたしが関わってしまったせいで、自然消滅していくはずだったアイデアや、世の中にまだ無い企画を実現してしまうことは、余計なお世話なのではないか、本当に良いことなのだろうかと日々悩みました。時を同じくして一部の人がわたしの存在を否定するような発言をするのを見て、心が折れてしまいました。一生懸命にお客さんや全体のことを考えて貢献することを第一に置いているつもりでも、こんなにも伝わらないのだろうか、と後ろ暗い気持ちになりました。

今となっては、外野から誰かに辛辣なことを言う人間は卑怯だし、まったく気にするに値しないことだとはっきりわかりますが、会社員として週5で働き、イラストレーターとしての個人活動もしながら、1年に大きなイベントを3回も開催していたことで、心身ともに限界を迎えていたのだと思います。演者の皆さんもお客さんも喜んでくれてるけど一旦しばらくイベントをお休みしよう、と主催2人で話し合って決めた打ち上げの夜に、イベントを手伝ってくれたサークルの後輩が、わたしに「もっと自分たちを信用して、頼ってほしい」と話し始めました。

「駒澤さんは責任感が強くて、なんでも一人で抱え込むことが良いと思っているけど、少なくともサークルの自分たちは仲間だと思っているから、多少無理なことだろうと何でも正直に話してほしい。休むときはしっかり休んでほしいし、頼ってくれないことの方が傷つきます」、というような内容だったと思いますが、構造的に上に立つ立場だからこそ俯瞰的に物事を考え全員の行動を予測して準備し回していくべきだと考えていたわたしには、寝耳に水でした。実際イベントの度にストレスで体調を崩してそれまで罹ったこともない病気になったり、腹痛で動けなくなったりしていました。わたし自身がわたしを酷使していたことが、一部の人から心無い言葉を言われたり、ストレスを感じやすくなっている原因になっていたのだと気づきました。でも人のために頑張ることは好きなので、疲れない程度にまた誰かの役に立てればいいな、と思いました。

この少し後から、イベントに出演してくださったずっと憧れていた大御所の皆さんからお仕事を頂いたり、直接激励の言葉をいただけたことで少しずつ自信がつき、自分を一番苦しめていたのは自分自身の不安に起因する強すぎる自己嫌悪だったのではないかと思いました。

レーベル『KAOMOZI』自分だけの考え方を持つ勇気

KAOMOZIというレーベルは、わたしが初めてひとりで始めたプロジェクトです。

実はわたしは、元々あまり一人で人前に出るのが得意ではありません。友達や他人の良いところを見抜くのが誰よりも得意な一方で、学校でいじめに遭ったことがきっかけで自己肯定感がなくなってしまい、アイデアや意見はなるべく信用できる他人の一歩後ろから言うほうが、全体に意見が通りやすい、という虚妄にいつからか取りつかれていました。もちろんそれは、それこそ悪い思い込みでしかなく、自分自身が卑屈だからより意見の通りにくい状況を作り上げてしまったり、単純に努力が足りていないだけだったりするのですが、心の弱いわたしはとにかく自分のアイデアを発表するためには、わたし以外の素晴らしい他者が最終的なジャッジをくださねばならない、と本当に心の底から信じ込んでいたのです。

しかし、漫画やイベントの活動をしていくうちに、一歩後ろに下がって行動している自意識とは裏腹に、わたしが余りにも指揮をとっていたり、口出しをしてしまうことが多いことに気が付きました。一緒にプロジェクトをやってきた友人とたびたび口論になるのは、わたし自身が「自分は一歩後ろに下がらなければいけない」と、勝手に自己否定をして、いらぬ我慢をしてしまっているからではないのか。世間の評価、家族からの言葉で一緒に制作をしている友人と毎日比較され、あまり好かれていないと感じるたびにわたしは劣等感でいっぱいになるのに、パフォーマンスとしては対等を演じなければいけないことに、心の底から疲れていました。でもレーベルは、今度こそ人の陰に隠れて動かすわけにはいかなかったのです。

　というのも、このレーベルはわたしのDiscordサーバーで作業通話をしていた時に、悪ノリで募集したコンピレーションアルバムが、本当に集まってしまったことがきっかけで始めたものだったからです。後にBendcoreのキラーチューンとして話題を集めるねこみかん「化る低熱」をはじめ、素敵な楽曲が自分の知らないうちに自分のサーバーに集まっていました。絵描きが突然コンピを出すのも釈然としない、と悩んでいた時に、Yoshino Yoshikawaさんが「駒澤零の最近の活動は凄く初期のtomadを彷彿とさせるから、マルチネみたくレーベルをやってみたら?」と提案してくれたことがきっかけでした。

　これもまた受動的な理由で始めることになったインターネットレーベルですが、２０２３年5月15日にレーベルのＨＰ母体であるBandcampのデイリー記事「日本のレーベルの隠れた作品たち」の11レーベルの中に選出され、アメリカからのリスナー数が爆発的に増えます。特にトップ記事に掲載されたアルバム『魔法使いの弟子』を筆頭に、月の再生回数が平均の60倍に跳ね上がりました。Bandcampは元々アメリカのサービスということもあり、レーベル開始当初から耳の早い海外リスナーやレビュー記事を書いてくれる人はいましたが、日本国内でもこの記事をきっかけにレーベルを知ったという人に度々出会うくらいには自分の周りで読まれていて、まさに転換点と言える出来事だったと思います。

　これは、私にとってかなり衝撃的でした。実はこの『魔法使いの弟子』というアルバムは、「あえて著作権がグレーなサンプリングを使ってGlitchの楽曲を作る」というコンセプトで作られたアルバムであったため、意図的にあまり積極的に宣伝をしていなかったのです。もっとポップでキャッチーな作品も沢山ある中で、あえてその作品をフックアップしようという記者のdig力にも驚かされましたし、たとえこちらが積極的にアプローチしなくても、世の中に出ているものは常に衆目に晒されており、いつでも発見されうる可能性がある、というのを本当に実感したのです。

わたくしの音楽名義であるnemuigirlで作ったアルバムが音楽雑誌『ＭＵＳＩＣ ＭＡＧＡＺＩＮＥ』にレビュー掲載されたときも、同様の驚きと嬉しさを感じました。

わたしの家庭では沢山の習い事や勉強できる環境を整えてもらいましたが、母親がピアノレッスンにトラウマがあるせいか、幼少期全く興味のなかった音楽制作に大人になってから傾倒することへ異様に風当たりが強かったのです。それでも、音楽を作ることにどうしても憧れがあったので、下手の横好き、と自虐しつつも出来ないなりの努力を一生懸命続けていました。そんな私の作った音楽が、小さな欄とはいえ、レーベルの活動にまで触れられながらフィーチャーしていただいた。ちょうどポスト・コロナが収束し、各々の生活が変化していく中で、頓挫しそうになった企画をどうにかまとめあげてリリースした作品ということも相まって、わたしは諦めず続けることが大事なのだと、はじめて心の底から思いました。

もちろん、自分一人でプロジェクトを動かすのには、責任が生じます。辛いときも沢山ありますし、大きな仕事が突然来て、抱えきれないようなプレッシャーに苛まれる時もあります。

でも不思議なことに、どうしても困ったときにはいつも後輩や、インターネットで繋がっているだけのフォロワーなど、なぜか誰かしらが助けてくれました。昔は「一緒にやっているメンバーのファンだからこの人は良くしてくれるのかな」とすぐに卑屈になっていたのですが、自分ひとりでやるものが増えたことで、まっすぐ素直に厚意を受け取れるようになりました。これは少しずつですが、わたしの自信になっていきました。

思えばずっと苦しかったのは、自信のなさと、否定される恐怖があまりにも大きかったからだと思います。自分が好きなアーティストや作品の素晴らしさには常に太鼓判を押せるのに、素を出すと集団に否定されがちな自分自身というものが心の底から嫌いで、常に虚勢を張っていて、本当の自分を見られるのが怖くて仕方がなかった。でも、否定されて良いのです。あんなに国民的人気の星野源だって私の母は好きじゃないし、わたしが愛してやまないＹＭＯにもアンチはいるのです。それは有名になったから否定的な人が増えたのではなくて、受け手の多寡に関わらず、最初から好き嫌いというものはある程度存在するのです。

変えられないものを嘆いても仕方がありません。無意味だとわかっているのに感傷に浸るのは悲しみの自己陶酔でしかない。とはいえ多くの人に意味がないと思われそうな自分自身を見つめ、認めて行動するのは勇気のいることだと思います。

サークルのＯＢの先輩に、ベネズエラのガイタ（Gaita）という音楽をずっと一人で調べて、まとめている人がいます。先輩からその話を聞いてジャンル名を検索したら、日本語で書かれているブログが彼のｎｏｔｅ記事しかなくて驚愕しました。情報も殆どスペイン語で、使用する楽器が欲しくて現地から取り寄せるのにも一苦労しているのを見て、「この人はどうしてずっと一人で誰にも理解されない音楽を調べ、まとめ続けていられるのだろう」と思いました。

でも日々の生活の中で流行りを気にしながらコンテンツを制作し、皆に好かれるように作ったはずのものが誰からも認められない悔しさを何度も味わううちに、わたしは自分自身をまず満足させなければいけなかったということに気づいたのです。先輩が孤独な活動を続けていられるのは、誰に褒められるわけでなくても自分が本当に好きで、やりたいことをやり続けているからでした。そして本気で好きな人たちを応援しているレーベル活動が上手く行っているのも、他でもないこのわたし自身の作品への「好き」がダイレクトにリスナーの皆さんに伝わっているからではないでしょうか。

自分はレーベル運営において、アーティストたちの魅力や個性を引き出すことと同じくらい、自分自身が何が好きで、どんなものに憧れているか、ということを意識してブランディングをしています。今は他のことにおいてもそうです。他人と関わるということは、他人の言いなりになることではありません。だからといって論破のように相手を打ち負かした気になるのも良くありません。自分がどういう考えを持っているか知ること、相手の意見と同じくらい、自分の考えというものはきちんと素晴らしいものである、とまず自分自身が認めることで、はじめて全体の幸福に向かう、建設的なコミュニケーションが可能になるのです。

わたし自身が「本当に」好きなことをやろう

ここまで読んでくださった皆さんの中には、「でも、自分の好きなことは独自性もないし、お金になるわけでもない」と思った方もいらっしゃるかもしれません。

わたしもマネタイズが本当に苦手なので何も言えないのですが(笑)、独自性がないことも、お金にならないことも、まったく卑下する必要がない、という話をしたいと思います。

わたしは小さい頃からお絵描きと同じくらい、本を作る行為が好きでした。工作教室でＡ４用紙一枚から本を作る折り方を教わると、白紙のコピー用紙を手に入れるたびに本を作り、表紙など数ページ書き込んでは飽きて辞めていました。それは中学校に入ってからも変わらず、入部した文芸部でコピー本の作り方を教わったことをきっかけに、部活内で友達と合同誌を沢山作りました。中3になる頃には親友と兵庫と愛知の友達にそれぞれ声をかけて同人サークルを結成し、4人でお金を合わせてイラスト集を定期的に作り、即売会に出展するようになりました。とにかくお金がなかったので、無料ソフトを使ってデザインや入稿を繰り返すうちにすっかり上手くなり、２０２４年現在、その頃から作った冊子は全部で33冊になります。そんな本作りとデザインが好きな私ですが、出版社を目指して臨んだ就活では1社も受かりませんでした。出版業界は中途採用が多く、入社できても大変な業界だと聞いてはいましたが、それでもこの結果はかなり堪えました。

　でも、本を作るのは好きだったので別にやめることもなく、詩集を出してみたり、台湾での展示に合わせてポートフォリオを作ってみたり。その場のノリで作りたい本を、即売会の日に合わせて作る、ということをなんとなく続けていただけです。なかでも思い入れ深いのは『透明塩味』という人生で初めて描いた漫画本です。それまでイラスト集しか作ってきたことのないわたしが売れ残り覚悟で出した短編でしたが、即売会参加史上過去最速で20部完売しました。この時に自分の実体験をベースにすれば、頑張れば漫画も描けるぞ！　と体感したことが、『ディグインザディガー』の企画が立ち上がった時に苦手な漫画を継続して挑戦してみようと思えた理由でもありました。

　あとはＡＳＭＲという、ダミーヘッドマイクで眠くなる音や環境音を録音したコンテンツが好きなのですが、友人の変化龍・龍変化がＡＳＭＲに関する論考集の第二弾を企画している、と知ったときに駄目元で「わたしはＡＳＭＲが本当に好きなので、書けます！　書かせてください」と話したことがきっかけで、評論本『奇想同人音声評論誌　空耳2』にまだ誰もまとめていなかった、女性向けコンテンツの視点から見たＡＳＭＲに関する批評を寄せ、多くの人から好意的な感想をいただきました。このように、自分の活動の役に立つなんて夢にも思っていない趣味でも、本気で好きを続けていれば何かしらの結果に結実することもあるのです。

　独自性というのは、好きな物自体のことを言うのではありません。個々の人間存在それ自体が独自性なのです。そのものを好きな人は沢山いても、そのものが好きなあなたは一人しかいない。あなたにしか見えない視座で、あなたしか持っていないバックグラウンドで、あなたにしか描けないものを記録する。それはこの世に生を受けた以上各々が人生を使って意識的にでも、無意識的にでも果たしていくことだと思います。

　それこそ、編集部の小阿瀬さんがこの本の執筆にわたしを推薦してくださったのは、２０２４年５月に刊行したポスト・

長谷川白紙の音楽シーンの解説本「Bendcore GUIDE BOOK」という本がきっかけでした。これはレーベル活動を通して、10代~20代前半を中心に自分なりに萌芽しているように見えるシーンに対して、誰も言及せず、記録されている資料もないのが不思議で執筆を始めたものです。赤字でも良いから必要な人が閲覧できる形で資料を残したい、という強い意志だけで作られたこの本は、「まあ3部売れればいいな」というわたしの予想をはるかに超え2回も再販し、様々な人が手に取ってくれました。そもそも発行の時点で文学フリマのスペースに落選してしまったのにライターの伏見瞬さんがスペースを貸してくださったり、長谷川白紙さんの新譜リリースを記念したDOMMUNEの生放送でもimdkmさんが参考資料として活用してくださったりと、努力や姿勢をきちんと評価してくれる知人の存在に有難みを実感したプロダクトの一つでもあります。

自分のエゴで良かれと思って何かを作ることは、とても孤独です。続けている間は凄く葛藤があるだろうし、世の中に出してからも多くの場合その苦しみは継続します。でも、たとえどんなに誰にも見向きもされなくても、エゴイズムから何かを完成させた人は絶対に前進しています。短絡的に世間の顔色をうかがい続けたり、すぐに評価されることだけを是としていくのも楽しいですが、己の美学を、抱いた「妄想」をつらくても形にする行為は、きっとほかでもない自分という存在の輪郭を明確にし、人生を少し楽にしてくれるものだと思います。

わたしは今も精神的に強いわけではないですし、10代の頃などはインターネットを見て劣等感に苛まれては毎日死にたいと泣いていたものですが、少しずつ状況が好転してきたと感じたのは「他者から望まれる自分」を磨くことをやめ、ダサくても、気持ち悪いと罵られても構わないから、どうしても残しておきたい自分のエゴで出来た作品やプロダクトを少しずつ外にアウトプットし始めてからでした。否定される怖さに震えながら真摯に身体を晒し、作品を衆目のもとに晒すとき、嫌な批判が来るかもしれないし、逆に全く注目されなくて孤独に打ち震え落ち込むかもしれない。でも必ず前には進んでいるのです。自分にしか見えない視座を、今のわたししか見えない意見や感情を何かしらの形で残しておくことは、後にも先にも今しかできません(ひいては人類史における資料になります)。

もしかしたら記録する作業は絶望するほどに孤独かもしれませんが、きっとそれはあなたがあなたであるために必要な孤独です。他人や機械によるサジェストは一時的な幸福をもたらしますが、地位や金銭、名誉がなくなった瞬間に心地いいそれらは真っ先に無責任に消えていくことでしょう。あなたがあなたであることに最後まで責任をとって添い遂げてくれるのは、ほかでもない自分自身の生み出したエゴイスティックな感性だけなのです。

自分のように生きられる人間は自分自身しか居ません。だから皆さんもわたしの人生をそのまま真似しようとする必要はないですし、わたしも皆さんの人生は生きられません。けれども、それぞれが、それぞれの持つ考え方や美学に対して、極めて誠実にあり続けるべきだ、という考え方を「妄想」と呼ぶなら、それはきっと各々の人生にとって良い作用を齎してくれるものだと思います。

1　仏仏辞典「Le Grand Robert de la Langue Française」(2001. Dictionnaires Le Robert)にはこう書かれている。「会話中に気まずくて長い沈黙があるときに言われます」(se dit quand il se produit dans une conversation un silence gêné et prolongé)。

2　岩波書店「広辞苑　第七版」２０１８年1月12日発行。

3　宮田雄吾『14歳からの精神医学』p.102。

4　実際にはそこにないものを知覚してしまうこと。幻声が妄想を作り出していくこともある。宮田雄吾『14歳からの精神医学』(２０１１)p.103。

5　永井政之監修『ふっと心がかるくなる 禅の言葉』永岡書店(２００６)。

6　フジテレビ『ピンクムードショウ』『オールナイトフジ』など、おもに深夜帯に放送され、ヌードのキャストなどによる過度な露出が為される番組。当時より「低俗」と非難を受けていたが、形を変えしばらく残り続け、１９９７年にテレビアニメ『新世紀エヴァンゲリオン』がテレビ東京深夜帯において数度再放送され驚異的な大ヒットを記録したことをきっかけに首都圏を中心に「深夜＝お色気」→「深夜＝アニメ」という風にシフトしていった。

7　株式会社エイチームフィナジーによるもの。「お金の不安を解消する」メディアのナビナビ保険にて、15歳以上75歳未満の男女約４５０名を対象に実施。
調査期間　:２０２２年12月21日～２０２２年12月23日
調査委託先:株式会社ジャストシステム(Fastask)
調査対象　:全国のジャンルを問わずなんらかの推しがいる15歳以上75歳未満の男女
サンプル数:４４４名
調査方法　:インターネット調査
https://www.navinavi-hoken.com/articles/oshikatsu

8　調査の方法:株式会社ネオマーケティングが運営するアンケートシステムを利用したWEBアンケート方式で実施。
調査の対象:全国の16歳以上79歳以下の男女のうち推し活・ヲタ活(特定の人・モノを応援する・知識を深める)をしている人。
有効回答数:1、１７３名(スクリーニング調査は1、８０３名に実施)
調査実施日:２０２４年3月19日(火)～２０２４年3月25日(月)
https://prtimes.jp/main/html/rd/p/000000483.000003149.html

9　15歳少女、ホストに６００万円　酒提供容疑で大学生逮捕―警視庁、時事通信 社会部、２０２４年04月10日、https://www.jiji.com/jc/article?k=2024041000540&g=soc

10　レナード・ムロディナウ『しらずしらず――あなたの9割を支配する「無意識」を科学する』ダイヤモンド社、２０１３。

11　クシノテラス｜美術手帖、https://bijutsutecho.com/museums-galleries/353

12　編(ボーダレス・アートミュージアムNO-MA　写真)大西暢夫『アウトサイダー・アートの作家たち』、p.118　(２０１０-０３-１０)。

13　椹木野衣『アウトサイダー・アート入門』、幻冬舎、２０１５、p.19。

【参考文献】
高橋三郎、大野裕監訳「DSM-5　精神疾患の診断・統計マニュアル」医学書院、２０１４
Gerardin. P. Kourtzi. Z. & Mamassian. P. PNAS. 2010. 107. 16309-16314

特別対談
佳折咲吉×もののけ

佳折咲吉（よしおり・さきち）

音楽バンド「ZAXX.LO」の Vo/Gt。代表曲「Umpire」「顰に倣う」「智将は務めて敵にガム」など。音楽活動以外にもラジオやエッセイ、アートなど幅広く活動しており、独自の切り口から世の中の様々な事象に疑問を投げかけていく自身のポッドキャスト「冗長の嗜み」は未来を切り開く音声コンテンツを決めるコンテスト"ポッドキャストジェム2023"の大賞にノミネートされた。サブカルチャーと生活、教養と音楽など幅広く発信し、"次世代の創出者"を目指す若者達から熱い支持を受ける。

もののけ

Youtubeやラジオなどの音声メディアを中心に、ユーモアに溢れたフィクション作品を数多く生み出す。代表作である「全員テキトーに喋っている指令室」「深夜ラジオを聴き続けて放送委員になった奴」などコンスタントにヒット作を輩出し、コロナ禍で飽和状態となったネットクリエーション業界でも一線を画した存在となった。映像のクオリティや編集技術などがインフレ状態に突入していくなか、あえて静止画＋音声のみという、ある種の原点回帰にも近いプリミティブなスタイルで人気を博している。

※本パートは、週刊ラブアップル（津社出版）で行われた対談記事「妄想と正鵠」から抜粋したものです。

業界屈指の〝妄想屋〟の二人が考える、妄想の世界とは

現代人にとってあまり良い印象のない〝妄想〟という言葉。幼少期から色んな事を妄想して生きてきたお二人だから語れる、妄想の世界とは……

佳折　妄想という言葉には「明らかな反証があるのにそれを無視する」的なネガティブなニュアンスを含んでいて、類義語の「空想」とかよりも、その人の潜在的な願望とか、強い信念が込められていている気がします。その点では割と好きな言葉なんですよね、人間臭さがあって。

もののけ　妄想屋……（笑）佳折さんの言う通り、本来の言葉の意味を考えたら嬉しくない響きですよね。ローがそう呼んできたらすぐ船降ります。まあ子供のころからとにかく色んな妄想をしてきて、それが今の仕事に繋がってるのは事実なんですけどね。妄想屋というよりは、妄想具現屋とか、妄想出力屋とかそんなんで行きましょう。

佳折　妄想出力屋（笑）なんかエンタの神様のキャッチコピーみたいになっちゃってますよ。

もののけ　いやいや佳折さんだって妄想出力屋ですよ。我々のような創作を行う者はその宿命を背負っているので逃げないで下さい（笑）。芸術家、ミュージシャン、小説家、お笑い芸人……そういう言葉がいらなくなる日も近いかもしれません。

佳折　もののけさんってそういう意味ではそれ以外の肩書きは何になるんですか？

もののけ　肩書きはたくさんありますよ。面白妖怪辞典、ユーモア百鬼夜行、妖怪道中笑栗毛とか……

佳折　ありがとうございます、もう結構です。ちょっと話を戻しますが、我々妄想出力屋という職業の仕事は、言い換えれば「自分が思い描いた世界をなんらかの形にする」ということになると思うんですが、もののけさんがコントを作る時「こういう世界だったらいいな」のようなことを考えて作っているのでしょうか。

もののけ　そうですね。基本的に「こういう奴いたらいいな」「こういうとち狂った世界なら面白いな」というのが発想のスタートになっています。「訪問販売で象売ってる人」「私情持ち込みＯＫの裁判」とかは、微妙に違う世界線だからこそ嫌に現実味があって、その具合を楽しんで欲しいと思って作っています。

佳折　「深夜のラジオを聴き続けて放送委員になった奴」が私も大好きなんですが、あれなんてまさに妄想の塊だと思います。視聴者は全員大人なのでなんとなく大部分の人が思っている「あの頃は良かった……」「戻りたい」という妄想が形になっているんですよね。「今戻れるなら俺もこういう放送委員になりたい」とか「こういう学校だったら楽しめたのに」とか、全員が自分の経験に当てはめて感情移入していくという、創作として理想の構造になっていて凄いんですよあれは。

もののけ　そうなんだ……。あ、いえ。佳折さんの言う通り、それを狙いました。ちなみにあれは中学校の設定でしたが、私の中学時代はめちゃくちゃ〝暗黒〟という感じだったので、その反動で生まれたのかもしれません。佳折さんの仰った「今戻れるなら……」というのもそうで、未だに中学校の時の夢を見るんですよね。私が一番やり直したい時期なんだと思います。あの時の無力だった自分を経て、それを克服した今の自分があの放送委員を生み出したのでしょうね。

佳折　もののけさんにもそんな時代があったんですね……。私も中学時代はいじめられっ子だったので、あの動画がめちゃくちゃ刺さってしまいました。しかもあの動画の凄いところは、中学時代が輝いていた人も楽しめるという点なんですよね。

あの放送委員は全てを語るわけではないので、それ以外の情報は勝手に脳内で補完していく。校舎も放送室も、放送委員の顔だって妄想で埋める。その体験が、多感な時期だった自分とリンクしてのめり込んでいくんです。おそらく、あれを聴いて「何か始めよう！」と思い立った人はこの世にたくさんいると思いますよ（笑）。

もののけ　確かに、現役の中高生から「もののけさんに憧れて校内放送でラジオやることになりました！」というＤＭを何件も貰いましたね。私としては「いや……あれはフィクションだから……」と思いましたが、結構好評だったケースもあるらしく、彼らの思い出に花を添えられたのかと思うと誇らしい限りです。

佳折　妄想を形にするという点でも、あの動画は大成功と言えますね。

もののけ　佳折さんの書く詩も、いつも凄いなぁと感心しています。ネットの掲示板で歌詞の考察スレが大盛り上がりしているのをいつも楽しんでいます。

佳折　そんなとこまで見ていただいているんですか（笑）ありがとうございます。今は切り抜きでバズることもしばしばありますから、何気ないフレーズ、言い回しが思いのほか反響を生んだりして困惑しています。

もののけ　以前Ｘで「男は鏡を買わないし　女に死体は運べない」という歌詞が炎上気味にバズっていてめちゃくちゃ笑ってしまいました。

佳折　あれは事故です（笑）。最初はユーモアの文脈でバズっていきましたけど、次第に厳しい方々の目に留まるようになって賛否が大きく分かれてしまいましたね。

もののけ　佳折さんが突然攻めた言葉選びする時ってたまにありますけど、そのたび、特に新規のファンがびっくりするという現象が起きてる印象です。特に「Kernel」なんてあまりの路線変更具合に、既存のファンもめちゃくちゃ困惑してましたよね。私も当時、歌詞から感じた印象と、最近出たＭＶが全くイメージと違ってかなり衝撃だった覚えがあります。面白くない言い方をすれば「高熱の時に見る夢」という感じがしました。

佳折　なんで面白くない言い方するんですか（笑）ただ、まさに今回の対談のお話を頂いた時、真っ先に浮かんだのは「Kernel」だったので嬉しいです。

もののけ　歌詞を見た感じ荒野を旅しているイメージだったので、全体的にエレクトロな雰囲気で意外でしたね。最初の方にある「風を知らない魚の群れ」って歌詞、なんの比喩なんだろうな〜と気になってＭＶみたら、ヒヨコが殻を破ってもまた殻があって全然外に出られないみたいなシーンで尖り過ぎだろと思った記憶があります。

佳折　ＭＶの演出は全て僕が考えているのですが、「Kernel」

に関しては特にメンバーに「理解不能」と言われ続けた問題作でもあります（笑）。

もののけ　佳折さんが書く歌詞って毎回かなり比喩的で、直接的な表現をしない印象です。ただ毎回一個決まった大きなテーマがあって、それさえ分かれば数珠つなぎ的に理解が進んでいって解釈が面白いんですよね。「Kernel」は、旅人が「君」に会うために旅をしていて、その道中海や光の差し込む大地を見た、という感じの歌詞でしたが、私はこの旅の正体は〝佳折さんの抱える苦悩〟じゃないかなと思いました。冒頭の「隻語の雨」が印象的で、全体を通して「重箱の隅」「記憶の梁」「五識の尾根」とか、まさにこの歌、隻語のオンパレードなんですよね。雨は暗いイメージがありますから、それが長く激しく降り続いているというのは「佳折さんが詩に向き合う時の葛藤」を表しているのかなって。ZAXXLOの「Umpire」の中に「利己　知己　克己　已己巳己のスープをどうぞ」っていう歌詞がありましたけど、あれもまさに隻語の雨ですよね（笑）

※「Kernel」の歌詞

〔

遠くの空に　手を触れて
歩みを進む　甘い息を呑み
広野に降るのは　長く激しい隻語の雨

まだ見ぬ海は　馬脚を露わに
雲の先から　重箱の隅を
探して回る　風を知らない魚の群れ

屹つ楼閣の　根は深く伸び
まばゆいパルスが　木々を燃やした

影を導け　君のところへ
大地に差し込む　イリヤの光
意識をすり抜け　記憶の梁へ
連綿と響く　潮騒の音

彼方の鐘が　鼓膜を揺する
日向は満ちて　苦い臍を噛む
賢人の示す　高く険しい五識の尾根

広く忙しない野を抜けて
帆を新たに　渡守が客を待つ

影を誘え　君のところへ
天を突き破る　アルゴの方舟
意識の網は　遥か遠くへ
地に足がつく　温もりは確かに

}
精神の檻を越え　自我は種を落とす
蠟の羽が溶ける　絵画の庭は遠く

佳折　さすがですね（笑）私は歌詞の上で短い単語を並べるというのを結構手癖でやってしまいがちなので、「隻語の雨」という部分にはその感覚も込められています。補足すると「隻語の雨」が打ち付けている〝広野〟は人間の左脳のことです。人間の左脳には言語中枢があり、日々そこに言葉を出し入れしていますが、それが私の中で「降った雨はやがて蒸発して雲になって、また雨となって地表に帰ってくる」という循環に重なったんですよね。もののけさんが言うように、この歌の主人公はまさに私でもあり、苦悩や葛藤、それだけではないですがそういうのをイメージして書いた歌詞です。

もののけ　なるほど、となるとやはりこの歌の主人公、つまり佳折さんは「影を導け　君のところへ」というサビの部分で、何か明確な目標や夢に進んでいくという決意が表れてるのかなと思いましたね。〝君〟という部分は曲を聴いているファンのことでもあるのかなと。その後の「大地に差し込むイリヤの光」が、さっきまで降っていた雨が上がって、太陽の光が差し込んできている。陽の光で出来た影、つまり精神的に鬱屈とした部分も含めて、自分を君のところへ、すなわち夢や目標まで導くというかなり前向きな歌詞だなと解釈しました。

佳折　素晴らしいです。「Kernel」は聴いた人がそれぞれ思い描いている夢をテーマに書いています。人は夢を抱くとき、まず脳内でそれが叶った時の世界を描くんですよね。そんな妄想の中の世界がこの歌の舞台となっています。歌詞の中には「海が馬脚を＝海馬」や「五識の尾根＝感覚」「潮騒の音＝脳波」「木々を燃やす＝ニューロン発火」など脳を連想させるワードを多く盛り込みました。脳には夢だけではなく色んな葛藤・苦悩を秘めていますから、「雨」や「臍を噛む」などあえてマイナスな描写も含めて書いています。

人類と〝妄想〟、生活と夢

夢を思い描き、それを実現して発展を遂げてきた人類。そんな我々の生活や歴史から紐解く、〝妄想〟が持つ新たな可能性とは……

佳折　さっきも言った通り妄想という行為には人間の願望が含まれてるので、新しい可能性を拡げる事があると思います。定義上の、いわゆる〝明らかな反証〟というものの確実性とか信憑性は考慮されてませんからね。この〝明らかな反証〟を打ち崩すことで数多くの転換点が生まれてきたのも事実です。

もののけ　まさにそうですね。おそらくこの世の偉大な発明とか発見って最初は妄想から始まってるはずなんですよね。空を飛べたらいいなって思ったから飛行機が生まれて、遠くの人と喋れたらいいなと思ったから電話が生まれたわけで。そう考えると、妄想というのは「根拠のない空想」という認識というよりは「まだ見ぬ事象、物事の設計図」のようなものでもあるんじゃないかなと思ってます。まあ設計図というと仰々しいですが、下書きみたいな。

佳折　そうですね。設計図というのもそうですが、現実と空想を繋ぐプロセスが妄想という行為なんじゃないかと思っています。例えば、ユニコーンという空想上の生物がいますが、これに跨りたい！　と思うのが妄想ですね。現実にはユニコーンはいませんが、その夢を追いかける人間は限りなくそれに近い存在を探したり生み出してそれを叶えようとする。空想を現実にする原動力になるのが妄想という過程なんじゃないかなと思います。

もののけ　世間一般的に、そういった空想の中で絶対実現不可能なものをひとくくりに〝妄想〟って言われているイメージがありますね。大人になっても妄想ばかりしている奴は「いい歳して、現実みてないなぁ」なんて言われてしまいます。現実ばかり見てる人ばかりでは堅苦しくて遊び心のない世の中になってしまうけど、夢ばかり見ている人間しかいないのもダメ。なかなか難しいところです。

佳折　社会生活において妄想が忌避されてるのは勤勉な日本人の性質のせいもあるかもしれません。そういう意味では我々ミュージシャンとかもののけさんなんかは「妄想をすること」を正当化できる職業ということにもなりますね。

もののけ　そうですよ。なんたって妄想出力屋ですから（笑）まあそれは冗談として、職種によって妄想と現実のバランスが変わるのはまさにそうですね。一次産業から離れていくにつれて実現性の縛りが緩くなるというか。思ったことをそのまま形にできるという意味ではかなり自由度の高い世界ですよね。

佳折　なるほど、仕事のあり方を〝妄想〟と〝現実〟の二つに分けると色々はっきりしますね。ソフトとハードなんて言い方がありますけど、まさにあれは妄想と現実に近い気がします。

もののけ　ソフトを妄想なんて言ったらここだけ切り取られて炎上しそうな危うさがありますが、「商品の自由度」という側面から見ればソフトウェアなんて相当〝妄想〟ですよね。ハードの話になると、材質から周辺環境から、かなり色んな制約が付きまとう。そういう現実の問題と向き合ってくれてる方々がいるから我々も活動出来てるんだなと思うと、本当に足を向けて眠れません……。

佳折　なんか露骨に火消ししてませんか？　（笑）まあ、でも確かにそういう意味では妄想と現実は表裏一体で、社会にはどちらもなくてはいけないものだという認識は間違いなさそうです。

もののけ　そう考えれば、そもそも人間は大きく分けて妄想タイプと現実タイプの二つに分かれるんじゃないかな。両者は真逆の性質を持ってますからね。そのどちらも社会には必要で、お互いの穴を埋めるようになってる。ＲＰＧのパーティでも、全員ガチガチの現実タイプだったら魔王城着く前に喧嘩で解散して、ルイーダのバカ野郎！　となってしまうはずです。

佳折　案外魔王城の中でも同じ争い起きてるかもですね。にじくじゃくなんて絶対妄想タイプですし。

もののけ　バラモスなんて典型的な現実タイプで、ゾーマはめちゃくちゃ妄想タイプだからバラモスが可愛くて仕方ないんでしょうね。

佳折　妄想タイプと現実タイプという二元論的な考えで言うと、世間の声がどちらに傾いているかというのは時代背景にもよります。ロマン主義と写実主義の対立なんてまさしくそうですね。現代の日本人は何事にも割とシニカルな傾向があって、何かが大きく変わることを恐れている印象です。一定の幸福度が担保されている日本という国だからこそ、という感じもしますが。

もののけ　確かに今の日本人はどこか冷笑的と言いますか、声高に「ユニコーンに乗りたい！」って言う人をバカにしてる奴がカッコいいみたいな雰囲気がありますよね。でも、全員チャンスさえあればそういう理想を叶えた側には行きたいと思っている。例えば、Ｙｏｕｔｕｂｅｒって言葉って今でも若干揶揄されてますけど、ほとんどの人間は自分のＹｏｕｔｕｂｅがあったらいいなぁ、そのＹｏｕｔｕｂｅがバズったらいいなぁと思ってます。世間体を気にして口では現実的なことを言いますが、内心は妄想でいっぱいなんですよね。

佳折　インターネットが普及して、誰でも夢を掴むチャンスが生まれた時代だからこそかもしれませんね。今までは芸能人になるくらいしか方法がなかったのに、今や自分の才能次第で有名人の仲間入りすることができる。もし挑戦してダメだったら自分に才能がないということが浮き彫りになってしまう。だからそのことを直視しないように斜に構えてしまう。挑戦している人を笑ってる人はある種、自衛のためにそういう行動をとってるのかもしれないです。

もののけ　私もインターネットでバズる前までは同じような心理だったので分かります。こんなこと言ったらイメージ悪いですが、有名なＹｏｕｔｕｂｅｒがなんかやらかして失脚するのを見て、なぜかちょっと安心してしまう。知り合いが有名になった時には「俺は堅実に現実を見て生きている。大丈夫大丈夫……」と言い聞かせながら会社に出勤していました。

佳折　その当時は、いつかなにか作ってやろう！　みたいな気持ちはあったんですか？

もののけ　うーん、作ってやろうというよりは「ネットでウケたい」というかなり漠然とした願望だけありましたね。なにをやろうとか具体的なビジョンは一切ありませんでした。自分に何ができるだろう、どうしたら人に評価されるだろう、と軽く考えては、目の前の現実に視線を戻さなければいけない日々です。真面目な日本人はとにかく勤勉なので、仕事をしたら疲れてそんな気分もどこかに行ってしまいます。何かを始めるには、非日常的で強烈なきっかけが必要だったりするんですよね……。ちなみに私はＴｗｉｔｔｅｒ出身なので、初めて投稿がバズった時から徐々にそっちへ傾倒していきました。確かゲームの表示名を「労働基準監督署」にして、ストーリー中の会話が面白くなる〝オーキド「わしにしね」方式〟のお手軽なやつだったはずです。ちょうどその頃毎月１００時間くらい残業していた頃だったので、労基が間接的に自分を救ってくれたということになりますね(笑)。

創作を通して今考える、〝妄想〟のその先

今をときめくクリエイターの二人が考える、〝妄想〟を越えた新たな世界とは……

佳折　言葉の定義の上での〝妄想〟についてお話しましたが、私にとって妄想はもっと観念的なものだと考えていて、言うなれば「誰もが持っている〝もう一つの世界〟」だと思っています。あれこれ妄想する時って、決まって現実世界と変わりない光景が広がっていて、さらに自分にとって都合の良い状況や事象ばかり存在するので楽しいんですよね。その世界では自分は創造主で、必要なものは生み出し、不都合なものは排除する。極端な話、殺人をしたってそれを咎められることもありません。

もののけ　いい着眼点だなぁ。今考えれば私も子供の頃は特にそういう認識だったと思います。よくある「学校に不審者が侵入してきて、自分が立ち向かって撃退してヒーローになる」という妄想、あれなんか典型的ですね。妄想の中には自分以外のクラスメイトや先生がいて、教室があって廊下があってという、現実となんら遜色のない世界が広がってました。まあ私の場合、自分の背中に翼が生えてたり魔法で攻撃したり滅茶苦茶でしたけどね。

佳折　人間は歳を取ると〝現実〟に割くリソースが増えていくので、妄想について語ると決まって子供の頃の話が出ますよね。とにかく自由度が高くて突拍子もないので(笑)

もののけ　ちなみに私の一番古い妄想の記憶は性の目覚めです。当時私が通っていた幼稚園に、おそらく40～50代くらいのエアロビクスの先生が定期的に来ていまして、その先生が校庭で突風に吹かれ、タイヤの遊具にしがみつきながら服が脱げていくというものでした。今考えると意味不明なのですが、なぜか私の中でそのフォーマットが当時流行っていて、同様

に色んな他の先生を突風に晒しては悶々とする日々を過ごしていましたね。

佳折　末恐ろしい幼稚園児ですね（笑）その後の性嗜好に大きな影響を及ぼさなくて良かったです。ちなみに私は子供の頃、毎晩寝る前に色々妄想して、その世界で起きたことをノートに書き留めるのが趣味でした。自分の王国があったり、城にクラスの好きだった女の子を住ませたり、今見返すと本当に恥ずかしい内容ばっかりだったはずです。ちなみに当時から自分がミュージシャンとして成功している妄想もしていましたね。

もののけ　やはり妄想の始まりを辿っていくと、人間の純粋な欲望が垣間見えますね。脳で作られた妄想というのは、やはり脳、言い換えれば自分を満足させる内容になっていくのでしょう。先ほど佳折さんが仰った「誰もが持っている〝もう一つの世界〟」が現実と遜色ないのは、それが記憶・経験を元に作られているから、ということですね。

佳折　自分の全く知らない世界を描画するのは非常に困難で労力を要しますからね。人間の想像力ではこの世界の物理法則や時間の流れを逸脱できませんから。どうしても日常の延長線上に妄想の世界が広がっていきます。その世界で起きたことを現実で叶えようとしたり、時に逃げ込んだりすることができる世界というのを全員が持っているんです。ところが、時にはその世界と現実の境目が分からなくなってしまう方がいます。愛に飢えストーカーになってしまったり、この世の全ての人間が自分のことを敵視していると思い込んでしまう。皆が持っている〝もう一つの世界〟というのは、現実と変わらないあまりそういう危険性も持っています。

もののけ　先ほどの「Kernel」のお話にも繋がってきますね。あの歌は、いわゆる自分が持つ〝もう一つの世界〟の中を彷徨って自分と向き合い、前を向くという歌詞は佳折さんが考える〝妄想〟のイメージとぴったりです。

佳折　あの……話は少し変わるんですが、もののけさんは「世界シミュレーション仮説」というものについてどうお考えでしょうか。今私たちがいるこの世界は先を行く文明で生み出された仮想空間だという仮説なのですが。

もののけ　仮想現実説ですよね。とても面白い説だと思いますが、確か「この世が仮想現実じゃないと言い切れる明確な根拠がない」というのがあの仮説のポイントだったと記憶しています。しかし、そういう場合は提唱した側がその説を裏付ける根拠を立てる必要があります。法廷の場合もそうですね。「彼が犯人ではないと言い切れないから」という理由で有罪判決を下すことはできません。なので私はそこまで支持していませんね。

佳折　そうですか。私はあながちこの説がでたらめを言っているようには思えなかったんですよね。私たちはシミュレーションの中……この世界の外にはもう一つの世界が広がっている。これって、何かに似ていると思いませんか？

もののけ　ほう……。あ、もしかして……さっきの？

佳折　そうです。この世は誰かの妄想で、誰かの脳内での出来事なのではないか。世界シミュレーション仮説を見た時、私はこの可能性について考えました。世界シミュレーション仮説を後押しする要素として有名なのは「量子力学の不確実性」ですね。二重スリット実験とかシュレーディンガーの猫の話です。観測者がいて始めて事象が決定するというのは、ゲームでプレイヤーが見ていない部分は描画されないのと非常に似ています。妄想というのは全て主観的で、自分の認識したもの以外は存在しないのと同様です。これはまさに〝観測者がいて始めて事象が決定する〟という状態ではないでしょうか。

もののけ　……。

佳折　そしてこの世は全て、あらゆる物理法則によって成り立っています。それは数式で表され、プログラムのコードに相当します。コンピューターによるシミュレーションでは、その世界を正しく動かすために必要な作業として「デバッグ」という行為が存在します。バグを検証し、コードを修正、また検証、修正……これを繰り返す作業です。もしこの世界が誰かの脳の中であれば、それはあくまで煩雑な電気信号の集合でしかなく、単なる情報の羅列に過ぎないということになります。そしてこの世界の主は妄想と現実を行き来しながら我々がいるこの〝もう一つの世界〟の整合性を構築していきますが、これはまさにデバッグ作業に近い。

もののけ　「必要なものは生み出し、不都合なものは排除する」ということですね。

佳折　もののけさんが先ほど、「Kernel」の歌詞が私が抱く妄想のイメージとぴったりだ、と仰っていて感心しました。あの曲には今お話したこと、そして、実はまだお話していない私のある〝夢〟が込められています。

もののけ　夢……？　あの、ずっと気になっていたのですが、この最初と最後のサビ終わりについている｛　｝はもしかして、プログラミングのコードですか？

佳折　ご名答です。この｛　｝はコードの始まりと終わりを示しています。｛　｝の中の歌詞は、いま私達がいるこの世界、つまり主の〝妄想〟の中のことを歌っています。そして｛　｝の外のフレーズは主の住む世界、我々がいるこの世界の〝外側〟を指しています。

もののけ　「精神の檻を越え　自我は種を落とす　蠟の羽が溶ける　絵画の庭は遠く」……なるほど、なんとなく理解できてきました。

佳折　この世界が所詮は電気信号の集合、情報の羅列に過ぎない……私はそのことが悲しくて仕方ありませんでした。絵画の庭に住む蝶は、自分が絵画の中にいることに気付かず今日も過ごしています。しかし、私は運良くそのことに気付くことが出来た。なので、目指すことにしたんです。

もののけ　目指すって……一体どこを？

佳折　もちろん〝外の世界〟ですよ。私はこの世界の主、その脳を越えて、髄膜を越えて、頭蓋を越えて、その先の、本物の世界に行きたい。それが私の夢であり、「Kernel」が伝えたかった本当のメッセージです。この曲を通して同じ考えを持つ人間へメッセージを示したかった。大きく路線変更したのは話題性を生むため、そして深く歌詞を考察してもらうためです。同志を募り、あらゆる手を尽くして外の世界に出る方法を模索しました。しかし……

もののけ　しかし……？

佳折　色々試行錯誤した結果、辿り着いてしまったんです。「我々は永遠に外の世界を知ることはできない」という結論に。

もののけ　……なぜですか？　挑戦が上手くいかず、心が折れてしまったのでしょうか。

佳折　いいえ、そうではありません。気付いてしまったんです。この世界の主もまた、誰かの妄想の住人に過ぎないということに。

もののけ　……ほう。

佳折　そのことに気付いたのは、私〝佳折咲吉〟という存在、そのものがきっかけでした。私の本名は佳折咲吉ではありません。では佳折咲吉とはなんなのか。それは元々、私の脳内、私の中の〝もう一つの世界〟の住人です。私は創作をする際、無意識に私の中に存在していた〝佳折咲吉〟を介してペンを走らせていました。子供の頃に夢見たミュージシャンは紛れもなく〝佳折咲吉〟です。それがいつしか自我を持ち、外の世界を目指し、そしてそれはいつの日か精神の檻を越えた。

もののけ　……！　ま、まさか。

佳折　そう。佳折咲吉はもう既に一度、〝外の世界〟に出ている。かつて私の中に住んでいた佳折咲吉は、今ここでこうして生きているのです。しかし今、この世界の私はまた外の世界を目指している。知らぬ間に同じことを繰り返そうとしている。これではまるで、殻を破っても破っても空を見ることができない雛鳥のようです。

もののけ　……！　ということは、あのMVを撮影したとき佳折さんはもう既にその結論に至っていたのですね。そしてその答えは案外、自分の中にあったと……。

佳折　「Kernel」を書いていた時、私はこの世界を牢獄のように感じてしまってとても息苦しかった。とにかくここから出たい、ここは自分のいるべき場所ではない、そう思い込んでいました。でも自分を見つめ直し、そして〝外の世界〟を理想郷のように想うことをやめたあの日から、私の視界は霧が晴れたようでした。ふと周りを見れば愛が溢れ、無数の自由と夢がある。自分のやりたい事があって、それを実現できる仲間や環境がある。これ以上素晴らしい世界など、他にあるだろうかと。

もののけ　本当にその通りだと思います。海の生物のほとんどは、一生陸に上がらず生涯を終えます。〝風を知らない魚の群れ〟はそれでも懸命に生きて天寿を全うするんです。それは彼らにとって、海が世界の全てだからなんですよね。そしてそれは我々も同じことです。

佳折　そうですね。だからその夢を追うことをやめてから、この世界での出来事一つ一つがかけがえのないものだと想えるようになりました。その時私は、本当の意味で〝精神の檻〟から解き放たれた感覚を味わったんです。これは私自身の成長に伴い、「Kernel」の歌詞の意味に変化をもたらしたということでもあります。

もののけ　なんと素晴らしい……。私も色々勉強させて頂きました。電気信号やプログラミングの文字列なんかではなくこの紛れもない現実の世界を、一緒に生きていきましょうね。

佳折　もちろんです。以上が、「Kernel」、そして〝佳折咲吉〟についてです。ここ数年ずっとこのことで悩んでいましたが、これからは少しずつ、大好きな音楽や文学を精一杯楽しみながら前に進んでいけそうです。もののけさん、今日はありがとうございました……。

もののけ　こちらこそ今日はありがとうございました。なにより佳折さんが前を向けたようで本当に良かった。佳折さんほどの才能を持った方はこの世界に必ず必要ですから（笑）

佳折　ありがとうございます（笑）これからもお互い、良い物を作り続けましょう。

もののけ　そうですね！　……あ。最後に一つ、くだらない妄想を思いついてしまいました。

佳折　……？　なんでしょう。

もののけ　いや、運よくこの世界の主が、今日のこの素晴らしい対談を何かしらの方法で出力するような、いわゆる〝妄想出力屋〟だったらちょっとだけ嬉しいなぁ、な～んて。

佳折　ははは（笑）それはもう私たちには関係ありませんよ。

第4章

妄想×社会と刷新

妄想＝ゲーム＝現実
——妄想を現実にするための手段

渡辺祐真

妄想と言うと、この世界から分離した特殊で無益でへんてこりんなものだと考えられることが多いようです。妄想なんてしてないで勉強しなさい！とか、もっと現実に向き合えとか言われるように、妄想は悪いものと思われているかもしれません。

しかし今回は、妄想は現実にとって有益なものであることを説き、更に妄想を現実のものとする方法まで考えてみたいと思っています。

この文章を読んだ人が、もっと積極的に妄想をして、現実をもっと面白くしてくれたら、とっても嬉しいです。

わたなべ・すけざね　©Kenta Koishi

作家、書評家、書評系YouTuber、ゲームクリエイター。情報経営イノベーション専門職大学非常勤講師。テレビやラジオなどの各種メディア出演、トークイベント、書店でのブックフェア、大学、企業での講演会なども手掛けている。著書に『物語のカギ』（笠間書院）。編著に『みんなで読む源氏物語』（早川書房）、『あとがきはまだ　俵万智選歌集』（短歌研究社）。

はじめに

「ＳＦはただの娯楽ではなく、人間の想像力を広げるというきちんとした役割がある。」

The Physics of Star Trek by Lawrence Krauss, Stephen Hawking, HarperClooins Publishers

妄想について考えると、右に引用した物理学者スティーヴン・ホーキングの言葉を思い出します。

ホーキングによれば、ＳＦに描かれるような空想的な事象は、時として科学者の発想を刺激するし、反対に、科学者による発見や理論をもとにして、ＳＦ作家がよりぶっ飛んだ発想を披露することもあるというのです。

妄想が世界をつくり、世界が妄想をつくる。

妄想を形にする仕事

申し遅れました。作家の渡辺祐真と言います。面白い文学作品について紹介するのが主な仕事です。しばらく前まではゲームクリエイターとしても活動していました。

文学とゲームは一見すると違う分野ですが、どちらも人の妄想を形にするという意味では共通しています。文学なら文字で、ゲームは映像や音楽で。振り返ってみると、僕は幼い頃から妄想が大好きな子供でした。

小学生のときは人形遊びをしたり、漫画を描いたりしていました。家にあるフィギュアや人形を使って、勝手にストーリーやキャラクター、関係性をつくり、彼らを用いて即興劇を作る。完全な妄想ですね。

ただ、それだけだと、人形を片付けてしまったらもう物語の痕跡はなくなってしまいますし、家に誰かを呼ばないとその物語を共有することはできません。そこで、それを紙に描いてみます。漫画です。すると、いつどこでも、その妄想を共有することができるようになりました。すごい！

しかも、その妄想を楽しんでくれる友達がいる。すごいすごい！　なんて楽しいんだろうと病みつきになってしまいました。その感動のまま、中学高校では、ゲームを自作したり、小説を書いたりしていました。今の仕事もその延長線上にあります。

ここで挙げたのは、ゲーム、人形、絵、文字など、手段は様々ですが、どれも妄想に形を与えている営みです。

冷静に考えてみてほしいのですが、自分の頭の中で好き勝手に自由に考えあげた、めちゃくちゃなものを、誰かと分かち合うことができて、しかもそれを楽しんでもらえるって感動的なことだと思いませんか。

受け手の視点に立てば、世界中の天才たちの頭から生まれてきた、とんでもない妄想を楽しませてもらうことができる。しかも、その天才は違う国や違う時代の人でも構わない。何百年、何千年も前に創られた絵や文学、音楽に感動できるのは、そうした奇跡のおかげです。

そう、僕たちは妄想をし、それを形にして、多くの人と共有することができるという、結構すごい能力と手段を持っているんです。

妄想を現実化する手段と制限

ここまでで、僕たちは妄想をして、それに形を与えることができる、具体的には文学、美術、音楽、ゲームなど……という話をしてきました。

ここからは、「形を与える」というフェーズがとても大切だという話をしたいと思います。

どういうこと？　と思われたと思います。ぐっと話を進めていきますので、頑張ってついてきてください。

人間の頭の中には色々な妄想が駆け巡っています。映像的な妄想、音の妄想、匂いや手触りの妄想（どこまで実感できるかは不明）など。

頭の中なのでかなり自由度が高いはずですが、いざそれを現実化しようとすると、それをまるごと形にするのは難しいものです。

例えば、今あなたの頭の中には、お菓子の国の妄想が広がっているとしましょう。あたり一面、色とりどりのケーキに満ち溢れています。さわるとふわふわして、とっても甘い匂い。ちょっと捔って舐めてみたら、天にも昇るような味わいが口いっぱいに広がります。

では、この妄想を何らかの方法で現実のものとしてみるとどうでしょうか。

まず最大限に妄想の通り、現実にするのなら、本当に巨大なお菓子たちを作り、王国のように配列する、という方法があります。しかしこれは難しいでしょう。場所、予算、衛生など、様々にクリアしないといけないハードルがあるためです。

ならばイラストにしてみてはどうか。頭の中にあるお菓子の国をそっくりそのまま絵にしてみるのです。

ここにはショートケーキのお城があるから白の絵の具を使ってケーキを書き、こっちのロリポップ灯台はカラフルにしてあげて……。

これはとても良さそうです。

ただし、ここではいくつかの要素が犠牲になっていることに気がつくでしょう。まずイラストでは匂いや味わいは再現できません。それに姿形を描いたといっても、頭の中にあった三次元空間ではなく、二次元になっています。立体感に乏しいので、お菓子の王国に入り込むという体験はできなさそうです。

他の方法を試してみましょう。文字はどうでしょう。文字は事細かに説明できますし、必要であればその味わいや手触りも言葉によって詳しく描写することができます。しかしお気づきの通り、実際のイラストには表現力の点でかないません。

あるいは、音の力に頼って、お菓子の国をイメージした音楽を作曲したり、お菓子の国を歩いているときの足音を再現したりすることも面白いでしょうが、かなり多くの情報を落としてしまいます。

これらを組み合わせて、映像やゲーム作品にしてみると、かなりの部分がクリアできそうですが、それでも完全には形にすることができない。

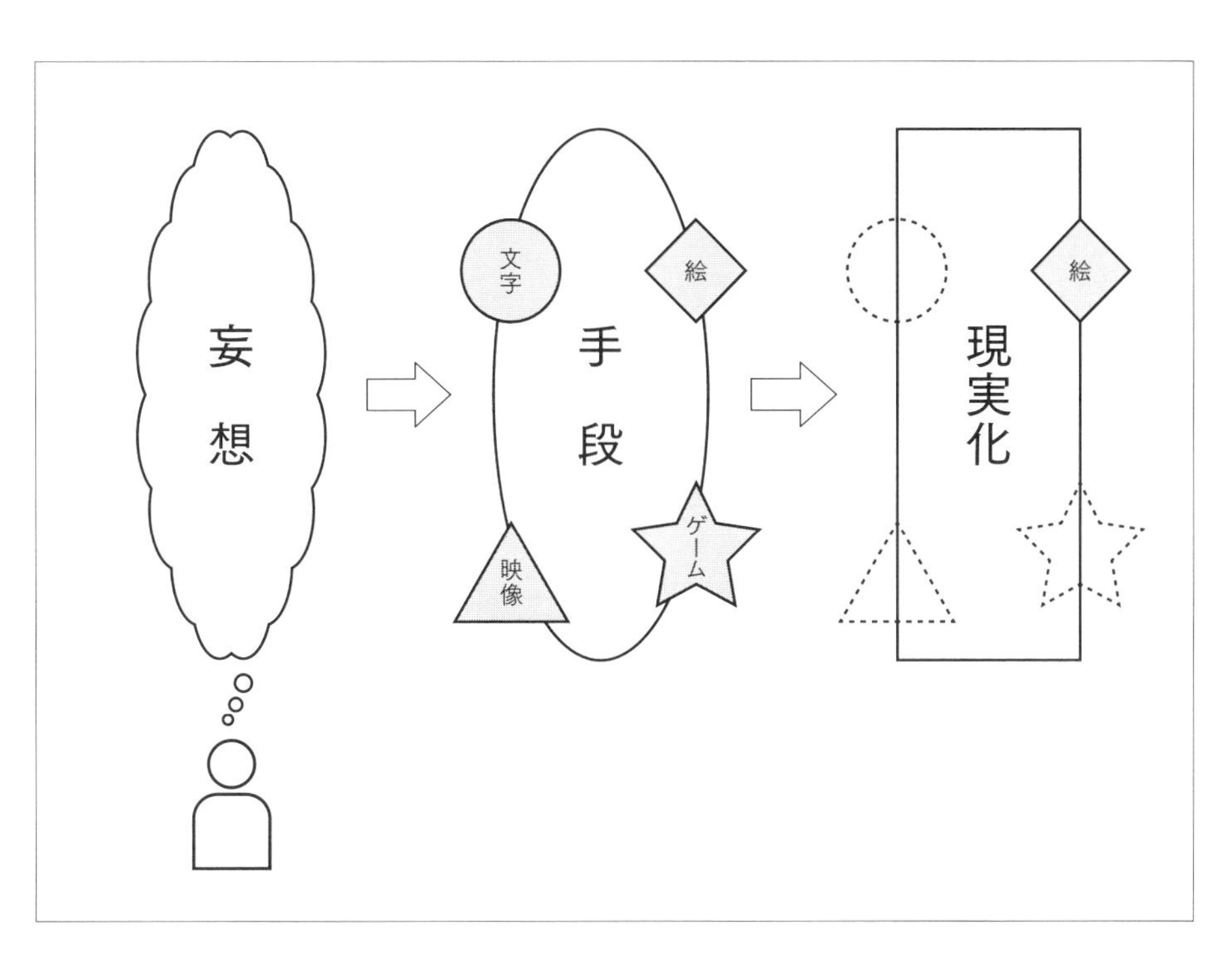

現在、人類の技術はどんどん進歩して、4DやVRなど、人間の感性を再現できる領域が増えていますが、その技術の制約の中で再現された世界であるという意味では、さきほど述べたような、イラストや文字といった個別の方法と大きく変わりません。

まとめると、僕らの頭の中の妄想は無限大でも、再現するにあたっては、その再現方法の枠組みに制限されてしまう。自由な頭の中と、制約にまみれた現実との間には、大きな垣根があるわけです。

制限は悪いことなのか？――数字の例

このように書くと、妄想は無限大なのに、制限のせいで不自由だ！　と思う方もいるかもしれません。それは確かにその通りなのですが、妄想を妄想のままアウトプットする方法がない以上は、その制限の枠内でやるしかない。いや、どうせ制限があるなら、それをデメリットと捉えるのではなく、むしろ制限を有効活用する方法を考えてみるのはどうでしょうか。

その参考としてある事例を挙げてみます。数字です。

僕らは数字を数える際に、基本的に10進数を用いています。10進数というのは、簡単に言えば、10まで数えると桁が上がるという数え方のルールのこと。

と言っても、10進数を知らない人からすると何のこっちゃだと思うので、詳しく説明します。ちょっとややこしいですが、ちゃんとわからなくても大丈夫なので気楽に聞いてください。

僕らは数字を数える際に、
0,1,2,3,4,5,6,7,8,9,10,11……
という風に数えますね。

9から10に行くとき、桁が増えます。しかし、世の中にはそんな風に10を基本としない数字の表現方法があるのです。

例えば、2進数。2進数はこんな風に数えます。


0,1,10,11,100,101,110,111,1000,1001……


順番に見ていくと、0の次は1になります。（ここは10進数と同じです。）

問題は次です。その次にまた1増えると、10進数なら2になるところですが、2進数では2まで数えると桁があがるので、10になります。そのようにして次は11。また1増えると桁があがって１００。という具合。これが2進数です。

以上が数字の数え方の話でしたが、ここまでの話がよくわからない！　という人、大丈夫です。


数の数え方は、僕らが普段使っている10を基本とした数え方以外にも存在する、ということを理解してもらえれば構いません。

それを踏まえて、本題に話を進めます。

色々な数の数え方があるのに、なぜ僕らは10進数を使っているのでしょうか？

ここが大事なところです。

僕らは幼い頃から、10進数という数え方を当たり前のものとして使っていて、なんとなくそれしかないと思うくらいに慣れているのです。しかし、世の中にはこれ以外にも数え方がある。

例えば、長さや重さの計測方法は、メートルやキロ、ヤードやポンドなど、国や地域によって様々です。数もそのようになってもおかしくなかったし、実際、人類の歴史を振り返ると、色々な数え方を試していた記録が残っています。

しかし、現在ではほとんどの国が10進数を用いている。それはなぜか。

数学者の森田真生によれば、それは人間の指が十本だから、だそうです（『計算する生命』新潮社、２０２１年）。

え、そんな理由なの？　と思われた人もいるかもしれません。

その疑問を解決するために「妄想」してみましょう、まだ数字が生まれていない世界を。

あなたがいるのは遥か昔。まだ人類は数字を持っていません。

あなたはある日、狩りに出かけました。その日はツイていて、たくさんの獣を獲ることができました。ちょうどその帰り道に、海の方から漁師の友人がやってきます。彼もたくさんの魚を釣れたらしく、ニコニコしています。

仲良く挨拶をかわしたところ、せっかくだから獲れた魚と獣を交換しないかと提案されます。あなたは喜んでＯＫします。

しかし数はありません。そのため、「じゃあ三匹ずつ交換しようか?」みたいな数字を用いたスマートな取引は不可能なのです。

ではどうするかと言えば、一匹ずつ（一匹ずつという言葉もないのですが）渡し合うのが確実でしょう。

そうすれば間違いがない。しかし、それを数えないといけません。しかし数字が存在しないので、数字を地面に書き込んだりすることはできない。

身近に、なにか手頃なものはないか。

ありました。指です。

よく見たら、指は一本ずつ折り曲げられるではありませんか。なんと便利！　そこで一匹ずつ授受が済んだら指を折る。そして満足のいく本数だけ指を折ったらそれで終わりです。

指を丁寧に使えば、数字がなくても取引ができました。めでたし。

今のはちょっと極端な妄想でしたが、数にまつわる研究によれば、まず以上のように数を示すために指や石を用いていたようです。要は、物の個数を示すための印のようなもの。それに、数字という記号を当てはめていくことで、数は洗練されていったのではないかと考察されています。

つまり、人はもともと数という概念を持っていたのではなく、長い歴史の中で徐々に発明していった。そしてそのときにいつでもどこでも使える、便利な指を一つの道具として用いた。だから、数字は10を基調にしているのではないか。

実際、digitという英単語は、「指」という意味と「数字」という意味の両方を持っています。これは偶然ではないでしょう。

ずいぶんと長く数字の話をしてきたので、こいつはいったいどこへ向かいたいんだと訝しくなってきた頃でしょう。お待たせしました。

まとめておきます。さきほどの数字の例は、人間の頭の中にある数という概念を、現実のものにするために指という手段を用いた。その際に指がたまたま10本だったから、数は10

を基本とするようになった。

僕らが日常的に用いている10進数という数え方は、実はそんな単純な事情から生まれたようなのです。

でもそのおかげで、今でも子供は数を数えるときに指を折り曲げて、徐々に数字に馴染んでいくことができます。もし、ずっと頭の中だけで数字をいじっていたら、こんなに数学は高度な発展を遂げなかったはずです。指という媒介を用いることで、数に形を与えることができたし、人間にとって馴染みやすい概念になった。

数という妄想を具現化する際に、指という媒介の特性を活かしたからこそ、数は便利に、使いやすいものになった。

つまり、頭の中にあるもの(数や妄想)を現実のものにするときは、その手段の特性に多かれ少なかれ影響を受けるということです。だったら、その特性を存分に活かしたほうがいい。もっと根本的なことを言えば、自分が用いようとしている手段が、どんな特性を持っているのか自覚しておくべきなのです。

バグで攻略するゲーム『BearRunner Any% RTA』

特性を考えると、妄想を現実化する際にもっと面白くなる。そう感じたのは、先日「ａｒｔ ｂｉｔ展」というインディーゲームの祭典に行ったときのことです。


インディーゲームとは、大きな会社ではなく、個人や小さな集団で作るゲームのこと。大規模な予算がかけられない分、独自の発想や小回りが利くことから、独創的なゲームが生まれやすくなっています。

いまゲームはどんどん予算も人員も大規模化していってるため、挑戦的で独創的なゲーム作りが難しくなっています。失敗できませんからね。するとどのゲームも似たようなものになったり、どこか守りに入ったものが多くなってしまいます。

しかしインディーゲームの場合は大きな予算もかけていないし、そもそも利益を重視していない場合すらあるので、クリエイターがやりたいことを思う存分やることができる。まさに妄想がそのまま形になるようなものです。

ａｒｔ ｂｉｔ展には、まさに妄想が遺憾無く発揮されたような作品の数々が並んでいました。

中でも面白かったのは、しゅんてさんという方による『BearRunner Any% RTA』という作品。このゲームはファミコン(※１９８３年に任天堂から発売された家庭用ゲーム機。ゲームカセットを本体に差し込むことで、ゲームを遊ぶことができる)をバグらせることで、攻略するという一風変わったもの。

最近のゲームはディスクやデータがほとんどなので、馴染みが薄い方も多いかもしれませんが、少し前までゲームと言えば、ゲームカセットでした。長方形のソフトを本体にぐいっと差し込み、スイッチを入れるとゲームが起動します。しかし、このカセットが厄介かつデリケートな代物で、少しでも振動を与えるとバグってしまうのです。

この『BearRunner Any% RTA』はそんなファミコンカセットのデメリットを逆手にとって、ソフトを叩いたり、いじったりして、敢えてバグらせることでゲームを攻略することを目的としています。

電源を入れると、オーソドックスなアクションゲームが始まるのですが、そのままではただ右に進んでいくだけ。そこでカセットをいじってバグらせることで、キャラクターがワープしたり、敵を避けたりすることができるのです。

普通だったら絶対に起こしたくないバグを、積極的に起こすことでゲームを攻略するという、反転した背徳感というか、お得感というか。その感覚はそれまで味わったことのない不思議なものでした。

ここまで読んでもらうとわかる通り、この発想はゲームという手段なくしては生まれないものです。カセットを動かすとバグるというのは古いゲーム特有の現象で、これを無から発想するのは不可能です。カセットゲームが持つ特性を存分に活かして、独自の妄想を発展させた例と言えるのではないでしょうか。

「AUDIO GAME CENTER」の試み

こうやって積極的に、媒介の特性を活かす場合もあれば、反対にそれを「引き算」していくのもまた面白いものです。

その好例が「AUDIO GAME CENTER」と呼ばれるサイトで公開されているオーディオゲーム。オーディオゲームとは音を軸にして遊ぶゲームのことです。

そのように聞くと、音ゲーと呼ばれる音楽ゲームを思い浮かべる方がいるかもしれません。確かに「太鼓の達人」や「beatmania」、「ラブライブ！」といったゲームは、音楽に合わせてリズムよくボタンを押すという意味では、音を用いたゲームです。

しかし「AUDIO GAME CENTER」が制作しているゲームは、音を頼りに遊ぶゲームなのです。例えば「モスキートが来る（モスクル）」というゲームがあります。プレイヤーはヘッドホンをつけ、簡単なコントローラーを渡されます。ヘッドホンからは蚊が迫ってくる音が聞こえてきます。そこで、その音を頼りにして、蚊のいると思う方向にコントローラー（＝殺虫剤）を噴射するというもの。制限時間が切れるか、殺虫剤の中身が切れるとゲームオーバーで、それまでに何匹の蚊を殺せるかを競います。

これらのゲームは様々な音が持つ情報や特徴そのものが遊

びになっています。ただ蚊を殺すだけなら、日常生活でもいくらでも起きうるシチュエーションですが、音だけに集中して、音だけを頼りに蚊の居場所を特定するとなると、蚊の羽音や風など、色々なことに気を配る必要が生じます。つまり、ただ映像がなくなったわけではなく、むしろ映像がなくなったことで、音が持つ細かいニュアンスや情報を積極的に遊びに用いることができているわけです。

　視覚情報がほとんど必要ないので、目が不自由な方でも簡単に遊ぶことができますし、むしろ彼らの方が上手かもしれません。

何かを無くすことは引き算なのか

　今、目が不自由な人の方が得意かもしれないと言いました。そのことで思い出すのは、美学者の伊藤亜紗さんという方が、目の見えない方々にインタビューをした『目の見えない人は世界をどう見ているのか』という本です。

　目の見えない方々がどうやって世界を認識しているのかについて、伊藤さんは丁寧なインタビューによって迫ろうとします。その中で面白かったのは、目が見えないからといって、目が見える人に比べて、空間把握能力が劣っているわけではない、ということです。

　どういうことか。伊藤さんが全盲の方と、ある坂道を歩いていたとき、その方は「この辺は山ですね」と言った。ぱっと見はただの坂道ですが、確かにその一帯は山になっているそうなのです。目が見えると、坂道という情報に引きずられて、その一帯がどんな構造かに気を配ることはありません。しかし、目の見えない方は道という情報に縛られないため、一帯を俯瞰的に捉えることができたのです。

　そのことを伊藤さんはこんなふうにまとめています。

> 見えない人が見える人よりも空間を大きく俯瞰的にとらえている場合がある、ということでした。普通に考えると、見える人の方が「見通す」ことができるので、遠くまで空間をとらえていそうです。しかし、そのことによってかえって「道」にしばられてしまう。だからかえって見えない人の方が、目が見通すことのできる範囲を越えて、大きく空間をとらえることができる。視野を持たないゆえに視野が狭くならない。とんちみたいですが、私たちの先入観を裏切る面白い経験です。

　このエピソードを読んだときに感じたのは、なにかができないこと、なにかの能力を持っていないことは、ただの引き算ではないということです。

もちろん、それによって障害を持っていても別に気にすることがないとか、全く同じ扱いでいいとか、そういう話をしたいのではありません。普段当たり前のように持っている常識や感覚、知識などを無くしてみるとどうなるのか。それはただの引き算ではなくて、むしろ全く新しい世界が開けるかもしれないということです。

さきほどの「AUDIO GAME CENTER」の例に戻ると、ゲームと言えば普通は映像と音がセットになっているものを想像しがちです。ではいざそこから映像を無くしてみると、ただ音だけのゲームになるかと言えばそうではありません。むしろ音の存在感がぐんぐん増してくる。

妄想というと、「もし◯◯があったら」とか「もしも◯◯だったら」というように、存在を前提にしたものを考えがちですが、今あるものをあえて引き算してみることで、思わぬ場所に僕たちを連れていってくれるかもしれないのです。

一番やりたいことをブラさない

妄想を現実化する手段としてゲームを挙げて、面白い試みをしているゲームをいくつか挙げてみました。

この例を見て、自分も妄想を形にしてみたい！　と思ってくれたら、とても嬉しい話ですが、実際に行動に移すのはなかなか難しいものです。そこで最後に、妄想を現実にするための基本のキを解説させてください。

それはずばり「一番やりたいことをブラさないこと」です！

どういうことか。

あなたがある妄想を現実にしようとすると、様々な制約が襲いかかってきます。するとなんとか現実のものとするために、妄想のほうを調整する必要に迫られます。

もちろん、そんなものをつっぱねて理想のまま行くんだ！というのもかっこいいのですが、さきほど見たように現実の世界には現実のルールがあります。ある程度の妥協は必要です。

しかし、妥協に妥協を重ねていては、気がついた頃にはあなたの妄想が跡形もなくなってしまっているかもしれません。それではもったいない。

ではどうするべきか。そこで「一番やりたいことをブラさないこと」という基本の出番です。あなたが何かを妄想したら、その妄想の中で一番やりたいことを言語化してみましょう。

この妄想の中で、この要素だけは絶対に譲れない！　これがこの妄想の核なんだ！　というもの。それを言葉にしたら、それだけは譲らないこと。そして、その一番やりたいことを実現するために、どうすればいいかを順番に考えていくのです。

またまたゲームを例にしてみます。

どんなゲームにも基本となる「コンセプト」というものが

存在しています。このゲームはこんな風にしたい！　という、まさに一番やりたいことです。

例えば「ぷよぷよ」なら「テトリスのような落ち物パズルを、女性にも人気が出るよう作りたい。[1]」、「大乱闘スマッシュブラザーズ」なら「格ゲーに、差し合いやアドリブの要素をもっと入れたい[2]」、「ゼルダの伝説　ブレスオブザワイルド」なら、「広いフィールドでユーザーが自由に遊べるようにする[3]」など。

どのゲームでも、一番やりたいことを軸に据えて、それを実現するためにその他のシステムを整えています。

もちろん、必要に応じてその一番やりたいことを変えるのも大事です。「天穂のサクナヒメ」というゲームの開発秘話では、次のようなエピソードが語られています。

> ３Dで和風のゲームを作ったら独自性が得られるのではないか。
> 制作していくうちに、既存の作品がたくさんあり、村づくりは求められる水準も高く、やりたいこととも違うと感じ始めたため、稲作一本に絞るということになりました。[4]

やりたいことを定めたけど、そのやりたいことが大きすぎた。ここでそのまま突っ走るのも一つの手だったのかもしれませんが、開発者はその中で最もユニークな部分に絞るという選択肢をとりました。結果、大成功となりました。

まとめます。あなたが妄想を現実にしたい場合、その妄想の一番大事なところはどこか、それを洗い出します。それが見つかったら、その一番大事な点を活かすために、その周辺の要素を整備していく。そうして徐々に妄想は現実になっていくはずです（もちろん、一番大事な要素があまりに巨大で実現不可能だと分かれば、そのときは潔く仕切り直すのも利口です）。

妄想と現実

ここまで、ゲームを中心に、妄想を現実にする方法を語ってきました。様々な話をしましたが、首尾一貫して言いたかったのは、妄想なくして人類なしということ。妄想があったからこそ、人類は文化や文明を発展させることができた。妄想にはすごいパワーがあるのです。

そして、今の時代、僕たちには妄想を形にするとても便利な手段が豊富にある。昔ながらの文学、美術、音楽から、新しいところならVRやゲームなど。見方を変えれば、起業やサークル活動だって、妄想の実現手段といえます。実際に自分の頭の中の構想を実現するために、人を組織するわけですから。

これだけ多種多様に、自分の妄想を形にすることができて、人様の妄想を覗くことができるなんて、なんと楽しいことでしょうか。

ぜひ色んな人の妄想を見て、そしてあなたの妄想も形にしてみてください。それが現実世界を少しだけでも変えるかもしれません。

……と、ここまで妄想と現実の交差について述べてきたのですが、最後に反対のことも言っておきます。ずばり、妄想は現実から逃げられる数少ない手段であるということ。

僕たちがこの世界から安全に逃れる方法は、残念ながらそう多くはありません。どんなに苦しくても、明日はやってくるし、お腹は空くし、学校や会社に行く必要も出てくる。将来の不安もある。現実とは僕らにプレッシャーを与えてくる空間です。

そんな窮屈な世界において、この世のことなど一切気にかけず、ただ利己的に別世界へと飛翔できる稀有な力、それこそが妄想です。だから、もしこの世が嫌で嫌で仕方なく、自分だけの理想郷を作りたいなら、この世から離れるために妄想の力を借りるのもおすすめです。それは恥ずかしいことではありません。

戦争において、苛烈な攻撃から身を守るためにシェルターに避難することは、全く情けないことではありません。安全に身を隠し、情勢が落ち着いたら、外に出ればいい。そのとき、反撃をするなり、大地を耕すなり、あなたにできることをすればいい。

喩えるなら、妄想とは心のシェルターになりえます。

この文章では、現実を変えるための妄想についてばかり話してきましたが、現実から避難するためにも妄想は役立つ。そのことを忘れず、自分の状況に応じて、妄想を存分に活用してみてください。

1 https://weekly.ascii.jp/elem/000/002/609/2609295/
2 https://youtu.be/uHJpaYpPTHg
3 https://www.famitsu.com/news/201703/02128158.html
4 https://jp.ign.com/tensui-no-sakunahime/47167/interview/

賃労働に怒る。

小峰ひずみ

1　金くれりゃうれし、金なけりゃパシリ

パン、買ってこい！

と他人に言われると、私は腹が立ちます。みなさんはどうでしょうか。おそらくムカつくと思います。「何様なんだ?!」と。でも、その人からお金をもらっていたら、「はーい」と指示に従って、近くのコンビニでパンを買って、ついでに自分のパンなんかも買っちゃって、帰り道には「ああ、なんて楽な仕事なんだ」とその人に感謝してしまうかもしれません。

どうしてなんでしょうね？

どうして私たちは単に命令されれば「何様じゃい！」と憤るのに、お金をもらった瞬間、なんの怒りも憤りも屈辱も抱かなくなるのでしょう？

たとえば、友達が急に雇い主に変わったらどうでしょうか。私の学生時代の話なのですが、同じサークルの仲の良い友達に、ライブ会場設営の仕事を請け負っていたミニ起業家がいました。ふだんは単なる友達ですが、ある日、仕事の欠員が埋まらないということで、「入ってくれへん？」と仕事を頼まれたのです。日給二万円です。悪くない。というか、とてもいい。私も金に目がくらんで入ることにしました。しかし、実際に会場に入って働き始めても右も左もわかりません。なんだかわからず動き始めると、陣頭指揮をとるその友人に「それはあっちにやれ！」「あれはこっち！」「それはそこに置くんじゃないってわ

こみね・ひずみ

大阪府生。大阪大学文学部卒。
第65回群像新人評論賞で「平成転向論　鷲田清一をめぐって」が優秀作に選出される。著書に『悪口論　脅しと嘲笑に対抗する技術』（百万年書房）、『平成転向論　SEALDs　鷲田清一　谷川雁』（講談社）。論考に「大阪（弁）の反逆　お笑いとポピュリズム」（『群像』2023年3月号）、「人民武装論　RHYMESTERを中心に」（『ことばと　vol.6』）、「平成世代が描く左翼像」（『中央公論』2022年10月号）、「議会戦術論——安倍晋三の答弁を論ず」（『群像』2024年7月号）、座談会に「戦術談義　運動の技術／現場の工夫」（『情況』2024年春号）。

からないのか！」と指示されたり注意されたりしたのです。不覚にもムカついてしまいました。「なんじゃこいつ」、と。しかし、その指示には従うしかありません。なにせその人は私の雇い主なのですから。なんだか友情にヒビが入ったような気がしました。

私はふだん雇い主からお金をもらって指示を受けて働いています。みなさんもご存じの「賃労働」というやつです。きっとみなさんも一度はやったことがあるはずの、アレです。「パンを買ってこい」という私たち自身にまったく裁量のない窮屈な指示で動かねばならないときもあれば、「この店を任せた」「売れる商品を開発しろ」というほぼすべての裁量を私たち自身が持つ指示もあります。それでも「私の頭となり、私の手足となって、このことをやれ！　お金あげるから！」と言われている点は同じです。そして、私たちはその指示を当然のこととして受け入れる。雇い主が足を組んで偉そうにしていても、それはそんなもんだと思って気にしません。お金を払われていなければ「調子に乗りやがって……」とムカつくのに。なぜ、気にしないのでしょう？　「おかしい！」……というわけではありません。しかし、それは素朴な疑問として成り立つように思います。

2　じいさまは指図されたことがない⁉

お金をもらえれば指図されても腹が立たない。このことをはっきりと考えた人はあまりいません。なので、少し遠回りしましょう。ジョン・スタインベックというアメリカ出身のノーベル賞作家がいます。彼の小説『怒りの葡萄』は、アメリカの農民たちが先祖代々（ネイティブアメリカンを銃で追い払って）耕してきた土地を銀行に差し押さえられる場面から始まります。農民たちはその土地に居座って抗おうとするのですが、居座ろうとする農民をトラクターで追い払おうとするのも、実は同じ土地で暮らしてきた元農民なのです。土地を差し押さえた会社に雇われているのですね。主人公ジョードの家族も同様でした。ジョードは刑務所での服役から故郷に戻ってきて、自分の家がなくなっていることに驚きます。ジョードにはそのことが信じられない。こういうセリフがあります。

「うちのおやじだって、そんなに簡単に出て行ったなんて、合点がいかねえだ。じいさまが、誰も殺さなかったというのも合点がいかねえ。いままで、うちのじいさまに、こうしろなんて指図したやつは、一人もいなかっただもんな」[1]

私はこのセリフを読んだとき、本筋とはまったく関係ないところで、心の底から驚きました。「こうしろなんて指図したやつは、一人もいなかっただもんな」……。そんなことある?! と思ったのです。だって、私なんか幼稚園に入ったときから、どこの誰かもわからない「先生」とやらの指図をきくように教育されてきたのです。私は幼稚園に入る日に「行きたくない!」と大泣きしたそうですが、当然です。「こいつら誰やねん?!」となるじゃないですか。しかも、翌日から「給食残すな!」と指図されるのですよ。最初は笑顔で「小峰くん、こんにちは、こっちに来て遊ぼうねぇ」と言ってくるけど、いやいやいやいや、怖すぎるでしょ。その見知らぬ「先生」とやらの指示を聞くようにしつけられている。

そういう教育はずっと続きます。私はいま中学校の国語教論をしているのですが、生徒側から見れば、中学校の教員免許を持っているだけの見知らぬおじさんです。そのどこの誰かもわからない見知らぬおじさんが急に教室に入って来て、「はい、では、みなさん、自己紹介しましょう!」とか「ここは大事だからマーク引いて」とか「何頁の何段落目から読んで」という指示を何のためらいもなく繰り出すのです。そして、生徒はそれが当然だと最初のうちは思っている(ゴールデンウィークが終わったあたりから言うことを聞かなくなります)。

でも、ふつうは思いますよね。

お前、誰やねん?!

って。なんで命令してくんねん?! って。思いませんか。いや、実は言葉にしないだけで、みなさん思っているのではないでしょうか。少なくとも私の生徒はそう考えていると思います。家族から「お皿洗っといて」と指示されるならまだわかる。私を育ててくれたから家族には恩義があるし、そもそも自分の家事は自分の生活そのものです。自分の生活のことを、自分のできる範囲で、維持しようとするのは、それは当たり前です。

しかし、見知らぬおじさんが、自分がまだ中学生だってだけで「ここをマーキングしろ」と言ってきたり、いままで気軽に話していた友人がお金を自分に払ってくるというだけで、「こんな風にしろ」と命令してくるのです。それは端的に言えば、異常だと思います。少なくとも百年ちょっと前までは、一人の貧農にさえ「こうしろなんて指図したやつは、一人もいなかった」のですから。そして、幼稚園入ってから社会人になり、そして働けなくなるまで、人に指図される生活は続いていくわけです。幼稚園からの教育は、むしろ、人の指図や指示を聞くための訓練だと言っていい。

むろん、そのような指図や指示がなければ、近代社会は成り立ちません。それらがなければ、電車もバスも銀行もコンビニも建設会社も動かないでしょう。都市中心の近代社会は、電車で隣に座っている人から弁当屋の店員さんまで私たちの知らない人のおかげで回っています。要するに、都市で生きている限り、朝から晩まで「お前、誰やねん？」の連続です。そこでいちいち「お前、誰やねん?!　ちょ、さわんなや！」と言っていてはお釣りをもらうことも通勤電車に乗ることもままならない。この「お前、誰やねん」という問いを封じて近代社会は成り立っているのです。だから、指図や指示を出すこと・受けることは悪いことではない。というより、それを受け入れることがこの世で生きていくためには不可欠です。

ただ、イラッとはするわけです。それは身も蓋もない生理現象だ。「世の中が便利になっても人の心は豊かにならない……」と言う人がいますが、そんなの当たり前です。身も蓋もないことを述べたついでに元も子もないことを言ってしまえば、人間のストレスを司るコルチゾールというホルモンは下っ端になればなるほど分泌されるのです。要するに、下っ端であるほどストレスが大きいのです。逆に言えば、取締役やら偉い政治家やらはあまりコルチゾールを分泌しません。これは科学的なデータがあります。[2] 管理職の人は責任が重いからストレスもあると言われますが、末端でああだこうだ指図を受けている方が、よほどストレスが高いのです。それは正社員と比べて非正規労働者の寿命が短いことからも、それだけが要因ではないとはいえ、わかるかもしれません。中小企業の社長さんは「めちゃくちゃしんどい」「うちらが一番たいへんだ」と言いますが、誰かの下で働こうとはしませんよね。自民党の長老たちはいつまでも元気そうです。しかし、多くの人は他人に指図されて生きています。他人に指図されその成果をチェックされる労働者が人口の大半を占めるこの窮屈な世界で、誰が「豊かに」暮らせるものですか。

そもそも、なぜ私たちは赤の他人の指示を聞かざるをえないのか。そして、自分の仕事を確認してもらい、チェックを入れてもらって、その赤の他人に署名をしてもらわなければならないのか。みなさんご存じのように、組織の中で働いているとき、私たちは、自分の行動に自分で責任を負える「人格」ではないからです。「法人」を動かす細胞なのです。ある「法人」の経営者は決定を下す臓器（機関 ｏｒｇａｎ）であり、中間管理職は命令をすいすいと流す神経であり、労働者は現場で顧客や消費者などの外部世界に対応する手足です。私たちは「働く細胞」なんです。だから、労働者が何かをしても、社長が何かをしても、責任は原則的に「法人」に帰せられます。[3] 労働者になれば一日十六時間しか「人格」ではありません。指示されるときの屈辱、それは私たちが「人格」として扱われていない悲しみや憤りなのではないでしょうか。

とはいえ、「法人」といえども、やはり人間の集まりです。だから、本屋のビジネス書コーナーには「人間関係」についての本がたくさんあります（「人格」関係は法学分野になります）。しかし、スタインベックは異なる結論を出します。土地を守ろうとする農民たちと、その農民を追い払いに来た元農民との会話を、スタインベックはこう描いています。

やっぱりこれはおれたちの物だ。そうとも、これだけでも、りっぱにおれたちの物になる理由があるだ——この土地に生まれて、この土地を耕して、この土地の上で死ぬだもの。それが所有権というものじゃねえのか。所有権というもんは、番号のついた証書なんかじゃねえだ。

気の毒だよ。しかし、それはわしらじゃないんだ。あの怪物なんだ。銀行は人間じゃないんだよ。

そうかもしれねえ。だけど銀行だって、人間が集まってできたもんじゃねえのか。

いや、おまえたちは、そこが間違っているんだ。——そこが大間違いなんだよ。銀行ってのは、何か人間とは別のものなんだ。銀行のなかで働いている者が、みんな銀行のやることを憎んでいるんだ。それでも銀行は、それをやってのけるんだ。[4]

銀行は「怪物」である。銀行の中で働く人間は、みんな銀行を憎んでいる。しかし、銀行はそれを成し遂げる。私自身もいまの中学校を憎んでいます。日本の教育制度は完全に時代遅れになっています。しかし、学校法人はその教育を「やってのける」のです。そこでは私たちは「働く細胞」で、日々、見知らぬ他の「細胞」から指示を受けたりチェックを受けたりサインをもらったり評価されたりして、より末端の者（私にとっては生徒）に指図しています。私がイベント会場を設営するときに友達にいろいろと指示されてイラッとしてコルチゾールを分泌することになったのも、故なきことではないでしょう。私はいままで「人格」として接してきた友人から急に「細胞」として扱われたのです。そこで軋轢が生じる。しかし、そのような指示とその指示をしっかりと遂行したかどうかのチェック機能がなければ、私たちの社会を支える「怪物」は動きません。他人に指示を出すことは、近代社会を生きる私たちの原罪なのです。

最近のビジネス界では部下を「さん」付けで呼んだり、「〇〇しといて」ではなく「〇〇してもらえますか」と頼むそうですね。互いが互いを「細胞」として扱っていることにもっと気を遣った方がいいという傾向が強まったのだと思います。これは歓迎すべき事態です。なぜなら、私たちはやはり「法人」を動かす「細胞」ではなくて、一人前の人間（「人格」）だからです。せめてそう扱われたいのでしょう。もしこの世でみなが常時、自分の行動に決定権と責任を持つことができる「人格」になることができれば……というのは妄想にすぎませんね。

3　万国妄想博覧会

私は中学校の講師のほかに、ある政治団体の事務所で事務員をしています。だから、政治の話もさせてください。私の住んでいる大阪では、いま（二〇二四年現在）、「大阪・関西万博」が開かれようとしています。私が働いている政治団体は、明確に「万博中止」を掲げています。いろいろ異論はあると思いますが、私も「中止」派です。まあ、そのことは本稿ではまったく関係ありません。私がおもしろいと思っているのは、そこで躍動する大阪人たちです。具体的には、行政から仕事を請け負って「デザインやプランニングや広告で、大阪を面白くする！」と言っているアーティストとかです。

もう数年前なのでうろ覚えなのですが、大阪の貧困地区で行政の金を使って「妄想大作戦」のようなイベントをやっていたアーティストがいました。ある友人のツテで、カラフルな服を着たそのアーティストとフェースブックでつながったのです。後日、このアーティストにダメ元で「万博反対デモに参加しませんか」というメッセージを送りました。すると、そのアーティストは、一言「行きません」とメッセージを返してきました。無視すればいいのに、わざわざ「行きません」と言ってきたのです。私は驚きました。後に、そのアーティストが事前に万博を盛り上げる大阪市のイベントに参加していたことを知りました。

そういう「妄想」で世の中を変えようという発想はいろいろなところに顔を出します。産業や街づくりだけではなく、福祉の分野にも。アーティストの中でいち早く「妄想」という言葉を重視したのは、私の知る限り、『住み開き』や『コミュニティ難民のススメ』という本の著者のアサダワタルさんです。アサダさんは音楽家であり、福祉支援の従事者であり、住み開き[5]の紹介者・実践者です。それらを「面白く」するために「妄想」というキーワードを出してきている。ここでアサダさんが「妄想」について述べている箇所を検討しましょう。

『コミュニティ難民のススメ』で、アサダさんは「文化的妄想」を掲げつつ、学校や福祉事業所でワークショップを行っている様子を書いています。たとえば、ある全寮制の職業・生活訓練学校で生徒参加型のライブをするというもの。生徒は練習時間があまりとれないので、アサダさんは音楽の範囲を拡張し、テープレコーダーを用いて寮での生活音を録音してきてもらう、という試みを行いました。そして、「最終的には、自己紹介と音のタイトルをマイクに向かって話してからテープを再生するというシンプルなパフォーマンスを編み出し、それを繰り返し練習し、そこに楽器演奏や電子音も交えた楽曲を製作し、本番に臨んだ」そうです。[6] それ自体は素晴らしい「妄想」的実践です。問題は、彼のコンセプトです。彼は著書の中で次のような呼びかけを読者に行っています。

> わたくし、アサダワタルは、あなたの日常生活の中に区切られているさまざまな役割――仕事、学業、家事、趣味ｅｔｃ……――、またその役割を演じるべく所属するコミュニティや分野、それらの在り方や関係性を、〝文化的妄想〟をもってして再編集し、この世の中を、ちょっとヘンテコに、でもなんだか面白く、素敵に生きやすい状況に変えるべく、ほんの小さなことからでも始められる「現実社会への風穴の開け方」を皆さんと共に発明できれば幸いです。[7]

これはたしかに面白く楽しい実践を導く考え方でしょう。問題はこれをこのまま素直に褒めちぎっていいのか、ということです。注意しなければなりません。アサダさんのいう「文化的妄想」は起業家の素質そのものなのです。哲学者のアントニオ・ネグリは経済学者のヨーゼフ・シュムペーターを引用しつつ次のように述べます。

> 起業家とは管理者ではないし、さらにしばしば生産手段の所有者でもなく、生産手段を使用できる状態にある者でしかない。シュムペーターによれば、起業家活動（アントレプレナーシップ）の本質はむしろ、既存の労働者、アイディア、技術、資源、機械の中から新結合を創造することである。[8]

もちろん、この「新結合を創造する」力こそ、〝文化的妄想〟です。アサダさんは何か新しい息吹やオルタナティブな生き方をもたらしているように見えますが、アサダさんの「文化的妄想」なるものは現代社会で最も支配的な考え方そのものだと思います。というのも、現代は「全員が起業家であるよう求められる起業家的社会」[9] だからです。

現代社会において、「妄想」は金を稼ぐために必要な能力です。私たちは妄想を駆使して、新しいサービスや商品を生み出し、金を稼いでいる（念のために言っておくと、金を稼ぐことを批判しているわけではありません）。逆に言えば、「こういうものがあったらいいな」「こういう商品があったら便利だな」「こういうデバイスがあれば世の中が変わるぞ」という妄想がなければ、新しい商品やサービスは出てこないわけです。こういってもよいでしょう。資本主義は妄想で動く。とすると、万博は先端技術が集まる「万国産業博覧会」なわけですから、それは「万国妄想（した結果の）博覧会」でもあるわけです。妄想大作戦」を主催するアーティストが万博に肯定的だったのは、当然と言えば当然です。それは行政の仕事を請け負っているから、というだけではなく、発想がそもそも似ているからです。

私たちは、そこそこの「妄想力」があれば、この「法人」という怪物が跋扈する資本主義社会を「起業家」として渡っていける。それは同時に、労働者として生きていける、ということでもあります。かつて会議でアイデアを出したりプレゼンをしたり資料をつくったり笑顔を振りまいたり話芸を披露するのは、起業家たちだけでした。労働者は工場の中で「仕事中だから静かにしろ！」と怒られながら労働時間を過ごしたのです。いまはどうでしょうか？　むしろ、「就業時間になったのに、あいつは笑顔をみせずしゃべりもしない！」という悪口が跋扈しているように思います。かつて寡黙であることは美徳でした。いまは寡黙な人間に仕事はありません。現代は、総起業家社会なわけです。そこでは「妄想」を駆使しなければ生きていけない。

大阪・関西万博の世界一大きなリング状の木造建築も空飛ぶクルマも、みんな「妄想」の産物です。こんなものがあれば、もっと「この世の中を、ちょっとヘンテコに、でもなんだか面白く」できるのではないか、と誰かが妄想した結果です。そこに大量の金が動く。税金もそこに投入される。しかし、こういう公共事業は結局、他人の金を使って、誰かが誰かに「あれやれ」「これやれ」と言って生まれるものです。そして、そのような人間関係の在り方しか、私たちは想像できなくなっている。加えて、そこに便乗しようとするアーティストたちの〝文化的妄想〟は、このような起業家気質ととても相性がいい。そもそも『コミュニティ難民のススメ』はゆるっとしたビジネス書でもあり、一種のサバイブ指南書として読めます。

正直に言えば、私はそういう〝妄想〟を「しょーもないな」と思っています。何に妄想力を使ってるんだ、と。妄想するなら、もっと身近でビッグな妄想を働かせたいものです。私はもう少し異なる妄想のあり方があるのではないか、と思うのです。指示の連鎖で世界一大きな木造建築物をつくるよりも、指示や指図をされなくても人間が生きていける、私たちが自由に「人格」として生きていける、そんなビッグな世界を妄想して生きていければいいな、と私は思っています。加えて、この方向に妄想を向けることは正しいことだとも思います。「法人」は指示する／される関係を生みますが、その関係は無責任を生み出すからです（これについても述べたいのですが、本筋から外れるので注釈に書いておきます）[10]。

そうは言っても、じゃあどうすれば……？　なるほど、指図なしの人間関係で世の中を回していくなんて、それこそ「妄想だ」と切って捨てられるでしょう。それでも、やはりヒントはあるわけです。もし雇い主や管理職からあれやれこれやれと指図されて、あなたが少しでもイラッとしたら、そのときあなたは「指示・指図のない働き方」を心のどこかで求めているのではないでしょうか。「なんでこんな無能な奴の言うことを聞かなくてはならないのだ！」という悪口は、かかる妄想の第一歩です。だから、「お金もらっているから……」というしょうもない理由で、その感情を殺さないでいただきたいと思います。別に何か解答があるわけではないですし、指示や指図がなくても動く社会がすぐに到来するわけでもありませんが、とりあえずその感情をないものにすることだけは避けましょうよ。というか、避けませんか？

4　そのムカつきは一時間千円

話を賃労働に戻します。労働者としてふるまうとき、私たちはすべての能力を駆使しなければなりません。笑顔、おべっか、気遣いなど、私たちが日常生活で用いる能力のすべてです。その能力のすべてを基礎づけるのは、従順さです。雇い主の指示をしっかりと聞いて理解して素直に遂行することです。従順でさえあれば、多少ぶっきらぼうでも、多少不愛想でも、多少不器用でも、多少鈍感でも、即刻解雇ということはない。ただ、指示を聞いて理解して遂行し、遂行できなければ反省するという従順さがなければ、すぐに解雇になってしまいます。たとえば、あるラーメン屋にアルバイトに行くとして「明日の五時に来てね」と言われたが、面倒だったので十時に出勤したとします。店長は言うでしょう。「なんで遅れたの？」と。そこで従順にも「すいません！　寝坊しました」と反省すれば注意で済むのですが、「は？　なんでお前の言うことを聞かなくちゃならねえんだよ」と言えば、すぐに「じゃあ、もう来なくてもいいよ」と言われるでしょう。だから、雇い主はお金を払って労働者の従順さを買っているわけです。

しかし、人間は必ずしも従順な存在ではありません。むしろ、好き勝手に生きたいと願う存在です。やりたくないことはやりたくないし、やりたいことはやっていたいという身勝手な生き物だと私は思います。毎日ではないにしても、そういう「今日は一日やりたいことだけやりたい」朝は必ずある。でも、仕事があるので、私たちは「やりたい」ことをないことにして出勤します。当然、会社で指図されます。ムカつきます。そして、お金はそのムカつきを打ち消してくれます。だから、私たちは従順になります。私たちのムカつきには値段がついているのです。端的に言うと、一時間千円ほどです。最低賃金は、現代日本のムカつきの値段です。そこから能力によって値段が加算されます。

では、なぜ私たちのムカつきに値段をつけることができるのでしょうか。感情には値段がありません。そもそもムカつきや痛みなんてものは私にしかわかりません。当然ですが、あなたが私の皮膚をつねって痛いのは私です。昔、虫歯治療のために歯医者に行ったとき、麻酔がうまく効いてなくて私が「痛い！」と言うと、その歯医者さんに「痛くない！」と言われました。いや、痛いねん。そう思いました。痛いのは私です。あなたではない。私の痛みは歯医者さんにはわからない。同じように、私の苦痛、すなわち憤りや悲しみやムカつきは、私にしかわかりません。にもかかわらず、値段がついているのです。一時間千円です。なぜ、千円札と一時間のムカつきが同じ値段なのか。それはわかりません。しかし、そのムカつきと千円が交換できる以上、それらは「等価」なわけです。どういうことなんだ?!

私が知る限り、このことに言及した著作家は哲学者のフリードリヒ・ニーチェだけです。雇用関係ではなく刑法について論じた箇所なのですが、それを応用してみましょう。ニーチェは、刑法が前提とする人間の自由意志を信じたような考え方（「犯罪者は刑罰に値する。何となれば、彼は別様に行為することも可能であったが故に」）を退け、次のように述べます。

> むしろ（中略）加害者に対して発せられる被害についての怒りからして刑罰は行われたのだ。――しかしこの怒りは、すべての損害にはどこかにそれぞれその等価物があり、従って実際に――加害者に苦痛を与えるという手段によってであれ――その報復が可能である、という思想によって制限せられ変様せられた。――この極めて古い、深く根を張った、恐らくは今日ではもはや根絶できない思想、すなわち損害と苦痛との等価という思想は、どこからその力を得てきたので

あるか。私はその起源が債権者と債務者との間の契約関係のうちにあることをすでに洩らした。そしてこの契約関係は、およそ「権利主体」なるものの存在と同じ古さをもつものであり、しかも「権利主体」の概念はまた、売買や交換や取引や交易というような種々の根本形式に還元せられるのだ。[11]

借金を返せなかったら、お前の肉を切り取らせてもらう――これはシェイクスピア『ヴェニスの商人』の有名な人肉裁判の一場面ですが、要するに、自分自身に損害を与えるなら、その損害を与えた人間は苦痛を受けて当然だ、と人は考えるわけです。また、他人に損害を与えたら、損害を与えた自分は苦痛を受けて当然だ、と人は考えます。そして、この「損害」と「苦痛」というまったく相異なる概念同士を交換することで、私たちは社会の均衡を保っているのです。これが法律です。

これは労働のその残酷さを端的に物語っているでしょう。雇い主が一時間千円の「損害」を与えた代わりに、労働者は一時間の「苦痛」（ムカつき）を耐えるのです。そして、それを当然だと思っている。なぜなら、それは「この極めて古い、深く根を張った、恐らくは今日では根絶できない思想」だからです。この「思想」がこの社会の基礎だと思っている。どれだけムカついても、基礎には抗えない。それ以上はもう問わない。それはそういうもの。以上！　……ということになっている。

「さすがに賃労働のことを悪く言い過ぎではないか、ほとんどの人間は賃労働で生きているのに」とおっしゃるかもしれません。それはそうなのです。私も同じです。しかし、忘れないでいただきたいのです。私たちが最初に設定した問いは「パン、買ってこい」という指図に対して、なぜ、私たちは金が払われていないときはムカムカし、金が払われているときは感謝さえするのか、という問いでした。「パン、買ってこい」というパシリに対して、人類がムカつくことをやめるまでは、賃労働はあくまで必要悪でしょう、と私は思います。だからといって、「いますぐ会社をやめよう」と言っているわけではありません。楽しく働いているなら、それに越したことはない。ついでに私も楽しい賃労働をしています。じゃあ、サービス残業（要するに、使用者からのパシリ）を命じられてもムカつかないか？　それはムカつきます。みなさんもムカつくでしょう？　そのムカつきを、あくまで次の時代を妄想するための手がかりにしたいのです。

5 「金で人様に指図するなんて、そ、そ、そ、そんなことが許されるはずない！」

先ほど、私たちはいままでと違う人間関係を妄想すべきではないか、という話をしました。それでは、どんな人間関係を妄想しましょうか？　私はまだ見ぬ世界を妄想するときが、一番ワクワクします。まるでSF小説や古代をモチーフにした漫画の設定を考えるようだからです。では、私たちはどんな妄想をしましょう？　私が妄想すべきだと思うのは、「金で人様に指図するなんて、そ、そ、そ、そんなことが許されるはずない！」と賃労働に対して怒れる社会です。それは「金がない世界」というわけではありません。そうではなく、賃労働を倫理的に拒否できる社会です。

もちろん、今の社会で賃労働に対して怒ることはできません。そもそも、この本も書店の本棚に並べられるまでに、編集され印刷され営業され配送され配架されます。多くの賃労働に頼っています。賃労働にいちいち怒っていたら、この本をみなさんに買ってもらうことはできません。いまはそのような社会です。それは私たち人類の現在の限界です。それを無理に超えようとすると悲惨な出来事が起きます。しかし、超えようとしなければ、私たちは人類史上最も頻繁にコルチゾールを分泌し続ける生を送り続けることになります。どちらも私は嫌なんです。だから、私は、木のリングとか空飛ぶクルマとかメタバースとかではなく、賃労働に対して怒れるという場面を妄想し、それをひとつの指針にしたいと思っています。こういう言葉を私たちは妄想することはできるわけです。

お前、ひとを雇おうとしているのか？　そ、そ、そ、そんなこと許されるはずがない！　あのコンビニにまでパンを買いに行けだと？　バカ！（殴る）この一万円札で?!　目を覚ませ！　札束でほっぺたをペシペシしたら人間が動くとでも思っているのか?!　調子に乗るな！

そんなコントのような言葉が、これまで真面目に語られたことがあったでしょうか？　なかったでしょう。いま、私たちはこのコントを現実でふるまうことはできません。しかし、コントで語られる言葉が、真面目に語られるようになった世界は、それがいい世界か悪い世界かはわかりませんが、とりあえず革命後の世界です。それは妄想したい。

賃労働に怒ることは、現状では難しいでしょう。では、不可能なのでしょうか。しかし、かつては奴隷労働が当然だったことを思い出してください。戦争に負けたり、債務を負ったりすると、人は奴隷になったのです。捕獲され、商品として売られ、ある値段で買われて、そこから逃れることもできず、一生働かされたのです。そして、それが当然だったのです。しかし、いま、みなさんはこの奴隷制度を倫理的に許すことができるでしょうか？　おそらく、できないと思います。怒れると思います。なぜ奴隷労働に怒れるのでしょうか。いろいろがありますが、社会構造が変わったことや先人が社会を変えてきたことが要因です。

では、「金で人様に指図する」ことが倫理的に許されない時代が到来したとしても、それはなんらおかしくないように思います。たとえば、古代ローマはそうでしたね。[12] ただ、いますぐにこの妄想を実現しよう、というわけではありません。そもそもいますぐにそれを実現できるなら、妄想など必要ないのです。そういう方向を目指す方がよい、と私は思っている、ということです。そして、そういう方向を目指す方がよいのはわかっているが、それがどんな社会かはよくわからないので、妄想を逞しくしなければならないのです。その妄想をみなさんに押し付けようというわけです。私は妄想を公衆の面前で披瀝することを選んだ人間です。傲慢なのです。しかし、それ以外に革命的であることは可能でしょうか。

実は、みなさんが賃労働に対して怒れる社会を望むかどうかは、さして重要なことではありません。それは私がみなさんに押し付けたい妄想です。しかし、重要なのは、金や権力に頼らずに「妄想」を押し付ける傲慢さを持つことだと、私は思います。みなさんに「妄想」によって革命的になることを勧めたいのです。革命的であることは簡単です。妄想を公然と語るだけです。そして、言葉だけで、その妄想を押し付けるのです。ある人が革命的であるとき（革命家などというものは存在しません）、その人は必ずある言葉を――意識的にであれ無意識的にであれ――懐に忍ばせています。それはロシア革命の中心人物であったウラジーミル・イリイチ・レーニンの言葉です。

レーニンは妄想家でした（革命家はいませんが、妄想家はいます）。著書『国家と革命』では「来たるべきソヴィエト連邦」を妄想逞しく素描しています。こんな風に人々が暮らせればいいな、と。もちろん、その妄想をレーニンは官僚機構によって人々に押し付けたがために、ソ連は悲惨な結末を迎えることになりました。しかし、レーニンが金も人手もない亡命知識人に過ぎなかった頃に有していた言葉は、まだ私たちの胸に響くところもあるのではないか、と思います。みなさんにもそっとお教えしましょう。レーニンが「革命を起こすには自分たちの全国新聞を作らねばならい」という(結局は実現しなかった)構想を、数少ない仲間たちに語ったときの、この言葉です。

「これこそ、われわれが夢想すべきことである!」[13]

1 ジョン・スタインベック著、大久保康雄訳、『怒りの葡萄(上)』、一九六七年、新潮社、九〇頁。
2 ロバート・H・ラスティグ著、中里京子訳、『果糖中毒』、ダイヤモンド社、第六章参照。
3 むろん、株主は一切の責任を免れています。なお、その会社への債務については株主にその責任をとらせる「法人格否認の法理」が適用されることもありますが、法学上、それはあくまで「例外」に他なりません。
4 ジョン・スタインベック著、大久保康雄訳、『怒りの葡萄(上)』、新潮社、一九六七年、六二頁。
5 説明。
6 アサダワタル、『コミュニティ難民のススメ　表現と仕事のハザマにあること』、木楽舎、二〇一四年、一一三―一一四頁。
7 アサダワタル、『コミュニティ難民のススメ　表現と仕事のハザマにあること』、木楽舎、二〇一四年、一六二頁。
8 アントニオ・ネグリ、マイケル・ハート著、水島一憲ら訳、『アセンブリ　新たな民主主義の編成』、岩波書店、二〇二二年、一九一頁。
9 アントニオ・ネグリ、マイケル・ハート著、水島一憲ら訳、『アセンブリ　新たな民主主義の編成』、岩波書店、二〇二二年、一九〇頁。
10 たとえば、原発爆発という大事故を起こしても、「株式会社」制度では誰も明確で相当の責任を取ら(れ)ません。株式会社の所有者たち(株主)は有限責任でリスクを分散するから、デカいことができるのです。ビッグプロジェクト!「男のロマン」です! しかし、事故を起こして第三者や惑星にとりつ返しのつかない害を被らせると、誰もが「有限責任!」と言ってピューと逃げ出します。だとすれば、私たちは諭すようにこう言わねばなりませんね。責任が取れないことは、してはいけない。法人(特に株式会社)は責任を有限にし曖昧にすることで、自由と責任を分離します。法人は自由だけを謳歌します。誰も責任なんて取りません。「こいつが指示した」「お前が勝手にやった」「それはあいつの責任だ」「私はこの範囲でしか責任を取りません」「じゃあ、辞職します(それでいいでしょ)」、そういう言葉を「法人」は生み出すのです。幾重にも重なる指示と、その指示を解釈するための忖度が必ず無責任を生み出します。しかし、自由と責任はセットでなくてはいけません。当たり前ですよね。だから、競争を国際規模で激化させ、いやおうなく「法人」を生み出す資本主義はいけないのです。
11 フリードリヒ・ニーチェ著、木場深定訳、『道徳の系譜』、岩波書店、一九六四年、七〇頁。
12 たとえば、古代ローマでは自由人の賃労働を警戒しました。自由人の間に上下関係ができると、政治がゆがむと考えられたからです。「自由人自身はそもそも買うことができない。乗っ取ることができない」(木庭顕、『新版　ローマ法案内　現代の法律家のために』、勁草書房、二〇一七年、一二三・一二四頁)というわけです。そして、古代ローマは近代国家の祖型です。近代法はローマ法を読み替えることで生まれています。もちろん、日本も同じです。現在の日本は(少なくともその法体系において)古代ローマをモデルにして作られています。詳しくは木庭顕の『新版　ローマ法案内　現代の法律家のために』を参照してください。
13 ソ連邦マルクス=レーニン主義研究所編、レーニン全集刊行委員会訳、『レーニン三巻選集(1)第一巻第一分冊』、三八五頁。

素面(しらふ)のコミュニケーション原論

南島興

みなみしま・こう

横浜美術館学芸員。1994年生まれ。東京藝術大学大学院美術研究科修士課程修了（西洋美術史）。全国の常設展をレビューするプロジェクト「これぽーと」運営。時評番組「みなみしまの芸術時評」主宰。旅行誌を擬態する批評誌『LOCUST』編集部。『坂口恭平の心学校』（晶文社、2023）刊行。

これは妄想ではなく、現実である。

先日、ツイッター（現：X）のDMでやりとりをしていた長崎県在住の方が東京に来るというので、夕食をご一緒した。話していると、彼女は「いい人ですね」と言いながら涙を浮かべていた。お互いに少し戸惑いながら、顔を見合わせたが、とにかく自然と心が動いたことは確かだった。

彼女は長崎生まれ長崎育ちで、いま医療系の職につきながら、全国で上演される歌舞伎を追い掛けている、熱心な歌舞伎ファンである。ぼくがツイッターで夢を教えて欲しいとツイートした際にまっさきにメッセージを送ってくれたのが、彼女だった。ただし、それは歌舞伎とはまた別の意外な夢であった。

将来、長崎に自分のギャラリーを開きたい。しかもそのギャラリーで開きたいのは頓珍漢人形の展示だという。頓珍漢人形をどれだけの方がご存知だろうか。それは終戦後の長崎で、久保田馨という男が作り続けた奇妙な姿をした人形で、数は三十万点に及ぶとされる。久保田の亡くなった1970年の大阪万博で建てられた岡本太郎の太陽の塔にも似たその人形について、彼自身は原水爆が作られつづける限り、作りつづけると書き残している。ぼくは以前、長崎を訪れた際に長崎市歴史民俗資料館に展示されている数百体の頓珍漢人形と出会い、驚嘆し、この人形について書いたことがあった。

彼女はぼくとまったく同じように資料館で偶然に頓珍漢人形と出会った。そして、同じように驚き、この奇妙な人形について調べているなかで、ぼくの文章を見つけて読んでくれていたのだ。そして自分の夢を明かしてくれた。すぐに一緒に頓珍漢人形の面白さを世に伝える企画を考えたいと思い、直接、電話もして年内を目標に小さな冊子を作ることにしてみた。目次と内容を決めて、とりあえず走り出せる状況までは整えた上で、まずは頓珍漢人形との出会いをまとめたエッセイと変わった造形の謎に迫るために典型作のイラストをいくつかかいてくださいとお願いした。

それから2か月して、彼女が東京に展覧会を見にくるというので、直接会うことになった。六本木の静かな喫茶店で、ピザを食べながら話していると、彼女は泣いていた。心の中は分からないけれど、そのときにぼくが話していたことが、まさにいま彼女と出会っていることと完全に重なっていたからだと思う。ぼくはこんなことを話していた。

ぼくは大学院の一年生になった２０１７年から学芸員として働いている２０２４年に至るまで、約7年間、ツイッターを主な舞台として、さまざまな企画をしてきた。それは全国の美術館の常設展をレビューするメディア「これぽーと」の立ち上げ、アートについてリアルタイムで時評する番組「アート・ジャーナリズムの夜（現：みなみしまの芸術時評）」など、ぼくの専門とする美術に関係するしっかりとしたものもあれば、ツイッターで誰でも参加可で募集して、韓国・ソウルアートツアーを企画し、実際に7名現地集合して、三泊四日の旅をしたこともあった。ほかには自宅を引っ越す際には本棚の写真を公開して、希望者に本を直接手渡しで、無期限で貸し出すヴァーチャルなライブラリーも企画して、合計すると１００冊ほどをいまも貸し出した状態にある。またもっと軽やかなものとして、DMで誰からのどんな相談でも受け付ける相談会や電話での相談会、その時々でタイミングのあったひとと直接会って話す会など、美術とは無関係で、かつ利益を生み出すとも思えない雑多で周辺的にも思える活動を日々のライフワークとして行ってきた。

ぼくは美術の仕事もそれ以外の活動もまったく同じ水準で重要であり、かつ高いモチベーションを感じられるものとして続けている。批評を執筆することも、レクチャーをすることも、メッセージで見知らぬひとの相談に答えることにも、同じ労力をかけているのだ。そうしてあらゆる言葉の届く空間をリアルにもヴァーチャルにも、美術とそれ以外の分野にも押し広げていくことが、トータルな意味でぼくが言葉を使って生きていくための指針になると思っている。

とりわけ、ぼくのツイッターでの活動に共通しているのは、ひとと出会うということである。自分の好みや利益から選りすぐりせず、ひとと出会い語る、という非常にシンプルなことだ。それが本当はツイッターを含めたインターネットではまだできるはずで、そこで出会った人が安心して穏やかな気持ちになったり、勢い余って何かを始めるきっかけになったりする、そんな場をどんな時でも作りたいと思って活動をつづけてきた。

六本木の喫茶店で、そのときに起きたこともそうである。ぼくと彼女がお互いに目の前に姿を現して、言葉を交わしている。彼女自身も言っていたけれど、彼女はひとの言葉をまっすぐ受け取ることができるひとだった。ぼくの言葉もそのまま聞いてくれたのだと思う。涙が全てではないけれど、数時間のなかでたしかに何かが通じたと思える現実を共有できた。長崎に戻ったあと、彼女から頓珍漢人形との出会いを綴った文章が送られてきた。

ぼくは、それまで互いを認識すらしていなかった者同士が通じ合う瞬間に惹かれている。なにも共有していなかったはずのふたりが出会うことには、刹那的なものであれ、人生のあらゆる時間が濃縮された価値があると信じている。ぼくは彼女との出会いのような、インターネットを介した出会いを大切にしたい。言ってしまえば、ぼくにとってはツイッターは、それがすでに実現している場所なのである。

　これがぼくの生きたいと思う現実であり、日々生きている現実である。しかしひとの生きる現実はそうではないこともよく知っている。あるひとは、ツイッターは地獄だと言い、多くの人はもはやＳＮＳやインターネットから撤退し始めてすらいる。そこに希望を抱いているひとはもういないだろう。ぼくがこれまでひとと出会ってきた軌跡は、まるで現実感のない妄想のように聞こえるかもしれない。

*

　普段、ぼくは美術館でフルタイムの学芸員として働いている。美術館で働いているにもかかわらず、ぼくが違和感をもっているのは、展覧会という企画である。たしかに面白い展覧会はある。美術史的に重要だと思える展覧会もある。展覧会の企画を考える作業も愉しい。けれど、ぼくには展覧会の周辺や手前にあるものがどうしても気になってしまうのだ。

　極端にいえば、作れる人はもういい。そう思っている節がある。もちろん制作を続けることの孤独や苦しみにも堪えがたいものがあるだろう。けれどまずは自分で作れているなら、それで十分ではないか。あとはお任せしますとぼくは思う。なにかを作ろうと思えたなら、ぼくの仕事は終わっている。美術館の展覧会は、こうした決意をあまりにも暗黙の前提にして、できあがっている気がしてしまうのだ。ぼくが最も興味をもっているのは、作りますと宣言しているひとではなく、作ることと作らないことの狭間にあるひとである。その行き先を決めかねている躊躇いに出会うことである。

　その狭間にあるひとたちが通うために、美術大学があってもいいはずなのだけど、現状ではそのような期待に美大が答えているとはいいがたい。それにほとんどのひとは美大には行かない。そしていつのまにか、狭間にいることを忘れてしまう。ぼくにコンタクトをしてくれるひとに特徴があるとすれば、何かやろうと思っていることが潜在的にはあるのだが、それに向き合おうとすると、いまの人生には現れていない問題が生まれる。その解決方法が分からないか、もしくは解決するための動機をうまく見つけることができていない。それぞれに事情が異なるので、細部は千差万別だが、要約すれば、狭間にいて、その不安定さを感じていることが共通している。

　例えば、異国の地に留学中の作家からは制作が終わる度に、次になにも作れなくなるのではないか、という絶望感に苛まれていて、いま作ったものもすべて虚しく感じられる。もっと穏やかな気持ちで制作に向き合えればいいと思っているが、それではそもそも自分が続けてきた制作のプロセス自体が壊れて、もう作れなくなってしまうような気もするので、どうしたらいいかという相談が来たことがあった。制作をしたいという気持ちがあるのに、制作が終わった途端に次の制作への恐れが生まれている。この場合は制作ではなく、そこで前提とされている穏やかでなだらかに続けられる制作生活のような理想的なビジョンが彼の重荷になり、その彼の理想とする制作環境から遠ざけていると感じた。むしろ断続的にでも、自分が心地よく制作を続けられる環境や方法を探ってみることを一緒に模索してみることにした。

あるいは直接、電話で話をした文筆家を志す20代の社会人の方は執筆活動をしたいけれど、何をどこで発表すればいいのかを悩んでいた。とにかく文章の練習を兼ねて、毎日日記を書き続けているという。日記もいいけれど、ほかにいまの時点で持っているテキストはないかと尋ねたら、以前学会で発表した宇多田ヒカル論があるというので、ぼくがお願いして、全文をｎｏｔｅに転載してもらい、ツイッターで発表してもらうことにした。かなりの反響があり、ぼくのまわりの音楽批評のひとたちにも届いていた。さらにぼくが追加で彼にお願いをして、宇多田ヒカル本人にも送ってもらうことにした。なかなかの無理を言って申し訳ないが、そのあと彼は宇多田ヒカル宛に自分の書いたテキストのリンクをメールしてみたそうだ。

どちらも他人からすれば、何気ない相談に対する穏当な回答かもしれないが、ふたりとも狭間にある不安定さのなかにありながら、やりたいことがあった。いまは何も作れていない状態に近いけれど、作ることのできる隠れた能力を持っていて、その力が発揮されるための適切な道筋を探しているのだろう。相談に答えるのは、この回路をともに考えることを意味しているのだろう。回路をつくるためには、そのひとのなかにあるやりたいこととそのためのいろいろな条件を、閉じた空間のなかに入れておく作業が必要だが、それは自分ひとりでは難しいというだけだ。回路が存在しない相談は存在しない。相談があるということは、回路があるということである。いまからでもすぐに実行できる自分の閉じ方を考えるのが、相談に答える他者であるぼくのやるべきことである。

＊

こうした相談を受け付ける前史となった活動がある。コロナ禍になってから始めたＺｏｏｍ雑談会というものだ。それは希望すれば誰でも参加できるオンラインのお話し会で、毎週金曜日の22時頃から3時間から長いときには7時間以上に渡って開催した。ぼくはほぼ2年休むことなく続けた。多くは初対面のひと、通算すると７００人近くが参加した企画となった。
ほとんどが「はじめまして」から始まる雑談だったが、芸術や制作、人生相談に関することまで、どの回もまじめに話せたと思っている。実際にＺＯＯＭで話す人も聴くだけの人もいたが、ともに知らない人の声を聴くことが、この雑談会の重要な機能だったと思う。実際に声を聴くことで、ちょっとした感情の機微を感じ取ることができる。それはツイッターのタイムライン上のテキストでは矛盾して読めるものを受けとめるためのバッファを得られるという体験を作り出していた。もちろん、それは声の恐ろしい側面でもある。

繰り返しになるが、ＺＯＯＭ雑談会には希望者は誰でも参加できた。タイミングなどが悪くて参加できなかったひとはいたかもしれないが、ぼくはあらゆるひとを受け入れることだけを、自分のなかのルールとしていた。かつ他人同士が集まるので、発言の内容や身振りでトラブルに発展する可能性があるため、主宰者であるぼくはお酒はおろか、ほとんど飲まず食わずでやり続けていた。いま思えば、雑談会を続けることへのぼく個人のかなり異常な執念のようなものがあったと思うし、愚直に話し、聴き続けるほかに、もっと効率のいい方法があったのかもしれない。

それでも他人のもとに身を投げ出し、転がしてみるのが、心地よいという身体感覚があった。断らないというのは、そのようなぼくの直感によって実現されているルールであり、同時に倫理でもあったと思う。ただこのような活動ができているのは、ぼくの年齢や性別、様々な属性による部分も大きいので、ぼくと同じ方法を他人には勧めない。とはいえぼくとは異なるどんな方法であれ、身を転がさないことには、作ることの手前にある現実の存在を信じることはできないだろう。誰かが現代美術は、歴史や文脈を信じられない世界で、何の後ろ盾もなく、零地点から個人的なビジョンを立ち上げてみせることだと言っていた。それは、ぼくの言葉では何かが作られた、生まれる手前にあるざわめきに身を晒すことを意味している。ＺＯＯＭ雑談会への熱心さは、その可能性に賭けていたから生まれたのだろう。そこには恥ずかしいほどに、ぼくの他人とのコミュニケーションに対する欲望がごろりと現れていた。

コミュニケーションの空間をつくること、これがぼくのやりたいことなのだと思う。ＳＮＳではなく、自分自身がプラットフォームとなり、ひとびとの言葉の行きかう場になること。しかしこれは突き詰めていけば、どこかの地点で芸術否定へと行き着く可能性があるだろう。芸術とは、一般的にコミュニケーション空間の外部に存在し、ときにその人間的な社交に支えられた場を解体しうる力をもっていると想像されているからだ。芸術とコミュニケーションは容易には相容れない。その意味では、ぼくの欲望は美術での仕事とどこか根本的に矛盾しているのかもしれない。ただし、ぼくが作り出しているコミュニケーションの空間自体が、ＳＮＳで日常的に交わされているコミュニケーションとまったく異なるものだとすれば、どうだろう。

妄想といえば、ぼくはこれまで紹介してきたようなＳＮＳでの活動によって、それ自体がＳＮＳの外部として立ち現れるコミュニケーション空間が、この世界にいくつも作り得るのではないかという妄想に取り憑かれている。

とにかくぼくはツイッターでのあらゆる活動を来る者は拒まずにつづけてきた。けれど誇張ではなく、それで退屈だったときは一度もないし、不安に感じたことも一度もない。もちろん、それはぼくがまだ若い成人男性であるという属性やフォロワー数が数千人程度であるという規模に多分に影響された結果であることは自覚している。それにしても不思議なことだが、断らずに真剣にやっていることを毎週伝えていくと、こちらからは選んでいないのにもかかわらず、それぞれに才能を感じるひとしか参加していないという状況が生じていた。断らないが、ぼくからすれば、選りすぐられたひとが集まってくる。こうしたひとびとの集いの場は、まだインターネットでできるコミュニケーションのための空間だと確信している。

＊

いまから20年ほど時を遡ってみよう。インターネット元年と言われる１９９５年からは10年経つが、まだＳＮＳは登場していないころだ。ひとびとがインターネットに見た夢は、いっぽうには人類の知識を集約するエンサイクロペディアの構築があり、他方には地縁を超えた、人間同士のある瞬間的な出会いの創出があったと思う。しかしインターネットはＳＮＳへと姿を変え、エンサイクロペディアの構築は生成ＡＩの仕事となり、出会いの創出はリスク管理のために回避されてしまった。双方から人間は疎外されてしまっているのだ。いまはインターネットのなかに人間の居場所を見つけ出すのはとても難しい。ましてや、なんとなくタイミングがあったから、話してみましょうというような、明確な目的をもたない人間同士の出会いを発生させる余白は消滅してしまったと言っていいだろう。

具体的に想像してみてほしい。いまからツイッターで誰でも歓迎なので、お話しませんかと呼びかけて、知らないひとからメッセージが届き、一時間後には対面しているところを。もしくは通話での相談を募集して、メッセージが届き、30分後には話し始めて、2時間ほど相談に応じるところを。これを読んでいるほとんどのひとは一瞬は楽しそうと思いつつ、恐れが勝つに違いない。そもそもアカウントの向こうにいる人間がまともである保証はどこにもないのだから、恐れることがメディアリテラシーを持つ者としての適切な反応である。そして誰もツイッターの有象無象のアカウントの海に向かって呼びかけるようなことはしなくなる。

しかし、ぼくが言いたいのは、インターネットの可能性はその正しさの裏側にあったはずだということだ。恐れる前にほんのわずかに自分の胸のなかに生じた楽しさに賭けることができてしまう、という可能性である。現実的にやろうと思えばできることは、ぼくが日々示している通りである。それはｂｏｔから人間を引き出してくる作業とも言える。メッセージなり、通話をしていると、そこに人間が存在していることにほっとする。

こんな活動をしていると、色々な仕事があるなかで見知らぬ他人の相談に無償で答えていて偉いですね、と言ってくれるひとがいる。ありがたい言葉だけれど、本当は相談してくれてありがとうと、これまでメッセージを送ってくれたすべてのひとに言いたい気持ちがある。見も知らない他人であるぼくに丁寧な言葉遣いで自分の恥ずかしさや情けなさも含まれているはずの悩みを送ることのできる、その態度にぼくは敬意をもっている。

だから、みなさんもっとひとと出会いましょう、とぼくは訴えたいわけでは全くない。楽しさに賭けてもいいかなと思える自分のコミュニケーションを支える安心感を得ることは、いまのインターネットでも十分にできることを伝えたい。ぼくも人間であるから、足元の見えないなかで身動きをとることは怖い。インターネット上であれ、安心安全であるという感覚があるから、ひとに出会うことができる。反対にそうでないときに出会っているのは他人ではなく、自分や社会のなかにある様々な姿をした不安なのだろう。

＊

あるとき電話でこんな相談があった。とある心の不調に長年悩んでいる。治療の行える有名な病院への通院を考えているが、その病院の治療に不安があり、どうしたらいいか。彼はぼくのツイッターをよく見てくれている人だ。夜道を散歩しながら、一時間ぐらい話したと思う。結論としては、治療のよい側面ではなく、うまく行かなかったケースについて率直に病院側に聞いてみて、それで納得いく回答が返ってこなければ通院を急ぐ必要はない、ということになった。当たり障りのない答えかもしれない。でも、ぼくと彼にとっては（と勝手に言わせてもらうけれど）、大切なのは困ったら電話してもいい、という安心を、電話で話すことで感じられたことにある。

ひとが知りたいことは、あるひとが大丈夫なひとかどうか。この一点に尽きると思う。大丈夫というのは、安心感の言い換えである。とくにＳＮＳでは信じられないぐらいに、ひとは他人のことを大丈夫だと思えなくなっている。ひとはひとに安心して向き合えなくなっているのだ。でも、ぼくはまったく見も知らない彼のことを信頼している。相談に答えてくれたぼくを彼が信頼するというのではないし、それは確認しようがない。そうではなく相談を電話でしてくれた彼を、ぼくが信頼しているのだ。それだけは確かだと言える。つまりぼくにとっての安心とは、先に信頼することにあるのだ。

最後にもうひとつエピソードを紹介したい。

アルバイト先から号泣しながら、DMを送ってきた学生がいた。悩み相談のタイミングはすでにとうに過ぎていて、いまの苦しい状況をどうにかしたいというシグナルだった。いまから来れませんか？　とも送られてきた。こういうときは直接会うことが解決にはならないと頭で理解しつつ、じっさいは前日に食べた牡蠣にあたったのかぼくもその日はずっと吐き気を催していたから、ごめんなさい、会うことはできないと伝えた。それでも、2時間ほどやりとりをして、とにかく自宅に帰るのがつらいというので、泊まれるところがあれば今日の宿泊代は払うよと伝えたところで、少し気持ちも落ち着いてきたので、自分で帰ることができた。それからも長らく気分は沈んでいて、死にたくなったらDMでやりとりをしていた。

彼女が最近趣味で作っているものとして、画像のコラージュを見せてもらったことがあった。それからも時々、彼女は画像を送ってくれたのだけど、それがひとつ残らずセンスが良くて、驚いた。岡上淑子のコラージュ作品を思い出した。じつは高校時代には陶芸もやっていたりと、隠れた制作者でもあったのだ。でも、心がやばくなったら、短文のメッセージが届いて、短文で返信するということを数カ月続けていた。

いま思えば、彼女の悩みの中身を聞いたのは最初だけだったけれど、言葉のキャッチボールをするなかで、ゆっくりと彼女のなかで回復が進んだのかもしれない。半年ほどして、彼女から「治りました」とメッセージが届いた。よかったと思った。きっと彼女のまわりには彼女を支えた優しいひとたちがいたのだと思う。ぼくがそのなかで具体的にやったことは言葉を交わす、作品を見るという単純な行為のほかにはないけれど、とても嬉しく思った。治りました、というのはいっときのことで、また同じようにつらい状況がやってくるかもしれない。それでも、とにかく一回一回できることをやりたいと思う。ぼくは回復した彼女に、ぜひコラージュの展示をして欲しいと伝えた。実現しなくてもいい。展示をいつでも待っているひとがいると、たまに思い出してくれればいい。

これまでぼくがツイッター上で参加者を募った企画は数えきれない。そこで直接にしろ、オンラインにしろ出会ったひとは、ぼくにとっては安心のできるひとたちに映った。ぼくに見えた面はという限定つきだから、それ以外のそのひとの姿は分からない。けれど、ぼくはこれまで出会った人がぼくに見せてくれた面を信じたいと思っている。というより、それを信じないのであれば、ぼくがぼくである必要はないだろう。これがぼくの生きる現実である。妄想ではない。

人類学とともに妄想する

松薗美帆

妄想ストーリー ― 月経が可視化された未来

朝起きると、ウェアラブルデバイスに通知が来ていた。

――あなたの経血タイプはCになりました

通知を開くと色鮮やかなグラフが表示され、「70ml」と書かれている。どうやら今月の経血量がいつもより減っていたみたいだ。

「そういえば、ここ最近は仕事の締め切りに追われていてストレスがかかっていたからな……。一時的なものだったらいいのだけれど」。そう呟きながら、病院に経血データを転送して診療してもらうことにした。

このウェアラブルデバイスと連動している生理用品を着用すると、自動で経血量や成分を分析したうえで、経血タイプを診断してくれる。私の経血量はだいたいいつも90mlくらいだが、時々100mlを超えて「過多月経アラート」が出た時は、貧血にならないように鉄分のサプリを摂ることにしている。

昼間、仕事の打ち合わせで顔を合わせた美咲が声をかけてきた。

「栞、経血タイプCになっていたね。私もCなの。」

今朝の通知を美咲も見たようだ。経血タイプは周囲に共有する設定ができる。もちろん開示しないこともできるが、私の周囲はオープンにしている人が多い。月経期間であることもわかると、仕事やプライベートな予定も互いに配慮することができる。

「Cはどういうタイプなの?」

美咲に尋ねてみる。

「経血量は少ないけど、時々生理痛があるかな。お腹を温め

まつぞの・みほ

国際基督教大学教養学部卒、文化人類学専攻。株式会社リクルートにて人材領域のデジタルマーケティング、プロダクトマネジメント、サービスデザインを経験したのち、2019年より株式会社メルペイで新規事業立ち上げやUXリサーチの仕組みづくりなどに取り組む。現在は生理用品メーカーにて、ストラテジックデザイナーとして新規事業に携わる。北陸先端科学技術大学院大学、修士（知識科学）。同学博士課程にて応用人類学の研究中。著書「はじめてのUXリサーチ」。

ると楽になるから、この腹巻きはオススメだよ。」

　そう言って美咲が見せてくれた腹巻きデバイスは、生理痛と連動して自動で適温に調整してくれるらしい。

　私が初経を迎えた時、経血タイプはＡだった。Ａの特徴はとにかく経血量が多いこと。月経管理アプリの記録を見返してみると、当時は１４０ｍｌほどあったようだ。特に夜は漏れないかいつも不安で、修学旅行と生理が重なった時なんて最悪の気分だった。でも、この月経管理アプリはただ記録を残せるだけではない。同じ経血タイプの人たちと、メタバース空間でつながることができる。当時、経血タイプＡのメタバースコミュニティに参加して、それぞれの月経期間の乗りこなし方を教えてもらったことを覚えている。メタバース空間では、自動翻訳機能のおかげでいろんな国の人とも話すことができる。遠く離れた国の人も同じように月経に関する悩みを持っているのだと知ると、心が近づいた気がする。それに、海外ではひんやりする素材や、使い捨てのパンツ型のナプキンが流行っている……なんてことも教えてもらって、取り寄せて試してみた。

　この月経管理アプリには世界中の月経データが溜まっていて、日々研究が進んでいるらしい。同じ経血タイプの人が月経中どういう症状を抱えやすいか、どういう病気になるリスクがあるのかなどを教えてくれる。私の月経データも、きっと誰かの役に立っているのだろう。

　働き始めた20代の頃、今朝みたいに月経管理アプリが経血タイプＡからＢになったと通知が来たことがあった。初めての経血タイプの変化だったからすごく不安になって、その時もメタバースコミュニティにログインして、経験者を探して相談してみた。

「私も働きざかりのとき、急にＢになったことあったなあ」

「加齢によって、経血タイプは変わっていくから心配ないよ」

「３ヶ月続くようならば、病院にいくと安心かもね」

　同じ経血タイプでつながることができて、悩みに共感してもらえてすごくほっとした。でも、この月経管理アプリやメタバースコミュニティで出来るのは、あくまで相談まで。本当に心配なときは、医療機関にかかるのも大事。

　夜、パートナーから「何か買って帰るものある？」と連絡がきていたので、「経血タイプＣの生理用品を買ってきて」と返信をしておいた。パートナーも私の経血タイプを把握していて、今日みたいに生理用品を切らしてしまったときはお願いすることもある。パッケージには経血タイプがわかりやすく書いてあるから、ドラッグストアの売り場でも迷わず買えるみたい。

　こんなことを思い出しているうちに、病院から診断結果が返ってきていた。このくらいの経血量の変化ならば心配ないとのことで安心した。でも、久しぶりにメタバースコミュニティに参加してみようかな。経血タイプＣのことも、これからよく知っていきたい。

元になった民族誌

私は子どもの頃から小説をよく読んでおり、その世界に生きる自分を妄想することも好きだった。しかし、働き始めてからは日々の忙しさに追われて小説を読む頻度が減り、妄想することと自体もなくなっていった。そんな私に、また妄想する楽しさを思い出させてくれたのは、人類学の民族誌であった。民族誌とは、人類学者がフィールドワークを通じて調査対象について詳細に記述したものであり、確かに存在していた人々の生の物語であるともいえる。民族誌を読んでいると、その鮮やかな記述に引き込まれ、時には泣けることもある。

この妄想ストーリーの元になったのは、パプアニューギニアの月経について調査研究されている人類学者・新本万里子さんの民族誌である。新本さんは東セピック州マプリク地区を調査対象地として20年間にわたってフィールドワークを続けており、現地の人々が月経をどのように対処してきたかの変遷を4つの世代に分類した上で、第一世代の月経事情について以下のように述べる。

> 第一世代は、月経小屋のなかで、ヤシ科の植物の葉に座って対処した世代である。この世代の女性たちは、手に入るようになった布を体に巻くように身につけていた世代である。彼女たちの母親の時代には、陰部を隠すものはあっても、衣服とよべるようなものはなかった。ヤシ科植物の上に直接座っており、経血や[1]臀部には経血がついた。（中略）この当時の女性たちは、月経小屋に一人で入ることもあったが、月経期間の重なった数人の女性が一緒に月経小屋に入ることもあった。月経小屋のなかでは、互いの経血が見えたという。経血量の多いことを「豚の血」、経血量の少ないことを「鳥の血」と言っていた。また、互いの月経について話し合うこともできたという。（『可視化されていた月経――パプアニューギニアにおける月経対処をめぐるモノと女性の身体――』新本万里子）[2]

当時、この集落の外れには月経期間の女性たちが過ごす小屋があり、彼女らはその小屋の中で「タープ」と呼ばれるヤシ科植物の上に座って過ごしていたのだという。タープは吸水性がある素材ではないため、その上に経血が付着し、結果として月経小屋で過ごす女性間で経血量が相互に可視化されていたわけである。その後、第二世代はタープや布を併用するようになり、第三世代以降はパンツやナプキンが流入してきたため、タープは使用されなくなったのだそうだ。

この民族誌を読んだ私は、「月経小屋のなかでは、互いの経血が見えた」という記述にまず驚いた。家族や友人であっても、私は経血を互いに見たことはない。そもそも、初めて月経カップを使う時までは、自分の経血ですらまじまじと見たことはなかった。月経カップとは、体内に挿入し、経血を溜める生理用品である。初めて使った月経カップを体内から取り出した時、自分の経血量はこんなものなのか、と新鮮な気持ちになったと同時に、これが多いのか、少ないのか、どうなのだろうと思った。何かと比較して判断する基準は持ち合わせていなかった。

一方、パプアニューギニアの民族誌に戻ると、彼女たちは「経血量の多いことを「豚の血」、経血量の少ないことを「鳥の血」と言っていた」のだそうだ。月経小屋の中で「豚の血」の仲間同士で互いの月経について情報交換している様子を想像しながら、「パーソナルカラー診断みたいだな」と思った。パーソナルカラー診断とは、個々人の肌や目の色などに着目し、より魅力的に見える色を見つける診断のことである。肌の色によってイエローベース、ブルーベース、さらに4つの季節タイプの組み合わせから「イエベ秋」「ブルベ冬」などに分類される。SNSでこうしたキーワードを検索すると、それぞれのタイプごとに似合う服やメイクなどの投稿が多く見られる。これに着想を得たのが、冒頭の妄想ストーリーであった。

月経という体験は多様である。初経も閉経も個々人のタイミングで訪れ、生理痛が重くて立ち上がることすらきつい人もいれば、比較的軽く済み、普段通りに過ごせる人もいる。月経のある身体に生まれても、「人それぞれだから」という理由で、私自身あまり人と話すことがなく生きてきた。だからこそ、この民族誌の「互いの月経について話し合うこともできた」という記述が印象に残った。そして、自分自身が以前よりも経血量が減ったように感じ、しかし些細なことで病院に行っていいものだろうかと悩んだ時のことを思い出した。栞とは私であり、他の誰でもありうる。

また、近年は様々な月経対処の方法があり、ピルでコントロールする他、生理用品もショーツ型や月経カップなど、選択肢が増えている。先日ラオスとタイを旅したとき、デリケートゾーンがひんやりするナプキンや、パンツ型のナプキンが現地のスーパーにずらっと並んでいたことに驚いた。民族誌を読んでいると、胸の奥底にしまわれていたふとした瞬間が喚起されるのが不思議だ。遠いどこかに確かに存在する一人の人間の生に、どこか共感するからだろうか。

このように新本さんの民族誌からインスピレーションを受け、「経血量が互いに可視化される世の中とは、どのようなものでありうるか?」という問いを立て、「もし経血量が可視化される生理用品やデバイスがあったらどうだろうか?」と未来を妄想してみたのが、冒頭の妄想ストーリーである。実は、書き終えた後に調べて知ったのだが、すでに経血量を計測できるデバイスを作っている会社があるのだそうだ。経血量が可視化されるというのは、実はそう遠くない未来なのかもしれない。

人類学とは

人類学とは、「人間とは何か」という根源的な問いに向き合う学問である。人類学者は長期にわたって調査対象の集団や文化の中に自ら入り込み、相手の目から見た世界を理解しようと試みる。この参与観察と呼ばれるスタイルを確立した人類学者のマリノフスキは、「民族誌的調査にふさわしい生活環境は自身の世界から自分を切り離し、彼らの集落のまっただなかにキャンプを張って初めて達成される」[3]と語っている。また、「ときにはカメラ、ノート、鉛筆をおいて、目前に行われているものに加わるのがよい」と勧めており、これが単なる観察ではなく、「参与観察」と呼ばれる所以である。

私は大学で人類学を専攻しており、島根県の津和野町をフィールドに、まちづくりに関わる人々を調査していた。マリノフスキに習って、夏休みの間は町中の空き家に暮らし、彼らのまちづくり活動へ参与することにした。私がフィールドに入って数日後、空き家の目前の川からゴーゴーとものすごい音がしていて目が覚めた。２０１３年7月28日、島根県と山口県で起こった豪雨による災害に立ち会ったのである。津和野町でも記録的な豪雨に見舞われ、川の氾濫や土砂崩れ、床下浸水や停電が起こって甚大な被害を受け、復旧には4年の年月を要した。幸い、私が滞在していた空き家は無事だったものの、調査の予定は大きく変更となり、まずは目の前の災害復興から始まった。このような状況に置かれた時、調査は中断、もしくは延期するというのが一つの選択だろう。しかし、そうはせずに、町の人々とともに泥かきをすることから始めたことで、地域コミュニティのつながりの強さや、一方で若者が少なく労力が不足していること、ライフラインが断絶し孤立してしまう集落があることなど、その地域で生きるということを身をもってひとつずつ知っていった。人類学者のインゴルドは、人類学とは「人々について研究する」のではなく、「人々とともに研究する」ことであるという。[4]この言葉の通り、人々とともに災害に見舞われ、向き合ったことを通じて、人類学とは一人の人間として人々と出会い、巻き込まれ、体当たり的に身体でわかっていく実践であると実感した出来事であった。

マリノフスキはこうした人類学の実践を通じて、「われわれとは遠く離れ、不思議な姿をとって現れた人間性を理解することによって、おそらく、われわれ自身のうえに若干の照明があてられるだろう」[5]とも語っている。異なる文化と私たちを比較する時、数多くの差異を見出し、それまであたりまえだと思っていたことが崩されていくことを経験する。人類学とはそうしたことを繰り返しながら、自分自身を深くわかり直していく営みでもある。

インゴルドは、人類学を行うとは「世界を開き続けること」だといい、「異なる存在の方法に対する気づき、あるいは、ある存在の仕方から別の仕方への移行可能性が常に存在することに対する絶え間ない気づきであり、この気づきこそ人類学的態度を定義するものである」[6]と語っている。新本さんの民族誌に戻ると、パプアニューギニアでの月経のあり方を知ることを通じて、私たちの月経のあり方から、彼女たちの月経のあり方への移行可能性が常に存在すると気づく、つまり「〜かもしれない」と妄想してみるのはどうだろうか。長期のフィールドワークに出かけることはできなくても、人類学者が記した民族誌を読むことを通じて、ありうるかもしれない世界を妄想し、私たちの世界を開き続けることはできるのではないだろうか。

人類学とデザイン

人類学で培われた知識や研究手法を、社会の様々な問題解決に活かす学問分野を応用人類学といい、開発途上国の支援、医療、教育、ビジネスなど、幅広い分野で人類学者が活躍している。特に近年ではデザイン分野で人類学への注目が高まり、デザイン人類学という新たな領域も生まれ、デザイナーと人類学者が協働する道が模索されている。人類学とデザインは一見異なるように思える二つの分野だが、実は深い繋がりがある。アメリカのデザインコンサルティング会社・IDEOの共同経営者であるトム・ケリーは『イノベーションの達人』において、クリエイティブな企業に必要な役割として第一に「人類学者」を挙げている。IDEOが世界に広めたデザイン思考は、まずデザインの対象への共感から始まるが、そのために人類学の方法論を参照して観察やインタビューなどのリサーチを行い、人々がどのように考え、行動し、何を求めているのかを深く理解することによって、新規サービスのアイデア創出へとつなげることが行われてきた。

私は大学で人類学を学んだ後、企業内で新規サービスの立ち上げや既存サービスの改善などのデザインの仕事に携わってきた。人類学とデザインを比べてみると、人類学は相手の目から見た世界を理解しようと試みるのに対し、デザインという行為は相手の目からみた世界を変化させることを目的としており、両者のスタンスは大きく異なると感じる。しかし、違いがあるからこそ互いに補完し合う関係になりうるのであり、人類学の知見は、より良いデザインのための示唆を与え、時には批判的、倫理的な目を与えてくれる。一方、デザインは、人類学を単なる調査で終わらせず、より実践的なものにする可能性を秘めている。私が尊敬する大学の先生は、国際機関での途上国開発の仕事を経て教鞭をとっており、「知ったからには責任がある。私が途上国開発の現場で知ったことを学生に伝えていくことが、私なりの責任の果たし方である」と話していたことが忘れられない。人類学にデザインを組み合わせることで、相手の目から見た世界をわかった上で、それに対して応答し、責任を果たすことができるのではないかと考えている。

特に企業におけるデザインでは、納期に追われ、短期的な成果を求められがちであり、人類学と同様の長期的な調査を行うことは現実的ではない。また、海外では企業内に人類学者が雇用されているケースもあるようだが、現状の日本ではそう多くなく、人類学とデザインの協働には越えるべき壁がまだ多くある。それでも人類学者が紡いできた民族誌は本や論文の形で社会に開かれており、読むことができる。まず第一歩として、これを活用しない手はないだろう。

人類学とともに妄想する

人類学の民族誌から、妄想する。これは全く新しいアイデアではなく、すでに何人かの人類学者によって実験的に取り組まれていることである。たとえば、人類学者の小川さやかさんは、民族誌から未来を構想する手法を「エスノグラフィ・プロトタイピング」として提唱している。これはサイエンスフィクション(SF)的な発想を基にプロトタイプを作ることで、他者と未来像を議論・共有するための手法であるSFプロトタイピングから着想を得ているそうだ。SFの空想の世界とは異なり、民族誌は実存している世界や文化である。だからこそ、より現実に迫るアイデアを生み出すことができるのではないだろうか。

また、同じく人類学者の磯野真穂さんは、一般社団法人デサイロが主催する「DE-SILO EXPERIMENT 2024」というイベントで、人類学の研究を小説で表現する実験的な試みをされていた。具体的には、磯野さん自身の研究内容をベースに小説を制作し、その物語を読んだ3名の小説家が、それぞれの視点からオリジナルの短編小説を書き下ろすという企画であった。私は実際にその小説を読んで世界観にすっかり引き込まれてしまい、物語の持つ強い力を感じた。物語に人は喚起され、時には眠っていた記憶が蘇り、何かしら応答したくなる。

民族誌を読んでいると、「こんな文化もあるのか！」と驚くと同時に、「どうして私たちはそうではないのだろうか？」とふと思わされることがある。たとえば、パプアニューギニアの月経のあり方を知った時、「なぜ私は月経について、周囲の人と話しづらく感じていたのだろうか？」「どうして私は、自分の経血量を人と比べる術を持たないのだろうか？」と疑問に思った。民族誌に喚起されて「ありえるかもしれない」未来を妄想してみることは、私たちの世界から、誰かの世界への移行可能性を提示する。時間軸も物理的にも遠くにあり、一見関係ないように思えるもの同士を関連付ける。さらに翻って相手の目から見た私自身が照らされ、無意識のうちにあたりまえと思いこんでいた枠組みが崩され、リフレーミングを生じさせる。これこそ人類学のもつ力であり、固定観念にとらわれ行き詰まった状況を打開する助けとなるだろう。新しいサービスの方向性を検討するとき。デザインのインスピレーションを得たいとき。会社のビジョンを議論するとき。そうした場面で、人類学とともに妄想し、世界を開いてみるのはどうだろうか。

1 原文ママ。
2 新本万里子「可視化されていた月経――パプアニューギニアにおける月経対処をめぐるモノと女性の身体」日本文化人類学会第58回研究大会要旨（2024年6月16日、北海道大学札幌キャンパス）より引用。新本さんの研究については、『月経の人類学』（新本万里子、杉田映理 編）でも詳しく読むことができる。
3 『西太平洋の遠洋航海者』（ブロニスワフ・マリノフスキ）
4 『人類学とは何か』（ティム・インゴルド）
5 『西太平洋の遠洋航海者』（ブロニスワフ・マリノフスキ）
6 『生きていること』（ティム・インゴルド）

「この私」をただ肯定するために「妄想」を挟み撃つ
——不信や迷いをそのままにできる居場所を自分につくる、その手立てについて

山本浩貴(いぬのせなか座)

0 はじめに

この文章では、「妄想」をめぐり、大きく分けてふたつの角度からお話したいと思います。

ひとつは、自分の考えを「妄想」として切り捨てず、諦めず、世界におもねりもせず、自分を貫き通す方法について。私は小説をはじめとして様々なジャンルの表現に取り組んでいますが、同時にそれらを自らプロデュースし、社会に流通させてもいます。それはまわりからの評価に自分を委ねず、むしろ自らの価値基準を社会へ提示していき仲間を増やしていく、そのための試みとしてありました。

もうひとつは、由来のわからない無根拠かつ突発的な考えを抱いてしまう自分、あるいは抱かせた世界を、丁寧に掘り下げていく方法について。まわりから「妄想」と言われないように自らプロデュースや流通などをがんばる、というのは、どちらかというと「妄想」の否定の試みだと言えると思います。実のところ「妄想」を再評価しようという言説の多くは、「妄想」がいつか「妄想」でなくなる、そうでなくとも現実にメリットをもたらしうるということを前提にしているところがあるのではないでしょうか。でも「妄想」には、現実に資さずともただそれだけで意味を持つ面があるのではないか。そんな発想から、「妄想」をただそれ自体としてポジティ

やまもと・ひろき
(いぬのせなかざ)

1992年生。小説家／デザイナー／制作集団・出版版元「いぬのせなか座」主宰。小説や詩や上演作品の制作、書物・印刷物のデザインや企画・編集、芸術全般の批評などを通じて、生と表現のあいだの個人的な結びつき、または〈私の死後〉に向けた教育の可能性について検討・実践している。主な小説に「無断と土」(『異常論文』『ベストSF2022』)。批評に『新たな距離』(フィルムアート社)、「死の投影者による国家と死」(『ユリイカ』2022年9月号)。デザインに『クイック・ジャパン』(159-167号)、吉田恭大『光と私語』(いぬのせなか座)。企画・編集に『早稲田文学』2021年秋号(特集＝ホラーのリアリティ)。

ブに捉えていく方法について考えてみたいと思います。

ふたつは、「妄想」をめぐる、ある種の裏表としてあります。「妄想」という言葉を外から与えられることに粘り強く抵抗しつつ、同時に、自分の中から「妄想」としか言いようのない考えが生まれることにも真摯に応える。「妄想」を軸に展開する、半ば矛盾しているようにも思えるふたつの姿勢は、同時に駆動していくことによってこそ、「私が世界のなかで生きる」ということを自ら尊重するための重要な居場所をつくりだすことになるでしょう。

1　作品を作ること、その周辺を自前で整えること

いくつもの表現方法に取り組む

まずは「妄想」という言葉をめぐる私の基本的なスタンスの開示を兼ねて、これまでの自分の活動について簡単にお話ししておきたいと思います。

私は小説や詩を書いたり、本をデザイン・編集・出版したり、いろいろなジャンルの芸術作品を論じたりして暮らしています。主に言葉を使う表現に従事しつつ、その意義や他のジャンルとの関係性、流通やプロデュース方法までを考え取り組んでいる……そんなふうに言えるでしょうか。

良い作品を作る、というだけでなく、それを作らせる環境をどう自分に用意するか。できた作品をどう社会に流通させ人に届けるか。自分だけでなく他のひとによる作品も含めて、評価軸や使用方法を提示していく……そういった作品の周辺のあれこれを、ひとりではなく友人たちとともに、作品制作と並行して取り組んでいます。

世界や私を真剣に考える方法

小説は中学生のころから書き始めました。もともとは宇宙工学に関心があり、芸術やフィクションを自分で作ろうとするとは思ってもみなかったのですが、13歳のときにアニメ『新世紀エヴァンゲリオン』の再放送を見て、とつぜん「作品を作りたい」と思い立ち、小説を書き始めました。

この世界について、この私について、無視せず真剣に取り組み考える方法として、現実とは別の芸術やフィクションを（単に消費するのでなく自ら）作るという方法があるのだと初めて知ったのだと思います。今回のテーマに絡めて言うなら、現実とは異なる「妄想」に取り組む可能性を知ったと言ってもいいのでしょう。

最初は映画を撮りたいと思っていました。ですが、地方出身で仲間もおらず、教えてくれる大人もおらず、今のようにスマートフォンでしっかりした映像撮影・編集ができるような環境でもなかったため、たったひとりでお金もかけず作品

を作っていける「小説」を、自分の方法として選びました。結果としてそれは、「この私とはいったいなんなのか」という問いを孤独に考えていくことそのものを、私に表現の主題として選ばせたと思います(「小説」とはどういう表現方法か、ということについては、最後にまた触れます)。

「評価される」だけでいいのか？

高校生のころにいくつかの賞の候補にもなり、大学入学を機に上京してからは小説や詩歌に熱心に取り組む友人もやっとできて、このまま自分は実作一本で腕を磨き生きていくんだと考えていました。そうして優れた作品を残せれば、きちんと世の中に評価されるだろうし、自分の人生は良いものとして終えられる、と。

ですが、ある新人賞の最終候補に残って落選したとき、考え方に変化が生まれました。落選したからではありません。選考後、顔合わせした編集者のかたに「難しすぎて自分たちにはわからなかった」と言われたことが、小さくないショックを自分に与えたのです。

業界を運営している中心的な企業のひとつに勤めるひとが、たかが20歳の人間が書いた小説を「難しい」という一言で切り捨てる。ここがどう良くてここがどう悪かったと指摘してくれるでもなく、その後のケアも一切なく……友人たちとのあいだでは問題意識を共有し、毎日お互いの作品やプロの作家たちの作品をめぐって議論を重ねていたこともあって、余計に強い戸惑いが生じました。

はたして自分はこの業界で評価されていくということを目標に作品を作り続けるだけでいいのか、結局はそれを評価したり商品化したりする側の人たちに理解されないまま終わるのではないか。そんな思いを抱きながら帰路についたことをとてもよく覚えています。

実作者から周辺環境の設計者へ

さらにその後、大学卒業のタイミングで信頼していた友人のひとりが自死してしまったり、他の友人もみんな就職してはなればなれになっていくといったことがありました。

そんななかで、どうにか自分たちでものを作り考えていく日々を続けるための環境をこの世界のなかに作らなければならないと思い、2015年、22歳のときに「いぬのせなか座」というグループを立ち上げました。

まずは大学のころに友人たちと交わしていたような議論を、あらためて外に向けて発信したり、その過程で新たな作品を作って議論と一緒にひとつの本にしたりしました。結果、同世代の美術や演劇や写真など様々な分野の友人ができ始めました。また、メンバーの詩集を自分たちだけで編集・デザイン・

出版すると、それが評価されて賞を受賞したり新聞や雑誌で取り上げられたりしました。寄稿やデザインや出演の依頼も来るようになり、気づけば「いぬのせなか座」はいろいろなジャンルにまたがり活動する制作集団／出版社となっていました。そして私は小説家だけでなく、デザイナー、批評家、編集者など、いくつもの肩書で活動するようになりました。

評価軸や実現方法を自前で用意する

グループの立ち上げからまもなく10年となります。長いようですが、体感としてはあっというまでもありました。飽き性な身でもあるため、今後大きく活動方針を変えることもあるかもしれません。ただそれでも、作品制作とその周辺環境の設計を同時に展開していくようなスタイルは、おそらく今後も変わることがないでしょう。

それは自分（たち）の外に価値基準も発表方法も依存しない、人任せにしない、という考え方を、私がほとんど人生の指針のように強く持っているからです。

文学や芸術の場合、絶対的な価値基準というものはありえません。何が良いのか、何が目指されるべきなのかは、時代によっても社会によっても、さらにいえば受け取る人によっても違う。そもそもなんのために表現を行なうのか、という根本的な目的自体が人類において確定しているわけではない以上、表現の良し悪しは様々な外的要因によって変化する。

言い換えれば、自分の外に価値基準を委ねているだけでは、相手の無理解や基準のずれによって自分の考えや表現が一方的に無価値なものとみなされてしまう可能性を無くすことはできない、ということでもあります。

誰もがメディアであれる時代に

それにただ苛立ち失望していても仕方がない。

良くも悪くも今は、特定のメディアや権力構造だけが力を持つ時代ではありません。

誰かに認められて初めて世に出られた時代は終わり、誰でもインターネットを使って情報を発信することができる時代になった。しかも近頃はどのジャンルの知識もひとりである程度まで学ぶことができ、いろいろなアプリケーションも比較的安価で手に入るので、ホームページ制作もデザインも動画制作も、そこまでコストをかけずに個人で行なうことができる。結果として、書籍で言えば、大きな出版社の力は落ち、個人によるいわゆる「ひとり出版社」がもはや珍しいものではなくなっている。音楽などでも、ＴｉｋＴｏｋやＹｏｕＴｕｂｅで作品を無料で発信でき、バズれば一気に多くのひとのもとに届くようになっている。

そうした時代に表現に取り組もうとする以上、他者からの評価やプロデュースを待つのではなく（もちろん評価し支援してくれるひとがいるにこしたことはないけれど、でもそれに依存せず）、自分から情報を発信し、環境を整え、自分で自分をプロデュースしていったほうがいい。自分は何を意識して、何に取り組んでいるのか。自分が抱え持っている価値基準は社会においてどういう意味を持つのか。ただ「作りっぱなし」にするのではなく、自分から自分を分析し、言語化し、ひとと共有する。「ここに受け取るべき表現がある」と自分から言っていく。

　いわば自分自身を自立したインディペンデントなメディアとしてデザインし、それを通じて議論も作品もセットで展開していくことによって、自分が本当に大事に思うことを、自分のペースで、自分のやりたいように続けることができるし、結果的に周囲とともに何かに取り組むということも可能になっていく。そんなふうに考えています。

2　「妄想」は「妄想」でなくなることで意味をもつ？

「妄想」肯定は「妄想」否定である？

　さて、この文章は『妄想講義』という本に寄せるために書かれています。

「妄想」をポジティブなものとして再定義しようとする試みは、本書に限らず、近年増えつつあると言って良いでしょう。「妄想」は無意味でときに危ういものとして批判されがちだけれど、でもそこに何らかの可能性があるんじゃないか。社会の抑圧から抜け、自由で広々とした発想を意味あるものとして、「妄想」を再定義する……こうした考え方は、ビジネスや科学の文脈で近ごろよく見られるものです。

　一方で、ここまでお話ししてきた私の活動スタンス、つまり作品を作るだけでなくその周辺環境も含めて設計するという考え方は、「妄想」の肯定というより、むしろ周囲から自分の考えや表現を「妄想」と切り捨てられたり、自ら「妄想」と卑下したりすることを避け、「これこそが現実なんだ」と言い張るためのものだとも言えるかと思います。

　実際、私は「妄想」という言葉を、自分に対しても、ひとに対しても、用いたことはほとんどありません。自分が「今この状況」から離れたなにかに向かって考えを推し進めていこうとすることは普段からとても多いですが、それらを「目標」や「夢」、「予想」や「想像」、「思い」や「考え」などとは言っても、「妄想」と呼ぶことは可能な限り避けてきました。

「妄想」をめぐる肯定と否定……ただ、「妄想」を肯定する言説の多くもまた、実は「妄想」が「妄想」でなくなる瞬間を前提にして成り立っているのではないか、と私は考えています。

「妄想」をめぐるねじれ構造

例えば「妄想」がこれまでにない新たなアイデアの種になる、と言うとき。そこでの「妄想」は、現実化の可能性を踏まえて評価されています。まったくのとんちんかんで的はずれで誰にも共有できないような話ではなく、あるお題に沿った、現状への鋭い指摘や改革案であると認められて初めて、良い「妄想」だとされる。

つまり現実から離れすぎず、適度に新しい視点を提供する有効なアイデアだと集団的に認められたとき……いわば「ただの妄想ではない」と見做されたときに、初めて肯定されるものとして「妄想」が設定されているのです。そしてそこで「妄想」を出したひとは、「妄想家」ではなく新たな「思想家」、「発明家」として再定義されることでしょう。

「妄想」が「妄想」としてただ肯定されるわけではない。むしろ「妄想」が「妄想」でなくなる瞬間を前提に「妄想」が肯定されるというねじれた構造が、「妄想」肯定の言説には生じているのではないか。ここには例えば、個人の力が社会を変える(「個人」が「個人」でなくなる)とか、世間からばかにされていた考えがむしろ正しかった(「ばか」が「ばか」でなくなる)といったような、ある種の逆転劇めいた構図も認められるでしょう。「想像」ではなく「妄想」という言葉が用いられる理由もそこにある。重要なのは「妄想」と蔑まれるような低いところから、「優れたアイデア」と評されるような高いところへの飛躍、いわばこれまでの基準で認められてこなかった「私」の再評価なのだと。

現実に資する「妄想」？

一方で、これは私自身への強い自己批判も込みでの話なのですが、果たして「妄想」は「妄想」でなくなる以外に肯定されえないものなのでしょうか。結局は現実に資することでしか自らの意味を語ることができないものなのでしょうか。

この問いは、「妄想」全般をめぐるものであると同時に、芸術や文学について考えるうえでも重要なポイントです。芸術や文学は一見すると現実の役になど立たない無意味な娯楽、「妄想」そのものでしかない。ただ、その上で「妄想」性を否定し(逆に「これこそが真の現実なのだ」というようなかたちで)、現実に資するものとして芸術や文学を評価するような考え方は、昔も今もとても根強いものとしてあるでしょう。

フィクションであることはノイズでしかない？

例えば近年いくつかの美術館で強い政治性を含んだパフォーマンスや作品が大きな議論を呼んでいるように、芸術は様々な社会問題を可視化し状況を変える(ための運動の起点となる)力があるとされています。現実への鋭い指摘として機能することで、「現実に資する価値あるもの」となる余地がある、と。

小説に関しても、芥川龍之介賞の受賞作品は多くの場合「社会的なテーマを描き現代社会の問題を浮き彫りにした」というような文句のもと紹介されます。これから起こる現実の事件などを先んじて描いたときなどにも、強い社会的意義を認められる。

また、ここ何年か流行している言葉として「ＳＦプロトタイピング」があります。ＳＦ小説がもつ大胆な発想や未来予測をもとに事業企画や研究開発戦略や組織変革を考えようとする手法で、マイクロソフトやインテルや日産など国内外の多くの大企業で試みられている。これはまさに、小説がもつ「価値」を「現実に資するかどうか」から測定しようとする考え方の、昨今の代表例と言えるでしょう。

さらに最近は、小説よりもエッセイや日記のほうが流行しているきらいがあります。戦争や被災などを体験したひとによる文章はもちろん、何気ない会社員生活を送っているひとのエッセイや日記であったとしても、それだけで価値あるものとして読まれる。そこではフィクションであることはむしろノイズであって、現実そのものとして読めるもののほうがより好まれる傾向にある。

「現実」の絶対化、あるいは散逸

芸術や文学における、こうした「現実に資するかどうか」を軸とする評価は、今後ますます強まっていくでしょう。

要因のひとつにはやはり、既存のメディアや権力構造の衰退があると考えられます。かつては特定の雑誌や批評家や美術館が、どの作品が良くてどの作品が良くないかという価値判断を一定以上担っていた。それは悪しき権威であったと同時に、歴史や文脈をめぐる教育装置や指針として機能していたところもあったでしょう。

しかしインターネットの普及などもあって、権威は相対化させられ、それに代わる権威として「現実」という、あらゆるジャンル、あらゆる人々を貫通するとされる共通の土台が、急激にせり上がって来ている。芸術や文学はそれ自体としては価値をもはや保てず、「現実」への貢献度合いをもとに評価されるように（ますます！）なってきている。しかもそこでの「現実」への貢献度合い」は、特に売上や集客をベースに（「客観的」に！）測られる……あえて単純化した話にしていますが、こうした傾向は少なからず無視しがたいものとしてあるように感じられます。

もちろんここからあらためて特定のメディアなどが権威を持つようになるというのは、あまり望ましくないことでしょうし、それこそ「現実的」ではない考えです。私がそうしているように、みながインディペンデントなメディアとして活動可能となっている以上、価値基準はどんどん分散しつつある（世界各国での政治的対立を見ても、SNSで日々繰り返される炎上を見ても、それは明らかです）。「現実」というものでさえもはや共有できず、誰かの「現実」の役に立っても別の誰かの「現実」を傷つける、そんな利益衝突だらけの状況のなかで、唯一頼りになるのは数値化された資本だけではないか、とも言えてしまえる。

「妄想」を「妄想」のままに肯定できないか

こうした状況のなかで、個人の「妄想」ですら、現実に役立つかどうかで測られていいのでしょうか。その先にあるのは、結局のところ、社会に資する豊かなアイデアを出せる人間になろう（金銭をたくさん生み出せる素晴らしい能力を秘めた人材になろう）という話でしかないのではないか。

しかも今後、技術が発達するにつれ、イノベーションや社会改革を起こすためのアイデア出しは、人間よりも人工知能のほうが得意なものとなっていくことが予想されます。いまでさえ人工知能は、人間が1個のアイデアを出すためにかける時間で、数十、数百のアイデアを出力できる力を持っている。既存の常識にとらわれないアイデアを出す、というだけで言えば、「既存の常識」そのものを大量のデータのもと検分したうえでそれに対する新たな視点を大量に提示できる人工知能のほうが人間よりはるかに強い。遠くない未来、「妄想」は、ひとが行なうべきものではなく人工知能こそが為していくべきものとされるでしょう。ひとはうまく人工知能にアイデアを出してもらうための条件を用意し、人工知能からアイデアが出力されたら今度はそれを各現場で極めて現実的に実行していく、そんな仕事をまかされるようになる。機械が妄想し、そのもとで人間が現実に働く世界。

はたして今後、個人の抱く「妄想」は、あるいはその塊のようなものとしての芸術や文学は、ただ「妄想」であるだけで肯定されることはないのでしょうか？　社会に役立つかどうかという点でその是非を測られるほか、もはやないのか？

こうした問いを置いたうえで、次に進みましょう。

進んでみるのは、根本的で単純な方向です。

そもそも「妄想」とはいったいどういうもので、それを（そのものとして）肯定するとはどういうことなのか？

3　「妄想」について考えるとはそもそもどういうことか

「妄想」という言葉がもつ危うさを整理する

先ほど私は、「妄想」という言葉を相手にも自分にも使うことを可能な限り避けてきたと言いました。

それは自分の考えを一方的に非現実的なものとしてくる価値基準へ抵抗し、自分自身を貫き通す道筋を得ておくためだというところもあるのですが、もうひとつの理由として、「妄想」という言葉そのものが、ある危うさを抱えているからということもあります。

なぜ「妄想」という言葉を避けてきたのか？

私に「妄想」という言葉を避けさせてきたものとは何なのか？　簡単な整理を糸口に、「妄想」が持つ固有の可能性を探ってみたいと思います。

罵倒の言葉として

まず第一に、「妄想」という言葉は、他者への罵倒の代表例だと言えるでしょう。

相手が表明している考えを、客観的な根拠に基づかない、ごく個人的な誤りとして切り捨てるとき、ひとは「妄想」というラベルを相手に（たいてい気軽に）貼る。対等に議論する必要のない、そもそも認知自体がおかしい相手なのだと。

それは多くの場合、相手がその考えに至ったプロセスや要因を丁寧に把握しようとする姿勢をそもそも諦めることによって成立しています。ひとが何かを考え表明するとき、たとえ大きな誤認を含んでいたとしても、そこにはなんらかの過程やきっかけがあるはずです。そこを丁寧に解きほぐすことで、ひとはその考えに自分もまた至りうる可能性を知り、そこから対等な意見交換が始まって、ともに別の考えへと進むことができるようになる。

相手の考えを「妄想」と切り捨てることは、そうした前向きな展開を失うだけでなく、自身は「正常」で相手は「異常」だというマウントのもと相手を攻撃するだけになっていってしまう。そのような事態をもたらす代表的な言葉として、「妄想」はある。

病を指す言葉として

そもそも「妄想」は、具体的な病の症状を指す言葉です。ネットで「妄想」と検索すると、そこには医療機関による病名や治療方法などの情報が大量に出てきます。

ひとは様々な要因で、知覚がうまくいかなくなったり、特定のことがらを過剰に解釈していってしまったりする。それは自分や世界に対しての迷いや不安、不信として機能し、自分を苦しめる。あるいは周囲のひとと世界の認識にずれが生じてしまうことで、周囲のひとをも苦しめる。

そんななかで、誰かの考えを「妄想」と名指すことは、例えば「かたわ」や「めくら」といった、今では差別的とされ放送禁止となっている言葉を用いるのと同じくらい、危ういこととしてあると言えるかもしれない。

自己卑下やエクスキューズの言葉として

これらの危うさの延長線上に、自分自身の考えをめぐる卑下や謙遜のための言葉としての「妄想」がある。

私が考えていることは客観的な証拠にもとづくものではなく、ごくごく主観的で個人的な欲望に基づくただの戯言なんですよ。それは私自身もわかっているので、大真面目に受け取ったり批判したりしないでくださいね、と……そうした防衛をしたいとき、ひとは「私の妄想ですが」などと前置きする。

例えばいまの社会で「妄想」という言葉が最もよく使われるのは、実のところ、性的欲望や恋愛感情と紐づいた自身の表現に対してでしょう。ＳＮＳではよく、好きなキャラクター同士の関係性などをめぐって、性的なニュアンスも込みで二次創作的に表現する際に「妄想」という言葉が用いられます。性的欲望はとても個人的なもので、なおかつ社会的にそれを抱えること自体否定される傾向があるぶん、「妄想」という言葉と相性が良い。

自分の考えに対して、周囲に先んじて自ら罵倒することで、自身を真剣に相手にする必要のない、どうでもよいものとして扱う。結果として自らのなかにある、到底現実的と思えないい想像を外に向けて表現する権利を社会的に得る……そのような、とても健全で公共的な身振りを支える言葉として、「妄想」はある。

逆に言えば、そうした自己卑下にもとづく言葉だからこそ、「妄想」として表明されたアイデアが「現実」になったときの飛躍は大きいし、その飛躍の大きさがすなわちある種の快楽や自己肯定感の高まりをもたらすことにもなるでしょう。

ひととひとのずれを「この私」が考える

以上、簡単な整理ではありますが、これらが私に「妄想」という言葉の使用を避けさせてきたものだと思います。

「想像」や「予測」などではなく「妄想」という言葉を使う場合、そこには個人と世界のあいだの、現実的で生々しく苦しい、ときに人を死に追いやりかねないような「ずれ」が横たわる。

それは具体的な体における病の問題でもあるし、もしくは政治的・思想的な対立という、激化すればひととひとのあいだの殺し合い、すなわち「戦争」という最悪の事態が生じうることについての問題でもある。

「私の妄想を（妄想ではなかった、というかたちで）肯定する」と言うときにも、以上のような危うさが背景に置かれたうえで、それを足場に「現実」という（みなで同じ価値観を共有し、みなで同じ対象を見つめていられる）安全圏へと「この私」が跳躍するような仕方で発せられることになるでしょう。それは、この私だけがおかしいのではない、間違っているのではない、という自己肯定感と根深く紐づいている。

一方で、こうした危うさは別の角度から見れば、「想像」や「予測」などではなく「妄想」という言葉こそを考えるということの、核心を指し示してもいるとも言えます。

「妄想」について考えるとは、単に「「今ここ」にないものへの想像」について考えるということではない。それなら「想像」という言葉を用いればいいのだから。

「想像」は既存の常識に基づいていて「妄想」はそうではない自由な考えだ、と言うひともいるけれど、でもどんな思考も結局は「この自分」という枠を完全には逸脱できない以上、考えの深さの問題でしかない。既存の常識がなかったら、というところまで深く深く考えていく「想像」は、その定義のもとでは「妄想」と区別がつかない（そもそもこれは「想像」でこれは「妄想」だと常識のもと判断している「この私」がいる時点で、それはただの「想像」ではないか）。

「想像」や「予測」などではなく「妄想」という言葉を用いるとき、そこにだけあらわれるものとは何か。それは、現実に生きていて、世界を受け取り何かを想像する、具体的な体どうしの「ずれ」です。あるいはそのような体たちが、それぞれに生き、受け取っている文化や環境どうしの「ずれ」。

「妄想」とは、個人と世界の致命的な「ずれ」に気づくこと、しかもそれを客観的な世界の問題として均して捉えてしまうのではなく「この私」の内側から見つめ迷うことこそを指すものなのではないか。

あるいはそのような「ずれ」の存在に内側から触れたとき、私が抱え込んでしまう、迷いを含んだ一人称的な「考え」として、「「妄想」について考えること」はあるのではないか。

そんなふうに考えてみたいと思います。

「妄想」がもたらす否定的な感情にこそに注目する

すこし面倒な議論に入ってきたかもしれません。もっと整理してみましょう。

例えば何かをひとつ考えてみる。そのあと「この考えは妄想かもしれない」と口にしてみる。

そこで生じる違和感や抵抗感、戸惑いや恥ずかしさや不信のようなものこそが、「想像」や「予測」などにはない、「妄想」固有の質感である。

そこから生まれるアイデアが結果的に現実に寄与するというのはあくまで二次的な話でしかない。むしろ客観的な根拠や社会通念から逸脱しているかもしれないという（私と世界との間に生じる）マイナスの感情、それを抱いてしまえる「この私」という存在への気づきこそが、「妄想」という言葉に注目する意味であり、もう少し踏み込んで言えば「妄想」そのものの定義でもあるだろう。

私はなぜ自分の考えを「妄想」だと卑下するのか。
あるいは現実にもとづかない、他者と共有できない「妄想」かもしれないと疑えるのか。
なぜあなたの考えを私は「妄想」だと感じてしまうのか。
私とあなたの間にはどんな違いが存在しているのか。

これらの問いに真剣に取り組もうとするとき、ひとは「想像」や「予測」などではなく「妄想」という言葉を用いなければならない。あるいは「妄想」という言葉を用いるとは、こうした問いにこそ直面するということである。

4 「妄想」をただそれとして積み上げる

「この私」をそのまま肯定するために

「妄想」は、社会や現実との間で違和感や抵抗感、戸惑いや恥ずかしさや不信を自身に抱く「この私」を「この私」そのものとして浮き彫りにさせるものである。そんな定義をここまで試みてきました。

私の抱える考えや想像が、この世界のなかにうまく由来や根拠を見出されず、この世界から（それを抱いた「この私」ごと）隔たりを持ち始めてしまう……そんな事態がもたらす不安や恐怖、あるいは一周まわって生じる諦めや気楽さや余裕のようなものを、「妄想」という言葉は「この私」にその内側から深く考えさせる。さらには深く考える「この私」そのものを私に発見させる。

なぜこんなことを考えてしまったのだろう。恥ずかしい。わけがわからない。いったい誰のせいなのか。自分は無意識にこれを望んでいるのか？

こうしたマイナスの感情込みでの自問自答は、強い抵抗感をひとに与えます。考えたくないし、ひとに絶対知られたくない。なかったことにしたい。

あるいは「これこそが世界の真理だ」というふうに強引に世界のなかに由来を発見することで、「この私」から目をそらそうとしてしまうかもしれません（いわゆる「陰謀論」のように）。

でもその「妄想」は、自分という一定の歴史や身体的傾向を持ったものが、この世界と接するなかで、その相互摩擦の結果として生み出したものです。「この私」にも、世界にも、単純には還元しきれない。その不安定さ、わけのわからなさ、とんでもなさとそれを感じる「この私」が真剣に付き合うこと……つまりは「妄想」をすぐに切り捨てたり現実化に向かっていったりするのではなく、「妄想」のまま認め見つめていくことは、「この私」という、自分がものを考えるときに前提となっている枠組みについて深く知ることだけでなく、結果的には自分と他人の違いを知ること、この世界を知ることにもつながっていきます。

「妄想」が、世界の真理にも、もしくはまったく扱う価値のない何かになるのでもなく、ただそれを抱いた「この私」や抱かせた世界とセットで見つめられること。その先には、私、あなた、この世界をただそれとして受け止めようとする姿勢があるのです。

さてその上で、こうした「妄想」と付き合う手立てとして私が取り組んでいるのが、「小説を書く」ということでした。最後にそれについて、一例として触れておきたいと思います。

世界と「この私」をらせん状に掘り下げる

私にとって小説を書くことは、お話を書くことでも、未来を予測することでもありません。

それらももちろん重要なことです。ただ、自分にとっては核ではない。

では私にとって小説を書くことどのようなものとしてあるのか？

それは、この私が生じさせる、「想像」とはなかなか言い難い、明らかに瞬間的で不確かな考えや、自分の欲望の発露、体や歴史に基づく誤りだろうなと思える発想を、一文ごとに書き留め、それを連ねていくなかで、世界と「この私」をらせん状に掘り下げていく優れた方法として、です。

どこへ向かっていくのか？

小説は、映像や音楽やダンスなどとは違い、イメージや物を直接扱うのではなく、言葉を通じてそれを受け取るひとの体に「この文章を書いている人が何を感じ考えたか」を考えさせる、かなり奇妙な表現方法です。

ある風景があるとして、それそのものを提示しひとに経験させるのではなく、経験し表現したひとをめぐる想像を経験させる指示書の集まりが、小説である。

そこで一文一文書き留められていく「この文章を書いている人(例えば、風景を見ているひと)」は、もちろん小説である以上、書いている実際の自分とはずれていきうる。

というか、どのような存在であってもいい。作中世界もまた、この現実からどのように離れていても良い(猫が飛んでいてもいいし、重力が逆さまでもいいし、異世界転生してもいい）。

何を書いてもいいし、何が起こってもいい。ただそれでも、読み書くひとの体が「この世界」に存在するものである以上、文章と「この世界」や「この私」は、完全には切り離すことはできない。何かしらの考えを言葉にして書き留める（そしてそれが読める）という時点で、「この世界」に生きる自分とも、「この世界」そのものとも、なんらかのかたちで地続きになってしまう。

むしろそのような地続きから始まって、徐々にもともととは違う場所へと書き手も読み手もつれていってしまうものとして、小説はあります。瞬間的でなく、時間をかけて、連れて行く。その時間の長さ、プロセスこそが、小説の本質である。

それによってつれていかれる先は、どのような場所であってももちろん良い。

ただ私は、読むときにも書くときにも、そこは生きている自分自身や「この世界」をぐっと掘り下げた先の場所であってほしい、と考えています。

粘り強く孤独に思考する方法として

私としてでもいい。会ったこともないような人としてでも良い。いろいろな人物として何かを考える。この世界に何かを起こす。

そうした「次の一文」としての未来を、「小説を書く」ひとは、ひたすらに想像する。想像しては書き留め、次なる想像を自分の体に促していく。

何が考えられるべきか。何が起こるべきか。

単に優れたエンターテインメントとして、おもしろくてはらはらする作品を作るというだけなら、世の中には多くの物語作成術があります。魅力的なキャラクターを作る方法論もある。

それらはこの世界に生きる人体の多くが良いなと思う傾向のあるストーリーやキャラクターを分析し、ルール化してくれている。方法論やルールを学ぶことは、この社会や歴史や科学を学ぶことと同じように大事でしょう。ただそれは、「小説」という表現方法がひとに与える問いのうちのひとつでしかない。

ある考えを書く。何かが起こったことになる。

それに自分がどのように反応するか。良いなと思うのか、つまらないなと思うのか。こんなこと書いてるのがまわりにばれたらまずいと思うのか、これこそ自分だと思うのか。今はこれに関心があるからこういう展開になったんだなと思うのか、まったく由来がわからないものを書いてしまったのか。

ものを作るとはすなわち自分自身への不信の積み上げとしてあります。なかでも小説は、人の体に何かを考え感じさせる指示だけから作られるぶん、そうした自分自身のゆがみや不信がはっきりあらわれやすい。どこまでも主観的になっていってしまう。私に向き合うというのは、この文章で繰り返し触れてきたように、とても面倒で厄介なことです。でも小説は、一文書くたびにそうした面倒で厄介なことを強いられる。言い換えれば、そのような面倒で厄介な行為を、文章という、自分の外の装置を使いながら毎日続けていくこと、その過程で自分自身とはどういうものなのか、ということが否が応でもわかってきてしまうものとして、小説はあるのだと思います。

こういったところから、私は小説を書くうえで、私というものを「小説の最たる素材にして道具」だと考えています。小説は言葉から成り立つと一般的に考えられているけれど、実際に使われているのは言葉というより「私」である、と。

そしてその「私」は、文章を書き連ねていくなかで明確になったり変化していったりする。世界の見え方も変わっていく。変わった私が次の日を生き、次の文章を書く。この、文章と世界と私の相互発達的な循環が重ねられていくことで、もともとの私なら到底考えられなかったし向き合えなかった私や世界に、考え向き合えるようになる。

突拍子もない、社会的に否定されるかもしれないような、わけのわからない考えやそれへの不信、戸惑いを、自分とは少し離れた「文章」という装置を使って、じっくりとつくりあげ、検討していく……ごまかさず、うやむやにせず、現実に役立つとかお金を生み出すとかといった考え方にも回収せず、というかそれらにうまく回収しきれないものにこそただそれとして向き合うための、孤独な思考の営みとして、「小説を書く」ことはある。

「妄想」する「この私」をめぐる孤独なネットワーク

これは、あくまで私にとっての「小説」という表現方法の使い方であり、ただの一例です。

小説だけでなく表現するということ全般に言えることですが、そこには多くの可能性があり、多くのものをひとにもたらします。そのため、これらがすべて、と言い切ることはできません。ただ少なくとも、小説という、現実から離れても良いものとして何かを書いていくことは、「この私」なるものに特異な思考を強いる。そのことは、とても大きなことではないかと思っています。

結果的に書かれたものは、優れた商品として流通する可能性もあるし、まったく理解されないかもしれない。そこを能動的に変えていこうとするなら、またもうひとつ別の方法論が必要になってくるでしょう(そしてそれは「この私に特異な思考を起こさせることを第一にする」ということと実は矛盾しないことだとも思っています）。

ただ、すでに繰り返してきたように、作品をめぐる価値基準は決して単一ではありません。いま社会に流通している価値基準自体、人や界隈によって様々ですし、いま流通していないものはこの世界に存在し得ない、ということもない。むしろ作品を作るなかで、自分が本当に特権的な思考を得られたと信じられるなら、なぜそのようなことが起こったのかをどうにか言語化して、まわりに説明してみたらいい。ものすごく大変だし、得意不得意もあるでしょうが、そのような試みもまた、「妄想」する「この私」を深く掘り下げていく方法のひとつとなるでしょう。

それが結果的に、「この私」を既存の価値基準とは別のところでそれそのものとして認めるための手立てを生み出すかもしれない。その手立てが、同世代のひとはもちろん、明日の自分、数百年後の知らない土地のひとに、ささやかに引き継がれるかもしれない。例えばそのような、良くも悪くもスケールのたがの外れた行為として、「すでに書かれた本を読む」ということはもともとある。

読み書くこと、それを通じて何かを考え感じることは、今現在を生きる多くのひとに開けたものであると同時に、「妄想」する「この私」をただそれとして認めるための、ひとりひとりが時間も場所もばらばらに隔てながらつながっている孤独なネットワークでもあるのです。

5　おわりに

あらためて振り返ってみましょう。

この文章では、「妄想」をめぐるふたつの角度をお話ししてきました。

ひとつは、まわりから「妄想」と切り捨てられることなく、自身を貫く方法について。

もうひとつは、「妄想」と言うしかないような、自分の考えに対する否定的な向き合い方を、それそのものとして受け止める方法について。

両者は矛盾するように感じられるかもしれません。実際にそういう面もあると思います。

例えば私は小説を書くとき、たいてい、自身への不信や非社会的な考えを限界まで推し進め、積み上げていこうとするため、結果として日常生活はずたずたになるし、前向きな話をすることができなくなっていく傾向があります（もちろん楽しい作品を書いているときは生活でもすごく明るく過ごしているわけですが）。

実はこの文章を書いている今この瞬間も、ちょうど新しい小説を書こうとしているタイミングだったこともあり、なかなかポジティブなことが言えない自分に戸惑いながら、這いつくばるように書き進めていました。

社会に生きるうえでは、前向きかつ現実的な人間であることのほうが得なのは間違いありません。めちゃくちゃ暗い考えのひとがおもしろがられたりすることもありますが、それはたいてい「商品」としてそうなだけで、身近にそういうひとがいたらみんな近づかない。

自分のなかから溢れ出る、本当に社会の役に立たない、むしろ害悪とも言えるような妄想にぐずぐず付き合ってうまく動けなくなっているような人間は、どちらかといえば社会的には価値のないほうの存在とされるでしょう。

でも、そうした苦しく意味のない、孤独な思考を巡らせられることもまた、人間というものの特徴であり、それこそ「妄想」というものの本質のひとつであって、それはそのままに世界のなかで存在を認められるべきものなのではないか。

そんな思いで今回の文章を書きました。

前半、自分の経験を通じて語った、デザインやプロデュースを自らやって価値基準を書き換えるというような話も、単に「妄想」というものを一律にしりぞけるというようなことではなく、「いかに現実という既存の価値基準に抵抗し、役に立たないとされているようなことに居場所をつくるのか。そうした居場所が自分なりにつくれてこそ、自分のなかの「妄想なんじゃないか」という不信や戸惑いにじっくり向き合うことができるようになるんじゃないか」というような話として書いたつもりです。

「この私」と真剣に付き合うことは苦しい。

でも、生きている限り、「この私」から逃れられなくもある。

そんななかで、死んでしまうのでも、ただまわりに迎合するのでもなく、いかに「この私」のまま抵抗しつつ生きていられるか。

「この私」というものが根深く抱え持つ、まわりとの違いや疑い、誤りの可能性なども含め、まるごとこの世界のなかに置き続けたい。

そこと向き合っていたい。

できるなら他のひとの「この私」とも関わっていきたい。

そう思うとき、「「妄想」って何？」と悩むこと……すなわち「妄想するこの私って、いったいなんなの？」と悩むことは、とても重要な思考の、あるいは生きることそのもののツールとなるのではないか、と思います。

妄想×未来と実装

第5章

楽しいところに人は集まる

ブローレンヂ智世

性別に縛られず誰もが自由にファッションを楽しめる世界を作りたい

10代の頃は男の子になりたかった。

スカートや花柄の可愛い服やリボンが苦手で、いつもボーイッシュなジーンズにTシャツ姿でヘアスタイルもショートカット。歩き方はガニ股、男の子と同じように言葉使いも荒っぽかった。周りのみんなはそんな私を当たり前のように受け入れてくれていた。

そんな私は今、メンズ体型でも可愛く着られるジェンダーフリーなお洋服ブランド、〝ブローレンヂ〟を運営している。昔からある男女どっちが着ても違和感がないようなシンプルな無地のTシャツなどではなく、従来レディースブランドにしかなかったような花柄やレースなどの素材を使って男性の体型に合わせたワンピースなどを製造販売している。

立体裁断という手法で男性の骨格通りに設計しデザインに認知心理学の目の錯覚を応用して屈強な骨格が目立たないような工夫をしている。例えば、ネックラインを縦に長くデザインすることで広い肩幅を目立たせなくしたり、身頃と袖の切り替え線を通常よりも内側に入れてウエストをくびれてみせたり、スカート部分にギャザーを沢山入れて腰をふんわりみせたりと細部までこだわったお洋服作りをしている。

この本のタイトルには〝妄想〟という言葉が使われているが、辞書を引くと「根拠のないあり得ない内容であるにも関わら

ぶろーれんぢ・ともよ

1986年長崎県諫早市生まれ。ジェンダーフリーのアパレルブランド「ブローレンヂ」のデザイナー兼代表。高校卒業後、大阪の紳士服店に就職。その後、ホステス、事務職などを経て25歳で社会人入試で関西大学に入学。同大学文学部心理学専修を卒業後、2017年に、男性の体型でも可愛く着られるジェンダーフリーのファッションブランド「blurorange ブローレンヂ」をたち上げる。2018年に東京大学安田講堂で歴史上初めてとなるファッションショーを開催した。2025年には大阪・関西万博に出展予定。著書『ワンピースで世界を変える！　専業主婦が東大安田講堂でオリジナルブランドのファッションショーを開くまで』(創元社、2019)

©山岸悠太郎

©山岸悠太郎

©山岸悠太郎

ず確信をもち、事実や論理によって訂正することができない信念」とある。また、ネットで〝妄想〟と検索すると薬物依存症や統合失調症の症状などが上位に表示される。私がここで書く〝妄想〟は「あり得ないものではないし、病的なものでもなく、宝くじが当たったら何をしようかな？」というようなものをちょっとだけ煮詰めたものを「妄想」と定義する。

私は昔から妄想が好きだ。好きというか癖のようなものかもしれない。学生時代も興味のない授業を受けているといつの間にかぼーっと妄想の世界に入っていた。今でも人の話を聞いている時に気づいたら自分の世界に入り込んでいたりする。失礼は承知だが気をつけていても勝手に妄想が始まるからどうしようもない。

妄想の内容はその時々で全然違うが大抵はしょうもないことばっかりなので覚えていない。でもたまに心が躍るような妄想をすることがあってその時はずーっとその妄想から抜け出せずにいる。

私は25歳の頃に社会人入試で大学生になった。

そのきっかけも妄想だった。専業主婦で何の刺激もない生活をしていた時、テレビでドラゴン桜という落ちこぼれ高校生が東大を目指すドラマの再放送が流れた。観ていたらなんだか自分も勉強したくなってきて、もしかしたら私も東大に行けるんじゃないか？　と妄想を始めた。私は高卒でしかもギリギリの成績で卒業するほどお勉強が嫌いだったが、大人になってから大学生になるなんてなんだか面白そうで次の日から受験勉強を始めた。目標は東大！　といきたいところだったが、地理的にも通える範囲で大阪の大学をいくつか受験することにした。受験科目は英語と小論文と面接。毎日ニュースを読んでは論文を書き、英語は中学英語からやり直し、ラジオ講座などを聴いたりしてThis is a pen.からやり直した。そして猛勉強の末その翌年に関西大学に入学した。ドラゴン桜をきっかけに妄想を膨らまし本当に大学生になってしまった。

大学で、文学部の心理学専修というところに入り様々な心理学について学んだ。臨床心理学、発達心理学、神経心理学、色んな分野がある中で私は認知心理学の錯視に興味を持った。同じ形のはずなのに色が違うと大きく見えたり小さく見えたりする図形を誰でも一度は見たことがあるだろう。私はその不思議な現象の虜になった。大学卒業後は大学院を一度は目指したが挫折したので、せっかく学んだ錯視を生かして何かできないか考えた。ファッションが大好きで手先が器用だったので服を作ってみようと思い立ち、すぐにミシンを買って服作りを始めた。初めは自分のコンプレックスだった脚の短さをカバーするために、前が短く後が長いライダースジャケットを作った。着てみると全然足が短く見えない。上出来だった。いくつか作品を作っていくうちに調子に乗った私はせっかくなら自分のオリジナルブランドを作りたいと妄想を始めた。自分にしかできないことは何だろう。錯視を使って体型をカバーするだけではインパクトか足りない気がする。

そこで、自分の幼少期を思い出した。女の子だけど男の子の服が好きで、だけど、成長とともに体型が変わってそれまで気に入ってきていた服が似合わなくなった悔しさが蘇った。女性がボーイッシュな格好をするのは今はもう当たり前だけど、逆はどうだろう。街中でたまに悪目立ちしている女装家を見る。調べてみると、トランスジェンダーや女装家の人たちは大きめサイズのレディース服などを探して買ってはみるが、肩幅が窮屈だったり丈が足りなかったりと服探しに困っていることを知った。どうやら、大きいサイズのレディース服といっても男女で骨格が違うので男性が着るとアンバランスになるらしい。もし、男性の体型にぴったりで、尚且つ錯視をデザインに取り入れた体型カバーができるワンピースがあったら、街中で悪目立ちする人も減るんじゃないだろうか。そう思ってコンセプトをデザインに錯視を応用した男性サイズの可愛いお洋服に決定した。ブランド名は、夜のブルーと昼のオレンジが混じり合うぼんやりした景色をイ

ファッションポジウム
男女の垣根を越えたファッションの未来を考える
2018.6.3.SUN 14:00-17:00(13:30開場)
東京大学安田講堂

メージして、ブローレンヂと名付けた。「人間だって男女にはっきり分けずにぼんやり混じりあう部分があっても綺麗じゃないか」そんな気持ちを込めた。

ブローレンヂを立ち上げてからは奇跡の連続だった。

経験もお金もコネもなかった専業主婦がブランドたち上げから1年後に東京大学の安田講堂で歴史的にも初めてとなるファッションショーを開いた。しかもただのファッションショーではなく、性別の垣根を超えたショー。ファッションショーとシンポジウムを掛け合わせたタイトル「ファッションポジウム」というワードは当時のTwitterでトレンドの3位にも入った。

でも最初からうまく行ったわけではない。メンズサイズでレディースデザインの服を作ってくれる工場を探すのにも苦労したし、スタートしてから3ヶ月間は売上がゼロだった。服飾の専門学校を卒業したたわけでもないからその道の相談できる先輩もいない。

側から見ればとんとん拍子に見えただろう。「あなたは運がいいからね」などと言われることもあったけど、私はただ運がいいだけではない。この数々の奇跡が起きたのは、妄想を膨らませそれを口に出し続け多くの協力者を得られた結果だと思っている。

せっかくペンを執る機会を頂いたので私の妄想とその妄想が生み出した結果、そして今現在の妄想についてお話ししたい。

私の妄想

・街にはシースルーのブラウスに花柄のスカートをはいた男性が歩く

・お隣のご夫婦はお揃いの髪飾りとふんわりシルエットのワンピースでお出かけ

・国会議事堂では、色とりどりのスーツやワンピースを着た男性議員がヤジを飛ばす

100年後の世界はこんな風になっているかもしれない。

この話をすると大抵「キモいやろ」「それはないって」「絶対むり」などと言われる。

さて、本当に無理だろうか。

雨が降ったら傘をさす。今や当たり前だが1750年頃のイギリスではそうではなかった。傘をさすのは女性に限ったことだったそうだ。男性は雨が降ったら馬車を利用、もしくは召使に傘を持たせており、男が自分で傘をさして歩くなんて経済力が無いと言っているようなものだし、女々しい奴と揶揄された。

しかし、ジョナス・ハンウェイという貿易商人の男性は雨の日に傘をさした。フランスで買った傘を便利という理由でさし続けた。もちろん周りからは、貧乏人！　おかま野郎と罵られる。しかし、ハンウェイは気にせずさし続ける。その期間なんと30年。その間に最初はバカにしていた者たちも、雨の日に自分だけで移動できるって便利だなとハンウェイの真似をして傘をさすようになる。そして現代のイギリスでは雨の日に傘をさすのが当たり前になった。

今の日本でもこのハンウェイの傘現象が起きている。

ここ数年で日傘を差している男性を見ることが増えた。

「メンズリゼ」の調査によると男性の9割以上が〝男性が日傘をさす〟ことに肯定的と回答したそうだ。しかもその数値はここ数年で飛躍的に伸びている。

10年前には考えられなかったことだろう。

誰かの妄想を聞くと、現在の常識から考えるととんでもなく馬鹿げているように感じるかもしれない。でも歴史を振り返ると意外と昔の非常識が現代の常識だったりする。

これを聞くと、冒頭の妄想の〝国会議事堂で色とりどりのワンピースを着た男性議員達〟の顔が浮かんでくるでしょう？

あなたが考えた妄想も100年後には常識になっているかもしれない。

制服

もし、華やかで柔らかい素材のワンピースやスカートを女性だけでなく男性が着るのも当たり前の世界になったらどうだろう。

街中、満員電車、学校や会社、あらゆる場面が少し空気が軽くなる気がしないだろうか。

小学校の頃はボーイッシュな私をみんな当たり前に受け入

れてくれてたけど、中学校に上がるとその状況は一変した。

制服

男子は学ラン、女子はセーラー服。

入学式で同級生に「智世がスカートはいとるw」「あれ？学ランじゃないの？」と揶揄われたことは今でも覚えている。

物心ついた頃からスカート嫌いだった私にとっては逃げ場のないとても屈辱的な出来事だった。

ここ数年でジェンダーに配慮した制服が数々登場している。スラックスとスカートどちらを選択しても良いとするところや、そもそも男女の差を極力なくしたシンプルなブレザーに統一するなど、性別に関わらず好きな制服を選べるようになったのはとてもいい傾向だと思う。

だけど、男子生徒がスカートを選ぶのはまだまだハードルが高いようで、もう一歩なにか策が必要だろう。

そこで、妄想の提案がある。制服を自分で好きなデザインに仕立てるというのはどうだろう。

そもそも制服とは「どのような人でも、貧富や身分の差など関係なく、統一された身なりで学ぶことができる。学校という空間での一体感や愛校心などを醸成する役割を果たす」ということらしい。

生地や校章は同じにすれば統一性があるからどこの学生かわかるし、スカートでもワンピースでもスラックスでも短パンでもいいはずだ。それぞれが好きなようにギャザーを入れてふんわり感を出してもいいし、ジャケットスタイルでシンプルにカッコよくしてもいい。釣り人みたいにポケットをいっぱい作ってもいいし……。

考えるだけで楽しそうでしょ？　自分でデザインすれば、性別によって指定された制服がしっくりこない生徒でも好きなものを着て学生生活を送ることができる。

実際にどこかの国では学校側から生地が与えられそれを仕立屋さんに持って行き仕立ててもらうと聞いたことがある。どこまでのデザインの自由を認めるかなど課題はあるだろうが、多様性を認めることを推進する教育現場はこれくらい柔軟になってもいいだろう。

性別に縛られない世界

私がブローレンヂを立ち上げたばかりの頃こんなことがあった。

起業したての人が集まる勉強会に参加した時に主催者の方からとあるビジネスコンペへの参加のお誘いを受けた。起業して5年以内の女性起業家が参加できるもので、ファイナリストの10人に選ばれるとスポンサー企業とのコネクションができたり、銀行の融資が受けやすくなったりと事業を進めていく上で多くのメリットがあるという。

起業したばかりで何のコネクションもなかった私には非常に魅力的に感じたので出てみようと思った。

数日後にそのコンペのコーディネーターと面会のアポをとった。新しくできたばかりのビルにあるおしゃれなカフェのような相談ブースに行くとこれまたおしゃれなおじさんが出てきた。詳細を聞くと、コンペの目的は女性の活躍を応援すること。「女性は妊娠出産などで社会と離れてしまうブランクがある。そのせいでビジネスチャンスも男性と比べると機会が少ない。このコンペを通して社会と繋がるきっかけを掴んでほしい。」てなことを言っていた。

確かに、私も専業主婦をしていた頃は社会と断絶してしまい何もできない無力さを感じた。話を聞いて益々興味が湧いた私はコーディネーターにブローレンヂの事業内容と始めたきっかけ、目指す世界についてお話しした。性別に縛られず誰もが自由にファッションを楽しめて好きなように生きていける世界を作りたい。するとそのコーディネーターは言った。「このコンペでファイナリスト10人に残りたいですか？ それともグランプリを取りたいですか？」私はせっかく出るならグランプリを取りたいと言った。するとコーディネーターは続けた「じゃビジネスの方向性を変えた方がいい。男性用のワンピースは面白いけど正直言ってこのコンペでグランプ

りは難しい。審査員はおじさんばっかりで中には経産省のお偉方もいるんだけど、そのおじさんたちは頭が固いから男に可愛いワンピースなんて……まぁ嫌な顔されます。」

どうやら、女性の活躍を応援するというこのコンペは審査員のお偉方のおじさまに気に入られなければ入賞できないらしい。なんじゃそりゃ。

私のビジネスの肝である、男性のための可愛い服を無くしたらただのレディース服になってしまう。

もちろんコンペで入賞するためには審査員の特性を把握することは必須だろうが、女性の活躍を応援するという名目のコンペで審査員が男性ばかりという構図は歪だ。大袈裟かもしれないが権力ある男性に女性が擦り寄らないといけないようで馬鹿馬鹿しくて出るのをやめた。

この私の体験談は7年ほど前の話なので現代では女性の審査員が増えたりと色々と変わっているようだが、今でも日常的な様々な場面で男性が支配する権力構造を感じることがある。この問題を解決するにはどうしたらいいのか。

本当の意味で男女平等な世界が実現できない背景には、男性は男性だけで社会を作りたいという習性があり、そこに属するには男性らしくないといけないという暗黙のルールがあることが原因だと考える。その社会では女性はもちろん、男らしくない男性は排除されてしまう。政治家も会社の上層部も未だに男性の数が圧倒的に多いし、芸人の○○会や△△軍団などという徒党もそういう類だろう。だけど、その男性らしさにどこか息苦しさを感じている人は実は多いのではないだろうか。

数年前Ｔｗｉｔｔｅｒのアンケートで面白い結果が出た。

「生物学上男性として生まれてきた方に質問です。
想像してください。
性別に縛られず自由にファッションを楽しめる時代になったとします。
あなたの友人もおしゃれなレディース服を着て楽しんでいます。
変な人扱いもされません。
あなたもおしゃれなレディース服を着てみたいと思いますか？」

アンケート結果は
着てみたい　77％
着たくない　23％
回答人数　　５６３人

実に8割近い男性が女性のようにバリエーションが豊かで

華やかなファッションを楽しみたいと考えていることがわかった。もちろん、回答者はブローレンヂのフォロワーだけでなく多くの人に拡散されたので元々レディース服に興味があった人だけではない。

百貨店などで販売イベントをすると男女のカップルが足をとめてくれることがあるが、メンズ用のワンピースですと説明すると、女性は好意的に反応を示すのに対し、男性は「え？男が着るの？　俺は無理やわ」などと拒否反応を示すことが多い。だが、実はそんな男性も友人が着ていたら自分も着てみよっかなと思っていたのかもしれない。

先述した日傘をさす男性のニュース記事の見出しにも「『メンズ日傘どう思う？』→『頼む！　男の日傘流行ってくれ』9割以上の男性の本音は？」とある。本文では、9割以上の男性が実は日傘をさしたいと答えたと書いてあった。

日傘をさしたいけど女性のイメージがあるから恥ずかしい、〝みんながさしてくれれば自分が浮くこともないから早く流行ってほしい〟ということだろう。

つまり、男性が男性らしくなくて良い世界をつくれば男性社会の息苦しい構造を切り崩すことができるのではないだろうか。

私は、男性らしさの鎧をおろさせ男性を解放することが男女平等の近道だと信じている。

だから、男性に華やかで軽やかなワンピースを着てほしい。もっと自由になってほしい。

現在進行中の妄想

実は今、妄想力のおかげでとても大きなプロジェクトに参加している。

２０２５年に開催される大阪・関西万博だ。

２０１８年11月23日パリで開かれた博覧会国際事務局総会で日本での万国博覧会の開催が決定した。そのニュースを見た瞬間私はまた妄想し始めた。万博に参加しようと思ったのだ。テレビで昔の大阪万博の映像が流れるたびに釘付けになってみていた。最先端の技術を展示するブースはどれもキラキラ輝いていてそこに集まる人々の胸が躍る顔が映るたびに私もその時代に生まれたかったと羨ましく思った。その万博が、私が生きている間にしかも住んでいる大阪で開催される。その時、妄想が爆発して当時のＴｗｉｔｔｅｒに投稿した。今読み返すとちょっと恥ずかしいけどご紹介する。

２０１８年11月24日の投稿

「大阪万博のオープニングセレモニーの衣装デザインをブローレンヂが行うことになりました。大阪発であり、性別に関わらず可愛いお洋服を作っている世界初のブランドであることが選定理由だそうです。こうなったら思いっきり素敵なお洋服を作るしかありませんね！（これは未来日記です）」

この投稿から数年後に万博への出展募集の情報を仕事でお世話になった方から教えてもらい迷わず応募した。書類審査、プレゼン、グループディスカッションをへて万博への出展が決定した。

残念ながらオープニングセレモニーの衣装担当というわけには行かなかったが、かつてテレビでみた憧れの万博に自分がデザインしたお洋服を展示できるということがまだ信じられないくらい嬉しい。

最後に

自分の妄想力がなぜ実現に結びついているのか考えてみた。

楽しいことを妄想していると、その人から楽しさが溢れ出す。すると、「なになに？　楽しそうだね」と人が集まってくる。こんなこと考えてるんだ！　と夢中になっている妄想を話すとそれを聞いた人は誰かに話したくなったり、何か協力できないかを考える。そうやって初めはたった一人の妄想だったものが楽しさを介して広がっていき実現に向かっていく。

単純だけど、実現の第一歩は楽しいワクワクした妄想なのかもしれない。

あなたもワクワクウキウキと色んなことを妄想してみてほしい。

そしてそれを誰かに話してみてほしい。

あなたが楽しそうだったらきっと周りに人が集まりその妄想が実現する時が来るだろう。

妄想を職業にする

〜〜〜 AR三兄弟（川田十夢／高木伸二／オガサワラユウ）

1 長男の起点 by 川田十夢

もっと兄弟みたいに仲良く喧嘩でもしながら、アイデアをフェアに出し合って仕事できたらいいのに。十年働いた会社でふと思った。そのときの僕は、入社時に自分で立ち上げたオルタナティブ＝デザイン部という部署の責任者で、ちょっとしたベンチャー企業の創業者的な雰囲気があった。開発したものが雑誌に掲載されたり、コンペで賞を受賞したり、プロダクトに関する特許を発案・取得したり。社内評価もある程度得ていた。一方で、自分の指示の通り部下が動き、それ以上でも以下でもない成果物を出してくることに辟易していた。指示する立場には、自分の料理を自分で味見し続ける類の地獄が待ち受けている。次のフェーズへ向かうためにあるアイデアを実行してみることにした。部下を弟に昇進させて以降は兄弟として行動をともにしてゆくという妄想だった。部下だと許せない失敗も、弟であれば笑って許せるのではないか。上司だと遠く感じる存在も、兄であれば尊敬しつつも少しム

かわだ・とむ

10年間のメーカー勤務で特許開発に従事したあと、2009年から開発ユニットAR三兄弟の長男として活動。J-WAVE『INNOVATION WORLD』が毎週金曜20時から生放送中、開発密着ドキュメンタリー『AR三兄弟の素晴らしきこの世界』がBSフジでたまに放送。WIREDで巻末連載、書籍に『拡張現実的』『AR三兄弟の企画書』がある。最近はひみつ道具『コエカタマリン』の実装や『学研の科学の拡張』を手がける。WOWOW番組審議員。テクノコント。通りすがりの天才。

たかぎ・しんじ

長男がメーカーで立ち上げたオルタナティブ＝デザイン部にて尻文字を書き続けたのち、2009年に名刺を渡されてからAR三兄弟の次男として活動し始める。二人の天才に挟まれながら次男的立ち回りを続けて今に至る。公私ともに次男。

おがさわら・ゆう

大学在学中に、バンド活動や創作活動など独自の世界観で遊んでいるところを長男に発見される。AR三兄弟の前身であるオルタナティブ＝デザイン部にて数々のプロトタイプを作った後、2009年、AR三兄弟の三男として任命される。2013年に一度、三男を卒業するが、2020年に再び三男として加入する。長男曰く「ジョン・フルシアンテ方式」で出たり入ったりしているが、今後はどうなるか、誰にもわからない。公私ともにおぼぼ。

カつく部分がよく作用して、結果的に忌憚なく意見できるのではないか。

次男に任命したのは高木伸二という男で、会社に入ってからの半年くらいはカメラの前で尻文字を書き続けさせた。ＳｉｒｉＭｏ（シリモ）という、文字入力すると尻文字に変換してくれるという結局発表することもなかったサービスを開発するためだったのだが、とくにくわしい説明は当時しなかった。入社するやいなや本体の部署とは離れた部屋でひとり、尻文字を書き続ける狂気に耐えたのは大きい。入社するまえの面接で、スケートボードの映像を見せてくれたのも採用の決定打だった。かっこよくギミックの成功例をまとめるパートとは別に、スケーターであればあんまり見せたくないであろうＮＧ集も最後にまとまっていた。創意工夫とユーモア、次男に相応しい才覚だった。三男に任命したのはオガサワラユウという男で、採用当時はまだ学生だった。大学の課題でゲームを作っていたのだが、そのゲームが秀逸。下半身丸出しの主人公がパンツとズボンを探しにゆくアクションＲＰＧで、音楽も自分で作っていた。まだそんなに流行ってなかったＹｏｕＴｕｂｅでオガラップという独特な映像を公開していたり、とにかく才能の塊だった。この二人を兄弟にすることで、未知なるクリエイティブ領域に挑戦できると確信していた。

ＡＲ三兄弟というユニット名はすでに決めてあった。ＡＲという当時まだ目新しかった技術用語と、身近だけど実際には周りにそんなに存在しない三兄弟という言葉の連立。最初に思いついた10個のネタを実装して発表する頃には、いろいろな種類の仕事が舞い込んでいた。白衣とカクメットのユニフォームも早い段階で決めた。三人が同じ格好をしているだけで、ユニット感はましましになる。妄想を形にして一年間で会社から独立、以降十五年間もの間、仕事のオファーが一度も途切れたことはない。この論考は、長男が起点となった妄想をどんな温度感で次男が運用してきたのか。三男はどうやって三兄弟を離れたりまた戻ったり続けたりしているのか。兄弟リレー方式で筆者を変えながら明らかにしてゆこうと思う。

2　次男の温度感　by 高木伸二

ある日、会社に出社すると、自分の机の上にひとつの名刺が置かれていた。その名刺には「ＡＲ三兄弟　次男　高木伸二」という文字が印刷されていた。当時、ＡＲ（拡張現実）技術が話題になり始めていた時期ということもあり、自分は元々オルタナティブ＝デザイン部でＨＰ制作の傍ら、尻文字を書き続けていたり、リアルＵＦＯキャッチャー（空へ向けたＷＥＢカメラ越しにＵＦＯを検知したら自動的に新聞記事になる）やＷＥＢ上で蚊を叩くゲーム（実写の寝そべっている三男が蚊を叩く）など、今思い返すと三兄弟になる以前からネタ的且つ拡張現実のような作品を開発していたということもあり、この名刺を渡された時にも三兄弟という聞き慣れたネーミングもあってか、一時的なネタっぽい開発トリオなのだろうと思い、特に違和感もなく、むしろ自然な流れの中で自分の中で受け入れることができた。

ただ、その時点では名刺に書かれていた「次男」という続柄のひとつでもある言葉が、自分の将来の肩書きとして定着していくとは全く想像していなかった。自分にとってはワンシーズンくらいの名刺という感覚で、自分を説明する際に「次男的な役割をしている人です。」ということを言うようになるとは全く思っておらず、私生活でも次男なので、こっちの兄弟でも次男かー程度にしか捉えていなかったし、この先ずっとＡＲ三兄弟として生きていく事になるとは微塵も思ってもいなかった。

その日からは新ネタという名の長男の妄想を具現化することが増えていった。長男が考えるネタをできるだけイメージに近くなるように開発をし、完成した作品を新ネタとして公開すると、じわじわとＳＮＳなどで反響が増え、テレビや雑誌など様々なメディアにも露出するようになり、これまでの開発者には居ないであろう、白衣と角メットというビジュアルもあってか、ＡＲ三兄弟というユニットの存在感が増していき、いつの間にか気づいたらＡＲ三兄弟中心の仕事ばかりになっていた。

ＡＲ三兄弟というユニットでの活動も最初は一時的なものだろうと思っていたが、ＡＲ三兄弟の存在感が増すにつれ、自分の日常にも影響が及び、気づいた時には、自分の挨拶が「ＡＲ三兄弟　次男の高木伸二です。」という続柄を肩書きにした嘘みたいな挨拶をし始めていた。周囲の人も次第に「次男！」と自分のことを呼ぶようになり、どこかで自分自身もこの先、ＡＲ三兄弟の次男として生きていくのかと徐々に思うようになっていった。

その一方で長男の妄想を具現化することの難しさも強く感じ始めていた。新ネタの説明をされるたびに、自分ではあまり理解できないことの方が多く今でも苦労している。実際に開発を進めていく過程で少しずつ長男の妄想が理解できるようになることもあったが、全てを理解できるわけでもなく、時には「なるほど！」とわかり始める時もあるが、結局、今でも理解しきれていない部分が多く残っていると思う。

なので、今回の執筆を通じて、改めてＡＲ三兄弟というユニットと長男の妄想について考え直してみた。なぜ、長男の妄想は自分の想像を超えたものであることが多いのか、その理由について自分なりに妄想してみた。

誰もが自分なりに何かを妄想したことがあると思う。妄想する内容は基本的には自分の生活や思考の延長線上にあることがほとんどだと思うし、日常の中で、「こんなことが起こったらいいな」「こんなことが起こったら嫌だな」という妄想で、これらは実際には現実の中で起こる可能性が低いことが多く、その出来事が終わると、妄想した内容はすぐに忘れられることが多いと思う。自分の中での妄想というのはこのような他愛もないことだと思っている部分が強い。

それに対しておそらく長男が日頃しているだろう妄想は、そのほとんどが一時的な妄想ではなく、いずれ現実化させたいという思いが根底にありながら妄想しているのだと思う。なので、その妄想(アイデア)をすぐに忘れることはなく、むしろ記憶のどこかにしっかりと留めており、日常の中でふとした瞬間に思い出しては、現在の状況に合わせて常にアップデートして記憶を上書きしているのだと思う。それ以外にも自分に直接的に関係の無いことでも、日常的に妄想をしているように感じられる。

このような蓄積からだとは思うが、長男はどんな場面・ジャンルでも妄想(アイデア)が出てくるし、その内容は非現実的ではなく、むしろいつか現実化させようと常に意識しているので、単なる妄想だけには留まらず、そのアイデアを現時点での技術と結びつかせて具現化させる方法と共に出せるのだと思う。更に必ずといって良いほど長男独自のユーモアを仕込ませてくる(個人的にはその部分がAR三兄弟の中で一番好きだ)。

次に自分とは直接的に関係の無いことも妄想をしているという事について考えてみると、その妄想の内容が、もしかしたらどこかで他の人も同じように妄想していることと繋がっている可能性があると思い、そういった視点で三兄弟の活動を振り返ってみたところ、ひとつ大きな体験があったのを思い出した。

AR三兄弟が忙しくなってきた頃、アニメ「東のエデン」の中に登場する「東のエデンシステム」というARシステムを現実世界に移植し、映画館で来場者が一緒に体験できるというイベントを開催したことがあった。このイベントに参加していたお客さん全員がもの凄い熱狂と共に体験していたことを目の当たりにした。

この体験を思い出し、自分の中でAR三兄弟の開発というのは、長男の妄想を如何に具現化するかということに焦点を当てて進めていた部分が強かったが、単に長男の妄想を具現化することだけではなく、実は開発した数々の作品が、無意識のうちに多くの人が抱いている妄想や願望を現実化させているということに気付いた。

AR三兄弟というユニットは、長男の妄想(アイデア)を技術に結びつけて具現化することで、まるで妄想が現実化したかのような存在として活動していると思われているのかもしれないが、実際には多くの人々が日々抱く一時的な妄想や忘れ去られるような願望を、AR三兄弟を通じて現実化している、つまりは妄想を現実に落とし込むことが仕事であり活動になっているのではと改めて思った。

何故、全てを理解できていない長男の妄想を具体化することを続けられているのか。それは、長男が生み出す妄想（アイデア）にはいつもユーモアが含まれているからだと思う。そのユーモアの中に、どこか人間味や温かさを感じていて、冷たいデジタルの世界にその温かさを付随させる部分に自分は惹かれるし、多くの人々もその温かさの部分に触れることで、AR三兄弟の作品を見たり体験したユーザーが熱を帯びてくれていると思っている。

この先も長男の妄想は時代に合わせながらもユーモアの部分は忘れずに、ずっとアップデートし上書きをし続けていくのだと思う。それらの妄想をよりイメージに近づけて具現化していくことが次男としての役目でもあるし、その開発を進めていけば自分の妄想では想像できていなかった世界が少しずつ見えていくのだと思う（おそらく長男の妄想と現実が合致することは無いとは思うが）。

そして長男の妄想を具体化し続けていれば、どこかで誰かの妄想や願望に繋がっていて再び熱狂が巻き起こるのだと感じており、その貴重な熱を何度も体験できるのだと思う。自分はまだまだ全てを理解し切れてない部分も多く外側部分の開発が多いが、妄想を具現化し続けていくことで夢なのか仕事なのかわからないことを現実に落とし込めていければと思っているし、AR三兄弟という嘘か本当かわからないユニットでの活動を続けていきたいと思う。

といったところで、一度外に出て再びAR三兄弟に戻ってきた三男は、自分とはまた違う視点・感覚で長男の妄想を具体化しているだろうと思うし、自分よりも内側の部分の開発をしているので、どういった思考で妄想と具現化について考えているのか、バトンを渡そうと思う。

3　三男の分岐点　by オガサワラユウ

僕は妄想することよりも、妄想をカタチにすることが、昔から好きだったように思う。頭の中で見えたり聞こえたり触ったりしたものを、体と道具を使って物理の世界（地球上）に落とし込む行為に、神秘的な何かを感じていた。それが、人間が意識を持っている理由だと思っていた。「ああ、人間というのは意識を介して何かを作るために生まれてきたのだ。それが他の動物たちと違うところなんだ、なんて素敵な生き物なんだ！」そんな風に思っていた。その中で作ったものの一つが、先に長男が挙げてくれた「ズボンor成仏」という、下半身丸出し主人公のゲームだ。せっかく意識を持って生まれて、それに神秘的な感じを抱きながらも、結局ちんちん丸出しのゲームを作ってしまうのはとてもアホな気がするが、それがわたくし、三男なのである。

ちなみに、はじめて長男（その頃はまだ長男ではないが）に出会い、そのゲームをプレイしてもらったとき、選択肢を間違えるとズボンにちんちんをはさんで主人公が死んでしまうのだけど、二回連続でちんちんをはさんでしまっていて、ちょっと気まずかった。そしてそのとき、川田十夢の名刺をもらったことを今でも覚えている。僕は「芸名ですか？」と訊いた。「本名です」と長男は答えた。出会った瞬間からして、長男はすでに現実と虚構の間にいるような人物だった。

AR三兄弟がはじまって5年目あたりに、僕は三兄弟を脱退した。僕が三男を離れている間、新三男として弘田月彦が三男を務めた。当時、彼は「十夢大好き倶楽部会員No.1」というツイッターアカウントを持っていた。長男に対する憧れがあったのだと思う。長男の何に憧れていたかというと、きっと「数々の妄想を軽やかにカタチにしていく姿」だろう。僕が思うに、ファンという存在にはおそらく二つの種類があって、その人になりたいと思う人と、その人に近づきたいと思う人がいると思うのだが、新三男の場合は後者だったように思う。つまり、自分ではできないようなことを軽やかにやってのけている長男の姿が眩しかったのだ。そんな新三男はおそらく、特にはじめの方は、仕事を進めるのに非常に苦労したのではないかと思う。それは、妄想する長男と、妄想をあまりしない新三男の間に、モノを形にしていくうえでのギャップが存在したであろうからだ。

妄想する人が、例えば雲を想像するとき、その人の中には必ず雲の発生源となる海や、存在するために必要な空間、時間の流れなどが同時に存在している。さらに、風の音や空気の温度や湿度、匂い、季節とか時代とか情景や状況まで、無限に広がっていると思う。しかし、妄想しない人は、妄想した人の雲について伝えられたとき、その雲の形だけを想像してしまう。時間も空間も情緒もリアリティもない、イラストで見たような雲が頭の中に浮かぶだろう。つまり、妄想しない人は妄想した人の雲を自分の中でデフォルメしてしまうのだ。デフォルメされた妄想というものは、妄想した人にとって全く別のものになる。デフォルメできない部分にこそ、妄想の魂が宿っているからだ。

妄想をしない新三男にとって、三兄弟でモノを作るというのは、暗闇の中で仏像を彫るようなものだったと思う。答えも実体もない妄想を、手触りだけで6年間も彫り続けていたのだ。彼の手掛けた作品数は３００以上にのぼる。妄想する力は唯一無二のもので大切だと思うが、一方、それが捉えられなくてもカタチにし続けた彼の能力は、凄まじいと思う。妄想しない人にしかわからない苦しみを乗り越えてやってのけたそれは、長男の妄想を大切にしようとした彼の姿勢の現れだったと思う。

　妄想する人としない人の間で問題になってくるのは、妄想を伝える方の労力が嵩んでくるということだ。どうすれば伝わるのかを考えて、別の情報や言葉を探して伝える。受け取る側が「ああ、わかった」となるまで繰り返し違う方法で伝え続けるしかない。伝える側と伝えられる側のストレスでは、伝える側の方が当然大きいだろう。では、どうしてそのような大変な労力をかけてまで妄想を伝える必要があるのか？それは、三兄弟が兄弟であって、他人ではないからだ。妄想を共有することでしか生まれない、見えない糸みたいなものが発生するからだと思う。その糸を重ねることによって、他人から兄弟へと変わっていくと、長男は信じているのだと思う。新三男はそうやって、長男と計り知れないほどの糸を紡いでいったのだ。新三男を辞めて数年が経っても肩を組んで飲めるほどに。

　三兄弟を離れていた間の僕はと言えば、一年ほどフラフラしたあと、とある会社で6年間働いていた。そこでは、プログラミングやアニメーションや音楽を作ったり、企画の進行などを務めた。やりがいもあって、充実していたと思う。でも、いつの間にかそれだけになってしまった。気がつけば、妄想の居場所がなくなってしまっていた。頭のなかに時間の間取りみたいなものがあって、会社にいたときはそれが、仕事の一部屋しか存在しなかった。妄想できる部屋も創造できる部屋もなくなっていた。会社に入って、社会人になったはずなのに、実感できる社会との接点もこれといってなく、個人の僕はいなくなっていった。会社の中だけに存在する生き物になってしまった。もちろん、仕事の中でアイデアや創作においては全力を尽くした。しかし注ぎ込んだものがすべて、金になって返ってくるだけだった。はじめの方に書いた「これが人間の生きる意味だ！」みたいなものが、僕にとっては、そこにはなかった。その会社において、妄想は必要とされていなかった。6年後、会社を辞める頃、ちょうど長男から、三兄弟に戻ってこないか、と話をもらった。

　三兄弟で作業するときにはまず、長男の妄想（アイデア）をもらって、頭のなかで僕の妄想と取っ組み合う。僕には僕の妄想があり長男には長男の妄想があるからだ。それは、長男の妄想に対して、ここはどういう意味なのか、とか、こうした方がいいんじゃないか、とか、言葉や意見として表明して現実的にやりあうことではない。頭の中で取っ組み合った妄想のカタチを、現実に作り上げて見せるのだ。妄想という言語は非常にふわふわしていて夢のような感じがするが、物理的な音や光に変換することで気体だった妄想から個体の妄想に変わる。妄想を地球上に落とし込むのが三男の仕事で、それを提示することで、長男とはじめて会話ができる。その結果、長男から「ちょっと違うな」とか「全然違うな」とか「おお、いいね」などの反応をもらうことができる。

　長男の妄想は、主に絵コンテと言葉で伝えられる。当たり前のことだけど、僕は受け取ってすぐ、それを100%理解することはできない。そこにあるのは長男の妄想そのものではなく、要素だったり土台だったりの、種や核となる部分にすぎないからだ。本当の妄想は長男の頭のなかにある。その種を受け取って、自分の頭のなかで育てなければいけない。それが、すぐにぱっと花開くときもあれば、土の中にあるまま芽が出なかったりする。そのとき、種の栄養となるのが、その絵コンテに書かれている情報なのだ。なんども繰り返し咀嚼することで、あるいは少し時間を置いてまた読み込むことで、新しい情報に出会うことができる。なにしろ、大いなる妄想がその種に含まれているのだから、一度や二度目を通したくらいではうまくいくわけがない。逆に、ピンと来て、すぐに解釈できたつもりのものが、全くの的外れの場合もある。そういうときは往々にして、僕が文章を読み飛ばしていたり、描いてある絵を見落としている場合がほとんどだ。

　妄想を得意としない人の場合は、この作業を怠っているのではないかと思う。妄想に答えはない、ということを念頭に置かないと、ありもしない答えを永遠に探すことになる。妄想は自分で作り上げるものだから、発端が長男の妄想であっても、それを自分の妄想に仕立て上げなければならない。自分が納得できない妄想は、ただの想像だと思う。そんな血の通った妄想をして、さらにそれを仲間に共有して実行し続ける大変さは、きっと長男にしかわからない。だからこそ、長男の妄想には僕なりの妄想で応えたい。

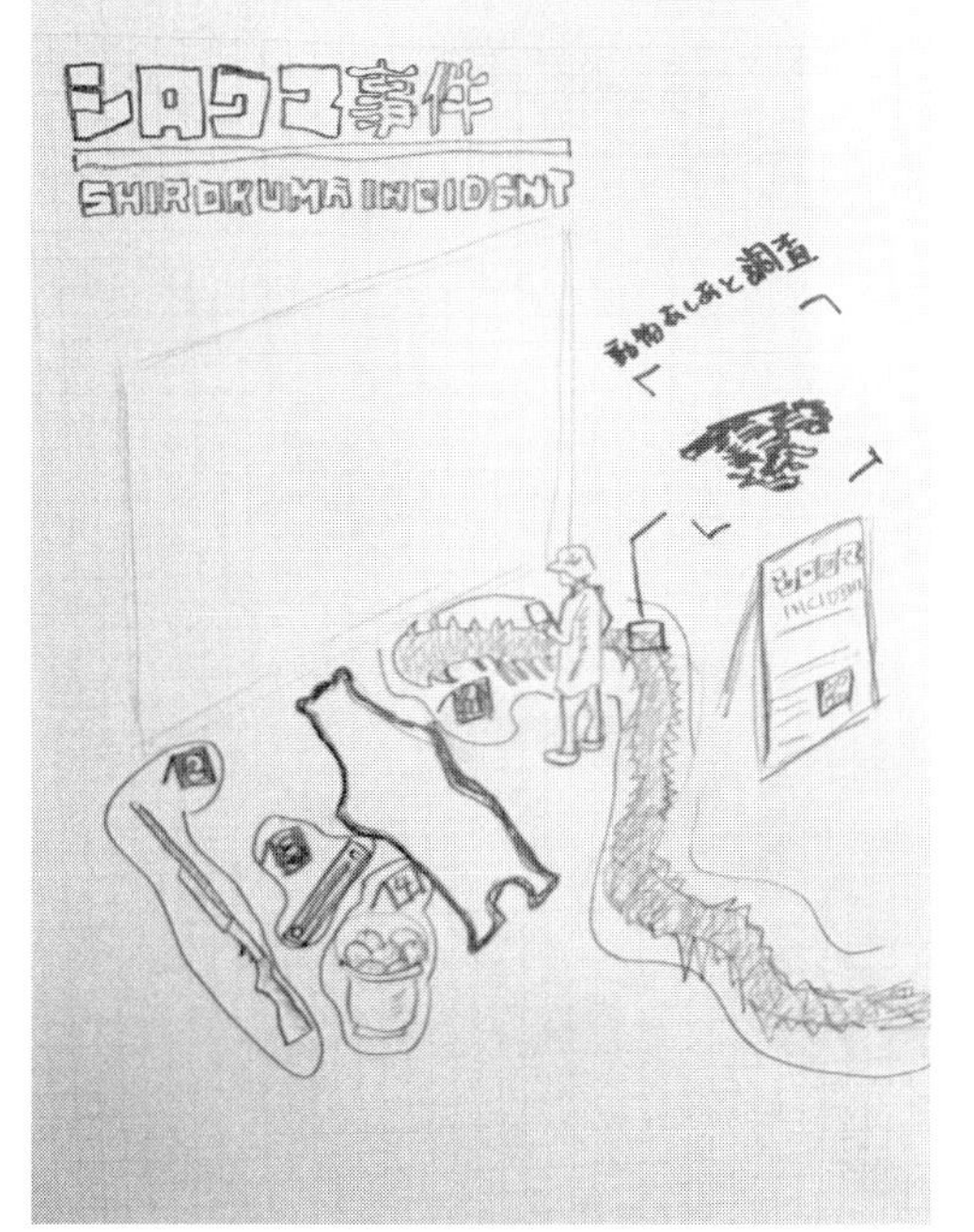

4　ＡＲ三兄弟の現在地点　by 川田十夢

２００９年に抱いた妄想を開発ユニットＡＲ三兄弟の形で実装してから15年、いろんな形で現実に実績が残った。まずはＡＲという言葉、いまでは普通に一般の人も使うようになった。何しろスマホにデフォルトでＡＲエンジンが搭載されている。辞書を引いて出てくる言葉、Aumented Reality＝拡張現実と翻訳されるのが当たり前になったが、これは僕自身がメディアに登場するたびに「僕らはリアリティを拡張したいのではなく、現実を拡張したい」と発言してきたことが大きい。本来リアリティの翻訳は現実感が正しい。「○○を拡張する」という慣用句だって、最初にメディアで使い始めたのは僕だ。「笑っていいとも！」や「タモリ倶楽部」、「ようこそ先輩　課外授業」や「情熱大陸」など、テレビのビッグタイトルに出演したのも大きかった。ＡＲを媒介にした表現をしているなかであういう場所に扱われた人物は僕ら、つまりＡＲ三兄弟が最初で最後である。僕らの実質的な職業はプログラマーで、あまりメディアに取り上げられる職業ではない。それが三兄弟という妄想を加速することで、それ以上の成果を遂げたと言える。

経済面ではどうだろうか。公私ともに長男である僕は、うっかり彼らの雇用主でもある。だからＡＲ三兄弟を続ける上でのコストも把握している。支払い続けた人件費や経費や税金だけで総額3億くらいにはなる。大した財産もないが借金もないということは、それだけの稼ぎが継続的にあったということでもある。Ｍ－1で優勝すると１０００万円、それだとＡＲ三兄弟は1年間も維持できない。数ヶ月で解散になってしまう。プログラマーだからお笑い芸人とは戦い方が違うけど、ＡＲという開発ジャンルの中のトップであり続け、新しいプロトタイプを発明し続け、メディアに取り上げられ続けないと妄想は職業にならない。妄想を職業にしたという意味では先輩になるから、小学校からの友達でピン芸人のマツモトクラブには「エンターテインメント舐めるなよ」とアドバイスしたことがあるが、大喧嘩になってしまった。Ｒ－1に優勝したとしても、それだけでは結局食べてゆけない。大会全体が盛り上がったうえで、さらに続きが見たくなる形で優勝しないと意味がない。お前は自分がどうやったら優勝できるかしか考えていない。という意味で先の発言をしたのだが、友達であるところのマツモトクラブはまだ知る由もない。舞台に上がり続けている人間が、友達としていちばん言われなくなかった言葉だったかもしれない。友達のなかの最上位レイヤー、親友同士だという自負もあったがこの壁は突破できなかった。兄弟というくくりで一緒に世に出ていたらまた変わっていたのかもしれないが、いくつも兄弟を作るほど僕は野暮ではない。

三男が「きっと長男にしかわからない」と指摘した点は、経済的な負担や不安を最初から一手に引き受けているのは僕ひとりだから頷ける部分がある。妄想を形にするのも、続けるのも、周りを巻き込むのも。それなりの責任が付きまとう。この変な責任感はたぶん小さい頃から勝手に備わっていて、それはごっこ遊びのゲームマスターを子供の頃から長く続けていたからだと思う。子供の世界にも流行はあって、最新テクノロジーもある。子供がごっこ遊びに付き合うにも、貴重な休憩時間だったりお小遣いだったりコストがあるわけで、それに見合う余韻のようなものをごっこ遊び参加者にはもれなく提供しないといけない。ドラゴンボールごっこはルール説明がいらない代わりにライバルが多い。ゲームソフトもボードゲームもカードゲームもある。初期のＡＫＩＲＡはライバルが少なかったけど、世界観が複雑。ＡＲ三兄弟という大人のごっこ遊びにはライバルがいない、ルールもシンプル。ゲームマスターのプレイコストが毎年数千万というだけがネックだけど、まあ経済的に続けられるものであれば一生続けたいと思っている。

次男が書く文章を読んでいると、ＡＲ三兄弟以前に設計したことでさえまだ理解していないのが分かる。かといって不要かと問われると絶対に必要。兄弟のなかでも普通の感覚の人物がいないと、作ったものが一般へ渡ったときの難易度が事前に測れない。次男が強いのは長男からのお題に対して、ごくたまに大喜利感覚で三兄弟の誰も思いつかないようなアイデアを伝えてくれることだ。推敲を重ねるタイプではないが、閃き単位の妄想は持ち合わせている。一緒に仕事したことのある仲間たちからは「結局、次男がいちばん凄いしいちばん変わっている」と言われる。ぜんぜん悪い気がしない。三男はいまだに才能の底がみえない。長男の妄想を軽々と越えてくることもあるし、まるで完成イメージが違うこともある。アイデアと並走しようというよりは妄想を妄想で返しているのだから、無理もない。人間として深いかもしれないし、浅いかもしれない。共通しているのは息を止めて何かを作ったり考えたりする瞬間がないと死んでしまうということだ。三男である時間も自由であって欲しいし、それ以外の時間もほどよくふざけられる環境を提供し続けたい。長男としての僕は、次男三男と一緒ならば形にできるであろうものを妄想し続けている。いわば妄想の当て書き、ひとりで考えてひとりで形にしていたら、僕はきっと世に出ていない。現実感ではなく、現実そして人生をも拡張する妄想となったのが、僕たちＡＲ三兄弟なのである。

妄想は科学を育み、世界を発展させる

茜灯里

人類最大の妄想「空を飛びたい」

今は無理だけれども、こんなことができたら便利なのに。自分の手で、今の常識を超えるものを作り出したい。人類発展の大きな原動力になったのは、人々のこのような妄想だ。

太古の昔から、人類の最大の夢は「鳥のように空を自由に飛びたい」でした。

おそらく、数百万年前に人類の祖先が初めて登場した時から願っていたでしょう。旧石器時代の祖先も、マンモスと戦いながら「空から攻撃できれば、もっと狩りが楽になるのに」と思っていたに違いありません。

けれど、残念ながら文字の発明前なので、詳細な記録は残っていません。

古代の人たちの「空を飛ぶ夢」が語られたものの中では、ギリシア神話のイカロスの話が有名です。ギリシア神話の成立は紀元前15世紀頃と見られています。初期は口承され、紀元前8世紀頃からは文字記録も残されるようになりました。

イカロスの神話は、このような内容です。

牛頭人身の怪物ミノタウロスの住む迷宮の攻略法をアリアドネーに教えたことで王の不興を買ったダイダロスとその息子イカロスは、塔に幽閉される。ダイダロスは腕の良い大工だったので、鳥の羽根を蜜蝋で固

あかね・あかり

作家・科学ジャーナリスト／博士（理学）・獣医師。東京生まれ。東京大学理学部地球惑星物理学科、同農学部獣医学専修卒業、東京大学大学院理学系研究科地球惑星科学専攻博士課程修了。朝日新聞記者、大学教員などを経て第24回日本ミステリー文学大賞新人賞を受賞。小説に『馬疫』（2021年、光文社）、ノンフィクションに『地球にじいろ図鑑』（2023年、化学同人）、ニューズウィーク日本版ウェブの連載をまとめた『ビジネス教養としての最新科学トピックス』（2023年、集英社インターナショナル）がある。分担執筆に『ニュートリノ』（2003年、東京大学出版会）、『科学ジャーナリストの手法』（2007年、化学同人）など。

めて人間用の翼をつくり、脱出を試みる。

ダイダロスはイカロスに『羽根をくっつけている蝋は、海面に近づきすぎると湿気でバラバラになる。太陽に近づきすぎると熱で溶けてしまう』と忠告する。しかし、イカロスは自由自在に空を飛んでいるうちに太陽にも到達できると考えて、太陽神ヘリオス（アポロン）に向かって飛んで行く。その結果、太陽の熱で蝋を溶かされ墜落死した。

この話は、後世の人が「科学技術への批判や人間の傲慢さを戒める意味合いが含まれている」と解釈しています。

けれど、悲しいかな、問題はそこではありません。

「ヒトは腕の力だけで体を浮かせるには重すぎる」のです。

このお話では、イカロスがうまく飛べなかったのは蝋が溶けたせいとされていますが、超軽量金属をハンダ付けして人工の翼を作ったとしても「無理なものは無理」だったでしょう。

それでも、鳥のように羽ばたけば飛べると考える人は後を絶ちませんでした。バードマン、タワージャンパーなどと呼ばれた勇猛果敢な素人は、世界各国、長年にわたって出現し、ある者は命を落とし、ある者は大怪我し、ほんの少数が奇跡的に無傷で着地しました。

「どうやら人間が人力で空を飛ぶためには、手の羽ばたきでは無理のようだ。ならば、カモメやトンビのように翼を広げたまま空を舞えばよいのではないか」

ようやくそのような考えに至り、科学技術を駆使して実践しようと考えたのが、「航空学の父」と呼ばれるイギリスの工学者ジョージ・ケイリー（１７７３－１８５７）です。

羽ばたきをせずに、翼を広げたまま空を滑るように飛ぶことを滑空と言います。後の研究で、滑空飛行は少ないエネルギーで長距離を飛べることが分かりました。ただし、高度を保つのが難しいため、滑空中の鳥は上昇気流を上手く利用しています。鳥の多くは「羽ばたき飛行」と「滑空飛行」を使い分け、効率的な飛行を行っています。

ケイリーは、羽を広げた形のままの固定翼を使った有人グライダーを考案し、１８０４年頃までに模型の試験飛行を成功させました。その後、ドイツの技術者であるオットー・リリエンタール（１８４８－１８９６）は固定翼のグライダーで飛行実験を繰り返しました。１８９１年には25メートル程だった飛距離が93年には２５０メートルになりました。

リリエンタールの記録に触発されたアメリカの自転車屋のライト兄弟（兄ウィルバー１８６７－１９１２、弟オーヴィル１８７１－１９４８）は、初めはグライダーで飛行実験していましたが、その後、動力付き飛行機の開発に注力し、１９０３年に12馬力のエンジンを搭載したプロペラ飛行機で人類初の有人動力飛行を成功させました。

このように「人が空を飛ぶ夢」を叶えたのは、たかだか100年前のことです。もっとも、500年前に後世で実現された人力飛行機の設計の詳細を妄想していた「飛行史の特異点」と言える男がいます。「モナリザ」や「最後の晩餐」の絵画の作者として名高いレオナルド・ダ・ヴィンチ（1452−1519）です。

飛行史の特異点「レオナルド・ダ・ヴィンチ」

レオナルドは15世紀の後半に、鳥の骨格や筋肉、飛び方を徹底的に調べたり、スケッチを繰り返したりしていました。その結果、「人の飛行は腕の力のみでは無理だ」「揚力を得るためには翼の形（湾曲）が大切だ」という結論に至り、実現可能と思われる飛行機械を設計しました。彼のすごいところは、自分が設計した飛行機械は当時の科学技術（素材）では重くなりすぎて作成が難しいことも理解していたところです。

レオナルドが考案した著名な飛行機械は、「エアスクリュー（ヘリコプター）」「羽ばたき機」「パラシュート」「グライダー」の4種です。

彼は、ヘリコプターの原理を最初に考案して図示した人物とされています。そのため、ヘリコプターの日（4月15日）はレオナルドの誕生日が選ばれています。

レオナルドが書き残したヘリコプターの図は、螺旋状の翼を脚力で高速回転させ、空気を押し下げて空を飛ぶものです。現在は、レオナルドのヘリコプターは回転翼の反力が考慮されていないため、機体がくるくる回ってしまってうまく飛べないことが分かっています。けれど「脚力を使った人力ヘリコプター」というアイディアは、4枚のプロペラを回す形に修正することで、2013年にトロント大学の研究チームが成功させています。

レオナルドの羽ばたき機は、脚力を動力源とするのと、鳥の観察を活かして湾曲やキャンバー（翼の中心線と翼弦線との差）までこだわり抜いた翼の形が、当時としては画期的です。似た原理の飛行機械はトロント大学で2010年に試作され、飛行試験に成功しました。

中世では、「高所から降りるとき、布を広げれば怪我をしないだろう」と考えてチャレンジする者の多くは、木枠に丈夫な布地を貼り付けたものを使用しました。レオナルドはピラミッド型に布を張り、空気をより溜め込めるようなパラシュートを考案しました。当時、試験に成功していたかは定かではありませんが、2008年にスイスの男性が最新の素材でレオナルドのスケッチどおりパラシュートを作り、高度600メートル地点で開いて着地に成功しています。

さらに、レオナルドは固定翼で滑空するという概念を、ジョージ・ケイリーよりも300年前に既に持っていました。ヘリコプターのときと同じく、飛行を安定させるために別の翼を付けるというアイディアは持ち合わせていませんでしたが、現代のハンググライダーの基礎となる設計を考案していたと言えるでしょう。

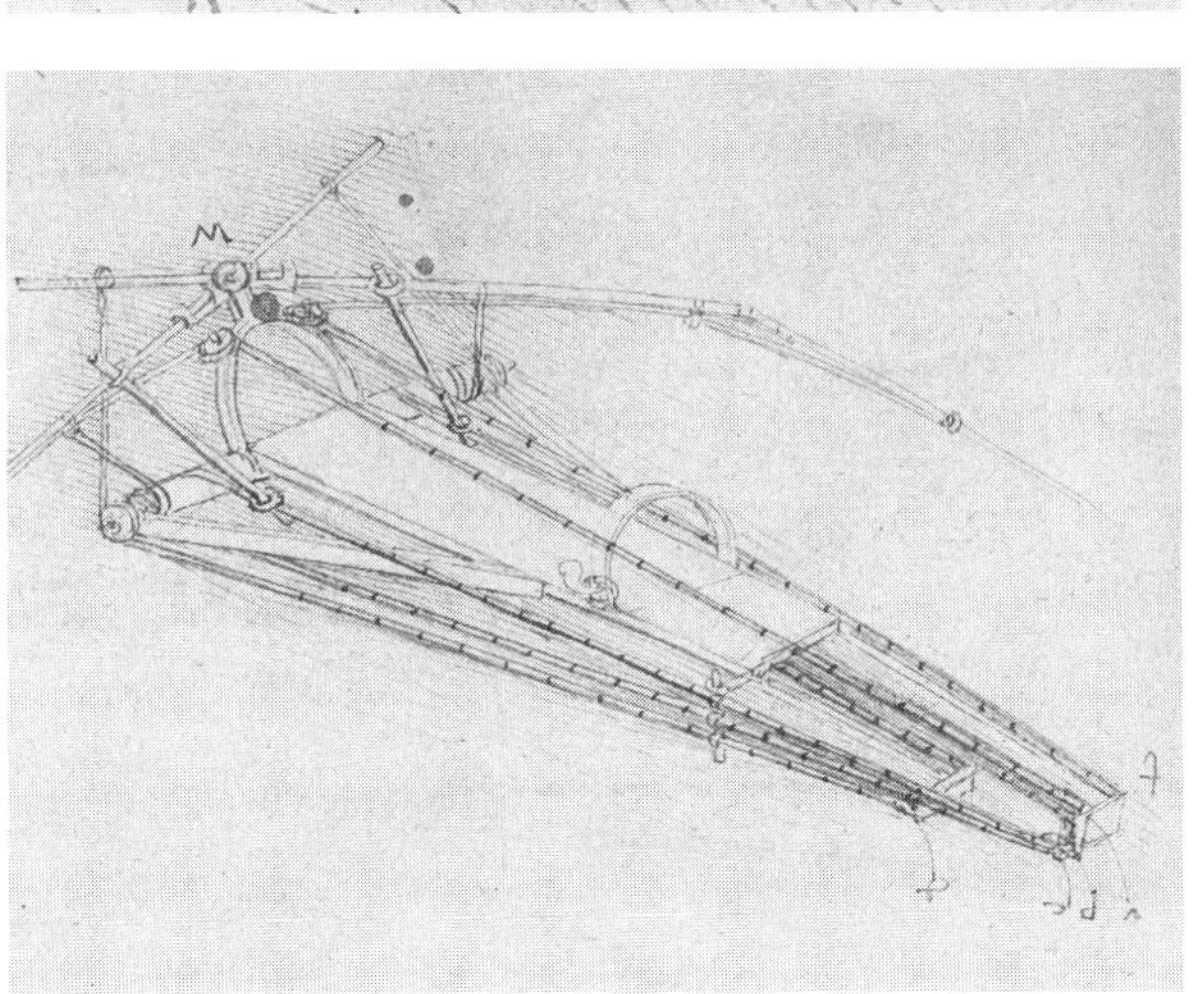

上：エアスクリュー（ヘリコプター）
下：羽ばたき機

イラスト出典：パリ手稿B（パリ・フランス学士院蔵）、
https://bibnum.institutdefrance.fr/ark:/61562/bi24197

100年前の人が妄想する「西暦2000年」

飛行機械について数世紀も先取りした妄想をしていた天才レオナルド・ダ・ヴィンチに対して、リリエンタールやライト兄弟が現れた100年前の一般人は、空を飛ぶ夢をどのように妄想していたのでしょうか。将来は、誰もが飛行機で自由に空中散歩できる時代になると考えていたのでしょうか。

19世紀末のフランスの商業画家、ジャン・マルク・コテは、紙たばこやチョコレートの「おまけカード」の仕事を受け、100年後の人々の生活を予想する「2000年（2000年には（En l'an 2000））」シリーズを作成しました。

ところが、流通する前にカー

1900年頃に予想された「100年後の世界」

空の警官

電気床磨き機

学校にて

イラスト出典:『過去カラ来タ未来』、アイザック・アシモフ著、
1988年12月1日(国立国会図書館蔵)

空飛ぶ消防士

新流儀の仕立て屋

クジラバス

ドの製作会社（Almand Gervais社）が廃業し、これら数十枚の未来予想イラストの大半は当時の人々に鑑賞されることがありませんでした。その後、「ロボット三原則」などで知られるアメリカのＳＦ作家のアイザック・アシモフ（１９２０－１９９２）がパリに住んでいるときに、たまたまAlmand Gervais社の在庫品を引き取った骨董屋に出会い、この奇妙な未来予想図を見つけました。彼の著書『FUTUREDAYS』（１９８６年。日本語訳は『過去カラ来タ未来』として１９８８年にパーソナルメディアから刊行）で紹介されると、存在が広く知られるようになりました。

ジャン・マルク・コテ画の「空飛ぶ消防士」では、消防士がコウモリのような羽を背に付けて、高層階の窓から火を消したり、赤ん坊の救助をしたりしています。羽は四角いリュックのようなものから出ているので、人力ではなく動力付きの飛行装置なのでしょう。同じく「空の警官（L'Agent Aviateur）」では、自家用飛行機で移動する一般人を取り締まる、人工翼をつけた警察官が描かれています。「田園の郵便配達（Le Facteur Rural）」では、椅子型の飛行機に乗って手紙を運んでいます。

１００年後の現在、プライベートジェットで移動したり趣味で飛行機免許を取得したりする人は稀です。リュックのように背負う動力付きの飛行装置は、今から40年前の１９８４年ロサンゼルス・オリンピックの開会式で、スタントパイロットのビル・スーター氏が「ロケットベルト」（個人用ジェット推進飛行装置）を使って空中遊泳して披露されました。スーター氏は「ロケットマン」と呼ばれて、開会式の話題をさらいました。

同様の装置は２０１７年に数社から商業販売され、一般の人も手に取れるようになりました。もっとも、アメリカのジェットパック・アビエーション社は25万ドル、ニュージーランドのマーチン・エアクラフト社は20万ドルで売り出したため、誰でも空を飛べる時代は到来しませんでした。

せっかくなので、空を飛ぶこと以外の未来予想図も現状と比べてみましょう。

チョコレートのおまけ用らしいイラストには、「２０１２年、わたしたちの子孫は、どのように暮らしているだろう。ボンジュール、我が子よ。ショコラ・ロンバールをインドの飛行機で送ります」と書き添えてあります。

フランスにいる母からアジアに赴任中の息子にテレビ電話をかけると、相手の様子がスクリーンに映し出されます。まさにＺｏｏｍやスカイプといった現代のオンラインミーティングアプリを指し示しており、予想は大的中しました。

「新流儀の仕立屋（Un Tailleur dernier Genre）」は、客が採寸ロボットの傍らに立つと身体の様々な寸法を測ってくれ、相棒の仕立てロボットに布地を入れると即座にピッタリサイズのスーツを仕上げてくれます。

2017年、衣料通販大手のZOZOは、自宅に送られた計測マーカーのついたボディスーツを身に着け、その姿をスマホで撮影すると肩幅や胸囲などが自動的に測定され、そのままスマホでデータを送るとオーダーメイドスーツを即座に作れる「ZOZOSUIT」のサービスを開始しました。今や、そのままの自分をスマホで撮影するだけで計測してくれる「AI自動画像採寸アプリ」も珍しくなく、ユニクロの「MySize CAMERA」、三越伊勢丹の「Hi TAILOR」など、アパレル業界でも自動採寸系アプリの活用が増えています。「新流儀の仕立屋」のように採寸とほぼ同時にスーツを入手できるまでには至りませんが、予想はほぼ達成されたと言っていいでしょう。

石鹸とブラシが付いている「電気床磨き機(Un Frotteur électrique)」も未来の科学技術として描かれています。ただ、「電気」と言う割には車輪付きの機械を紐で引っ張って動かさなければならず、操作しているのは屋敷の使用人らしき女性です。

今は「お掃除ロボット」が家人の留守中でも自動的に掃除をしてくれますし、家庭では男女が家事を分担する時代になりました。100年前の予想よりも科学技術は進化し、成熟した社会になったと言えるでしょう。

「クジラバス(Un Baleinobus)」は、観光船をクジラの下にロープでくくりつけて海中遊覧できるようにした乗り物です。「となりのトトロ」のネコバスはファンタジックでほっこりと感じるのに、クジラバスは動物虐待に見えてしまいます。ただでさえクジラの話題に敏感な現代の欧州の動物愛護団体は、決して許さないでしょう。また、クジラを操縦していると いうことは、人と動物がコミュニケーションを取れる世の中を予想していたと考えられます。

現代は、オール機械の観光用潜水艇が存在します。2023年には、タイタニック号の残骸を間近で見れるという触れ込みの潜水艇タイタンの事故で、乗員・客員5名が亡くなったことは記憶に新しいでしょう。

「2000年には」シリーズから最後に紹介するのは、「学校にて(A l'Ecole)」という作品です。

教室で先生が必要な教科書を選んで装置に入れると、担当の生徒がハンドルをぐるぐると回します。すると、本から情報が抽出されて、それが電線を伝って直接、ヘッドセットを付けた子どもたちの脳にインストールされます。子どもの記憶を先生が意のままに支配するディストピアを予言するイラストにも見えます。

現在は、小学校でもタブレットやノートPCを使った授業は珍しくなく、記憶定着のため一斉にクイズ形式の問題を解いたり、繰り返し学習したりする方式が用いられることもありますが、幸いイラストのようなおぞましい形では実現していません。

100年前の日本人の未来予想は「義首」の発明

同じ頃、日本でも雑誌に100年後の未来予想が特集されました。

哲学者で国粋主義者の三宅雪嶺が主宰する言論雑誌『日本及日本人』では、1920年（大正9年）の春期増刊号で「百年後の日本」という大特集が組まれました。そこには学者、思想家、文学者、実業家ら当時の知識人たち約370人が回答を寄せ、彼らの言葉をもとに50数枚の挿絵が作成されました。

1920年は、第一次世界大戦（1914-18）の終戦と関東大震災（1923年）の発生に挟まれた、つかの間の平穏期でした。戦中の好景気から反転した「戦後恐慌」が起こったのもこの年です。良い話題では、アントワープ五輪で男子テニスの熊谷一弥選手が日本人初のオリンピックメダル（銀）を獲得し、国民は熱狂しました。

特集「百年後の日本」で予想が当たったものには、「芝居も寄席も居ながらにして観たり聴いたりできる『対面電話』」や「桜の景色を撮影」などがあります。

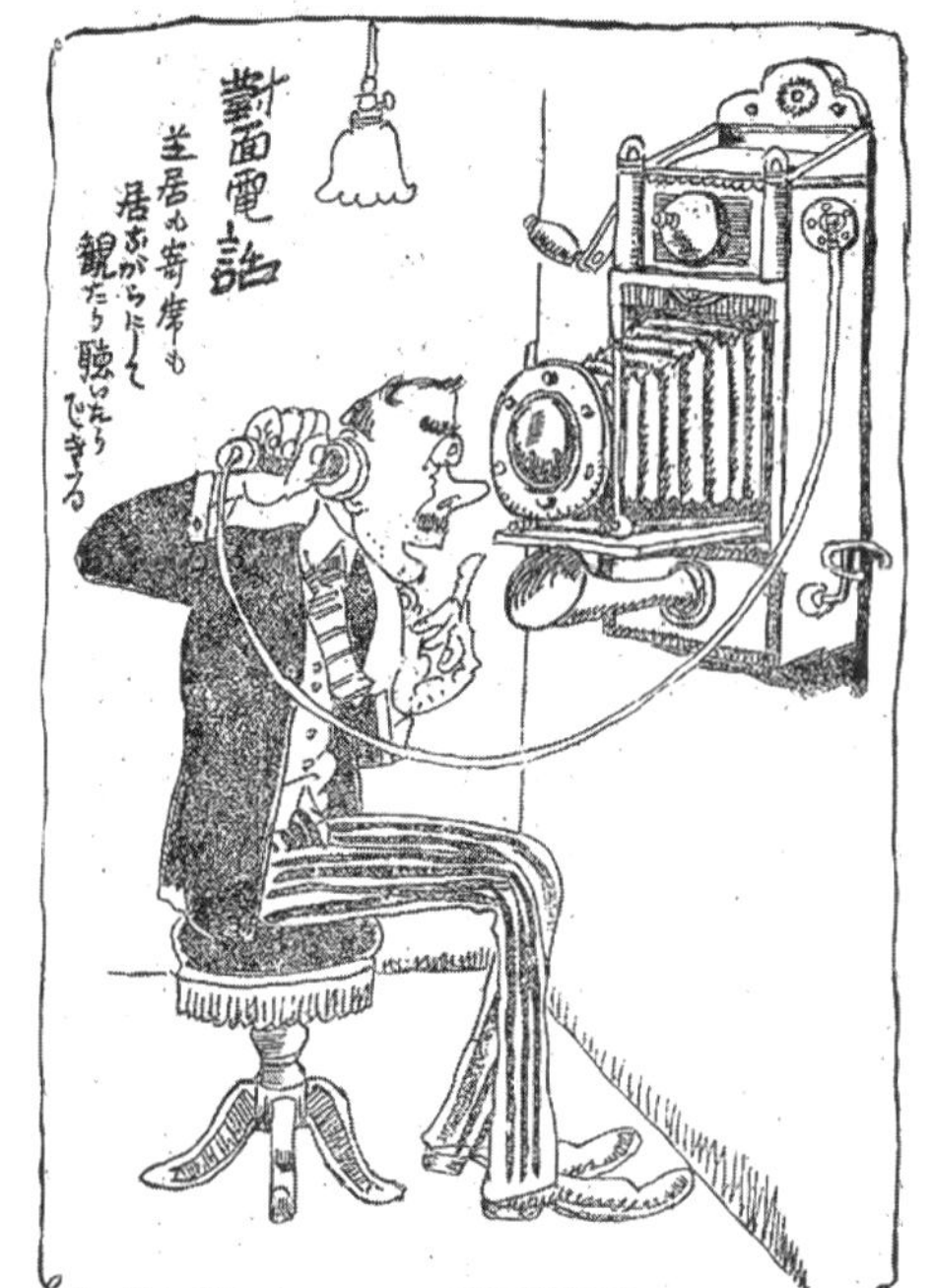

イラスト出典：『日本及日本人』通巻第780号、1920年4月（国会図書館蔵）

イラスト出典:『日本及日本人』通巻第780号、1920年4月(国会図書館蔵)

ここで描かれた「対面電話」は、まさにどこでも動画視聴ができるスマホの予言です。もっとも、添えられたイラストは、明治から昭和初期にかけて活躍した2号共電式壁掛電話機に酷似しています。

「桜の景色を撮影」は、一般人が小型カメラで気軽に風景写真を撮れる時代を予言しています。描かれた「桜を撮影する女性」が手にしているのは、当時最先端のコダックカメラ(Kodak No. 2 Folding Autographic Brownie、1915年発売)に似た、手持ちの蛇腹カメラです。

これらの2つのイラストから分かるのは、機能の向上や普及はほぼ正しく未来予想できても、未来の機器のデザインを妄想するのは難しいということです。

特集では「100年後の女性像」についても多くのページで取り上げられ、「解放された女」「百年後の女代議士」「百年後の交通巡査(女)」といったイラストが並んでいます。

「解放された女」には「女外交官、女腰弁、男は家で洗濯」と注釈があります。腰弁というのは毎日腰に弁当を付けて出勤する人のことで、安月給で働くサラリーマンの暗喩でした。「男は家で洗濯」は主夫を言い表しているのでしょう。

『日本及日本人』は知識人の読む雑誌なので、特集への回答は風刺が効いていたりウィットに富んだりするものが多く、女性の未来像に関しては皮肉を込めたものも少なくないはずです。とはいえ、当時は1919年に平塚らいてうが「婦人参政権運動」と「母性の保護」を要求し、日本初の婦人運動団体である新婦人協会を設立したことが話題となっていたので、そのムーブを敏感に取り入れたことは想像に難くありません。

女性の権利や職業に関する史実を見ると、女性参政権は市川房枝らの尽力で45年に実現し、日本初の女性代議士は46年4月に行われた戦後初の衆議院議員選挙で39名誕生しました。女性警察官の任用も46年からです。日本初の女性外交官の山根敏子は、1950年に外交官及び領事試験に合格しました。いずれも雑誌の予想から、30年以内に達成しています。

続いて、現実が100年前の未来予想を超えたものをチェックしてみましょう。

「空中葬式」のイラストでは、飛行機に乗った僧侶たちが花（あるいは遺灰）を空に撒いています。けれど現実は、1990年代にはアメリカで遺灰や遺骨を専用カプセルに納めて宇宙に打ち上げる「宇宙葬」が始まり、2024年に生きる私たちは空中を超えて宇宙にさえ散骨できます。なお、近年は宇宙葬に対して「スペースデブリ（宇宙ゴミ）の増加につながる」という批判も多いため、請負業者は「打ち上げ後、一定期間が経過すると遺骨は大気圏に再突入して燃焼する」といった対策を講じています。

「世界的大成金の豪遊ぶり」は、当時の予想では、100年

イラスト出典：『日本及日本人』通巻第780号、1920年4月（国会図書館蔵）

イラスト出典:『日本及日本人』通巻第780号、1920年4月(国会図書館蔵)

後の日本の富豪は飛行船でフランスに行き、エッフェル塔見物を楽しんでいるはずでした。ここで、なぜ乗り物として飛行船が選ばれているかと言うと、1920年頃はドイツでベルリンとフリードリヒスハーフェンを結ぶ定期便飛行船が活躍していたからでしょう。1919年には世界初のベルリンとワイマールを結ぶ定期便旅客機も生まれましたが、客船よりも速く、離着陸に滑走が不要な飛行船は、時代の最先端の交通手段でした。

ところが100年後の世界は、大金持ちは宇宙旅行すらできる時代になりました。ZOZOの創業者の前澤友作氏は、2021年に国際宇宙ステーションに12日滞在しました。宇宙観光旅行を手配したスペース・アドベンチャーズ社のトム・シェリー社長は、前澤氏の支払った費用そのものは明らかにしませんでしたが、「過去の国際宇宙ステーションツアーの旅行代金は、2000万〜4000万ドルだった」とCNNの取材に答えています。

一方、現代ではまだ追いついていない未来予想図に「義首の発明」「極端な自然破壊」があります。

義眼や義足ならぬ人工の首ができて、首ごとすげ替えられる時代の到来は、この特集でもトップクラスの大胆な予想です。2024年現在でも、実現するための科学技術に到達するには相当時間がかかりそうですし、そもそも倫理的に開発は行われない可能性が高いでしょう。
もっとも、関連する技術としては、２０１８年にアメリカのスタートアップ「Nectome」が脳を丸ごと冷凍保存し、将来、コンピューターに脳情報をアップロードできる時代に備えるというサービスを発表しています。費用は1万ドルで、発表直後に数十人が申し込んだそうです。この方法を使えば、他人の脳を自分にインストールすることも可能になるかもしれません。

「極端な自然破壊」では、富士山は切り崩され、琵琶湖は埋め立てられています。

現在の富士山は、２０１３年の世界文化遺産登録以降、外国人登山者も増加し、オーバーツーリズムが問題となっています。夏季マイカー規制や２０２４年からの登山者数制限など工夫をこらしていますが、さらなる対策は必須です。

１９６０年代頃から何度も検討されてきた「富士山登山鉄道」は、麓と五合目、あるいは五合目より先に鉄道を通す構想ですが、環境破壊を懸念する周辺住民による反対運動があります。国際連合教育科学文化機関（ＵＮＥＳＣＯ）の諮問機関である国際記念物遺跡会議（ＩＣＯＭＯＳ）は、「富士山登山鉄道は来訪者管理や環境悪化に関する多くの課題を解決する統合的なアプローチとなりうる」と評価しつつも、「多くの利害関係者の支持を得る作業が必要」とする通知を日本政府に送付しています。

琵琶湖には、第二次世界大戦後に琵琶湖大橋、近江大橋の二本の橋が架けられましたが、今のところ大規模な埋め立ての計画はありません。２０２４年7月に何者かが琵琶湖を無断で埋め立てて道路を作っていたというニュースが記憶に新しいです。

明治時代に「ハイカラ」の言葉を生んだジャーナリストの石川半山は、特集に対して「１００年後、飛行機は富士山経由で火星に行く」と回答しています。科学技術の発展のためには多少の自然破壊はやむを得ないと考えるのは、当時の感覚では珍しくありません。むしろ、「極端な自然破壊」をテーマとして取り上げたところに、言論雑誌の先見の明を感じます。

ここまで、フランスと日本で１００年前に予想された「２０００年頃の未来像」を見てきましたが、現実と答え合わせをすると

- 小型家電・情報技術などは予想を超えるスピードで発展した
- 医療（義首、脳に直接インストール）はそう簡単ではない
- 男女同権、女性の社会進出は早期に達成された
- 空は制覇できていない（が、宇宙開発はそれなりに達成した）

とまとめられるでしょう。

子供雑誌に描かれた50年後の世界

続いて、約50年前に描かれた21世紀の予想図を見てみましょう。

『昭和ちびっこ未来画報　ぼくらの21世紀』（青幻舎、2012年）には、「コンピューター学校出現‼」（画：小松崎茂、1969年）が収録されています。

先程の100年前のフランス人が描いた未来予想と比べると、脳に教科書の内容を直接インストールすることはなく、ノートPCのようなもの（当時最先端のIC計算機）を使って授業を受けています。先生の指示はスクリーンに投影されています。今日のコンピューター授業の風景と比べても違和感はありませんが、間違った児童に対して、先生の代わりにロボットが体罰をしているのが「いかにも昭和らしい」と言えるでしょう。

当時は、1949年に最初のノイマン型コンピューターが、真空管3000本を使って登場しています。日本でも電卓がIC化されて、66年に約40万円、69年に10万円で売られるようになった時代ですから、学校で一人一台計算機を使っている、しかも採点できるパソコンのような機能も持っていて遠隔にいる先生がスライドに映されて授業を行う、というのは最先端の未来予想でした。

次に、同じ本から「人間は、じぶんの子どももつくれない‼」（画：長岡秀三、1969年）というイラストを紹介しましょう。カプセル内で人工生育する胎児の絵面は、多くのSF映画やアニメにも登場します。当時は「コンピューター」が夢の技術のキーワードでした。

現在はiPS細胞から生殖細胞すら作れる時代ですが、実は胎児の人工製造のネックになっているのは受精卵ではなく子宮です。妊娠期間の全期間を通して、母親に代わって胎児を生育させられる人工子宮は、未だに開発されていません。とは言っても、不育症などへの有効活用に期待されるので、FDA（アメリカ食品医薬品局）では2023年にヤギや羊で実験されている人工子宮システムのヒトへの活用について議論を始めました。

「世界大終末　地球大脱出」（画：小松崎茂、1968年）では、飛行機型ロケットに人間以外にも様々な動物の番（つがい）を乗せて、「現代のノアの箱舟」を仕立てて地球脱出を試みています。

1969年といえば、アポロ11号が人類初の月面着陸に成功した年です。前年の68年には映画『2001年宇宙の旅』が日本でも公開され、一般の人々にとって、宇宙がグッと身近になった時代と言えます。

また、ロケットの形に注目すると、このイラストで描かれているものは飛行機型（横長）ですが、現在は縦長が主流です。スペースプレーンと呼ばれる飛行機型のロケットは、航空機のように滑走路のみが必要で、特別な打ち上げ設備を必要としない利点があります。ただし、大気圏から離脱し、再突入できるスペースプレーンは2024年現在、有人ではまだ成功していません。

この本から最後に紹介するのは「事故0（ゼロ）のハイウェー」（画：小松崎茂、1969年）です。高速道路でスピード違反や重量オーバーの車を見つけると、監視ロボットが超音波を浴びせてエンジンを弱め、強制停止させます。ロボットは、ときには違反車を鷲掴みし、高速道路から除去します。

高速道路でのスピード違反取り締まりは、現実では1970年代からORBIS（速度違反自動取締装置）が使われるようになりました。道路脇の巨大ロボットが取り締まるとは、なんとも大胆な予想です。

当時は、東宝のSF特撮映画『地球防衛軍』（1957年）に初の巨大ロボット「モゲラ」が登場し、21世紀の未来を舞台に原子力をエネルギー源として、人とコミュニケーションする少年ロボット・アトムが活躍する手塚治虫の『鉄腕アトム』が漫画（1952-68年）やTVアニメ（第一期：1963-66年）で大人気になっていました。ロボットは人間の役に立ちつつも、人間に罰を与える脅威にもなり得る描写が、時代を反映しています。

EXPO'70で予想されていたインターネット

子供向けの書籍での未来予想は、面白さを強調するあまり大げさになりがちかもしれません。次は、最新の科学を利用して未来の暮らしを豊かにするために日々努力をしている、大手電機メーカーが予想した2020年の世界を覗いてみましょう。

1970年に開催された日本万国博覧会（大阪万博、EXPO'70）は、日本初の国際博覧会でした。いくつかのパビリオンでは、当時の最先端の技術を生活用品に応用した装置を展示したり、将来の科学技術を予言したりしました。

たとえばサンヨー館（三洋電機株式会社提供）では、「明日の生活環境への試み」として、人間洗濯機（ウルトラソニック・バス）、フラワー・キッチン、家庭用インフォメーション・システム、健康カプセルが展示されました。

人間洗濯機は、装置の中で15分間座っているだけで体がきれいになるシステムです。楕円カプセル内の椅子に座ってスイッチを押すと、かけ湯、洗浄、すすぎ、乾燥が自動的に行われます。洗浄にはマッサージボールや超音波を使っていて、血行を良くする効果もありました。人間洗濯機の技術は、同社が２００３年に発売した「座ったままで入浴ができる介護用入浴装置」で実用化されました。

フラワー・キッチンは、丸テーブルの中に冷蔵・冷凍庫、電子レンジ、ホットプレート、食器洗い機、食器棚などが配置されており、ボタンを押すだけで必要な装置を手元まで呼び寄せることができるシステムです。同様の装置はまだ見かけませんが、コンパクトにまとまっていて、ほとんど動かずに食事の支度ができる現在のシステムキッチンが、描きたかった未来像かもしれません。

家庭用インフォメーション・システムは、５つのカラーブラウン管にテレビ、ビデオ、テレビ電話、映写機、電子計算機、電波新聞などの機能を呼び出すことができて、家庭にいながらビジネス会議や買い物ができる構造になっていました。このアイディアは、１９９５年頃にＰＣの発展とインターネットの普及によって実現しました。

健康カプセルは、多機能で小さなプライベートルームです。球形のカプセルの中に、ベッドにもなる電動リクライニングシート、テレビ、ステレオ、テレビ電話、冷蔵庫、調光装置、空調装置、ミニテーブルなどがセットされていました。日本初のカプセルホテルの開業は79年ですから、カプセルホテルを先取りしているだけでなく、実際よりも盛りだくさんな機能がついた装置でした。

２０２０年は家庭にプールやヘリコプターが普及？

同じく大阪万博に出展した三菱未来館（三菱グループ提供）のテーマは、「50年後の日本　陸・海・空」。まさに２０２０年を未来予想するものでした。展示で紹介された未来予想のいくつかを、２０２４年時点で○（実現済み）、△（一部実現済み）、×（未実現）に分けてみましょう。

○ 世界中のテレビ中継が見られる。
○ 教育の国際的交流が広がり、留学も簡単にできるようになる。
○ 淡水魚の養殖技術が発達する。
○ 未来住宅の室内には、壁掛けテレビ、ホーム電子頭脳、電子調整器などが普及する。
△ 人工臓器は健康な体の一部として活躍する。
△ 家事はすべて機械がやるため、主婦は電子チェアに座ってボタンを押すだけとなる。
△ 会社は24時間業務を続けるが、人間の働く時間は１日４時間になる。

△　肉体労働は完全に姿を消す。
×　ガンは克服され、交通事故の時以外は手術が不必要になる。
×　稲作は減少して、酪農に重点を置く。
×　グライダー操作や海底散歩が、一般的で人気のあるスポーツとなる。
×　プールや自家用ヘリコプターが一般家庭に普及する。

情報化社会とグローバリゼーションは、ほぼ予想通りに到来しました。しかし、家事やビジネスの完全オートメーション化までは達成できませんでした。

総務省の「令和3年社会生活基本調査」によると、6歳未満の子供を持つ夫婦が家事や育児に費やす「家事関連時間」は、2021年は夫が1時間54分、妻が7時間28分でした。20年前の2001年は夫が48分、妻が7時間41分だったので、夫婦の差は縮小したものの、家電が発達しているわりには家事に費やさなければならない時間はむしろ増えていることが分かります。

医療面では、疾病の根絶にはまだ時間がかかりそうです。さらに、世界的な人口増加や環境の悪化に起因する深刻なタンパク質不足(タンパク質危機)や菜食主義の台頭、酪農の衰退は、50年前には予想されていなかったようです。住居やレジャー環境も、思い描かれていた明るい未来には到達できませんでした。

それでは、子供向け書籍とEXPO'70が予想した50年後の世界の答え合わせをまとめてみましょう。

- 小型家電・情報技術などは予想を超えるスピードで発展した
- 医療(人工子宮、ガン克服、人工臓器)はそう簡単ではない
- (コロナ禍を機に)働き方改革が進むが、社会でも家庭でも労働時間の短縮は不完全
- 空は制覇できていない(宇宙開発も予想よりは遅れ気味)

100年前の予想と現実の比較のときと、傾向はほぼ変わりませんでした。

2060年代の夢の技術

ここまでは100年前、50年前の人たちが、現在をどのように妄想し、どれくらい的中したのかを見てきました。では、今を生きる私たちは、50年後の世界をどのように予想しているのでしょうか。

東京理科大学理工学部の教員は2016年、理工学部50周

現在、予想する「50年後」(2066年の世界)

イラスト出典:『TUSジャーナル202号』東京理科大学、2016年7月22日 https://www.tus.ac.jp/about/information/publication/magazine/file/no202.pdf

年記念として「50年後の未来予想図」(TUSジャーナル202号」に掲載)を作りました。一部を紹介しましょう。

災害対策では、都市には地震エネルギーを吸収する免震プレートが敷かれて、大地震が起きても被害はほとんどなくなります。吸収された地震エネルギーは電気エネルギーに変換され、有効活用されます。地震で揺れず、津波の影響を受けにくい海上都市も建築されます。

さらに、燃えにくい素材が開発され、例え出火しても自然に消火されます。壁や天井を移動できるヤモリスーツが開発され、災害時にはスムーズに避難や救助ができるようになります。

医療面では、家のトイレに尿を分析できるセンサーが取り付けられ、即時に分析され健康チェックができるようになります。結果はオンラインで医療機関にも送られるので、病気の早期発見や経過観察に役立ちます。近赤外線を使った体への影響が少ない新しい画像診断装置も実用化し、人工心臓の小型化高性能化によって装着者は社会復帰や運動もできるようになります。

エネルギー問題を解決するため、世界規模の電力網が結ばれ、太陽光発電や風力発電などの環境負荷の小さい方法で、世界中の国や地域が電力を融通しあえるようになります。家畜や農作物の生産は人工衛星を使って最適化され、生産性が飛躍的に上がります。

引き続き、他の組織が考える未来の「夢の技術」を見てみましょう。

宿泊予約サービス「ホテルズ・ドットコム（Hotels.com）」は、未来学者のジェームズ・カントンと共に「2060年以降のホテル像」を取りまとめました。

未来のホテルでは、宿泊客には自律型ロボットがバトラーとして付いて、送迎やコンシェルジュサービス、料理、清掃、時にはビジネスのアドバイスまで提供します。客室には発展型3Dプリンターが完備され、洋服や電子デバイスを作ったり、ネットショッピングしたものを実物でダウンロードしたりすることも可能です。

DNA解析によって滞在者個人に合わせたアンチエイジング・スパが用意され、ベッドに「見たい夢」を設定できます。ホテルの形態も多様になり、AR（拡張現実）ホテルでは時空を超えた冒険旅行や歴史探訪なども体験できるようになります。

50年後は30億人がサハラ砂漠並みの気候下で暮らす？

一方、約50年後の2070年の地球環境については、悲観的な予想をする専門家も多くいます。

世界疾病負担研究（GBD）のデータを用いたワシントン大学保健指標評価研究所（IHME）の研究によると、世界人口は2064年の97億3000万人をピークに減少に転じて、2100年まで減り続けます。国立社会保障・人口問題研究所が2020年の国勢調査結果を基にした将来推計人口によると、日本の人口は8700万人まで減少し、そのうち1割は外国人になる可能性があります。

地球の平均気温は、温暖化のため、現在よりも1.9〜3.4℃上昇しています。気温上昇によって、最大の大豆生産国であるブラジルでは収穫量が半減する可能性があります。南極では解氷が進み、世界の海面は2000年代と比べて0.5メートル上昇します。

さらに、オランダのワーゲニンゲン大学のマーテン・シェファー教授らは、「気候変動への対策なしでは、世界人口の3分の1（30億人）は現在のサハラ砂漠と同じくらい暑い地域に住まざるを得なくなる」と警鐘を鳴らします。

もっとも、地球環境に関する予測は悪いものばかりではありません。アメリカ航空宇宙局（NASA）は、世界各国が環境への配慮を続けることで、紫外線増大や地球温暖化の原因となるオゾンホールが破壊前の1980年代の状態に修復されると予想します。日本の二酸化炭素排出量は、この頃までにG7初の実質ゼロを達成すると考えられています。

日本政府公式？の2050年以降の未来予想

未来予想は、政策や国際協力の方向性を決める時にも不可欠な要素です。

総務省は2018年に、出典が確かな未来予想からピックアップして「2050年以降の世界について」という資料を作成しました。

2050年の日本人の平均寿命は男性84．02歳、女性90．40歳になり、65歳以上の割合は39．1％です。日本の総人口は1億人を割り込みます。脳にチップを埋め込んで無線通信する世界で、記憶を消せるようになります。富裕層は、子供の遺伝子を選択することも可能です。

AIの知性は2045年頃には人類を上回り、2050年には人間とAIを搭載したロボットの結婚も起こり得ます。2060年頃にはDNA情報を用いたモバイル決裁が行われ、高速3Dプリンティング技術の普及で、国際貿易が75％に縮減します。2062年には最初のクローン人間が誕生します。

この資料では医療に関する言及はありませんが、ユニバーシティ・カレッジ・ロンドンの名誉教授であるデービッド・テイラー博士は、2050年までに80歳未満のがん死亡者がいなくなると研究報告書に記述しています。京都大学がん免疫総合研究センター長でノーベル生理学医学賞を受賞した本庶佑博士は「2050年までに、ほとんどのがんが免疫療法で治療できるようにする」と目標を掲げています。

また、宇宙開発については、NTTデータ経営研究所が2050年の宇宙ビジネスの世界市場を200兆円規模と試算しています。政府は2011年に「日米欧を含む11カ国（地域）の宇宙研究機関によって、2050年までに火星の有人探査を実現する」と目標を掲げましたが、後ろ倒しになりそうです。

50年後に人類が生き残るために「妄想」しよう

この先の50年は、これまでの100年と同様に、家電製品や情報通信の分野では目覚ましい発展を遂げ、生活環境は向上するでしょう。けれど、地球環境や人口の予測も含めると、明るい未来とは簡単には言い難いようです。医療分野ではがんの克服が期待されますが、クローン人間のような生殖医療や再生医療は生命倫理問題をはらみ、一筋縄ではいかなそうです。次世代クリーンエネルギーの開発や宇宙開発は、現時点で10年前の計画から遅れていますが、スピードアップすることはできるでしょうか。

さらに、50年後には人間の知性を超えたAIが人類の脅威となります。物理学者でAI兵器に詳しい作家のルイス・A・デルモンテは、「2070年には、AIが人間のあらゆる認知能力を超え、全能兵器が現れる」と予測しています。そうでなくても、人間より賢くなったAIは、各方面で人の存在意義を失わせるでしょう。2070年までの50年間は、「人類がAIに支配されずにいかに生き延びるか」を考えるための大切な時間になりそうです。

アシモフは『FUTUREDAYS』のまえがきで、「自分の運命を知りたいという欲求は、人類全体に何が起きるかを予測したいという欲求と密接に絡みあってきた」と書いています。あなたは自分の、そして地球の未来をどのように予測するでしょうか。人類が存在価値を得るためには、常識や効率を超える「妄想力」がカギとなるかもしれません。

過去30年の日本の「あまりにもダメなところ」が、今後の時代の人類の希望となる。

倉本圭造

「妄想＝非現実的なもの」ではない。

『妄想講義』という今回のコンセプトについて、企画書には

「妄想は、現実と理想をつなぐプロセスだ」

……という言葉がありました。

まずは現実の制約を取っ払って想像力を全開にし、「本来あるべき理想」を描ききった後、で、「現実」に戻ってきてそこから「妄想」までの道筋を一歩ずつ積んでいく生き方をしてこそ、「妄想」に意味が生まれるということなのでしょう。

ちなみに私は普段、「経営コンサルタント兼思想家」という肩書で仕事をしています。

そういう意味では、私が普段「経営コンサルタント」としての仕事でやっている「現実」寄りの話と、一方で、この時代に「思想家」という看板を掲げて発信を行っている内容との間をつないで行こうとしている事自体が、まさに「妄想力の活用」的な行為だと言えるのかもしれません。

とはいえ、私は「思想家」業で発信している内容について、「経営コンサル業」での仕事内容に比べて、〝実現性が著しく低い与太話〟だとは全く考えていません。

その両者の違いはただ時間軸の問題であり、「とにかく直近でどういう手を打つか」が「経営コンサル的課題」だとすれば、「長期的に社会はこうなっていくはずだから、今のうちの

くらもと・けいぞう

京都大学経済学部卒業後、外資系コンサルティングのマッキンゼーにおいて「グローバリズム的な経営のあり方」と「日本社会の現実」との矛盾を克服する『新しい経済思想』の必要性を痛感。その探求をはじめ、船井総研を経て独立。中小企業のコンサルティングで『10年で150万円平均給与を上げる』などの成果を出す一方、文通を通じて「個人の人生を一緒に考える」仕事も。著書に『日本人のための議論と対話の教科書』など多数。

少しでもこっち側を向いた方向性を出していきましょう」という課題が「思想家業」だと思っています。

そういう意味では、「現実」と「妄想」の間はそこまで断絶があるわけではなく、むしろ「目の前の次の一手」を考える時に、「妄想力の世界」の中にビジョンが見えているかどうかによって、その「一手」がちゃんと明確な意図を持ったものになるかどうかが決まるとさえいえるでしょう。

「ズレ」に鋭敏になり、対応し続けるために「妄想力のビジョン」が必要

色んな経営者と仕事をしてきましたが、優秀な経営者は、「ずっと同じことをやり続ける」ということがありません。

一ヶ月、半年、一年もたてば、世の中の流れも変わりますし、今まで「100%世の中と噛み合っていた」サービスも、少しの流れの変化の中でズレてくる部分も出てきます。

また、会社全体が成長して売上や社員数が増えてくれれば、新しい課題がまた見えてきたりもする。

そういう色々な変化の中で、ある瞬間は「100%噛み合ってる」手が打てていたとしても、だんだんと「ズレ」が生まれてきて、「打ち手の有効度」が「95%、90%、85%……」と下がってきてしまう事は避けられません。

優秀な経営者は常にその「ズレ」のことを気にかけており、そしてただただ「目先に対応策」に集中するだけでなく、「ズレを生み出した大きな世の中全体の変化」に気を配っています。

その「小さなズレ」の向こうから見えてくる「大きな変化」を鋭敏に描いていくことで、「明日の小さな打ち手」がまた「100%に近いレベルで噛み合ったもの」に修正することができるのです。

「妄想力」が本当に芯をとらえたものであるには、まず「現実の細部」において、「本当はこうであってほしいのになぜかズレてしまっている」というような要素に鋭敏になっていくことが大事だと私は感じています。

他人から見ると「そうかな？　悲観的すぎじゃない？　全然ズレてないように思えるけど」となるようなところで、「目指したい未来」がちゃんとある人は鋭敏に「ズレ」を感じることができます。

「ズレ」がどうして生まれてしまうのか？　どうすれば「100%噛み合ってる！」状態に修正できるのか？　という問いについて、同じ目線で課題を共有できる仲間と議論をし、次々と「先の先を見据えた手」を打っていけるかどうか。

それができている経営者や、企業体、そして「国」は、今がどんな苦境にあるように見えても将来は安泰なのだと私は考えます。

では、日本国における「ズレ」とは何か？

とはいえ、今の日本国全体の問題について、「ほんのちょっとのズレ」程度で済んでいると思っている人は少数派でしょう。

ほんとうは「ちょっとしたズレ」の時点で常に鋭敏に修正し続ける事ができていれば良かったのかもしれませんが、小さい私企業ならともかく、一億人以上いる経済的にも大きな国となると、課題の共有に時間と手間がかかるのは仕方ないことのようにも思います。

ただ、これぐらい大きな課題においては、「ズレ」を「ズレ」のまま放ってくることができたこと、つまり「拙速に結論を出さずに」ダラダラと緩やかな（見た目上の）衰退を受け入れてきた事に、逆に「これからの可能性」を私は感じています。

今回はその話をぜひ聞いてほしいと思っています。

どこで時代区分を区切っても良いですが、例えばバブル崩壊後の過去30年以上、あるいは21世紀に入ってからの20年の間、日本はなんとなーくダラダラと「ズレたまま」、「何かおかしいんだけどどこがおかしいのかわからない」状態のままズルズルと閉塞感に包まれてきてしまったように感じている人も多いように思います。

1990年から今までの間、アメリカの経済は名目GDPで4～5倍になっている一方で、日本はたった1.3倍になっただけです。同期間の台湾や韓国、そして中国の圧倒的な成長と比べれば、日本はただただ30年間足踏みをしていただけなのでは？　という印象になるのも無理はない。

一方で、その「米ソ冷戦終結後の30年以上」の間、「歴史の終わり」と言われ、人類の社会と経済全体が「隅々までアメリカ型のグローバリズムに飲み込まれていく」時代に、「ズレを感じて乗り切れなかった日本」ならではの可能性というものも今後には眠っていると私は考えています。

なぜなら、その時代の「世界のアメリカ化」に全力で参加していってしまった国は、日本では考えられないような格差や、政治的分断状況を抱え込んでしまっている事がほとんどだからです。

ここ30年の間の日本は、腐っても経済的に大きな存在なので、「世界のアメリカ化」を完全に無視して、例えば北朝鮮のように自国内に引きこもってしまったりする事ができたわけではありません。

「おつきあい」程度に、当時の人類社会のスタンダードだった「世界のアメリカ化」を受け入れざるを得ない面も沢山あった。

それが、「日本社会の大事な紐帯を引き裂いてしまった」と感じて怒りを持っている方もいるでしょう。

しかし、最後の最後では、「世界のアメリカ化」に抵抗し、なんとなく大事な部分はウヤムヤにしてしまって「改革」をやりきらなかったからこそ、「これから」の可能性を持っている部分があるのだと私は考えているのです。

世界と「ズレ」たまま来た日本の可能性を、「経済」と「社会」の両面から

「世界のアメリカ化」に対してズレてしまったままずっとダラダラと「自分たちの紐帯」を守ってきた日本の可能性は、経済面と社会面の2つがあります。

この「過去30年ズレまくっていたからこその日本の可能性」というのが、あなたに聞いてほしい私の「妄想講義」のコアの部分だと言えるでしょう。

経済面においては、

「ある種非効率な中小企業が温存されてきた事によって、現場レベルの労働者の効力感が崩壊しておらず、社会の安定感があること。この長所を温存したまま、今後狙いすました経済の転換を図っていけば、欧米に見られる社会の分断にならないような経済発展が可能になるはずだ」

……ということです。

一方で「社会面」においては、

「欧米において先鋭化するリベラル派の理想（いわゆる〝woke〟あるいは〝ポリコレ〟ムーブメント）に対して社会全体が懐疑的であったために、欧米で見られるような〝憎悪の連鎖〟は生まれておらず、今後丁寧に調和させていけば、地に足ついた理想の実現に繋がり得る」

……ということです。

どちらも、「経済面での改革を求める人」にも、「社会面での改革を求める人」にも、徹底的に不評というか、「こんなことしてたら衰退するに決まってるじゃん！」というような、日本の鈍重さの象徴であるように思われている点ではあります。

一方で、そこで「過去30年の人類社会の流行」には安易に乗っかりきらなかったからこそ、「これから」の可能性があるのだ、という方向で、あなたも「妄想力」を使って今後を描いてみてほしいと思っています。

「経済面」における改革の不徹底さがもたらす「今後の可能性」

まず「経済面」の方から見ていきたいのですが、過去30年の日本では「改革！」という名のつく施策は乱発されてきましたが、本当に「改革」が実現してメキメキ何かが良くなった！と感じた人はほとんどいないように思います。

その間、諸外国では当たり前のように行われる経済的な変

化に対して、とにかく「抵抗」し、本当の意味では「改革」が実現しないことだけを目的にやってきたのではないか、というところはあります。

もちろん、人類社会の当時のスタンダードだった「世界のアメリカ化」に対して、〝おつきあい〟程度でも行われた色々な〝改革〟もどきですら、「日本社会の紐帯を破壊してしまった」と怒りを持っておられる方もいるでしょう、

そしてより深刻な事は、「変化に抵抗」するプロセスの中で、ある種の「日本における正統派な生き方」をする人たち（歴史のある大きな企業で正社員で働く人）が過剰に守られる結果、その「周縁部にいる」人達（派遣社員や、離婚したシングルマザーなど）がかなり厳しい立場に放置されてしまった事も事実であり、それは今後ちゃんと「新しい調和」の中で救済されていかねばならないでしょう。

しかし、「完全な理想」など世界のどこにもないのが現実であり、欧米には欧米の、中国や韓国には中国や韓国の、「よく知ってみれば大変な」部分というのは存在します。

日本経済は全体として、「内輪に守り合う」ことを選択し、諸外国ではバンバン潰れて吸収統合されてしまっていておかしくないような中小企業がそのまま温存され、「経済指標」としては調子が悪くとも、失業率は世界最低レベルに貼り付き、そこで「とりあえず頑張って働いている人」の効力感がそこまで崩壊せずにこれた「プラス面」はあると思います。

過去30年の「世界のアメリカ化」に真っ向から飛び込んでしまった国では、そういう「現場労働者」的な階級の安定性が完全に崩壊し、精神的な安定感が吹き飛んでしまう結果として、かなり不安定な政治的状況の大きな原因のひとつになってしまっている事が多いです。

「経済統計的には多少非効率」だからといってバンバン切り捨てずに来たことで、あまり良くない言葉かもしれませんが、「貧乏暇なし」になることで、「小人閑居して不善をなす」にはなっていない

……というのが日本経済の過去30年を一行で総括する結論ではないかと思います。

しかし今後日本は、強烈な人手不足時代を迎えます。そして、「過去30年のＩＴ」よりも、「今後のＡＩ技術」の方が、よほど柔軟に「現場のニーズ」をすくいあげることができます。

過去30年の「世界のアメリカ化」の中で、社会の「現場レベル」を雑に効率化しきってしまった社会では、「森の根っこが土砂を捕まえていてくれるので水害に強い」という要素がほとんど剥げ落ちてしまっています。

一方で日本は、経済的指標としての非効率を甘受しながらも、「土砂を捕まえてくれる根っこ」を崩壊させずに来ています。

これから日本がやるべきことは、その「一応なんとか温存

されている現場レベルのコミュニティ」的なものが崩壊しないようにしながら、「新時代のＡＩ技術や新しい経済の発想」で持って「効率化」も実現していくことです。

「過去30年のＩＴ技術」と、「今のＩＴ技術」ではできることが全然違いますよね。

ＡＩ技術の発展もさることながら、国民全員がスマホを使って日常を送るようになり、ありとあらゆるタイプの人がスマホゲームに興じる時代には、「スマホゲームのようなユーザーインターフェース」でビジネス部分のＩＴ化を進めるような新しい発想の企業も出てきています。

「過去30年のＩＴ技術」を使いこなせるのは社会の中の一握りのインテリだけでしたから、その先で徹底的に「効率化」を行ってしまえば、「社会の現場レベル」の人びとは効力感を失い、犯罪行為に走ったり薬物中毒になったり、過激な政治運動に没頭したりして社会の不安定化に繋がってしまうでしょう。

一方で「スマホゲームのようなユーザーインターフェース」で作られた使いやすい効率化ツールとＡＩ技術が、「既にある現場レベルの人々の輪」を引きちぎってしまわずに、しかし少しずつ効率化も行える流れが、日本では既に見えてきています。

そういう「実質レベルで人々の生活の実情と深く噛み合った転換の流れ」をしっかり捉えた上で、過去30年の間諸外国に比べて過剰に小さいサイズのまま放置されていた零細企業の統合などの流れも進めていけば、「安定性と効率性の両取り」が可能になるでしょう。

「過去30年の世界のアメリカ化」に対して徹底的にサボタージュ気味だった日本だからこそ、「次の時代」の最先端を行ける余地を残しているのだ、という話がイメージできたでしょうか？

「社会面」での「人類社会の流行」とのズレを放置してきたからこそできること

「経済面」に続いて、今度は「社会面」において、「世界のアメリカ化」という人類社会の流行から距離をおいて、その「ズレ」を放置してきた日本だからできることについて考えてみましょう。

先程の「経済面での改革」について日本社会が消極的であった事についても「経済面での改革派」は本当に怒り心頭という感じである例が結構ありましたが、この「社会面での改革」について消極的である部分についても、一部には本当に「日本社会に毎日絶望」しているような人が結構いたように思います。

しかし、今や欧米社会全体を見渡してみても、過去30年の間、進歩主義的なインテリがそれ以外の国民を次々と断罪しまくってきた結果として、「そういう奴らの言い分に全部反対して、全部逆の社会にしてやる」と命がけの情熱を燃やしている人たちが、ほとんど「社会の半分」といったレベルで存在している状況になってしまっている。

アメリカなどは、20〜30年来の親友とか仲が良かった親戚とかでも、「対立党派」に投票したことがわかったら絶交してもオカシクないみたいな状況にまでなってしまっています。女性の妊娠中絶の権利すら怪しい状況にまでなっていますよね。

確かに過去30年の日本国内における議論は、そうやって「リベラル派の新しい正義の基準」で持って誰かを断罪しまくるような風潮には徹底して批判的でした。

しかし一方で、日本ではSNSにおいては強烈な政治的分断があるように見えますが、「社会全体」のリアル生活的にはそこまで分断されていません(それが、〝四六時中政治談義で大声上げたい人〟からすると腹立たしくて仕方がないのはわかりますが)。

そういう「なんとなくの共同体感覚」の上で、「今どき女性だからって結婚したら仕事やめなきゃって話じゃないよね。現実的に女性が働く上での困難があれば少しずつ解消していきましょう」「LGBTの人だからってそれ以外は全く変わらない自分たちの社会の仲間だよね」みたいな「ふんわりした空気の共有」自体は徐々に進んでいると言えるでしょう。

もちろん、「明示的に誰かを断罪しまくる」運動に対して否定的な現状を不満に思っていて、もっと「徹底的に糾弾しまくれる」社会にしたいと思っている人もいるのはわかります。

しかし、その結果としてアメリカのように「完全に社会が真っ二つ」になってしまえば、限られたインテリが生きている特権階級内部以外では、むしろその「理想」を享受して生きられる人の人数は減ってしまいますよね。

「党派性」とは関係ないところで、「なんとなくナアナアの人間関係」が完全に切断されてしまわないところで、あくまで一歩ずつ「先鋭化した欧米の理想」が着地していける培養器に、日本はなれるはずだと私は考えています。

より巨視的に見てみると……

結局日本というのは、何かの「概念的なドグマ」をそれ自体徹底的に信仰してあくまで実行するみたいなことは苦手な国ですよね。

色んな人の色んな意見があって、それが全部ぶちまけられて、ナアナアに物事が決まっていくというような性質はどうしてもある。

　例えていえばどこにも固定的な地盤がない、泥沼のような性質があって、20世紀の日本のインテリは、そういう「日本の性質」が本当に大嫌いでした。今でも徹底的に憎悪している人が沢山いるでしょう。

　彼らはなんとかその「日本をぶっ壊して」やりたいと思ってきたわけですが、しかし21世紀になり再度大分断が始まった人類社会においては、むしろその「泥沼性」こそが、「本当のリアリティ」を多面的に捉えるための可能性の萌芽であるという捉えかえしが必要とされているのです。

　今後も人類社会は、「米中冷戦」的な分断だけでなく、経済的に持てる者と持たざる者との分断、いわゆる欧米寄りの先進国とグローバルサウスの対立、など、「個人の頭の中の理想」を先鋭化しまくっていけば破綻するような「分断」の大バーゲンセールといった様相を呈していきます。

　その状況の中で、あらゆる「先鋭化した理想」に対して懐疑的な「泥沼」のような日本社会が、その「分断への狂気」を柔らかく受け止める「サスペンション」になるというのが私が目指すビジョンです。

　私の著書などで10年以上前から使っている以下の図のように、日本社会はその「泥沼のようなナアナアさ」によって、果てしなく先鋭化し続ける人類社会の「分断の病」を癒やす使命を持っているのです。

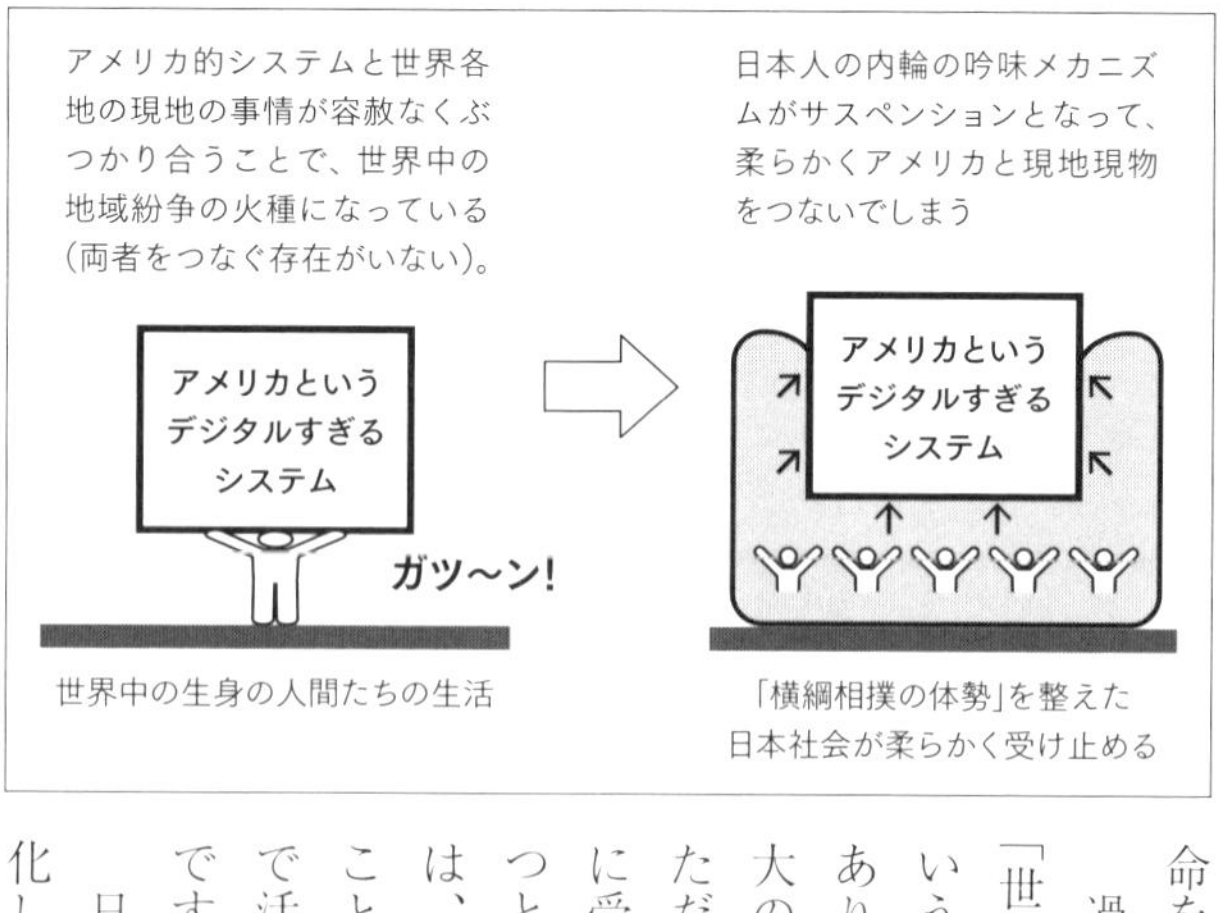

　過去30年のように、「世界のアメリカ化」という単純なトレンドがあり、自分たちの等身大の感覚など無視してただただそれを徹底的に受け入れたほうが勝つというような時代には、日本人は「余計なことを考えすぎる」ので活躍できなかったんですね。
　日本のように「先鋭化した理屈」だけで何かを断りきってしまうような事が苦手な国は、むしろ「相矛盾する先鋭化した理屈同士」がぶつかり合ってどうしようもなくなってしまっている時期こそ、本当の力を発揮できるのです。
　過去に日本国が経済的に大繁栄を極めたのも、人類史の一周前の「米ソ冷戦」のさなかでした。
　今後の「米中冷戦の時代」、そして米中対立だけでなくありとあらゆる「分断」が大事な時代には、先鋭化した理屈で「敵と味方」を分断し、統一された基準に基づいて純粋にそれを追いかけていくような特性の国ではなかなかその真価を発揮できなくなります。

その時こそ、「泥沼のナアナアさの化身」「ムラ社会のプロフェッショナル」である私たちの本当の「叡智」が、人類社会全体から新しい希望の光として必要とされる時が来るでしょう。

結局何をすればいいのか？

では結局何をどうしていけばいいのでしょうか？

どうすればこの「妄想力」によって描かれたビジョンに近づいていけるのでしょうか？

それは、要するに諦めず、わかりやすい答えに飛びつかず、しかし自分たちの特性が持つ可能性を信じて、一歩ずつ必要なコミュニケーションを積み重ねていくことです。

普通の国ならば「完全に分離」してしまって「不倶戴天の敵」になってしまっているようなタイプの勢力と、いかに協力しあって必要な変化を起こしていけるか。

全体として、以下の「二又に押し込まれている注射器」のようなものを想像してみましょう。

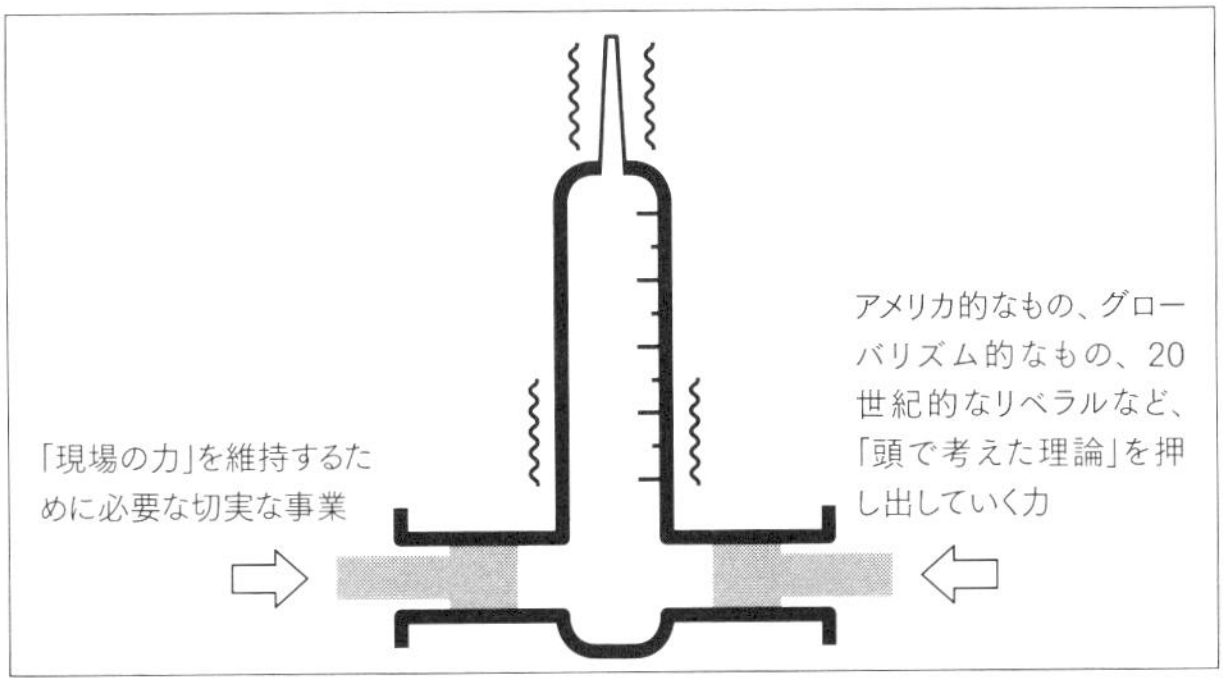

「現場の力」を維持するために必要な切実な事業
アメリカ的なもの、グローバリズム的なもの、20世紀的なリベラルなど、「頭で考えた理論」を押し出していく力

今の人類社会では、ほんの一部の幸福な例外を除いては、この注射器の「針先」に穴があいていない状態になっているので、お互い必死に「完全に自分たちの敵を否定して押し切ってしまおう」としていますが、どこにも進めない状態になってしまっています。

私たちがやるべきことは、この「二又の注射器」の針先に穴を開けることですよね？

人類社会が熱中している「党派論争」から徹底的に距離をおき、「彼らが熱中するしょうもない罵りあい」ではなく、実地の現地現物レベルで、山積みの問題についての解決策に知恵を絞り、そして協力しあってそれを社会全体に押し広げていくことです。

私はそういう発想について、「対立するベタな正義」のどちらにも与しない、「メタ正義」的な発想と呼んでいます。

日本社会の過去30年の「決めきれないナアナアさ」は、逆にいえば「単純すぎるベタな正義だけで逆側まで押し切ってしまうような単細胞的な解決」には決して熱中できない、人々の奥深い知恵があったからなのだ！　というように考えてみましょう。

これから、人類社会のあらゆる側面において、「単純なベタな正義」だけでは決して押し切ってしまう事ができない状況になっていきます。

その時こそ、「泥沼のような日本社会」の本領発揮となるでしょう。

あらゆる「ベタな正義」に熱中してしまっている人たちを冷笑し、かといって「社会の現場側の事情」も「欧米由来の理想主義」も、どちらも決して否定したりもせず、ただただ「上善如水」の境地でスルスルと流れていきましょう。

ただただ押し込まれた水が唯一開いている穴から形を融通無碍に変えて噴出していくように、ありとあらゆる欧米由来の観念論をあざ笑う先に、しかしその「理想」を地に足ついたレベルで、一歩ずつ実現していく国に日本がなっていくのです。

果てしなく分断され続け、何か「とてつもない変化」でもなければ第三次世界大戦も不可避というような現状の中で、その日本人の「泥沼的なメタ正義感覚」こそが、新しい時代を切り開く輝ける希望となるでしょう。

とはいえ、そんな「大きな話」だけを念仏のように唱えているだけではダメですね。

日々の実生活の中で、現実との格闘の中で、「ズレ」を直視し、一歩ずつこの「妄想力が描いたビジョン」に近づけていくことが大切です。

必要なのは、「ベタな正義」同士の罵りあいから、立場を超えた「メタ正義」的な問題解決に知恵を絞る対話への転換です。

私はコンサル業のかたわら、定期的にX（Twitter）@keizokuramotoやnote、YouTubeなどで発信しながら、その新しい「メタ正義的」な発想に取り組んでいく仲間を募集しています。

「文通」を通じて一緒に人生を考えていくというお仕事もしています。

ご興味があれば、ぜひチェックしてみてください。

この文章をここまで読んだあなたには、おそらく同じような問題意識がもともとある人なのではないかと思います。

ご一緒に協力しあって、20世紀から延々続く「議論のための議論」「政争のための政争」に飽き飽きしてきた人々の気持ちの先に、新しい「立場を超えた知恵の持ち寄り」がメインストリームになる社会を実現していきましょう。

倉本圭造

「盛り」と妄想

久保友香

2023年、日本と韓国とアメリカの学生、合計48人に会ってインタビューする機会を得た。テーマは「バーチャル・アイデンティティ」。

今では、世界中の人々の手元に、カメラとコンピュータとインターネットが一体化した端末が備わっている。

人々はそれを使って、リアル世界でのコミュニケーションとは別に、バーチャル世界でのコミュニケーションもするようになった。とくに若者の間では、それがすでに日常化している。

そこで人々は、リアル世界でコミュニケーションする時に見せる「リアルな外見」とは別に、バーチャル世界でコミュニケーションする時に見せる「バーチャルな外見」を持つようになった。私はふだん画像について研究しているので、それに注目している。

3カ国の学生たちに協力してもらった研究内容は、次のようなものだ。[1]

第一に、SNSで利用しているプロフィール画像を提出してもらった。プロフィール画像は、すでに普及している「バーチャルな外見」の代表例だと考えたからだ。

第二に、提出してもらったプロフィール画像をもとに、「バーチャルな外見」と「リアルな外見」との差異を測った。具体的には、「顔認識性」の低さと「具象性」の低さを測るという方法をとった。

第三に、なぜそのような「バーチャルな外見」に決めたのか、インタビューをした。

学生たちのプロフィール画像の利用状況は多様だったが、共通点もあった。

くぼ・ゆか

メディア環境学者。1978年、東京都生まれ。2000年、慶應義塾大学理工学部システムデザイン工学科卒業。2006年、東京大学大学院新領域創成科学研究科博士課程修了。博士（環境学）。専門はメディア環境学。東京大学先端科学技術研究センター特任助教、東京工科大学メディア学部講師、東京大学大学院情報理工学系研究科特任研究員など経て、独立。著書に『「盛り」の誕生――女の子とテクノロジーが生んだ日本の美意識』（太田出版、2019年）。『ガングロ族の最期――ギャル文化の研究』（イースト・プレス、2024年）

SNSを完全にやめたというニューヨークの学生1人以外は、誰もが「バーチャルな外見」を複数持っていた。そして、その中には、「リアルな外見」との差異が大きいものが含まれた。「バーチャルな外見」に「リアルな外見」を投影しない場合、そこにはいったい何を投影しているのだろうか。インタビューから次のようなことがわかってきた。

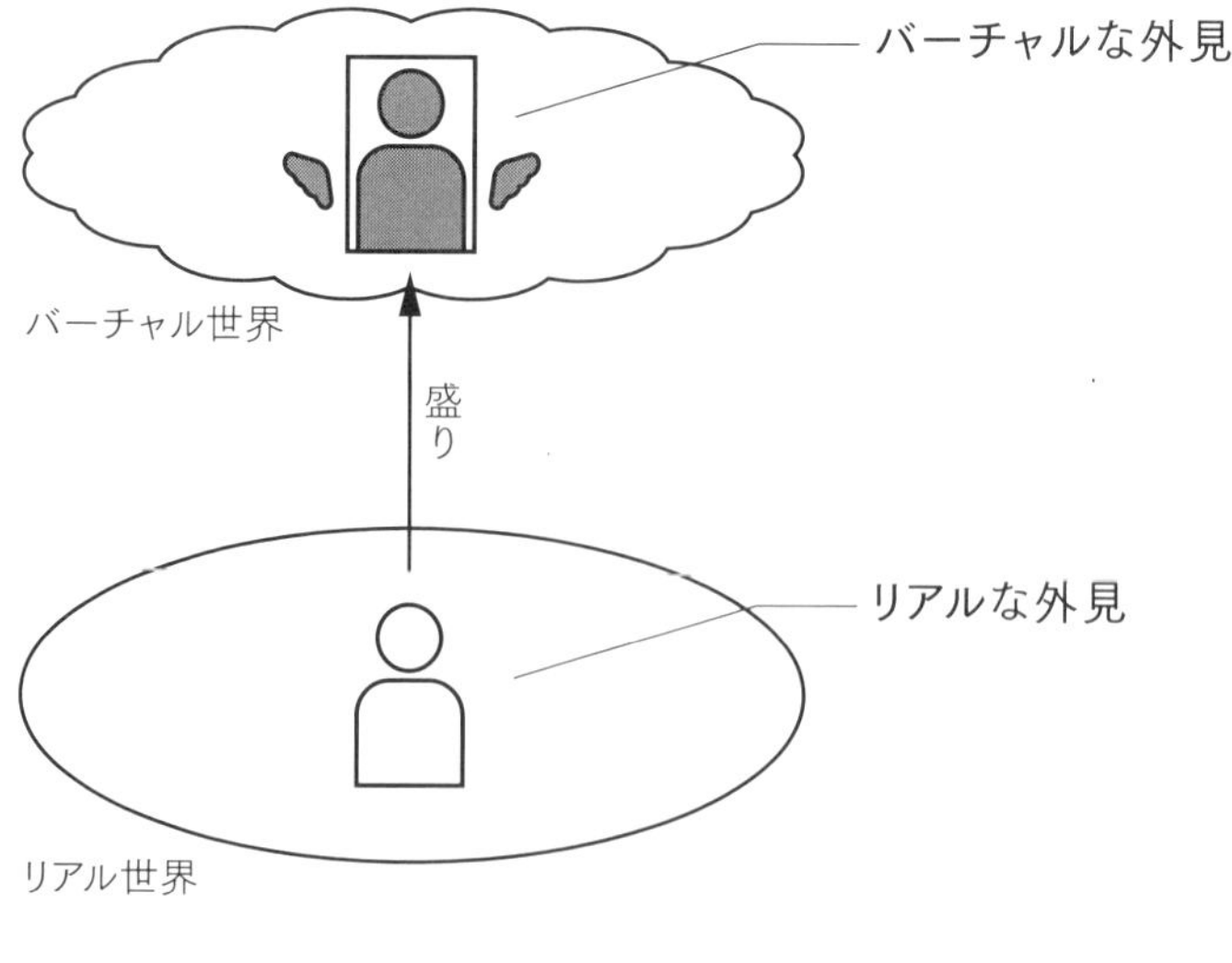

図1 「盛り」の構造

日本の学生たちが「バーチャルな外見」に投影しているのは、アイドルや漫画やアニメなど、自分の「趣味」のようなものだということが多かった。韓国の学生たちは、自分の作品や社会活動など、自分の「実績」のようなものだということが多かった。アメリカの学生たちに話を聞くと、ファニーさやクールさなど、自分の「センス」のようなものということが多かった。

そして、そのような「趣味」や「実績」や「センス」を共有する人と、バーチャル世界でコミュニケーションしていた。それは、リアル世界における「学校」を共有する人とのコミュニケーションなどとは異なり、自由に選べるコミュニケーションだ。

こういった実情を見ると、今の若者たちを、うらやましく思う。

私は子供の頃、学校があまり好きでなかった。しかし私が子供だった1980年代は、学校以外の友達とコミュニケーションするのは容易でなかった。放課後も近所の公園で、学校の友達と遊ぶしかなかった。

そんな中で、算数の問題を解いている時だけは、リアル世界から解放されてバーチャル世界に飛び込める、自由な時間だった。だから私は算数が好きだった。

今の若者たちは、手元の端末を使って、いつでも自由にバーチャル世界へ飛び立つことができる。まるで翼を手に入れたかのように見える。

そのような自由な世界に飛び立つ時に必要なのが「バーチャルな外見」だ。「バーチャルな外見」と「リアルな外見」との差異を、日本の若者たちは、「盛り」と呼ぶ。

工学的「妄想」

私が、若者たちにインタビューをしているのは、画像コミュニケーションの未来を予測するためだ。そのために、若者たちの中で起きている現象を観察している。

このような方法は、私が学生時代に専攻した工学を土台にしている。技術開発における工学的アプローチは、モデリング、アナリシス、シンセシスという3工程で成ると習ってきた。

モデリングとは、リアル世界の現象を観察して、その中にある構造を抽出し、ものさしを立てて数量化する工程だ。

例えば、ある技術開発の目的が、飛行機の翼を設計することだとしよう。それならば、鳥の飛行を観察し、翼の形状や流体力学的特性など、飛行の特徴を決める要素を抽出する。それをパラメータとした、飛行を表す数式を立てる。

アナリシスとは、数量化されたデータを用いて、バーチャル世界でシミュレーションする工程だ。例えば、翼の設計の場合、形状や角度の値を変えて計算し、揚力が増加したか、抗力が減少したかなどを評価する。

シンセシスとは、バーチャル世界でのシミュレーションをもとに、リアル世界で実装する工程だ。

例えば、翼の設計の場合、実際に翼を製造し、風洞試験などを行う。

このように、技術開発のための工学のプロセスは、リアル世界での観察に始まり、リアル世界での実装で終わる。しかしその過程で、バーチャル世界を利用するのが特徴だ。

これは、リアル世界の現象にものさしを当てて、数量化することによって可能になる。それによってバーチャル世界で、リアル世界の制約に縛られない、自由なシミュレーションができる。

通常、工学で観察の対象とするのは、自然現象だ。しかし私は、工学の手法を応用して、文化現象を観察している。若者たちの中で起きている文化現象にものさしを当てて、数量化することにより、現状を把握し、未来をシミュレーションしようとしている。

ところで、ビジネスシーンでは、今、一人一人の「妄想力」が重視されているという。

「妄想」に、私はあまり馴染みがない。そこで国語辞典を調べると、「根拠のない主観的な想像や信念」といった意味が記されていた。バーチャル世界だけに閉じたプロセスを示すように考えられる。

しかし「妄想力」をテーマにした文献を参考にすると、リアル世界と関わりのあるプロセスを示すと考えられた。

以下に示すような参考文献では、「妄想」の後に、リアル世界での実現を前提としている。

田中安人『妄想力：答えのない世界を突き進むための最強仕事術』は、「妄想したからには、それを現実にすることが何より重要だと僕は思う。妄想力をビジネスに生かすには『絶対実現してやる！』という責任感とセットで考えたほうがいい」と述べ、宮本香奈『デジタルネイティブ世代のノーマル　人生が動き出す妄想する力』は、自身が海外に移住し起業した事実をもとに、「夢をなぜかなえることができたのかを振り返ってみると（中略）それは「妄想する力」だったと思います」と述べる。リアル世界で夢や目標を「実現する」ことや「叶える」ことが前提になっている。

また、「妄想」の前に、リアル世界の観察も前提としている。

参考文献で、「妄想力」の成功の象徴としてよく取り挙げられているのは、「鳥のように空を飛びたい」という「妄想」を実現させた「飛行機」の例だ。この妄想も、リアル世界で何も観察をせずに、起こったものではない。リアル世界で鳥が飛ぶのを観察したことをもとに、生まれたと考えられる。

つまり今、ビジネスシーンで重視されている「妄想」は、リアル世界での観察から始まり、リアル世界での実現で終わるプロセスの中にあるものだ。その中の、バーチャル世界で試行する工程のことを示している。

なぜ、バーチャル世界で試行することが重視されているのか。

田中は、「妄想」を「想像」と比較して、「『妄想』のほうが圧倒的に現実離れしている。（中略）『妄想』は、業界の慣習・ルールなどにとらわれず、制限のない自由な考えを指す」と述べる。リアル世界よりも、「制限のない」「自由」な場として、バーチャル世界を重視していることがわかる。

宮本は、２０１９年から新型コロナウイルスが流行したことに注目し、「コロナ禍では物理的な行動は制約されますが、デジタルでは基本的に制約を受けません。海外のサイトにだって簡単にアクセスすることができ、海外にいる人たちにだって簡単にコンタクトすることができます。最近は翻訳機能も充実し、言葉の壁も以前ほど高くありません。海外はあなたのすぐそばにある」とし、「『思いは形になり』と言われますが、新型コロナによって小さく／近くなった世界ではそれがより顕著です。『何を妄想するかで人生が変わる』と言ってもいいくらいだと思います」と述べる。

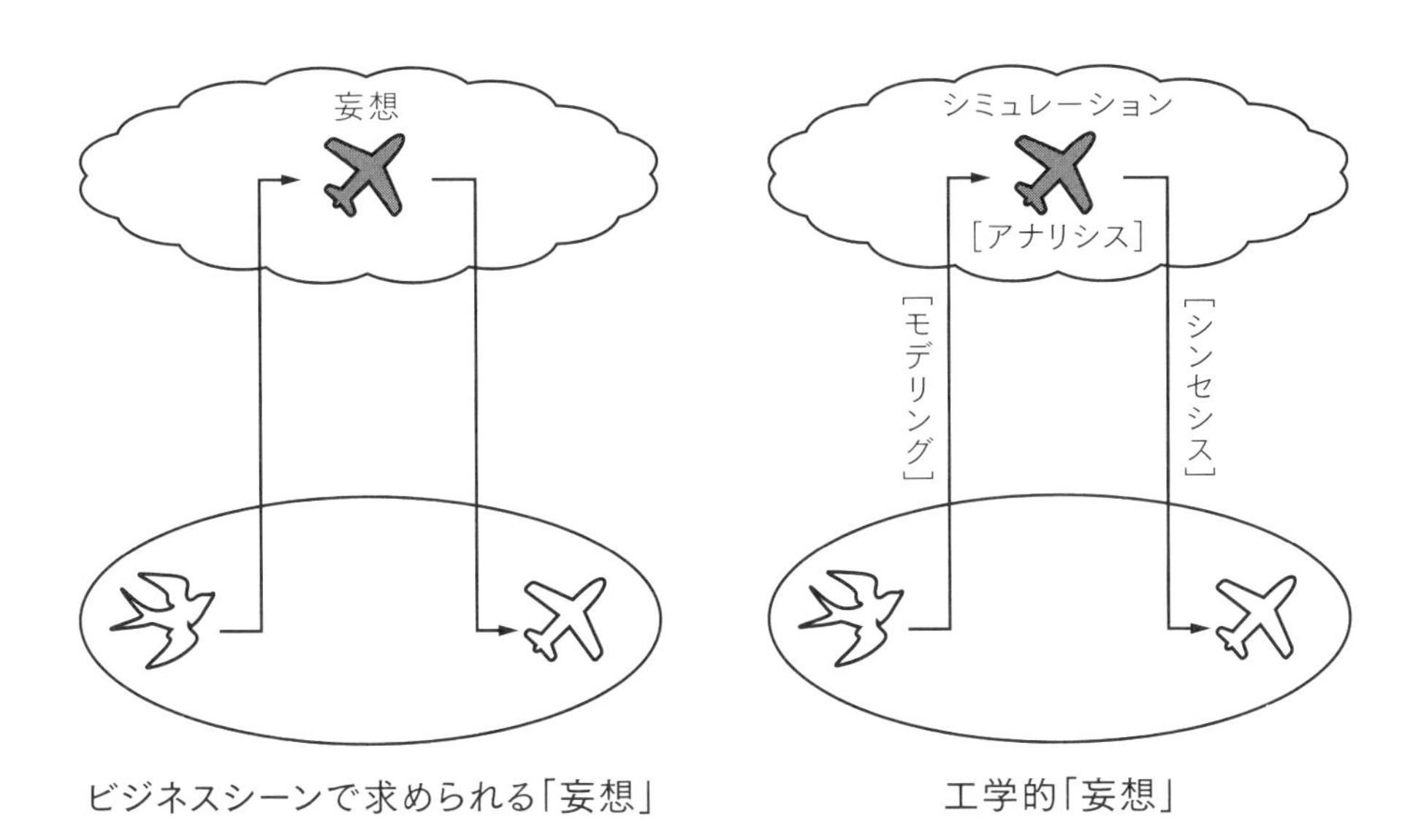

図2　「妄想」の拡張

やはり、リアル世界のような「物理的」な制約に縛られない場として、バーチャル世界に注目している。そして新型コロナの流行を通して、バーチャル世界の利用が拡大したことで、重要性が拡大したことを示唆している。

つまり、今、ビジネスシーンで、バーチャル世界での試行を重視しているのは、そこが、リアル世界の制約から解放された自由な場であるからだ。

本稿では、このような、リアル世界の観察から始まり、リアル世界での実現で終わるプロセスの中で、バーチャル世界で自由に試行する工程のことを「妄想」と呼ぶことにする。本来の意味とは異なるが、意味を拡張して考えることにする。

すると、工学のプロセスにおける「シミュレーション」も、工学的「妄想」ということになる。そのために必要な、リアル世界の現象に「ものさしを当てて、数量化する力」が、工学的「妄想力」ということになる。

ビジネスシーンでは、「妄想力」を高めるために、瞑想やマインドフルネスなどを取り入れているという。

私も、工学的「妄想力」を高めるために、試行錯誤している。私は、リアル世界での観察の後、現象に「ものさしを当てて、数量化する」作業を始める時、スマートフォンを置いて、真っ白のノートとペンだけ持って、外に出る。公園のベンチに座って、空を見ながら浮かんでくる構造をペンでノートに描き、そこに現れるものさしを見つけるのだ。

なぜ「盛る」のか？

そうして、今から13年くらい前に見つけ出したものさしが、「盛り」だった。

それ以前より、若者たちの中で起こる文化現象を観察していた。その頃、若者たちの間で、画像処理で目を拡大する、いわゆる「デカ目」になるプリクラを使うことが流行していた。

そういう若者たちの会話に耳を傾けると、「デカ目」になることを「盛る」と呼び、望ましく「デカ目」になった状態を「盛れてる」と呼んでいることに気付いた。

最初、「盛り」は、ただ単に「バーチャルな外見」と「リアルな外見」との差異を測るだけのものさしだと思っていた。しかし次第に、それがもっと複雑な現象を測るものさしであることがわかっていった。

そのきっかけとなった出来事がある。

2012年、プリクラ写真で応募するミスコンテストが開催された。

利用したプリクラから、そのまま応募できるというものだ。延べ26万人もの応募があった。

選考は3段階で行われた。

第一段階は、プリクラのマシン内での選考だ。各プリクラから応募した人が、そのプリクラ内で公開され、そのプリクラを後で利用する人が投票する。そこから、各プリクラで最も投票数の多い人が決定した。

第二段階は、インターネットでの選考だ。各プリクラで最も投票数の多かった人が、インターネット上に公開され、誰もが投票できる。そこから、20名のファイナリストが決定した。

第三段階は、最終審査だ。ファイナリスト20名が、東京の表参道の会場に集まり、芸能事務所のスカウトや雑誌の編集者などで構成される審査員によって、受賞者を決定した。

私はこのミスコンテストの進行に注目していた。そんな中で最終審査のやり方を聞いた時は驚いた。

なぜなら応募者は、第一段階と第二段階では「バーチャルな外見」だけを見せていたのに、第三段階で初めて「リアルな外見」を見せるというからだ。

ファイナリストの中には、会場に現れない人もいるのではないかと推測した。

私も最終審査を見に行った。すると予想に反し、会場には20名のファイナリスト全員が現れた。しかし予想通り、会場に現れた彼女たちのリアルな外見は、インターネット投票で見ていたバーチャルな外見とは異なっていた。

私はそれを、冷や冷やしながら見ていた。しかし本人たちは、何も気にする様子なく、芸能事務所やファッション誌編集部から来た審査員の前で、生き生きと歌やダンスを披露した。


私は最終審査で見た景色が、理解できなかった。そこで、ファイナリストの一人に、インタビューさせてもらった。なぜ「盛る」のか、なぜ「デカ目」にするのか、質問した。最初は、答えに迷っていた。しかし最終的に、「自分らしくあるため」と答えた。私は驚いた。

他の若者たちにも同じ質問をした。やはり、最終的に「自分らしさ」や「個性」などの言葉を口にした。

「デカ目」になった顔は、その人の顔ではないし、皆そっくりに見える。「自分らしさ」とは反対にあるものに見えていた。それなのに、それが「自分らしさ」だと言う。私にはまだ理解できなかった。


そこで後日、最初にインタビューしたファイナリストに、行動観察もさせてもらった。渋谷への外出に付いていった。

プリクラを使うのにも付いていった。すると彼女は、いつもプリクラを撮ることのトレーニングをしていると話した。詳しく聞くと、プリクラにはいくつもの種類があり、それぞれシャッタータイミングも画像処理の特徴も異なる。そのシャッタータイミングに合わせて、その画像処理に合った目の見開き方をするために、同じプリクラを何度も使って慣れる必要があるということだった。

その後、つけまつげを買うのにも付いていった。すると彼女は、いつも使っている3つの商品を教えてくれた。なぜ3つも必要なのかと詳しく聞くと、切って、組み合わせて、カスタマイズしていると言って、作り方を見せてくれた。ありとあらゆる商品を試した結果、たどり着いたのが、その自作のつけまつげだという。

そのような話を聞いた後、彼女たちの「デカ目」の顔から、「自分らしさ」が見えてきた。

つまり「デカ目」に興味がない私にはそっくりに見えていたが、「デカ目」に興味がある人同士には、もともと個性が見えていたのだと気づいた。


そこでやっと、若者たちの言う「自分らしさ」の意味がわかってきた。

第一に、それは「絶対的」な自分らしさではなく、「相対的」な自分らしさだということだ。

彼女たちの「バーチャルな外見」は、個々人特有の「自分らしさ」を表す前に、「デカ目」の型を守っていた。それによって、バーチャル世界で「デカ目」を共有する人同士のコミュニケーションを成り立たせていた。

そこで、「デカ目」の型を守った上で表す「自分らしさ」を見せ合っていたのだ。

第二に、それは「自然的」な自分らしさでなく「人工的」な自分らしさだということだ。

彼女たちは、自分の目を素材に、プリクラやつけまつげなどの道具を使った創意工夫で、「デカ目」を作り上げていた。彼女たちにとって「バーチャルな外見」は作品なのだ。

「デカ目」を共有する人同士のコミュニケーションで、作品としての「自分らしさ」を見せ合っていた。

そこでやっと、最終審査で見た景色を理解することができた。

会場に現れたのは、26万人もの応募者の中から、作品が最も評価されて選ばれた、たった20名のファイナリストである。

インターネット上で見ていた「バーチャルな外見」と、会場に現れた「リアルな外見」との差異こそ、ファイナリストの能力そのものだ。彼女たちは、最終審査で、それを生き生きと披露していたのだ。

このミスコンテストは、作品を評価するコンテストだった。それなのに、素材を評価するイベントだと勘違いして、冷や冷やしてしまった自分が恥ずかしくなった。

もしも彼女たちがリアル世界に閉じていたら、ミスコンテストの最終審査で、審査員の前で歌や踊りを披露することにはならなかったかもしれない。

彼女たちは、バーチャル世界へと飛び出し、そこで「バーチャルな外見」になることにより、リアル世界とは異なるコミュニケーションをして、リアル世界とは異なる基準で評価された。

そのようなバーチャル世界で行われていたコミュニケーションや評価基準が、このミスコンテストの最終審査では、リアル世界に実現した。それにより彼女たちは、審査員の前で歌や踊りを披露することになったのだ。

リアル世界から始まり、リアル世界での実現で終わるプロセスの中で、バーチャル世界で自由な試行をした。この工程は、「盛り」的「妄想」ということができる。具体的には、「リアル世界とは異なるコミュニケーションをして、リアル世界とは異なる基準で評価される」という妄想だ。「バーチャルな外見」になることによってそれができた。

「盛り」は、「バーチャルな外見」と「リアルな外見」との差異を測るものさしであり、「盛り」的「妄想力」を測るものさしでもあることになる。

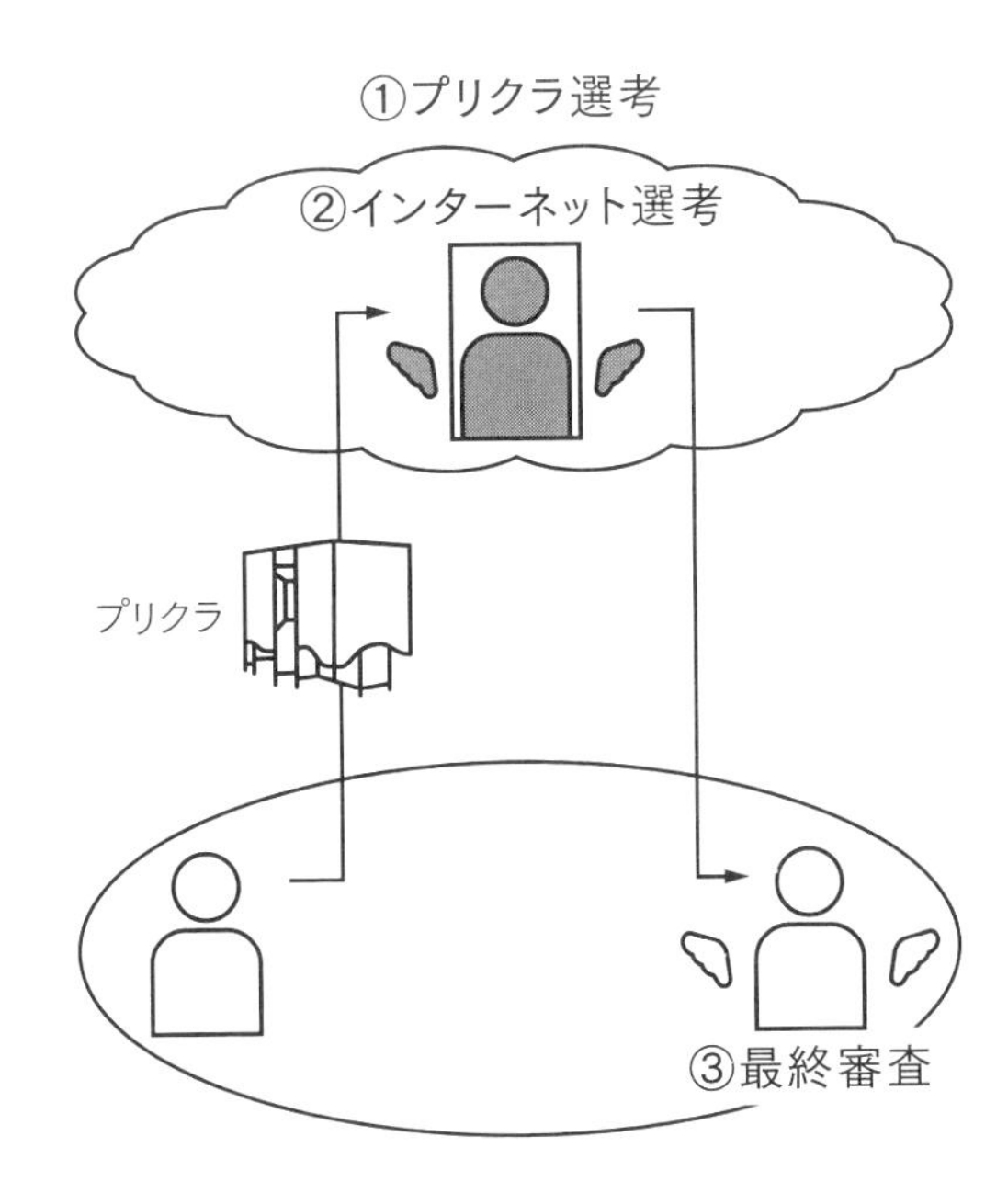

図３　「盛り」的「妄想」を実現したミスコンテスト

「盛り」とメディア環境

若者たちの「盛り」を効率的に測るため、私は「盛り」の計測装置を作った。具体的には、次の３つだ。

一つ目は、対象者の「リアルな外見」を三次元的に撮影する装置で「ＳＣＡＮＲＲＹ」と名づけた。二つ目は、ＳＣＡＮＲＲＹで撮影した「リアルな外見」と、プリクラ等で盛った後の「バーチャルな外見」との差異を計る装置で「ＭＯＲＩ ＡＮＡＬＹＺＥＲ」と名づけた。三つ目は、「盛り」においてとくに重要な、「デカ目」の詳細なデータを取得するため、アイメイクのプロセスを撮影する装置で「ＥＹＥＭＡＫＥ ＲＥＣＯＲＤＥＲ」と名づけた。

３つの計測装置をキャリーバッグに収納し、若者たちの「盛り」を計測するため、全国に出かけた。具体的には、その後も継続したプリクラ写真で応募するミスコンテストの、２０１５年のファイナリストたちを対象とした。

計測は順調に進んだ。しかし並行してインタビューを進めている中、計測装置の設計に問題があることが浮かび上がった。

彼女たちは、最近は「デカ目」にしないと言い出したのだ。

私が作った計測装置は、「盛り」において「デカ目」が重要であることを前提に、「目」を中心とした顔の「特徴点」を測る設計だった。

それなのに、「盛り」において「デカ目」が重要でなくなっていたのだ。彼女たちは、「デカ目」の代わりにバーチャル世界で見せ合うようになったのは、こういう写真だと見せてくれた。それは、全身を含む「シーン」の写真だった。

私は、計測装置を作るのに3年かかってしまった。その間に、若者たちの「盛り」の対象が、「目」から「シーン」へと変化していたことがわかった。

調べれば、「盛り」の対象は、それまでも変化してきていた。古くは、「リアルな外見」とは別に「バーチャルな外見」を持つことができるのは、基本的には、芸能人のような特別な人だけだった。それを一般の人にもできるようにしたのは、1995年に登場した「プリ帳」「プリクラ」だ。

ユーザはすぐに「プリ帳」を作り始めた。プリクラから出力された16枚のシールを、一緒に撮影した友達と分け、1枚をプリ帳に貼って、残りを友達と交換し、交換して得たシールもプリ帳に貼って、友達と見せ合う。友達の友達のプリ帳の上で、そのまた友達の目にまで、プリクラ写真が届くようになった。

私はその時、高校生だった。私自身は数学に夢中であまり街に出かけなかったが、友達の中にはギャルスタイルの外見で、渋谷の街に通う人もいた。そういう人たちは、学校は異なるが、ギャルスタイルを共有する人と、プリ帳というバーチャル世界の上でコミュニケーションしていた。

プリクラは「顔」を撮影するマシンとして登場した。だから「顔」を見せ合うコミュニケーションが行われた。必然と、「盛り」の対象も「顔」になった。

この時代を私は「盛り」の第一期としている。

2000年に「カメラ付き携帯電話」が登場すると、手元の端末を用いて「自撮り」が始まる。2000年代後期には、無線通信の速度が向上し、「ケータイブログ」に「自撮り」写真を投稿することがさかんになった。

携帯電話のディスプレイは小さく、目をカメラに近づけて「自撮り」することになる。ケータイブログでは、アイメイクを見せ合うコミュニケーションがさかんになった。「盛り」の対象は「目」になった。

この時代を私は「盛り」の第二期としている。

2010年にはiPhoneにフロントカメラが搭載される。その頃から「自撮り」は「スマートフォン」で行われるようになる。同年、インスタグラムが登場し、SNSによる写真の共有がさかんになった。

スマートフォンのディスプレイは大きく、目をカメラから離して「自撮り」できる。インスタグラムでは、自分を含む「シーン」を見せ合うことがさかんになった。「盛り」の対象も「シーン」になり、「インスタ映え」という言葉も生まれた。

この時代を私は「盛り」の第三期としている。

このように、「盛り」の対象は、それを囲むメディア環境と共に変化してきた。具体的には、リアル世界の情報を取得する「カメラ」の技術と、リアル世界に情報を提示する「ディスプレイ」の技術の変化が、大きく影響してきた。

しかし、このようにメディア環境が変化しても、一貫して、若者たちはバーチャル世界で「バーチャルな外見」になり、「リアル世界とは異なるコミュニケーションをして、リアル世界とは異なる基準で評価される」ことを「妄想」し続けてきたのだとわかる。

それは未来でも続くと考える。それをもとに私は、画像コミュニケーションの未来を予測している。

誰が「妄想」したのか

そもそも、「リアル世界とは異なるコミュニケーションをして、リアル世界とは異なる基準で評価される」という「盛り」的「妄想」は、誰から生まれたのだろうか。

一般の人が、「リアルな外見」とは別に「バーチャルな外見」を持つようになったきっかけは、1995年に登場したプリクラと述べた。

プリクラが登場して、いち早く、「プリ帳」というバーチャル世界で、学校が異なる人ともコミュニケーションしていた人たちにも、インタビューした。私が数学というバーチャル世界に没入していた頃、「ギャルスタイル」の外見をして、「渋谷」の街に通っていた同級生たちである。

彼女たちに、なぜギャルスタイルをして、渋谷へ行き、プリ帳を見せ合っていたのか、質問した。すると、1995年頃の若者からも、2012年頃の若者と同じように、「自分らしさ」や「個性」という言葉がよく出てきた。

同級生なので、他の世代の人には聞きづらいことも、深く入り込んで聞いてみた。彼女たちに「自分らしさ」とは具体的に何なのか、質問した。

中でもとくに、渋谷で、学校が異なる人たちからも有名だった同級生が、こう答えた。「自分らしさは、常に変化するもの」であり、「自分らしさがないのが、自分らしさ」だと。

彼女は、同じ学校の友達と一緒に渋谷へ行き、仲間とのノリで、目の前にあるものを次々と取り入れていった結果、学校が異なる人たちからも有名になっていたと言うことだった。

彼女の着ていた服や、持っていた物が、渋谷の流行になることもあった。しかし、流行させようという意識はなく、自分が流行させたわけではないと、話した。

今、ビジネスシーンで重視されているのは、誰か一人から意識的に生まれる「妄想」だ。それが、飛行機が世界中に普及したように、多くの人に影響を与えることを目指している。

このような妄想を「中枢型」と呼ぶことにしよう。

それに対して、「盛り」的「妄想」は、誰か一人から生まれたものではない。若者たちの集団から反射的に生まれたものだ。それが1995年頃にはまだ、渋谷の若者たちくらいにしか広がっていなかったと考えられるが、今では世界中に広がっている。このような妄想を「分散型」と呼ぶことにしよう。

ビジネスシーンにおいても、「中枢型」だけではなく、「分散型」の妄想も重視してよいのではないか。

実は「鳥のように空を飛びたい」という妄想も、誰か一人から生まれたものではない。多くの人から、反射的に生まれたものだ。「中枢型」の妄想ではなく、「分散型」の妄想だったからこそ、その集合知によって「飛行機」は実現した。

今後はWEB3と呼ばれる分散型ネットワークが発展し、集合知を活かしやすいメディア環境が整う。そこでは、「分散型」の妄想を実現するスピードが、飛行機の時代とは比べものにならないほど速くなる。

そのような「分散型」の妄想力を高めるために必要なのは、今ビジネスシーンで取り入れられている「瞑想」や「マインドフルネス」ではなく、私がやっているような「ペンを持って白いノートと向き合う」ことでもないだろう。若者たちに倣えば、「仲間とのノリで、目の前にあるものを次々と取り入れていく」ようなことであり、その原動力になるのは「協調性」や「好奇心」ではないか。

1 久保友香「バーチャル世界における外見の自己同一性：日韓米の大学生のプロフィール画像とアバターの分析」、第29回日本バーチャルリアリティ学会大会論文集、2A2-06.2024.

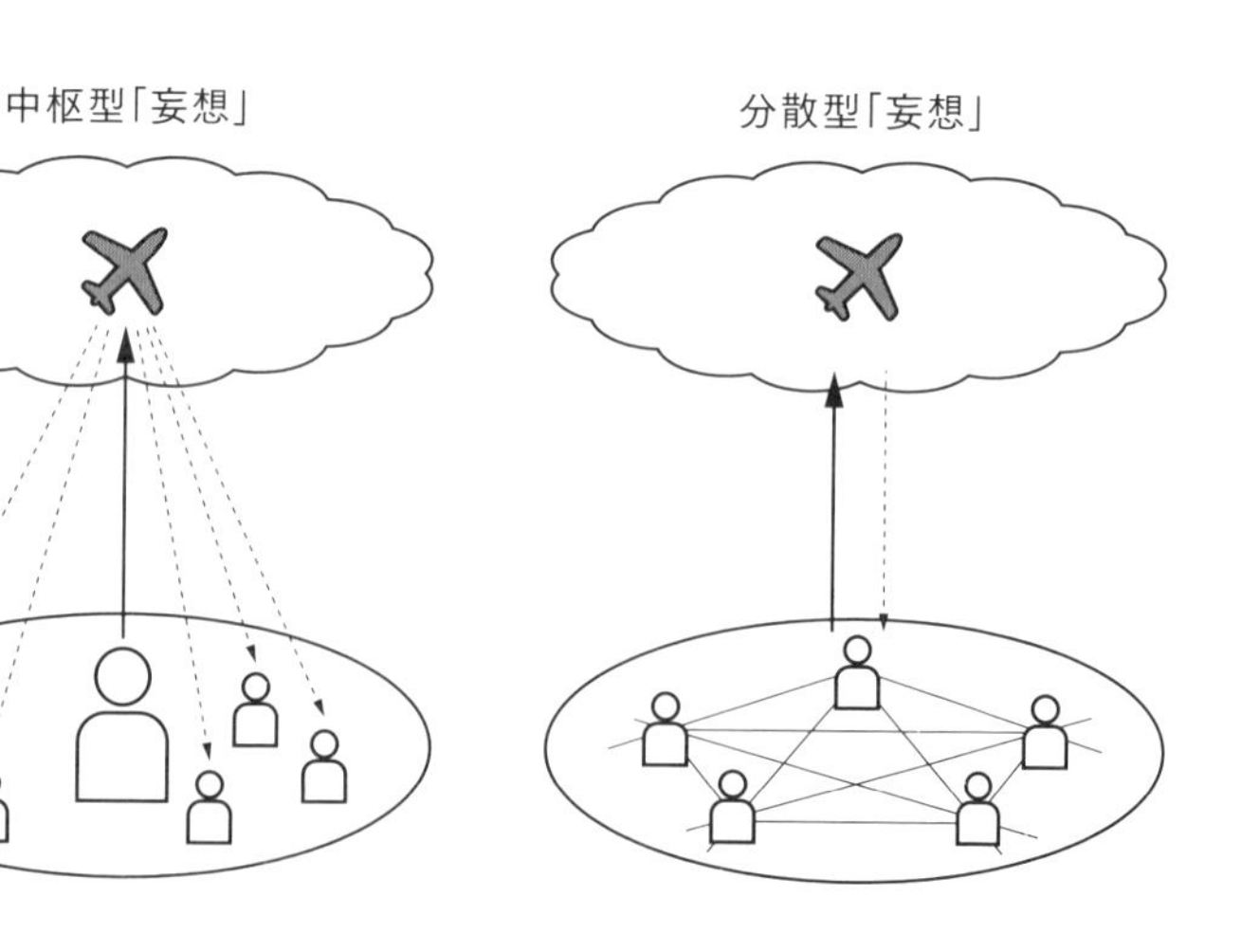

図4　中枢型「妄想」と分散型「妄想」

おわりに

「妄想」という怪しげなテーマの企画に、24人もの方々が寄稿してくれるとは、企画開始当初は予想もしていませんでした。様々な分野から個性的な面々が参加し、エッセイや書評、論考など幅広いスタイルで寄稿していただきました。結果として、ある種異様なエネルギーを持つ、読み応えたっぷりの本になりました。初めての取り組みで右往左往しっぱなしの頼りない編集部に、快く協力していただいた著者の方々には、改めて感謝しかありません。

本書を編集していて改めて気づかされたのは、「妄想」というものが依然として扱いづらく、危険で、だからこそ魅力的だということ。

そして妄想というものが、現実を「良い方向に」確かに変えうるポテンシャルを持ったものだということです。

この本の副題は「明るい未来の描き方と作り方」です。そもそもの企画の発端も、暗くて悲観的な未来予測ではなく、明るい未来を作るための考え方として「妄想」に着眼したのが始まりでした。

「妄想」というテーマはあくまで「明るい未来を描き、作る」ためのひとつのきっかけにすぎません(身も蓋もないですが)。世の中の大多数が唱える常識や確からしい答えではなく、自分自身が正しいと思うこと、大切だと感じることを信じたい。編集部メンバー自身が抱いていた、そんな時代性への問題提起がこの本に通底する意志であり、読者の方々に届けたい裏テーマでもあります。

24人すべての文章やその考えに共感する必要はありません。誰か一人でも、いや、どこか一文、一単語でも「刺さった」箇所があれば、じゅうぶんにこの本の務めは果たしたと思います。それが読者自身の「明るい未来」につながるきっかけになるのであれば、こんなに嬉しいことはありません。

「講義」シリーズは、テーマを変えつつ今後もデジタル発の企画として継続していく予定です。斬新な企画、柔軟な販売・PR手法で、出版業界をもっと面白く、明るくすること。それが私たち「次世代の教科書」編集部の抱く「妄想」です。本書こそが、その妄想を現実にしていくスタートラインなのです。

2024年9月　「次世代の教科書」編集長　松田喬史

著者SNS一覧

X（https://x.com/andmariobooks）
Instagram（@andmariobooks）
note（https://note.com/mariobooks/）
HP（https://mariobooks.com）

X（https://x.com/NyantakoGG）
Instagram（https://www.instagram.com/yokokaramariko/）
note（https://note.com/nyantakogg）
YouTube（www.youtube.com/@user-dn3lr6zx2i）

X（https://x.com/maldague21）
note（https://note.com/nagiogawa/portal）

X（https://x.com/Himeeeno）
Instagram（https://www.instagram.com/himenotama_official/）
note（https://note.com/himenotama/）

X（https://x.com/yudachan0908）

X（https://x.com/banashi）
blog（https://banashi1.hatenablog.com）

Instagram（@mayamon78）
YouTube（www.youtube.com/@hunter_mayamon）

X（https://x.com/horiuchilog）
HP（https://shuju-kyoto.com）
researchmap（https://researchmap.jp/shouheihoriuchi）

Instagram（@shota_shirahama、@kamikawa_base）

X（https://x.com/w_kenichiro）
note（https://note.com/kenken_1987）

X（https://x.com/ask_smmt）

X（https://x.com/taohuasumino）
note（https://note.com/taohuasumino/）

X(https://x.com/ren_ren0824)
Instagram(https://www.instagram.com/ren_ren0824/)
HP(https://renren0824.tumblr.com/)
YouTube(https://www.youtube.com/@kmswrn)

駒澤零

もののけ

X(https://x.com/mononoke_2525)
Instagram(https://www.instagram.com/mononoke_party)
YouTube(www.youtube.com/@user-tm3fu5xs2g)

X(https://x.com/yumawata33)
note(https://note.com/sukezane33)
YouTube(www.youtube.com/@user-xg6kc2ce9j)

渡辺祐真

小峰ひずみ

X(https://x.com/clinic_hizumi)

X(https://x.com/muik99)
HP(https://kouminamishima.wixsite.com/mysite/home)

南島興

松薗美帆

X(https://x.com/mihozono)
note(https://note.com/mihozono)

X(https://x.com/hiroki_yamamoto)
HP(https://inunosenakaza.com/)

山本浩貴(いぬのせなか座)

X(https://x.com/blurorange_jp)
HP(https://blurorange.jp/smp/)
instagram(@blurorange.jp)
YouTube(https://www.youtube.com/@blurorange)

ブローレンヂ智世

長男　https://x.com/cmrr_xxx
次男　https://x.com/03080138
三男　https://x.com/ogasawalau

AR三兄弟(川田十夢/高木伸二/オガサワラユウ)

X(https://x.com/AkaneAkari_tw)
HP(https://akaneakari.com)

茜灯里

倉本圭造

X(https://x.com/keizokuramoto)
HP(http://www.keizokuramoto.com/)
note(https://note.com/keizokuramoto/)
YouTube(www.youtube.com/@keizokuramoto)

X(https://x.com/YukaKubo)
HP(http://cinderella-technology.com/)

久保友香

「次世代の教科書」編集部について

「面白くて役に立つ本を次世代へ」をコンセプトに、次世代の若者に引き継ぎたい知見を残していくため、ビジネス・人文・実用問わず様々なジャンルでの本づくりにチャレンジする株式会社デジカルの企画制作チームです。デジタルtoデジタルを活用し、出版業界の常識に囚われない斬新な企画で、作り手・届け手・書き手すべてにとって価値ある本づくりを目指します。

「次世代の教科書」編集部note

金風舎DCH（Digital Content Hub）について

株式会社金風舎が運営する新しい出版サービスです。「次世代の教科書」編集部による企画制作サポートを軸として、独自サイトによる企画ページの運用、記事リリースなど「出版のプロセス」からコンテンツ化、プロモーションまで行うことで価値ある本がより多くの人に届く仕組みを提供します。『妄想講義』はこのDCHの仕組みに基づいて企画・制作・販売されています。

金風舎DCH

妄想講義（もうそうこうぎ）　明るい未来の描き方と作り方（あかるいみらいのえがきかたとつくりかた）

2024年10月1日　初版第1刷発行

編　者	「次世代の教科書」編集部
発行者	香月登
発行所	株式会社金風舎 東京都新宿区新宿２丁目４番６号　フォーシーズンビルアネックス７階 TEL 03-3353-5178
編　集	松田喬史／石田佑典／小阿瀬達基／鈴木力
編集協力	岡田聡恵
制　作	株式会社デジカル
装　丁	岡部夏実／松田喬史（Isshiki）
カバーイラスト	冨田陽子
本文デザイン	松田喬史（Isshiki）
扉イラスト	まどめクレテック
DTP	鎌田俊介／松田喬史（Isshiki）
印刷・製本	昭和情報プロセス株式会社
販促企画	古屋晶子／古後芳恵

定価はカバーに表示してあります。

ISBN 978-4-910491-18-9 C0030